U0085568

增訂二版

非營利組織管理

林淑馨 著

The Management of
Non-Profit
Organization

三民書局

Administration

國家圖書館出版品預行編目資料

非營利組織管理／林淑馨著.－－增訂二版三刷.－－
臺北市：三民，2019
　　面；　公分

　ISBN 978–957–14–5941–7　（平裝）
　1.非營利組織 2.組織管理
546.7　　　　　　　　　　　　　　　103013952

© 　非營利組織管理

著 作 人	林淑馨
責任編輯	周明怡
發 行 人	劉振強
著作財產權人	三民書局股份有限公司
發 行 所	三民書局股份有限公司
	地址　臺北市復興北路386號
	電話　(02)25006600
	郵撥帳號　0009998–5
門 市 部	(復北店) 臺北市復興北路386號
	(重南店) 臺北市重慶南路一段61號
出版日期	初版一刷　2008年7月
	增訂二版一刷　2015年5月
	增訂二版三刷　2019年10月
編　　號	S 571330

ISBN　978–957–14–5941–7　（平裝）

http://www.sanmin.com.tw　三民網路書店
※本書如有缺頁、破損或裝訂錯誤，請寄回本公司更換。

再版序

　　時間過得真快，自從 2008 年 7 月出版個人第一本教科書《非營利組織管理》至今，已經過了六年多。這本書剛問世之初，國內非營利組織的教科書雖然缺乏，但非營利組織的發展卻相當蓬勃，整體社會對非營利組織有高度的評價，倚賴也日益加深，許多大專院校甚至將「非營利組織管理」納入通識教育課程，不僅是公共行政領域，社會工作、合作經濟等領域，也都相繼開設「非營利組織管理」課程。或許正因如此，讓本書在短短五年內就四刷，所引起的共鳴早已超乎作者的預期範圍。

　　然而，隨著時間的流逝、事件的發生，為了讓讀者能掌握最新的資訊，作者自去年開始便著手進行再版的修訂工作。整體而言，本書的架構並未有太大的改變，除了因感受到國內非營利組織的迅速成長，但卻缺乏相關課責的認知與機制，故在新版中增加了新的「非營利組織的課責」，專章討論課責的概念，以及非營利組織課責的內容與困境外，其他各章都是維持原來的標題。然不同的是，雖然各章主題未變，但實質內容卻有大幅的增刪，特別是前四章，為了增加閱讀的緊湊與相關性，在資料的更新與內文的敘述上有很大的修訂，例如在第二章我國非營利組織的研究現況中，增加了 2008 年以後新的研究議題；第三章「非營利組織與政府的關係」中，新增「非營利組織與政府關係與互動模式」的探討；以及在第十章「非營利組織的社會事業化」中，也適時增加目前熱門的「社會企業」的定義與內容介紹。此外，有感於初版的《非營利組織管理》部分文字較為艱澀難懂，再版的各章節文字均已做了相當修正，同時也更改部分 "Tea Time" 中非營利組織的小故事，希望透過較為淺顯易懂的文字來提升讀者的閱讀興趣，進而引起對非營利組織的好奇與探索，甚至親身參與非營利組織的相關活動。

　　本書在修訂的過程中，感謝浩哲、智堯與宗穎幫忙在網頁資料更新與相關圖表的繪製，以及文稿校正方面的細心協助。沒有這幾位優秀盡責的研究助理，我想這本書的再版是不會如此迅速且有效率的。另外，

臺北大學所提供良好的研究環境與相關領域各位前輩的提攜與關懷，都是促使作者不斷努力的正向力量。個人深切期待能藉由此書來喚起更多讀者對非營利組織的實際參與，甚或協助非營利組織改善自身的經營管理模式。

最後，依然得感謝家人長期的鼓勵與支持，先生正史對於十多年來分居兩國的結婚生活，未曾有過抱怨，對我的工作與研究給予充分的體諒與尊重，使我能無後顧之憂地完全投入學術研究，享受研究與教學所帶來的成就感。我想，本書再版的喜悅仍最應與他們共享。

林淑馨

2014

於臺北大學公共事務學院

326 研究室

自 序

　　隨著社會多元的發展，人類需求不斷的增加，政府部門因無力承擔過多的需求，而給予非營利組織發展的空間。因此，非營利組織的興起乃是為了彌補民間部門凡事以利潤為考量基礎，以及政府部門以照顧多數民眾為原則所產生的偏差和不足。近年來，非營利組織在臺灣的發展逐漸受到各界的重視，對社會進步的貢獻也占有重要的影響力，尤其是在九二一大地震發生時，以慈濟為首的非營利組織發揮相當大的救援力量，同時也協助災後的重建，促使社會或政府開始正視非營利組織所扮演的角色和發揮的功能，進而引發國內一連串有關非營利組織的討論與社會大眾的投入參與。

　　回國多年發現，國內非營利組織的數量不但增加快速，連非營利組織的相關研究也非常豐富多元，非營利組織的議題在國內學界似乎受到相當的重視與肯定。然而，自己在教授「非營利組織管理」這門課時卻發現苦無資料作為上課的教材。雖然國內有關非營利組織的期刊與專書論文很多，但因多以論文形式出現，而非為教科書型態，以致部分資料可能在同一概念的介紹上過於重複，或是論述的內容過於艱深，對於剛接觸這門學科的入門者而言，很難有一整體性的概念與了解。於是，興起自己著手寫教科書的念頭，除了方便教學之外，也希望藉此提供初學者完整的非營利組織概念，並用以提升學習者對非營利組織的興趣。因此，本書乃定位為教科書，除配合每一單元主題介紹相關理論外，盡量輔以實際的個案來進行說明，以增加學習者對非營利組織領域的認知與了解。另外，每章最後安排的"Tea Time"，乃是希望藉由與該章主題相關的非營利組織小故事之介紹，來加深讀者對非營利組織的認識與印象。

　　寫書，其實需要很大的毅力與耐力，畢竟日常生活中除了教書、做研究與指導學生外，如要再騰出時間完成一本書，其所花費的時間與精力，以及過程的艱辛，真的是「如人飲水，冷暖自知」。在這本書完成的過程中，腦海多次出現「沒關係，再拖延半年出書」的聲音。然而，一

旦妥協放縱自己，就不知會產生多少下一次，我想，這本書的出版，將是遙遙無期。也因此，既然訂下目標，就得盡全力在既定時程內完成，是我得以順利如期完成此書的背後動力。

這本書得以有機會問世，首先應該感謝三民書局願意接受我的建議，同時給我充裕的時間完成並出版此書。其次，愛玲、邢瑜、敏麗、毓婷、君怡、阡澐、妙禎等多位研究助理在資料收集、整理，圖表的繪製，以及文稿校正上的細心協助，都是促使本書能如期完成的背後功臣。另外，東海大學所提供的良好研究環境，系上的同事與助教、相關研究領域的先進，這些年來對我的提攜與鼓勵，都是促使本書得以完成的主要因素，在此一併表示感謝。非營利組織研究之豐富多元已如前述，疏漏不周在所難免，敬請給予批評指正。個人希望本書能有助於國內非營利組織的研究與教學，若能引起共鳴，自是萬分感激。

最後，感謝家人長期的鼓勵與支持，父母對於我把家裡當旅館，絲毫沒有一點怨言，公婆對於我這個熱愛工作的外國人媳婦，也是萬般鼓勵、疼愛有加，而先生正史更是長期忍受我不在身邊的孤寂，卻又對我的工作與研究給予充分的體諒與尊重，使我能無後顧之憂地完全投入學術研究。我想，這本書的研究成果與出版的喜悅最應與他們共享。

林淑馨

2008

於東海社會科學院

505 研究室

非營利組織管理

contents

第三篇

非營利組織的經營與管理

第四篇

非營利組織的多樣性

第一篇

非營利組織的理論與概貌

- 緒　論　非營利組織的概念與興起
- 第 1 章　非營利組織的理論基礎
- 第 2 章　我國非營利組織的發展與研究概況

緒論 非營利組織的概念與興起

隨著政治開放與經濟成長，社會發展日趨多元，公民的權利意識逐漸被喚醒，對於許多公共議題，民眾提出了各種不同的需求。針對特定的社會議題，當政府與市場無法滿足公民需求時，一群具有共同理念的公民，自動自發組成團體，期許促使社會問題的改善與解決，此類團體機構稱之為「非營利組織」(non-profit organization，簡稱 NPO)。另一方面，伴隨著大型災難的陸續發生、人們需求的多樣化，以及高齡化社會的到來等諸多因素，眾多學者對於非營利組織在彌補政府與市場侷限性所產生的功能，亦產生了濃厚的興趣與重視。簡單來說，非營利組織的興起遠溯於人類的互助與慈善行為，一方面反映出社會的需求，另一方面也代表著個人的社會價值可以透過群體來加以實現。

若檢視全球非營利組織興起之原因可發現：新右派理念在前英國首相柴契爾夫人與前美國總統雷根等人的倡導與全球化的推波助瀾之下，使得各國政府地位由生產服務者逐漸轉為引導、掌舵的角色扮演。因而，從搖籃到墳墓的福利國家思想不再存在。在這樣的制度脈絡運行之下，政府部門倚賴民間團體提供公共服務的程度相對提高，非營利組織存在的意義自然顯得格外重要。

反觀我國九二一大地震之後，非營利組織如雨後春筍般蓬勃發展。當時以慈濟為首的非營利組織發揮強大的救援力量，同時也扮演協助災後重建的角色，促使社會或政府開始正視非營利組織所能發揮的功能，進而引發了我國非營利組織的發展與非營利組織相關研究的出現❶。

第一節　非營利組織興起的背景

　　根據學者 Salamon 的說法，非營利組織之所以成為世界潮流，其背景包含由於高齡化社會造成政府高負擔的福利國家危機，或者是因為南北差距過大而造成經濟的不平衡，而導致開發上的危機，以及政府政策因缺乏效率，無法及時提供人民多元化之需求等因素（蕭新煌，2000: 5）。另一方面，受到全球化浪潮的影響，許多原本屬於國內性質之議題，衍生成為國際性之議題，促使地方上的非營利組織與國際性非營利組織相互接軌，希冀能夠共同解決問題。

　　非營利組織以社會組織的基本型態而存在之歷史可謂十分久遠，但自 1970 年代至 1980 年代，非營利組織的數量才開始激增，類型也漸趨多元化，終至成為世界性潮流。根據學者 Salamon (1995) 的分析，非營利組織興起的主要原因可歸納為「四大危機」與「兩大革命」，茲分述如下（Salamon, 1995: 255–261；馮俊傑，2004: 18–20）：

一、四大危機

㈠福利國家危機 (the crisis of welfare state)

　　二次世界大戰之後，歐美各國的社會福利顯著擴張；但 1970 年代之後，由於能源危機引發全球經濟不景氣，產生福利國家的危機，政府因而不得不緊縮各項公共支出。福利國家的危機主要來自於下列四個原因：首先，70 年代初期的石油危機，使得經濟成長大幅減緩，且使人民相信，社會福利的支出會排擠到個人對於生產資本與設備的投資，導致經濟更為惡化；第二，愈來愈多的人認為，政府已經負擔超載 (overloaded)，且變得過度專業化與官僚化，以致無法再負荷這些日益增加的任務；第三，由於福利國家的概念，迫使政府提供愈來愈多的服務，而這些服務所需

---

❶　如江明修主編的《第三部門：經營策略與社會參與》、蕭新煌主編的《非營利部門：組織與運作》、官有垣編的《非營利組織與社會福利》等。

的費用已經超過了人民所願意負擔的程度，使得政府的財政赤字逐年增加；第四，國內輿論傾向於相信，「福利國家」的作法是在扼殺人們的進取心，讓人們消極地負起責任，反而增強人們的依賴心理，這是與促進經濟發展背道而馳的作法。

　　在二次世界大戰以後，西方國家紛紛走上了福利國家之路，可是一旦採取福利國家政策，便產生了一種慣性，導致政府所承擔的責任愈來愈大，一方面要解決各種社會問題，另一方面又要維持經濟發展，超過其所能負荷的範圍，使得當時的大政府成為無效率的國家機器。然而，非營利組織的適時出現，運用其較佳的服務彈性，以及組織財源上的自主性，儼然成為政府之外的另一項重要服務的供給來源。

㈡發展的危機 (the crisis of development)

　　1970 年代的兩次石油危機和 1980 年代初期的經濟衰退，除了對已開發國家造成影響之外，亦為第三世界國家的發展蒙上一層陰影，造成第三世界國家人民的平均收入開始下降，包括下撒哈拉沙漠區的非洲國家、西亞，以及中南美洲等發展中國家之整體經濟呈現衰退的趨勢。直至 1990 年代，這種情況不但未見好轉，而且更為惡化。

　　直至今日，全球大約仍有 1/5 的人口生活在十分貧困的環境中，而這也促使許多國家與學者開始反省並試圖找出解決之道。一個稱作「協助自立」(assisted self-reliance) 或是稱為「參與者發展的途徑」(participatory development) 的觀點，也逐漸在這些辯論中產生。此觀點認為若要成功的協助這些國家發展經濟，必須要善加運用當地住民的能力與熱忱。因為許多研究均已證實，要藉由當地政府來推動經濟發展是困難的。由於政府的科層體制是一種由上而下的運作型態，決策過程冗長緩慢，面對民眾需求實在是緩不濟急。且在許多發展中國家，特別是在非洲，其政府通常屬於外來政權，因此政策是否能夠符合一般民眾需求也頗令人質疑。所以，愈來愈多人認為，藉由「參與者發展的途徑」來推動經濟發展的效率要比政府執行來得好，而此種「參與者發展的途徑」多透過非營利組織來執行，也因此促成了非營利組織的發展。

自 20 世紀的 80 年代以來，無論是在已開發國家或是在發展中國家，非營利組織都致力於各種社會問題的解決，積極參加包括社區建設、地方自治、公共政策制定和執行在內的公共管理過程，在現代社會中占有十分重要的地位。此外，非營利組織的中立特性，超越了政治色彩與國際界線，使他國更得以欣然接受非營利組織進駐當地進行援助。

(三)環境危機 (the crisis of environment)

全球環境惡化是導致非營利組織興起的另外一項因素。而導致全球環境惡化的原因則肇始於開發中國家為了生存，不得已破壞環境，以求取經濟的發展。另一方面，則是因為富裕國家不知節制地濫用資源。無論是全球熱帶雨林的急速減少，或是非洲、亞洲與拉丁美洲的土地快速沙漠化，還是歐洲國家嚴重的酸雨問題，都使得全球各地的人們無法再任憑環境繼續嚴重惡化，且開

→圖 1　經濟發展導致環境的破壞，許多以環保為訴求的非營利組織也因此出現。

始認為僅靠政府的力量是難以解決此一問題的。因此，人們試圖依靠自己的力量來挽救生態環境，例如在中歐與東歐各國，「綠黨」(Green Parties) 以驚人的數量迅速成長。而在開發中國家，生態行動主義 (ecological activism) 也刺激當地的非營利組織快速興起，他們藉由民間的力量動員人力，並募集資金，藉由資助那些可能汙染環境、濫用資源的人，試圖改變其作為，以達到保護環境之目的。

(四)社會主義的危機 (the crisis of socialism)

造成非營利組織大幅成長的第四項因素，乃是共產制度 (communist system) 的崩潰。1970 年代中期的經濟衰退，終於使許多社會主義國家認清，共產制度並未如預期能夠兼顧社會正義與經濟富裕，因為共產主義追求的是一種齊頭式的平等，容易造成有些人不事生產也能獲得相同的

財貨，導致社會呈現一種消極的生產狀態。

因此，為了維持其統治的正當性，許多中歐國家開始引進市場導向的機制，試圖挽救國家經濟，其中最早開始的國家是匈牙利。然而，這項措施除了提升這些國家的經濟之外，亦帶來了一個外部的附加效益，即促使這些國家中「公民社會」(civil society) 的形成。

換言之，人們在享受經濟成果之時，體會到非營利組織同樣可以提供需求的滿足，甚至可以提供一個不受限制的意見表達管道。這樣的發展剛開始是十分緩慢的，然而隨著時間的經過，非營利組織在這些國家當中急速發展。在 1988 年，蘇維埃共和國解體的前一年，匈牙利境內已經有了 6,000 個自願組織以及 600 個私人基金會。根據分析家指出，非營利組織之所以發展如此迅速，是因為人民對其中央政府與制度不信任，希望能盡量直接控制經濟、政治與社會相關事務，而非營利組織正是一個十分適當的管道。

二、兩大革命

(一)通訊設施革命 (the communications revolution)

單是上述四項危機，並無法完全解釋非營利組織何以能在近代以如此驚人的速度迅速興起，且引起世人的矚目。根據學者 Salamon (1995) 的看法，還有兩項重大革命也是促成這股風潮的原因，其中之一就是通訊設施的革命。

1970 至 1980 年間，由於電腦的問世、光纖網路的普及、通訊衛星的廣布，使得人類的相互通訊即使在最偏遠的地區，也能達到前所未有的便利。再加

➡️圖 2　通訊革命增進人們的溝通與動員能力，促成非營利組織的大量產生。

上這段期間，全球教育的普及與知識迅速的擴散，使得人們更容易溝通、

相互交換意見，達成意見一致，並組織在一起，且亦容易彼此動員，促成了非營利組織的大量產生。

㈡中產階級革命 (the bourgeois revolution)

1960 年代到 1970 年代初期所發生的全球性且可觀的經濟成長，帶來了中產階級革命。詳言之，1960 年代到 1970 年代初期，全球經濟約以 5% 的幅度快速成長，東歐以及一些發展中國家的經濟成長率更是遠超過這個數字。這一段經濟的快速成長期，造就了一群經濟上的中產階級，而這些中產階級的領導者，在拉丁美洲、亞洲與非洲等地，對於非營利組織的發展均扮演著決定性的角色。

綜觀世界各國的非營利組織發展，由於非營利組織具有小規模、彈性與草根等特性，可以避免官僚行政的諸多缺失，再加上通訊革命和中產階級革命推波助瀾之下，使得非營利組織愈來愈受到重視，形成政府、企業與非營利組織三強鼎立的新結構。換言之，非營利組織的激增改變了國家和公民的關係，其所帶來的影響已經遠超過了其所提供的物質服務。非營利組織不僅為社會提供了新的資源配置體制，滿足了社會多元化的需求，而且也已成為國家社會發展的重要力量。

第二節　非營利組織的定義

事實上，欲釐清非營利組織的概念內涵與涵蓋的範圍並非易事，僅就非營利組織本身的使用而言，其等同名詞或類似名詞即呈現相當多元的現象，例如慈善部門 (charitable sector)、志願部門 (voluntary sector)、獨立部門 (independent sector)、第三部門 (the third sector)、影子政府 (shadow state)（王順民，1999: 38-39；張英陣，1999: 62；林淑馨，2004: 111-112；劉麗雯，2004: 14-16）等相似名詞，皆出現在相關的論著與討論之中。

一、相關概念名詞的釐清

關於非營利組織的名詞解釋莫衷一是、眾說紛紜，以字面上之解釋

而言，非營利組織為不以追求利潤為目的，而從事公益性活動的民間法人組織。事實上，目前對於非營利組織一詞之界定，不少學者均有自己的解釋，至今仍未有明確、統一的解釋。不過，當界定非營利組織的概念時，我們仍必須將一些相類似的概念加以釐清（Salamon & Anheier, 1997: 12-13；丘昌泰，2000: 368-369；張潤書，2009: 300-301；林淑馨，2003: 5-6）。

㈠免稅部門 (tax-exempt sector)

免稅部門係以是否能享受稅法上之免稅待遇而論。在美國的稅法中，免稅部門可以免除國家的所得稅籍所在地的財產稅；在我國，則依照現行《所得稅法》之規定，組織可享有免稅之優惠。但此一名詞並不適用於跨國性的比較，因為免稅部門的存在往往是相應於不同國家特有的稅法規定，因而較不具有比較論述的基礎。

㈡獨立部門 (independent sector)

獨立部門係強調其在政府部門與企業部門領域之外的第三勢力之重要角色。理論上，獨立部門的管理、運作以及經費皆不受政府部門與企業部門之干預；但實際上，其財務資源方面非但不獨立，反而深深地依賴政府部門與企業部門的支持。

㈢志願部門 (voluntary sector)

志願部門係強調該部門管理與作業人力的供給，主要是來自於完全義務性與自動自發的志願工作。不過，受到組織事務專業化之影響，組織的工作無法完全交由志工來執行，必須聘用支領全薪的專職員工，俾能推動組織目標。

㈣慈善部門 (charitable sector)

慈善部門是為了救濟社會上之弱勢者，而提供慈善性服務的組織，且強調其運作資源的「收入面」主要是來自於私人的慈善捐助；但在實

務上看來，這類捐款收入並非慈善部門唯一或主要收入來源。

(五)非政府組織 (non-governmental organization)

一般而言，非政府組織所從事的活動通常是全球性的，且以公民為主體的海外協力、民間交流、環境保護、人權議題或是開發協助等活動為主，強調有別於國家的非政府活動。因此，非政府組織亦可被稱為跨越國境從事國際活動的組織；如此之定義，則有別於在國內進行公益活動的地方性、草根性非營利組織。非政府組織的出現更有其正面積極的意義，除了代表對於當今以政府為中心的傳統途徑表達不滿以外，還希望透過非政府組織的參與，達到民主政治的體現。

(六)第三部門 (the third sector)

在我國，第三部門的用語及概念是從歐美國家導入，經常和非營利組織一詞混合使用，所代表的含意也幾近相同，都是指「不以營利為目的之民間組織」，強調其組織結構完全由民間來組成及運作，是分立於政府部門之外，不屬於政府部門的組織。但是，日本第三部門的概念，卻有別於此。在日本，所謂第三部門，是指地方政府出資設立的法人之總稱，也可以稱為是「地方政府出資法人」，以公私合夥的方式經營，用以達到保障公共性的目的，此乃日本型第三部門和其他國家最大的不同之處。

上述之不同名詞，乍看毫無關聯，但事實上卻是在描述同一類型的組織，只是觀察的面向有所不同，例如從人力供給面、組織的收入面或從事活動的性質面等。衡量諸多文章的行文脈絡與論述依據，可以發現隨著不同國家，乃至於不同學者，常因不同的強調重點與思考角度而對非營利組織用詞有其偏好與意義。

二、非營利組織的定義

根據學者 Salamon (1992: 3–7) 的說法，非營利組織是民間的法人組織，也是以追求保健、教育、科學進步、社會福利、多元性價值觀的促

進等公共目的為主的組織，其構成包含下列六項特性，說明如下：

(一)正式 (formal) 組織

意指非營利組織必須有某種程度的制度化，即在某些國家非營利組織會有正式的組織章程、定期的會議、會員幹部、規劃運作過程；至於一些非正式或是暫時性的人員結合，並非屬於非營利組織的範疇。

(二)民間的 (private) 組織

意指非營利組織非隸屬政府部門，也非由政府部門所掌理。但這並不代表非營利組織不能接受政府的特定支持，主要的關鍵在於非營利組織的基本結構上必須是民間性質的。

(三)不從事盈餘分配 (non-profit-distributing)

意指非營利組織並不是為了組織擁有者獲取利益而存在，但非營利組織是可以獲取利益的，只是所獲取之利潤必須投入組織的基本使命任務上，而非分配給組織持有者或工作人員，這也是非營利組織與企業部門最大的不同之處。

(四)自主管理 (self-governing)

意指非營利組織具有控制管理自身業務活動的能力，不受政府部門或贊助企業部門之外部力量的左右。

(五)從事自願服務 (voluntary)

意指非營利組織在行動與事務管理上，在某種程度上是有義務性與自動自發性的志工參與，換言之，非營利組織的成員都是自願性的奉獻與參與，不能被強迫加入。

(六)公益 (philanthropic) 的屬性

意指非營利組織的成立或活動目標，必須是為了公共利益而服務，

提升大眾之生活品質，而非為特定私人謀利，若是非以公益作為出發點，則喪失了非營利組織最初的真意。

　　另一也常為非營利組織研究者所介紹引用的，則是學者 Wolf (1999: 21) 的定義。根據 Wolf 的說法，非營利組織的定義必須具備如下的特徵：公益使命、為正式合法的組織、接受相關法令規章的管理、不以營利為目的、組織經營結構必須是不獲取私利的、組織享有政府稅賦上的優惠、捐贈給該機構的捐款可享受稅賦優惠。

　　學者 Hansmann (1980) 認為「非營利組織本質上禁止組織分配淨盈餘給其控制者，如成員、職員、董事或受託人，但並不禁止賺取盈餘，只要盈餘全部保留運用於機構成立目的之服務，且不從事盈餘分配即可」。

　　在上述三位學者 Salamon、Wolf 與 Hansmann 的定義之下，可以清楚發現非營利組織的公益性格，以及其組織屬性的獨立性；另外，非營利組織雖不以營利為目的，但有時仍會因為活動而獲得盈餘，但此項盈餘不得分配給組織內部人員，而是必須再度回到與組織宗旨相符的相關任務運用。

　　由上述學者對非營利組織的定義可以發現，這些定義雖未能統一，但所強調的內容卻皆是大同小異。非營利組織與其對立概念最大不同之處是在於：大多數合法設立的非營利組織皆標榜「公共」的使命和「公益」的功能，並且強調非營利組織是不以營利為目的，而是以公共利益作為組織存在與運作的目標；在資源面向上，雖受到政府部門以及企業部門之贊助，但仍應秉持著獨立決策與行動的能力。最後，一般非營利組織具有非政府及自主的特性，所以在某些方面業務的執行，會較政府部門有效率及更富有彈性。

第三節　非營利組織的分類與社會功能

一、非營利組織的分類

　　隨著公共事務的日趨複雜，政府職能迅速擴張，決策者所面臨的公

共問題愈來愈繁複，比較無法兼顧全局。另一方面，時空上的轉變，人民權利意識抬頭，要求趨於多樣化，非營利組織亦日趨專業分工。以下學者是依據不同的觀點對非營利組織進行分類，其主要的目的在於掌握不同類型非營利組織的特性，進而了解眾多類型的非營利組織不同之運作方式。

(一)依非營利組織活動範疇分類

依照各個非營利組織章程所定的組織使命，可以發現組織使命相當多元，因此其目的事業也十分多樣化，依照國際非營利組織分類標準 (The International Classification of Nonprofit Organization, ICNPO)，可將非營利組織分成以下十二大類及其次分類，如下表 1 所示。

➡表 1　ICNPO 對非營利組織的分類與次分類

分　　類		次分類
第一類	文化與娛樂	文化與藝術、運動、其他娛樂
第二類	教育與研究	初級和次級教育、高等教育、其他教育、研究
第三類	健康	醫院和復健、心理健康與緊急處理、其他健康服務
第四類	社會服務	社會服務、緊急庇護與救濟、收入支持與維持
第五類	環境保護	環境保護、保護動物
第六類	發展與提供住屋	經濟、社會及社區發展、住屋提供、工作機會與訓練
第七類	法律、倡導及政黨	公民權與倡導、法律服務、政治組織
第八類	慈善	
第九類	國際事務	
第十類	宗教	
第十一類	企業與專業協會、聯盟	
第十二類	其他	

資料來源：整理自 Salamon & Anheier, 1997: 67–74；王順民，1999: 56–58；陸宛蘋，1999: 32–33；顧忠華，2000: 149；邢瑜，2005: 18。

上述之分類，是依國際非營利組織的現況所做的分類，並不能概括類推所有國家的非營利組織。以我國來說，依照喜瑪拉雅研究發展基金

會所出版的《台灣 300 家主要基金會名錄》之分類，我國基金會的類型可以分成：文化教育、文化藝術、社會慈善、醫療衛生、環境保護、經濟發展、其他等共七類。基本上，上述這些分類依據，各國在程度上會有所差異，因為各國是依照其非營利組織的活動範疇來加以區分，具備高度的內在異質性。

(二)依非營利組織法律性質分類

依我國《民法》規定，將法人分為公法人與私法人兩種。當中私法人的意涵乃接近於所謂的非營利組織，共有兩種類型：一為社團法人，係指以人為主的社會團體，其主管機關為各級政府的社會部門；若以中央政府之內政部為例，其將社團法人分為學術文化團體、醫療衛生團體、宗教團體、體育團體、社會服務慈善團體、國際團體、經濟業務團體、宗親會、同鄉會、同學或校友會、其他等分類❷。換言之，社團法人係依《人民團體法》所成立的各種協會、促進會、學會等組織。

另一為財團法人，係指以一筆財產為主，向成立之目的事業所屬主管機關立案，故有私立學校、私立醫院、寺廟、教堂及育幼、安老、庇護等社會福利機構、各種類型之基金會等。財團法人並沒有社員的組成，不能有自主的意思，必須設立管理人，依捐助目的忠實管理財產，以維護不特定人的公益並確保受益人的權益（陸宛蘋，1999: 30–33；馮燕，2000: 78）。

綜觀上述之定義，非營利組織可能是社團法人，抑或是財團法人，其具備一種法人資格，以公共服務為使命，不以營利為目的，且享有減免稅之優惠，組織盈餘不分配組織成員，並具有民間獨立組織之性質。

(三)依非營利組織財源與控制權分類

學者 Hansmann 依據非營利組織之財源籌措方式與控制方式之不同加以分類。將非營利組織分為四種類型：

❷　內政部人民團體全球資訊網（http://cois.moi.gov.tw/MOIWEB/Web/frmHome.aspx；檢閱日期：2014/6/23）。

➡表2 四種非營利組織的類型

控制方式 財務來源	互助型 ——會員控制	企業型 ——董事控制
捐助型	聯合勸募、 服務性社團	民間博物館、 公益基金會
收費／商業型	聯誼社、 會員俱樂部	社區醫院、 安養院

資料來源：Hansmann, 1980: 842。

1.捐助型 (donative)

組織財源主要來自外界捐助，其組織財源主要來自於認同其組織目標之贊助者的捐贈。

2.收費／商業型 (commercial)

組織的多數收入來自財貨或服務的收益。收費／商業型的非營利組織，其組織生存、運作所需的財源來自於提供服務或勞務的銷售收入，屬收費性質。例如大部分的療養院、醫院均屬此類。

3.互助型——會員控制 (mutual)

組織的成員控制組織的決策權。換言之，該組織之贊助人有權選舉該組織之董事會。例如許多會員式俱樂部的組織，其組織之董事會係由其贊助者或消費者選舉而成，故該組織之決定權在贊助者手中。

4.企業型——董事控制 (entrepreneurial)

組織主要由董事會控制監督。其組織之運作權免受其贊助者之正式監督控制，此類型組織常由一永久設立之董事會管理。

綜上所述，雖然每位學者對於非營利組織的界定均有所不同，但是一般而言，大多數學者仍以具有公共性質與否以及不以營利為目的，作為判別組織性質的重要標準，倘若缺乏這兩項要素，則違背了非營利組

織成立之意義。

二、非營利組織的社會角色與功能

非營利組織的興起彌補了政府部門與企業部門提供服務的不足，在不同地區、不同的議題性質，或不同的社會發展與認知之下，非營利組織所扮演的角色也會有所不同。根據 Kramer (1981: 8–9) 的分析，從大多數非營利組織的特質、目標和實質功效中，可歸納出四種角色功能：

㈠開拓與創新的角色功能

非營利組織因組織較富有彈性，對於社會大眾的需求較為敏銳，能由一些需求與新興的議題發展策略、規劃執行，從實際的行動中去實現組織目標，達成組織使命，並從實際行動中實現理想。例如董氏基金會是國內最早推動菸害防制的非營利組織，致力於國內菸害防制工作規劃、教育宣導，並促成相關政策法案制定與監督執法，於 1997 年完成《菸害防制法》立法（歷經六年），2000 年成功推動菸品開徵「福利健康捐」，使政府開始有專款專用於菸害防制。

㈡改革與倡導的角色功能

非營利組織往往從社會中的各層面，洞察社會脈動的核心，並運用服務經驗展開社會輿論與遊說，具體促成公眾態度的改變，引發政策或法規的制定與修正，擔負整個社會體系與政府組織的監督與批評。例如現代婦女新知基金會在成立之初，乃是協助婦女在社會快速變遷中，於現代和傳統的角色中找到平衡點。

㈢價值維護的角色功能

非營利組織透過實際運作以激勵民眾對社會事務的關懷，提供社會人才培育的場域，有助於民主社會理念及各種正面價值觀的維護；另外，對民眾智識的開發、思考層面的提升，以及人性尊嚴的啟發都極具意義。例如洪建全教育文化基金會創設「敏隆講堂」，推動「臺灣 PHP 素直友會」

讀書會群，培訓讀書會種子講師，以孕育書香社群。

㈣服務提供的角色功能

因為政府礙於資源有限，無法充分保障到社會中的所有人民，非營利組織的出現便彌補了政府的限制，提供多元服務滿足特定民眾；非營利組織具有彈性、自發性，對社會公眾的需求能夠敏銳回應，使其在政府福利功能無法全面關照時，仍可以獲得需要的幫助。例如**創世基金會**於 1987 年開始展開清寒植物人安養服務，至今安養超過上千名植物人，除了幫助上千個傷心家庭外，也彌補政府部門在此方面功能之不足。

非營利組織的角色在現今社會中日趨多元化，且在後工業化的社會當中，彌補了政府與市場功能的不足，並串起了人與人之間日漸疏離的關係。事實上，非營利組織所扮演的角色是相當多元的，可能是社會創新的角色、議題改革的角色、捍衛理念價值的角色，或是服務提供者的角色等。在目前這個多元的社會裡，一個非營利組織同時身兼多種角色，是十分普遍的現象。

Tea Time

100 元的奇蹟──嘉義市嘉邑行善團❸

生活在都市中，生活與交通都非常便利，但您有沒有想過，仍有許多地方須靠一座橋來與外界聯絡，假如沒有橋的話，居民們便要冒生命危險渡河，因此嘉邑行善團不分職業貴賤、年紀大小，自願放棄假日，走進偏遠村落，齊力為村民搭起通往外面世界的有形橋梁，也搭起人與人之間溫暖的心橋。

1965 年初，一群默默行善的人士，以「行善堂」的名稱，利用晚間人車較少時於嘉義市街道間修補道路坑洞，埋設水溝、水管蓋板，並於白天時修補偏遠地區吊橋及至救濟院與孤兒院施米

---

❸　嘉義市嘉邑行善團網站（http://chiayidogood.org/xoops/modules/tinyd1/index.php?id=2；檢閱日期：2014/2/17）。

濟貧。1968 年圳頭里玄天上帝廟前建造第 1 座木造橋，隔年則於中埔鄉石弄村興建第 2 座木橋，但此木橋在 1971 年 6 月間因大雨沖毀，而改以鋼筋水泥建造，定名「惠生橋」，為該團第 1 座水泥橋，直到 1977 年興建第 44 座振榮橋後，乃於 1980 年正式更名為行善團，又因設立於嘉義市，故又稱為「嘉義行善團」。

1997 年 10 月，在中埔鄉凍仔腳興建第 228 座「行定橋」。此時，何明德團長因身體需靜養而囑託資深團員曾茂森先生以嘉邑行善團之名，向嘉義市政府申請為社團法人，希望讓組織運作能制度化、明朗化，並於 1997 年 12 月 15 日送件登記，1998 年 1 月 5 日獲市政府准予立案籌備成立，並於同年 3 月 14 日召開會員大會，通過組織章程、工作計畫、推選理監事，繼續推展造橋、施棺、補路。1999 年，行善團獲法鼓山頒發「十大傑出平安貢獻獎」，2002 年又獲頒中華民國第四屆國家公益獎，足以證明該組織對社會發展的重要性。

「嘉邑行善團」是非以營利為目的之社會團體，以社會服務（造橋）及慈善活動（施棺）為宗旨，發揚社會仁風義舉，結合群眾力量、淨化人心、造福社會。該團號召民眾每人每三個月捐贈新臺幣 100 元的造橋功德金，造福各鄉里的交通便利，因此其善行也被稱為「100 元的奇蹟」。

參考文獻

一、中文書籍

丘昌泰，2000，《公共管理——理論與實務手冊》，臺北：元照。

孫本初，1994，《非營利性組織管理之研究：以臺北市政府登記有案之社會福利慈善事業基金會為對象》，臺北：臺北市政府研究發展考核委員會。

張潤書，2009，《行政學》，臺北：三民。

陳金貴，1994，《美國非營利組織的人力資源管理》，臺北：瑞興。

馮燕，2000，〈非營利組織之定義、功能與發展〉，收錄於蕭新煌主編，《非營利部門：組織與運作》，臺北：巨流。

劉麗雯，2004，《非營利組織：協調合作的社會福利服務》，臺北：雙葉。

蕭新煌主編，2000，《非營利部門：組織與運作》，臺北：巨流。

二、中文期刊

王順民，1999，〈非營利組織及其相關議題的討論——兼論臺灣非營利組織的結構意義〉，《社區發展季刊》，第 85 期，頁 36-61。

江明修，1996，〈非營利組織領導行為之研究（上）〉，《人事管理》，第 33 卷第 10 期，頁 4-13。

江明修、梅高文，1999，〈非營利組織與公共政策〉，《社區發展季刊》，第 85 期，頁 6-12。

林淑馨，2003，〈日本非營利組織的研究——現況與課題〉，《中國行政》，第 72 期，頁 1-22。

林淑馨，2004，〈民營化與第三部門：日本鐵路改革經驗的反思〉，《公共行政學報》，第 11 期，頁 109-142。

張英陣，1999，〈企業與非營利組織的夥伴關係〉，《社區發展季刊》，第 85 期，頁 62-70。

陳金貴，1993，〈美國非營利組織的分析〉，《行政學報》，第 35 期，頁 27-41。

陸宛蘋，1999，〈非營利組織的定義與角色〉，《社區發展季刊》，第 85 期，頁

30–35。

馮燕，2001，〈從部門互動看非營利組織捐募的自律與他律規範〉，《臺大社工學刊》，第 4 期，頁 203–242。

顧忠華，2000，〈非營利組織的公共性和自主性〉，《臺灣社會學研究》，第 4 期，頁 145–189。

三、英文書籍

Kramer, R. M. 1981. *Voluntary Agencies in the Welfare State*. Berkeley: University of California Press.

Salamon, L. M. 1992. *America's Nonprofit Sector: A Primer*. New York: Foundation Center.

Salamon, L. M. 1995. *Partners in Public Services: Government-Nonprofit Relations in the Modern Welfare State*. The Johns Hopkins University Press.

Salamon, L. M. & Anheier, H. K. 1997. *Defining the Nonprofit Sector: A Cross-National Analysis*. Manchester & New York: Manchester University Press.

四、英文期刊

Hansmann, H. 1980. "The Role of Nonprofit Enterprise," *Yale Law Journal*, 89: 835–901.

五、碩博士論文

邢瑜，2005，《非營利組織與政府、企業之行銷關係研究——以表演藝術組織為例》，東海大學公共行政學系研究所碩士論文。

陳怡君，2006，《環保類非營利組織志工管理》，東海大學公共行政學系研究所碩士論文。

馮俊傑，2004，《以非營利組織之觀點探討其與政府間互動關係——以社會福利財團法人為例》，東海大學公共行政學系研究所碩士論文。

六、網路資料

內政部人民團體全球資訊網（http://cois.moi.gov.tw/MOIWEB/Web/frmHome.
aspx；檢閱日期：2014/6/23）。

嘉義市嘉邑行善團網站（http://chiayidogood.org/xoops/modules/tinyd1/index.
php?id=2；檢閱日期：2014/2/17）。

第一章　非營利組織的理論基礎

　　非營利組織是 21 世紀開發國家的主體之一，若是將國家比喻成一部四輪車，四個輪子分別是政府、企業、家庭與非營利組織；由此可知，非營利組織已經成為開發國家社會成長的一項重要指標（陳定銘，1999: 128）。如緒論所言，非營利組織的興起有諸多原因，其中之一在於政府部門的失靈；受到行政科層體系的侷限，政府部門無法迅速回應環境快速變遷所產生的問題；其次，民眾需求的多樣化與複雜化亦使得政府部門難以負荷。因此，以公益為使命的非營利組織在現代社會中的重要性與日俱增。

　　1990 年代開始，關心非營利組織研究理論發展之學者日趨增多，而經濟學領域的理論建構，一直是社會科學各學門中成果最為豐碩的學門。事實上，非營利組織的經濟學理論在 70 年代初即已成形，到了 90 年代，部分經濟學者開始反省過去理論觀點的妥適性，陸續提出修正的觀點。爾後社會學、政治學、法學、心理學、企業管理等各科學門也急起直追，紛紛從各自領域的學術觀點來探討非營利組織的行為，及其與社會其他部門如政府、市場、社區、家庭等的互動關係（官有垣，2000: 2），從而賦予非營利組織多元樣貌。

　　如欲追溯非營利組織存在的理由，牽涉到歷史文化、社會、政治經濟等諸多面向。若僅單從某一面向觀察，在背景的描述表達上可能會有所闕漏。因此，本章試圖從政治經濟面向與社會面向來探討非營利組織，希冀能建構出較為周延的理論基礎。因此，在本章中，首先從政治經濟面向上，亦即經濟學者常使用的市場失靈理論、政府失靈理論與第三者政府理論來進行探究；其次，在社會面向上，則分別從志願服務理論、社群主義理論、治理與社會資本等四大構面，來闡述其與非營利組織的關連性。

第一節 政治經濟面向

受到前英國首相柴契爾夫人與前美國總統雷根等人的倡導與全球化的影響，新右派理念改變各國政府的角色，使其由生產服務者轉變為引導、掌舵者，也因而，從搖籃到墳墓的福利國家思想不復存在。在這樣的制度脈絡下，政府部門對民間團體的倚賴逐漸增加，非營利組織的存在自然顯得格外重要。

若從政治經濟面向來整理非營利組織興起的理論，不外乎是市場失靈、政府失靈以及第三者政府理論。以下乃分別說明之。

一、市場失靈 (market failure)

在理想的情況下，市場呈現的是完全競爭的狀態，價格則是由買賣雙方共同決定，因此，市場能夠達到最佳效率的境界，亦即經濟學所提到的「帕列圖效率」(Pareto efficiency)。但此種企業追求最大效益以及消費者擁有完整資訊的完全競爭市場，並非是經濟活動的唯一型態。在現實社會中，受到諸多因素之影響，使得市場無法達到供需關係以及資源配置的理想狀態，故產生了市場失靈的問題。大致而言，造成市場失靈的因素可歸納如下（張潤書，2009: 306–310；江明修，2002: 4；官有垣，2003: 7–14）：

(一)外部性 (externality)

所謂「外部性」，意謂市場的交易結果對非交易之第三者所造成的影響，此影響可能是負擔，也可能是享受。換言之，外部性的結果可能是正面，也可能是負面的。以正面外部性來說，例如國民納稅（成本）可享受警察的保護，但未支付成本的國民同樣也可以受到相同的保障，故又稱為外部經濟。至於負面的外部性，如工廠排放廢水廢氣，使附近的居民健康受到侵害，此情況可稱之外部不經濟。

㈡自然獨占 (natural monopoly)

在市場上，某些產品會因為生產者擴大規模，而使平均成本下降，因此具有規模報酬遞增的行業，在規模愈大、平均成本愈低的情況下，便透過市場競爭，迫使小型工廠離開，形成獨占，一般稱之為自然獨占。針對自然獨占的問題，有兩種解決方式：一種是由政府對自然獨占的事業做某種程度的干預；另一種方式則是將有自然獨占性質的事業交由政府自行經營，例如電力、自來水、交通等公用事業皆具有此特性。

㈢公共財 (public goods)

公共財是相對於私有財而言，公共財在本質上具有非排斥、不可分割與非敵對等特性，例如國防、外交、治安等，一般企業與私人通常不願意也不可能提供此類的公共財，必須由政府部門來加以解決。事實上，當某一個人在享受公共財時，很難或無法將他人排除在外，因此公共財在自由市場的供給經常遇到「不足」或是「過度地被濫用」的結果，而公共財的濫用則會造成負面的外部性，導致市場失靈。

㈣資訊不對稱 (asymmetric information)

所謂資訊不對稱意指消費者沒有足夠的訊息與專業知識，判斷產品或接受的服務數量或品質是否合理，因此消費者在議價的過程當中，與生產者相較之下，是處於一個較為不合理與不公平的地位，生產者可能藉由對資訊之優勢地位而占消費者的便宜，可能過度提高價格，或者是提供低品質的產品，使得消費者在當中受到剝削。為彌補私人可能投資不足的情況，政府部門可以採行的干預措施，包括自行投資或擔任風險較大的投資主體；另外，非營利組織也可以藉由創造信任來協助防止或克服市場失靈，因為非營利組織的基本資產便是信任，利用非營利組織不能分配盈餘的特性，致使非營利組織沒有動機去剝削其捐贈者或顧客，若此特性可以被有效的監督，非營利組織將會充分使用其資源以達成使命。

　　總結上述，市場失靈是立基於將社會視為一個類似市場的機制，提出在不完全競爭的經濟制度中，因市場所衍生的問題而導致市場失靈，無法滿足消費者需求的情形（馮燕，2000: 9）。當發生不完全競爭市場的狀況時，特別是公共財貨的提供，以及服務需求量過小時，私人缺乏誘因進入市場，於是產生市場失靈的現象。當市場無法提供消費者需要的財貨與服務時，非營利組織乃以服務社會大眾為使命，以及不以營利為組織目標的特性，正好彌補了這塊供需不均所造成的落差。

　　當左右供需平衡的市場失靈之後，政府部門當然是責無旁貸地必須負起解決問題之責任，但政府並非萬能，其本身也會因為受到某些因素之影響，造成失靈的狀況，以下將介紹政府失靈理論的內容。

二、政府失靈 (government failure)

　　如上所述，市場的功能雖有助於達成最大的經濟效率，但有時卻未必可以達到社會的公平與正義，必須依賴政府部門的職能來從事補救與修正，以達到公平、穩定與成長的目標。

　　政府部門所涵蓋的功能與扮演的角色，被認為可以彌補市場的缺憾，並提供市場所無法提供的集體性財貨。然而，由於經濟、社會的快速變遷，以及民主政治本身的特性，政府部門也發生了失靈的危機 (Salamon, 1995: 38–39)。學者 Weimer 和 Vining (1989: 161–188) 即指出，在民主制度下，可能有下列四種情況會影響政府的運作：

(一)投票的弔詭

　　經濟學中的公共選擇學派認為，在某些特殊的狀況下，人民投票產生的結果並非是對於政策的偏好，反而有可能是制度安排的結果。如此將會使人民對

➡圖 1–1　投票是民主國家的典型制度，但卻隱含著「投票的弔詭」。

於政府政策的偏好強度，無法呈現明確的方向。此外，由於民主制度強調每票等值，因此人民的投票無法顯現其偏好的強度，產生所謂「投票的弔詭」(the paradox of voting)。

(二)官僚體制的供給問題

由於官僚本身無須面對競爭與淘汰，所以在供給上不會亟思進取，往往造成運作的無效率與資源的浪費，致使社會上弱勢者的需求往往無法獲得滿足。另一方面，官僚機構所提供的服務產出較無法以量化的方式來評量其邊際社會利益與成本，以致無法決定最適化的產出水準。

(三)代議政府的問題

政府官員與民意代表為了選票，往往是政治考量大於一切，為了當選與自身利益可能產生「滾木立法」❶(logrolling legislation) 或「肉桶立法」❷(pork barrel legislation) 之情況，其所代表的是地區性的利益，而忽視社會整體的利益。選民也由於知識、時間、資源有限，無法對民意代表進行監督；而民意代表則可能利用特權影響公共政策，以爭取個人利益，出現了政府被民意代表俘虜的情形。

(四)分權政府的問題

由於政府的分權，會造成資源及能力的分散、執行的不力、監督的困難等問題，易導致行政體系權責之間的灰色地帶，非主流弱勢團體的利益經常被忽視與犧牲。另一方面，分權化的結果使得地方政府能夠為民眾提供各式各樣的服務，民眾有更多的機會去選擇服務較好、負擔義務較少的地方政府，遂形成用腳投票 ❸(voting with feet) 的現象。

---

❶ 「滾木立法」意指國會議員在進行法案投票時彼此支援、利益交換的現象，此種方式所通過的法案通常都是代表狹隘的地區性利益，不足以代表整體社會。

❷ 「肉桶立法」意指立法時，國會議員藉由法案或預算的研擬或審查，夾帶著對選區利益有好處的法條，但對整體社會未必是好處。

簡言之，政府失靈乃意指政府雖可採取各種措施彌補市場機能之不足，但在實際執行上，由於公共財的性質、民主政治運作本身之缺陷、官員與民意代表的政治考量以及利益團體等因素之影響，政府的干預卻未能帶來理想結果的現象。

在經濟學的假設中，市場機制是提供服務與財貨的最佳模式，然而由於有外部性、公共財、資訊不對稱等問題，會造成市場失靈，因而需要政府部門的介入，提供市場所無法提供的財貨與服務。但政府部門因為本身制度與財政現實的問題，亦有可能產生政府失靈的情形，在市場失靈與政府失靈的雙重困境之下，非營利組織便成為市場失靈與政府失靈時最佳的服務提供者。

三、第三者政府理論 (the third party government theory)

第三者政府理論的產生是由學者 Salamon (1995) 所提出，認為由於政府行動的轉變與多樣性，在公共服務的輸送上，必須仰賴非政府機構來加以提供，故有此理論的出現。另外，第三者政府理論意謂著人民對公共服務的渴望，但又懼怕政府部門權力的過度擴張，試圖透過第三者的方式來增進並抑制政府部門的角色與功能（Salamon, 1995: 41-43；馮燕，2000: 10-11）。

根據 Salamon 所言，市場失靈與政府失靈理論認為非營利組織的存在僅是次要的，視其為殘餘式 (residual) 的功能。但第三者政府理論卻主張非營利組織的出現是一個優先機制 (preferred machanism)，而非補充性的角色（張潤書，2009: 309）。

雖說非營利組織彌補了政府部門與市場之不足，但 Salamon 亦提到第三者政府仍有其缺失的存在，即「志願失靈」(voluntary failure) 的情況，需要政府採取行動來改善非營利組織的缺失並輔助其發展。一般來說，志願失靈理論包括下列幾項因素（Salamon, 1995: 45-48；江明修，2002: 21-22；劉麗雯，2004: 95-96）：

---

❸ 用腳投票最極端的現象就是移民，民眾可以去選擇服務好、負擔較少的區域居住。

(一)慈善的不足性 (philanthropic insufficiency)

在此部分中，反映了集體財貨中「搭便車」(free rider) 的問題，每個人都只想從社會上獲得好處，而不願花費任何成本，所以只好仰賴志願貢獻系統的建立。雖然非營利組織可以降低提供服務的交易成本與倡導社會義務的觀念，但較無能力生產充足及可信賴的社會資源，以回應社會需求。所以，非營利組織在現代工業社會中，無法提供足夠的、穩定的、持續的資源與服務來支撐龐大的社會需求，且無法涵蓋所有的地理範圍，乃是其不足之處。

(二)慈善的特殊性 (philanthropic particularism)

如果說資源的不足性是志願部門的一項弱點，那麼，志願部門的「特殊性」(particularism) 則是另外一項。所謂「特殊性」是指非營利組織的受惠對象多為社會中的弱勢次級團體，無法遍及整體社會民眾。換言之，非營利組織雖以社會公益為其使命，但在實際執行過程中難免會受到宗教、種族等諸多考量，而忽略了社會上其他次級團體，造成服務資源不夠普及，導致資源重複或浪費的現象。

(三)慈善的家長制 (philanthropic paternalism)

由於非營利組織的資源多來自外界捐助，因而在非營利組織中掌握最多資源者對於組織的運作與決策有很大的影響力，並決定了組織資源運用的服務對象以及數量的多寡，在評議的過程中帶有強烈的個人偏好與父權思想。

(四)慈善的業餘性 (philanthropic amateurism)

一般來說，非營利組織的組成成員包括職工與志工兩大類。志願工作者經常是充滿熱心理想的，但對於非營利組織所處理的專業事務可能較不熟悉，必須仰賴職工處理；但受限於組織資源的不足，非營利組織常無法吸引市場中的專業人員，進而影響到組織運作的成效，甚至成為

非營利組織所面臨的極大挑戰。

由於非營利組織本身存在上述問題與限制，政府部門即在解決「志願失靈」的議題上扮演重要的角色。事實上，非營利組織與政府部門之間存在著密不可分之關係，政府部門提供非營利組織在經費方面的補助，而非營利組織補充政府部門服務的不完善。是故，兩者之間存在某一程度上的互補關係。總言之，雖然第三者政府不甚完美，但其仍為政府部門與企業部門之外一個重要的機制，而此種論述亦可解釋第三部門存在的悠久歷史淵源。

第二節　社會面向

傳統的公共行政工作，一向在政府管制與市場機制兩種對立的世界觀和思維邏輯之間擺盪，而忽略「公民參與」(citizen participation) 的重要性（江明修，2000: 145）。就字面而言，公民參與是指民眾透過管道參與政府政策制定與執行的過程，其設計主要是讓政府能夠回應民眾的需求。基本上，運用民間力量參與政府工作是一種非政府與志願性的活動，而這種活動的產生係基於民主化的理念。換言之，民主化使公民參與公共事務決定的意識日增，於是形成一種志願參與的動力（陳韻如，1994: 61）。

在社會面向當中，由於志願服務理論、社群主義理論、治理與社會資本等四大理論皆強調公民參與的重要性，以及公民介入公共事務的積極性，故在本節中，將以這四大理論作為分析社會面向之基礎而加以介紹。

一、志願服務理論 (volunteerism)

非營利組織的產生乃植基於志願主義 (voluntarism) 的精神，無論是單獨的個人或是有系統的組織或團體，舉凡志願工作者的出發點皆是出自於一種無我奉獻的利他主義。由於這種自由意志與積極奉獻的精神，以及社會責任感的激勵，使得志願工作者有別於一般營利事業的員工，對改善社會具有更崇高的理想與抱負。

關於志願主義的界定，學者 Ellis 與 Noyes (1990) 在其《民治》(*By the People*) 的著作中認為志願參與者是盡一個社會責任的態度，不是因金錢利益的吸引，而是由其意願去選擇可達成社會需求的行動，其所展現的責任則遠超過個人基本的義務（轉引自陳金貴，1994: 152–153）。此外，志願主義最核心的精神，是志願參與者的主體性與自由意志的發揮，也就是說，是志願參與者依其意願，自由地選擇參與公共事務，而採取的一種積極的社會行動（陳志榮，2003: 81）。是故，志願主義是指由個人或團體，依其自由意願與興趣，本著協助他人、改善社會的意旨，而不求私人利益與報酬的一種社會理念與行動。

二、社群主義理論 (communitarianism)

長期以來，以自我和個人為出發點的自由主義，一直穩居於西方思想的主宰。自由主義強調個人的權利，認為一旦個人權利能夠充分和自由地實現，公共利益也就隨之實現。但這樣的想法可能過於功利，之後遂有新自由主義的提出，修正了自由主義的論點。新自由主義在某一程度上也頗符合社群主義的論點，主張人民在公共領域中對公共事務參與討論、形成共識。

所謂「社群」，即是由具有共同屬性者主導的各種關係組織，亦即一群人有某種共同性，使其願以相同的方式行動。社群組織具有共同規範與歸屬感，並以目標設定、團隊建立、職場文化的改變來追求組織的變遷（吳瓊恩，2002: 200）。社群主義中的成員能將個人的「自由」、人際間的「合作」與彼此的「平等對待」三者結合成一個整體。故社群主義中的公民必須基於「公共性」(the public) 的認知，同時擁有「自主性」、「友誼」、「判斷力」的修養與能力（吳定，2003: 23–24）。

在基本價值方面，社群主義不同於自由主義，社群主義期望在利他主義的引導之下，建立共同成員之間的信賴關係以及培養社群意識，故反對個人主義與利己主義的原則，亦不同意任由市場機制作為公共財的分配手段，並認為在此種條件下，公共財的分配不會侵犯個人自由，也毋須事事依賴國家的干預（江明修，2002: 3）。

三、治理 (governance)

　　90 年代,治理的概念逐漸從隱晦不明成為社會科學討論的主要議題。治理一詞意涵豐富,主要是指統治過程中所有制度層級和互動關係 (孫本初,2002: 2)。若從不同的角度切入,治理的意義即會有不同的解釋意義,且其概念可以是靜態抑或是動態解釋。根據學者 Rhodes (1996: 652–653) 的見解,治理是一種比政府範圍更廣泛的現象,包括政府機構與非政府組織。其認為治理概念的興起顯示出政府的角色已經改變,意味著一種新的治理流程,或是一種已經改變了原有秩序的統治狀態,抑或是一種治理社會的新方法。這種情況不僅只表現在國家內部的層次,同時也反映在超國家層次的關係上。具體言之,即國際政治社會秩序之維護,以及全球化市場經濟的利益平衡,已經愈來愈倚重新的全球治理機制,而主權獨立國家的統理權力已經被稀釋,遂有爾後「全球治理」概念的提出。

　　如表 1–1 所示,根據江明修、鄭勝分 (2003: 80) 之看法,全球治理的內涵可以區分成治理主體與治理運作兩個面向來觀察。就治理主體而言,受到全球化潮流之影響,全球治理不再是以傳統第一部門為主體,第二部門與第三部門也成為全球治理的新範疇。另外,就治理運作來說,治理運作呈現多元面向,而非僅傳統之管制性功能,治理是包含多層次且多元關係的聯結網絡,不再是只有政府部門獨攬重責而已。

➡表 1–1　全球治理的特色

	第一部門	第二部門	第三部門
治理主體	跨國政府組織	多國籍公司	非營利組織
治理運作	授　權	解除管制	公私協力

資料來源: 江明修、鄭勝分,2003: 80。

　　整體而言,治理意味著在現代社會中,政府部門把原先由其獨自承擔的責任與任務轉移給社會,即各種私人部門和公民自願性團體 (非營利組織),而後者正承擔愈來愈多原先由國家承擔的責任。如此一來,政

府部門與社會之間，或是公共部門與私人部門之間的界線和責任即變得模糊不清，同時也逐漸產生部門之間的界域重疊與模糊的現象。

　　若從治理的概念來看非營利組織興起的緣由，可以將其整理為下列三項因素：首先是國家機關（中央政府）權力移轉與治理層次的擴大。由於傳統以國家為中心的治理觀點受到質疑與挑戰，國家權力開始分散，而治理層次也隨之改變，如向上移轉至國際組織，向下移轉到區域機關、地方政府與社區組織，以及向外移轉至非營利組織、行政法人化等；其中，非營利組織即屬向外移轉的範疇。所謂「向外移轉」是將傳統上游國家所控制的權力與能力，移轉給遠離政治菁英所控制的機構與組織，包括非營利／非政府組織、公司化與民營化等方式 (Pierre & Peters, 2000: 83–90)。作者認為向外移轉亦隱含著原有服務遞送方式與政府執行權的移轉，但這並非意謂著政府角色的縮減，而是將執行部分交由民間，因為民間的活動力能更快速地反應社會上的需求，政府在執行過程中轉換成監督者的角色，並建構一個良善的發展環境。

　　其次是非營利組織角色的中立性。隨著全球化的來臨，人類相互依存關係的強化，國家內部的事務與全球性經濟及政治之間出現了更直接的聯繫；也由於資訊交換往來的快速提高，世界被壓縮成一個單一的地球村，傳統內政與外交的界線也日趨模糊。然因各國之間可能會受到政治因素之考量，在許多共同的相關議題上無法進行合作。由於非營利組織的成員多半是民間人士，組織的使命也多為社會大眾所認同與關心，故非營利組織能扮演區域治理的角色。

　　最後，非營利組織的興起應與多元行為者的參與有密切的關係。從公共行政的角度來看，民主化的政治改革必定衝擊傳統 Max Weber 所謂的科層式 (bureaucracy) 行政管理模式。因為傳統行政管理強調「由上而下」的政策制定模式，即政府壟斷所有公共事務管轄權的觀念，不但違反民主制度「由下而上」的決策觀念，且政府在政策能力上面臨複雜且多元的公共事務管理時也顯得力不從心（宋學文，2003: 140），因而給予非營利組織發展的機會。受到治理觀念的影響，政策的形成不再只是中央或地方政府由上而下的制定，而逐漸傾向多元組織共同參與，因此，

非營利組織乃成為多元政策制定與形成過程的主要行為參與者，在政策網絡形成的過程中扮演重要角色，同時也改善傳統由政府提供公共服務的弊病（塚本一郎，2004: 30）。

綜合而言，「治理」的問題意識之所以能夠迅速普及，和 90 年代以來非營利／非政府組織大量興起有關。早期注意到非營利組織蓬勃發展的學者們，試圖以「市場失靈」、「政府失靈」或「第三者政府理論」等理論觀點，來解釋非營利組織的成長。但上述這些論點視非營利組織為一消極性之補充角色，僅能彌補政府部門與私部門之不足，卻忽略促使非營利組織崛起最重要的因素乃是其擁有「公共性」和「自主性」雙重特性，與政府的第一部門及企業的第二部門有顯著之差異，從而構成了獨立的「第三部門」。此外，受到全球化之影響，許多公共議題幾乎都可見非營利組織參與其中，因此才將「全球治理」和「非營利組織」結合起來。

四、社會資本 (social capital)

「社會資本」一詞在近年來受到廣泛的運用，以社會資本為關鍵詞的研究論文，近十年內更是急劇增長，這可以從連續多篇文章的發表以及部分學報以「社會資本」為專題出刊，而窺探其態勢。

社會資本的概念最早是由誰提出眾說紛紜。根據文獻所述，關於社會資本的定義大致可分成微觀層面與宏觀層面探討。首先，就微觀層面而言，著眼於人際網絡分析層次，主要是因學者 Coleman (1990) 從人際關係網絡角度來定義社會資本，認為：「個人非單獨存在於社會的實體,而是與其他人形成某種連結關係,即所謂的人際關係網絡」。至於在宏觀層面，學者 Fukuyamah 則強調社群或國家的分析層次，而將社會資本界定為「促使成員合作的共通非正式價值或規範。當團體

➡圖 1-2　人與其他人形成某種連結關係,此為微觀層面的社會資本。

成員預期其他成員的行為都是誠實可靠的，自然就能彼此信賴，信賴即是使組織運作順暢的潤滑劑」（轉引自江明修，2002: 7）。

　　基本上，社會資本是建立在行動者之間信賴與互惠的合作關係❹。在多元的行動者當中，又以非營利組織最能累積社會資本的能量。主要是因為非營利組織透過特定議題的訴求，結合許多志同道合的行動者，一起向共同目標邁進，而促使這種向相同目標邁進，必須要有足夠的正當性和說服性，以及該團體本身在社會上的信任度。

　　其次，學者陳金貴 (1994) 認為非營利組織的任務大致上是以推動公益活動為主，因此必須與外界互動，在此過程中，非營利組織除了提供社會服務外，另外尚有其他各種活動，尤其近年來，非營利組織成為民主治理網絡中的重要一環，不只是扮演原來的角色，更要擴大與政府、企業、社區及其他社會組織互動，以發揮其影響力，因而符合學者 Putnam (1993) 所提出的公民參與社團生活是社會資本最有力的指標概念之說法。具體來說，社會資本的產生有賴於鑲嵌在社會關係中多元行動者的相互存在與互動，才能將無形之社會資本，轉換為社會上有形之實質助益。

　　非營利組織發揮了人飢己飢、人溺己溺的人道救援精神，相較於政府部門，其所提供的服務更有彈性，且較不具政治色彩，一般而言，較不容易被受援者所排斥，而得以迅速提供服務，在緊急情況下，得以排除萬難，執行任務。若以學術性的角度解釋，由於非營利組織的使命特性，使得社會資本容易培育，轉化成支持非營利組織的主要利基。因之，作者認為，如是的結果應該可以解釋為是其所累積的社會資本發揮了效用所致。

---

❹　相關研究指出，「目前社會資本的概念，雖然仍存在許多概念上和操作上的分歧，但總括而言，學者們基本上對社會資本的理解具有很大的共通點，主要的觀點包括社會網絡、公民參與、社會規範與社會信任等信念，因此，社會信任、社會規範、公民參與及社會網絡成為社會資本的具體表徵」（張培新，2006: 133）。

第三節 結 語

非營利組織存在的理由，常被形塑成是因為受到「市場失靈」或「政府失靈」的影響，非營利組織才有生存的空間。然而如此的解釋，可能過於限縮了非營利組織本身的存在理由與價值。因為非營利組織的出現代表著公民參與的管道日趨多樣化，非營利組織的地位和影響力也愈形重要。非營利組織的數量之所以日益增加，有其積極的需求面，更意味著改善社會供給面的需求，不能單從消極性或補充性的角度去理解。

一般而言，組織的運作必須有充分的資源支撐，非營利組織也不例外。非營利組織的運作必須募集社會上各種資源，以實現組織使命，並謀求社會大眾最大的利益。隨著社會的多元化，非營利組織亦日趨多樣化，組織與組織之間彼此相互依存，提供轉化與促進社會調合的機會與管道。

在本章了解非營利組織的定義與理論全貌之後，於第二篇將討論非營利組織、政府部門以及企業部門三者之間的關係。因為即便非營利組織能夠輔助政府部門與企業部門之不足，但在某種程度上來說，卻又並非完全能夠取代政府部門與企業部門的功能與角色。因此，在下一篇中將對三者之間的互動關係做一探析，以了解三者之間所存在的互補性與各自的獨特性。

Tea Time

心靈的清流：洪建全教育文化基金會[5]

臺灣社會風氣日益惡化，「只重利益，不問是非」、「笑貧不笑娼」的觀念充斥整個社會。許多人終其一生汲汲追求金錢、名聲與地位，卻忽略精神與心靈層面已經枯竭許久，未曾予以灌溉、

---

[5] 洪建全教育文化基金會網站（http://www.hfec.org.tw/foundation/hfecintro_1.asp；檢閱日期：2014/2/17）。

滋潤。洪建全教育文化基金會的誕生即發揮了陶冶性情、提升心靈的功能。

　　臺灣松下股份有限公司創辦人洪建全先生，基於取之於社會、用之於社會的回饋精神，於 1971 年 11 月 1 日創辦洪建全教育文化基金會，由洪簡靜惠女士擔任董事長，經費來源由洪建全先生及其家族捐贈。由於該基金會成立的宗旨為「關懷社會，追求成長，創造和諧」，以形塑民間人文學院，提供發展健全與完整的人文教養場域，內化與踐行人文價值，以人與人的完整經驗為主彰顯教養意涵，建構先鋒知識與時代潮流相融合的創新形象，並設立華文的人文專業網站為基金會的發展方向。

　　該基金會自成立以來，創設「敏隆講堂」，開辦文、史、哲、藝等人文相關課程，同時推動「臺灣 PHP 素直友會」讀書會群，培訓讀書會種子講師，以提升書香社群，推出「洪網智慧集合」網站，引導人文價值的學習、對話與討論，進而促進終身學習。該基金會為培育清寒優秀大專人文藝術科系學生，設立「洪游勉女士獎助學金」、「洪于鈴藝術創作獎學金」，並參與亞洲區基金會及民間組織議會 (CAFO) 及公益自律聯盟等 NPO 組織，期望提升非營利組織的社會功能。在這「重理工，輕人文」的現代社會裡，洪建全教育文化基金會致力於人文精神的提振，儼然為社會的一股清流。

參考文獻

一、中文書籍

江明修，2000，《第三部門：經營策略與社會參與》，臺北：智勝。

江明修，2002，《非營利管理》，臺北：智勝。

吳定，2003，《公共政策辭典》，臺北：五南。

官有垣主編，2003，《臺灣的基金會在社會變遷下之發展》，臺北：洪建全教育
　　文化基金會。

孫本初，2002，《治理、政治與國家》，臺北：智勝。

張潤書，2009，《行政學》，臺北：三民。

陳金貴，1994，《美國非營利組織的人力資源管理》，臺北：瑞興。

馮燕，2000，〈非營利組織之定義、功能與發展〉，收錄於蕭新煌主編，《非營
　　利部門：組織與運作》，臺北：巨流。

劉麗雯，2004，《非營利組織：協調合作的社會福利服務》，臺北：雙葉。

二、中文期刊

江明修、鄭勝分，2003，〈全球治理與非營利組織〉，《中國行政》，第 73 期，
　　頁 71–95。

吳瓊恩，2002，〈公共行政學發展趨勢的探究——三種治理模式的互補關係及
　　其政治理論的基礎〉，《公共行政學報》，第 7 期，頁 173–220。

宋學文，2003，〈非政府組織 (NGOs) 在全球治理中之機會與限制——一個政
　　治學的觀點〉，《中國行政評論》，第 13 卷第 1 期，頁 127–158。

官有垣，2000，〈非營利組織在臺灣的發展：兼論政府對財團法人基金會的法
　　令規範〉，《中國行政評論》，第 10 卷第 1 期，頁 75–110。

張培新，2006，〈臺灣宗教組織運作的社會資本考察：以慈濟功德會為例〉，《中
　　山人文社會科學期刊》，第 14 卷第 1 期，頁 125–163。

陳定銘，1999，〈非營利組織志工招募與徵選的探討〉，《社區發展季刊》，第 85
　　期，頁 128–141。

三、英文書籍

Pierre, Jon & B. Guy Peters. 2000. *Governance, Politics and the State.* Houndmills, Hampshire: Macmillan Press Ltd.

Putnam, R. D. 1993. *Making Democracy Work.* Princeton, New Jersey: Princeton University Press.

Salamon, L. M. 1995. *Partners in Public Services: Government-Nonprofit Relations in the Modern Welfare State.* The Johns Hopkins University Press.

Weimer, D. L. & Vining, A. R. 1989. *Police Analysis: Concepts and Practice.* Englewood Cliffs, New Jersey: Prentice-Hall, Inc.

四、日文書籍

塚本一郎，2004，〈非営利組織の経済・政治理論〉，塚本一郎、古川俊一、雨宮孝子編，《NPO と新しい社会デザイン》，頁 17–36，東京：同文館。

五、碩博士論文

陳志榮，2003，《警察機關運用志願服務人力之研究——以苗栗縣警察局義勇警察為例》，國立臺北大學公共行政暨政策學系碩士在職專班碩士論文。

陳韻如，1994，《民間團體參與國家文化建設之研究：臺北市藝文表演團體的探討》，國立中興大學公共政策研究所碩士論文。

六、網路資料

洪建全教育文化基金會網站（http://www.hfec.org.tw/foundation/hfecintro_1.asp；檢閱日期：2014/2/17）。

第二章 我國非營利組織的發展與研究概況

導言

　　隨著社會多元的發展，人類的需求不斷增加，政府部門因無力承擔過多需求，而給予非營利組織發展的空間。因此，非營利組織的興起乃是為了彌補民間部門凡事以利潤為考量基礎，以及政府部門以照顧多數民眾為原則所產生的偏差和不足。近年來，我國非營利組織的發展逐漸受到各界的重視，對社會進步也具有重要的影響力。

　　檢閱相關文獻發現，非營利組織在我國的發展已近半個世紀，其匯聚了龐大的資源和能量，在促進社會福祉與解決社會問題、保障弱勢團體權益等各方面，皆發揮了深遠的影響，亦成為了社會的中堅力量。例如董氏基金會倡導拒吸二手菸，以維護個人及周遭人群福祉為己任，且呼籲政府部門加快立法的速度；或是伊甸社會福利基金會對國內弱勢族群的照顧及協助，喚起社會對弱勢族群的重視等。

　　今日我國非營利組織所關切的議題以及所提供的公共服務多有一定的設定範圍，絕大部分視組織規模與性質而定。隨著發展階段的不同，我國非營利組織的成長背景環境與支撐力量可能也因而有異，所以造就了不同性質與屬性的非營利組織。因此，了解我國非營利組織的發展實屬必要。

　　本章中共分成四節來加以介紹說明，在第一節中整理我國非營利組織的發展歷程與轉型；其次，第二節乃從我國《民法》與《人民團體法》的規範，釐清我國非營利組織的類型與範疇；再者在第三節中，則分別從我國非營利組織主要組織型態——社團法人與財團法人，介紹我國非營利組織的發展情形與制度規範，包括事業主管機關、租稅優惠，以及遲未通過的《非營利組織發展法》草案，

以了解我國政府部門對於非營利組織的規範情形；而第四節中，則
整理歸納我國非營利組織研究的概況，以了解目前我國非營利組織
研究的趨勢與方向；最後則總結前述以作為本章之結語。

第一節　我國非營利組織的發展歷程與轉型

非營利組織發展歷史源遠流長，早期乃以宗族、同鄉會、宗教等型
態存在，深刻影響人類的生活，到了農業革命後，因土地的擁有及生產
造成分配不均的社會問題，族長、宗老等主事者以社會救濟的方式來解
決問題，此即非營利組織的濫觴，也證明非營利組織起源的時間與廣布
的程度均較營利組織更早、更廣；直到資本主義興起後，以營利為取向
的交易方式蔚為社會主流，非營利組織乃逐漸淪為邊緣的角色（顧忠華，
1997: 17–28）。

我國非營利組織的研究雖已累積一段時間，但多數的文獻都未提及
我國非營利組織的發展歷程與轉型。因此，為增進對我國非營利組織的
整體了解，在本節中，乃針對我國非營利組織的發展與轉型加以介紹。

一、我國非營利組織的發展

在本書緒論即曾提及非營利組織興起的原因，不外乎是環境快速變
遷、民眾價值多元化，導致公民的權利意識逐漸被喚醒，故對於許多公
共議題提出各種不同的需求，而這些需要無法經由商業體系來解決，亦
難以由政府部門來完成。因此，有志之士乃組成特定的團體以解決社會
問題，並達成本身的理想，而此特定的團體即今日所謂的「非營利組織」。

根據學者 Salamon (1995) 的分析，非營利組織興起的原因可歸納為
「四大危機」與「兩大革命」的出現。若回顧我國非營利組織的興起背
景與發展歷史，多少都受到這些因素之影響。根據文獻整理，可以將我
國非營利組織發展歷程整理成以下幾個階段（蕭新煌、孫志慧，2000:
481–484；馮燕，2000: 8；馮燕，1993: 38）：

㈠慈善濟貧時期（1950 年代末）

是指由鄉紳、家族或宗教寺廟集結而成的慈善濟貧模式。根據文獻記載，臺灣有資料可考的早期基金會，首推清朝道光 13 年成立的東勢義渡會，當時成立的目的是資助渡船基金，之後有地方慈善會、功德會等組織的產生。近代較著名的是 40、50 年代所成立的臺中縣私立漢雲慈善會與林熊徵學田基金會，其業務規模較小，活動範圍僅限於鄉里的慈善服務，與現代基金會型態的差距很大，此階段至 1950 年代結束。

㈡國際援助時期（1960 年代至 1970 年代）

在這一階段有許多非營利組織都是由國際組織給予經濟協助而成立的。基本上，這一階段所成立的非營利組織都屬於「移植性」、「無競爭性」與「俱樂部形式」的組織，例如紅十字會、世界展望會、基督教兒童福利基金會等。另一類移植團體，它們是「純俱樂部形式」的組織形式，例如青商會、扶輪社、獅子會等。由於這些組織都具國際性質，其成員大多只有少數的中產階級人士和上流社會的菁英分子得以加入。

㈢萌芽時期（1970 年代至解嚴時期）

約從 1970 年代至 1987 年，臺灣經濟成長迅速，生活品質改善，中小企業開始加入慈善救濟的行列，遂成立了許多企業型基金會，但 1976 年以前，臺灣純民間人士成立的基金會不到 70 家❶，例如陶聲洋防癌基金會 (1970)、洪建全教育文化基金會 (1971) 等即是在當時所成立。到了 80 年代，由於經濟起飛，人民衣食無虞，開始深切地體會到社會狀況有改善的必要，而且許多新的社會問題政府也無法獨自解決，需要社會力量的協助。根據統計，目前臺灣基金會中，有 2/3 至 3/4 是成立於 80 年代。代表性的組織有佛教慈濟慈善事業基金會 (1980)、金車教育基金會 (1980)、消費者文教基金會 (1980)、婦女新知基金會、伊甸社會福利基金

---

❶ 洪建全教育文化基金會網站 (http://www.hfec.org.tw/foundation/hfecintro_1. asp；檢閱日期：2014/2/17)。

會 (1982)、董氏基金會 (1984)、勵馨社會福利事業基金會 (1985) 等，因此可以說 80 年代是臺灣非營利組織的「萌芽期」。

㈣發展時期（解嚴之後迄今）

隨著政府於 1987 年宣布解嚴，人民權利意識日益覺醒，加上《人民團體法》、《集會遊行法》等法令的修訂，激勵民間組織相繼設立，因此，可視為是臺灣非營利組織的「蓬勃發展期」。許多非營利組織在此時成立，例如主婦聯盟基金會、人本教育文教基金會、新環境基金會等皆是在該年所成立。之後如安寧照護基金會 (1990)、荒野保護協會(1995)、門諾社會福利慈善事業基金會 (1997) 等非營利組織皆陸續成立，其所關心的議題也變得十分多元，例如教育、環保、婦女、勞工、人權等。爾後，受到九二一大地震的影響，許多民間團體積極投入救災的行為與發揮之動員力量，引起社會大眾高度的關注，故九二一之後，臺灣的非營利組織更是如雨後春筍般地蓬勃發展。

整體而言，1987 年的解嚴造成思想箝制與政治制度發生重大改革，可說是臺灣非營利組織發展重要的分水嶺。此外，社會的多元發展使民眾需求日增，在公私部門之外，非營利組織肩負起主動提供服務、積極建設健全社會的責任，從社會福利、文化教育、醫療保健、環境保護，乃至於公共政策，非營利組織都扮演了重要的角色，形成所謂的「第三部門」。換句話說，我國非營利組織已經從傳統的慈善事業活動，進而關懷某些社會議題。

二、我國非營利組織的轉型

有關我國非營利組織的轉型，國內的研究鮮少提及。以下乃參考官有垣、杜承嶸 (2011: 71–73) 之研究說明如下。

非營利部門的發展與整個社會環境變動有密切的相關，尤其是與政府互動關係的轉變。而非營利組織與政府間的互動關係，並無固定模式可循，兩造間常透過各種策略與手段進行各種目標的影響與拉扯。以臺灣的狀況而論，可以解嚴前後來作為分歧點。戒嚴時期政治型態為一黨

獨大的威權體制，相關法規限制媒體及非營利組織的成立與活動，政府對於非營利部門，具有絕對優勢的主導與管制力量，故非營利組織對政府的倡議與影響力相當有限，甚至為當時的統治者所吸納、收編與籠絡。

至 1980 年代末期解嚴後，臺灣受西方「福利多元主義」(welfare pluralism)❷和英、美等國福利私有化風潮的影響，許多社會服務的提供逐漸轉移至民間，形成政府將社會服務透過契約委外的方式，非營利部門與政府取得合作關係，並將兩者間的互動演化成相互依賴及互通有無的密切關係。另一方面，各項社會運動如農民運動、消費者保護運動、反汙染環保運動等的出現，加上黨禁、報禁的陸續解除，臺灣的民主化進程也正式展開，非營利組織不論是在數量上或組織動能上，均有不同於以往的展現，形成 1990 年代社會力勃興的現象。

因此，臺灣的第三部門發展面臨了兩次的轉型。第一次的轉型乃從解嚴前的慈善救濟為主，轉變成解嚴後的百家爭鳴，非營利組織不但數量增加，亦開始參與政策過程，可說是從「慈善」邁向「公民權」(from charity to citizenship) 的公民社會養成培育階段。而此一階段延續至 2000 年，臺灣政治持續民主化，經濟發展亦是相當熱絡，臺灣非營利組織不但藉由各項社會運動的推展，爭取不少倡導活動的舞臺，同時在國際參與上也有突出的表現。

第二次轉型則是 2000 年之後，臺灣非營利部門承接自解嚴後的熱絡發展，在組織運作上朝向更為制度化建構的發展，同時過往的社會運動也因時代變遷之故，由非正式的團體開始「機構化」變成符合法律規範的社團法人或財團法人（顧忠華，2003）。另外，隨著社區總體營造的風潮，草根性的社區型非營利組織也應運而生，共同致力於社區發展的目標。再者，由於環境變遷的加劇，許多非營利組織為了競逐有限的資源，紛紛往產業化方向邁進，以圖增加更多的收益來源，如社會企業 (social enterprise) 的產生，因而形成臺灣非營利部門的另一次轉型。以上所提的種種現象與轉變，促成了今日臺灣非營利部門多元發展的面貌。

---

❷ 福利多元主義意味著政府較少扮演支配性的角色，即政府並非集體性提供福利服務的僅有可能工具（郭振昌，2005: 136）。

第二節　我國非營利組織的類型與範疇

一、我國非營利組織的分類

在緒論部分，已清楚說明了國內外學者在學術上對非營利組織所下之定義以及分類。那麼，在我國社會裡所指稱的非營利組織究竟是指哪些類型的組織或團體呢？學者蕭新煌 (1998: 13) 認為，我國的非營利組織可概分成兩大類，其一為以會員為基礎的協會或社團組織；另一則是以基金組合，將基金財富運用於公益慈善事業的基金會 (foundations)。根據我國《民法》的定位來分類，前者係稱為「社團法人」，後者稱之為「財團法人」。

有關我國非營利組織之分類，嚴格來說，仍然必須從法律架構的角度去釐清，觀察現行我國政府部門對於國內非營利組織之規範，其中又以《民法》與《人民團體法》為最重要，故以下介紹《民法》與《人民團體法》對我國非營利組織之定義與分類內容。

㈠民　法

從法律面分類，依照我國《民法》規定，主要見於《民法》第一編「總則」以及第二章第二節「法人」之規定。法人可以分為公法人與私法人，公法人指涉有公權力的政府機關；私法人則包含營利與非營利機構或團體，私法人又可以分成社團法人與財團法人。社團法人包括營利性社團法人以及非營利性社團法人，前者如公司、商號；後者又可以分為中間性社團法人（如同鄉會、同學會）與公益社團法人。

財團法人方面，則可以分成一般性財團法人（如基金會），和特別財團法人，包括依《私立學校法》設立的私立學校、依《醫療法》所設立的醫療機構，以及政府捐資成立的財團法人（如海峽交流基金會、中華經濟研究院），以及宗教法人等。上述為我國《民法》對法人規範之內容，至於「非營利組織」之說，乃屬於一種學術上的劃分，並非法律上或行

政上的定義，若將非營利組織套用於法律之說法，通常意指不以營利為目的的法人，類似《民法》第 46 條的「公益法人」。根據上述《民法》規範之內容，大致上可以整理我國非營利組織的分類體系成下圖 2-1：

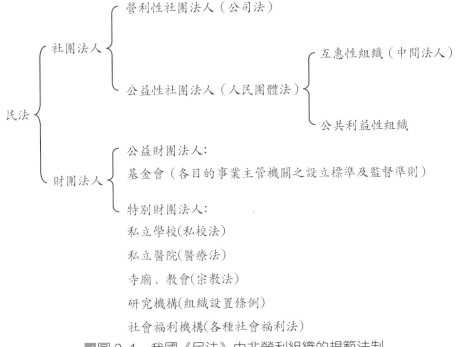

　　　　　　　　　　　　　　營利性社團法人（公司法）

　　　　　　社團法人

　　　　　　　　　　　　　　　　　　　　　　　互惠性組織（中間法人）

　　　　　　　　　　　　　　公益性社團法人（人民團體法）

　民法　　　　　　　　　　　　　　　　　　　　公共利益性組織

　　　　　　　　　　　　　　公益財團法人：

　　　　　　　　　　　　　　基金會（各目的事業主管機關之設立標準及監督準則）

　　　　　　財團法人

　　　　　　　　　　　　　　特別財團法人：

　　　　　　　　　　　　　　私立學校(私校法)

　　　　　　　　　　　　　　私立醫院(醫療法)

　　　　　　　　　　　　　　寺廟、教會(宗教法)

　　　　　　　　　　　　　　研究機構(組織設置條例)

　　　　　　　　　　　　　　社會福利機構(各種社會福利法)

　　　　➡圖 2-1　我國《民法》中非營利組織的規範法制

資料來源：馮燕，2000: 80。

　　學者官有垣 (2000: 77-78) 認為，基本上，《民法》已經將我國非營利組織的範疇描述出一個輪廓雛形，不過還需要進一步更細膩的討論，因為社團法人與財團法人的組織裡，有些如職業團體、中間法人以及財團法人當中的特別財團法人，是否可以被納入成為非營利組織的一部分，仍有待商榷。另外，學者黃世鑫、宋秀玲 (1989: 19-21) 提到像是合作社、體育性、娛樂性、社交俱樂部、同鄉會、宗親會、祭祀公會等組織，多屬於一種會員參加體制的組織，且公共利益屬性並不強烈，所以是否能納入非營利組織的規範體制之內，也是必須加以考量的。

　　由上圖 2-1 可得知，我國《民法》值得肯定的是，已盡力將社團法

人與財團法人之類型加以區分，勾勒出了一個概念化的架構，雖然對非營利組織的定義與分類而言可能有所不足；原因在於，在我國的法律體系中，並沒有「非營利組織」或「基金會」等名詞概念，「非營利組織」或「基金會」的概念，大致上只能算是我國《民法》中對「公益法人」的規範，所以在定義與分類上難免會有所闕漏與不足之處，此一領域也是日後政府官員與非營利組織研究者有待努力之處。

(二)人民團體法

1992 年，由於《人民團體法》的制定，對人民組織社會團體、職業團體與政治團體作出了基本規範；依照《人民團體法》第 4 條規定，人民團體可分為下列三種類型（內政部網站；官有垣，2000: 6）：

1. 職業團體

係以協調同業關係，增進共同利益，促進社會經濟建設為目的，由同一行業之單位、團體或同一職業之從業人員組織之團體。

2. 社會團體

係以推展文化、學術、醫療、衛生、宗教、慈善、體育、聯誼、社會服務或其他以公益為目的，由個人或團體組成之團體。又依內政部所訂《社會團體許可立案作業規定》，社會團體分類如下：學術文化團體、醫療衛生團體、宗教團體、體育團體、社會服務及慈善團體、國際團體、經濟業務團體、宗親會、同鄉會、同學校友會、其他公益團體。

3. 政治團體

係以共同民主政治為理念、協助形成國民的政治意志，並促進國民以政治參與為目的，由中華民國國民組成之團體。簡單來說，政治團體即現在所謂的「政黨」。

官有垣 (2000: 82) 認為，基於學術上對非營利組織之定義，以上三大類型團體，唯「社會團體」可以泛稱為非營利組織，職業團體與政治團

體並不在非營利組織的範圍之內。但事實上，無論是職業團體或社會團體均具有中介性與互助性的功能，其介於政府部門與民眾之間，一方面可將政府政策和作法傳達予社會大眾，另一方面亦可將團體成員與民眾的想法和願望反映給政府部門，作為政府部門和民眾雙向溝通的橋梁。所以即便其不屬於非營利組織的範疇之內，對於協助政府部門參與各項服務，也是相當有所助益的。

二、小　結

上述對我國非營利組織之定義與分類是依據法律面向來做區分，事實上，我國尚未如日本等其他先進國家設計出一套專屬於非營利組織的專法，導致我國非營利組織的發展環境尚未能稱健全。然而，如何讓非營利組織展現充沛的社會活力，並對社會公益作更多積極貢獻，有賴透過立法建構相關支持條件。

此外，若是以學者 Salamon 對非營利組織之定義來看，非營利組織的範疇被限縮至最嚴格的定義，其必須具備正式組織、民間的組織、自主管理、從事自願服務、公益的屬性、不從事盈餘分配六項特性。換言之，Salamon 所賦予非營利組織的定義，由於必須具有「公益」的要素，所以像政府組織、中間性社團法人、非法人社團、政黨、政府捐資成立的財團法人、地方教會等組織則不被包含在最狹義的非營利組織。相對地，若是以廣義的非營利組織之定義——「不以營利為目的之組織」為分類依據，那麼，《民法》、《人民團體法》以及各種特別法規與相關宗教法所設立的「非營利性社團法人」、「一般性財團法人基金會」、「依各種特別法規所設立的財團法人」、「宗教財團法人」，且向法院辦理登記完成，享有稅法上之優惠的組織等皆屬之。所以，必須視採用廣義的定義或是狹義的定義，而給予我國非營利組織不同之歸類範疇。

第三節　我國非營利組織的發展現況

1980 年代以後，隨著社會環境迅速變遷與社會議題日趨多元，政府

部門已無法因應人民多元的需求與社會問題。因此，政府部門開始嘗試與其他行動者共同合作，希望藉此彌補政府部門功能不足之處，而非營利組織因有公益性，而成為政府部門合作的首要選項。

整體而言，我國非營利組織大致可以概分成三大類：財團法人（基金會）、社團法人與特別法人（私立學校、同鄉會等），其中財團法人（基金會）為我國非營利組織組成的最大主體，而成為我國之特色。在本節中，首先介紹我國非營利組織的發展情形；其次則介紹我國非營利組織的法制規範情形。

一、我國非營利組織的發展情形

㈠社團法人

根據內政部統計資料，臺灣地區全國性人民團體數中，社會團體的成長數量與速度較全國性政治團體與職業團體快速，如表 2-1 所示，從 1992 年至 2013 年，成長速度已超過五倍；而職業團體與全國性政治團體成長幅度較小。換言之，若依照團體類別區分，我國社會團體成長速度最快，職業團體次之，全國性政治團體最慢；各團體所占比例也是社會團體最多，職業團體次之，全國性政治團體最少。

若根據前述官有垣對我國非營利組織的定義與範疇，僅將社會團體視為非營利組織，則根據內政部統計資料發現，我國全國性社會團體類型與數量，如表 2-2 所示，其中又以社會服務及慈善團體最多，學術文化團體次之，再來是體育團體、經濟業務團體、宗教團體、醫療衛生團體等。由表 2-2 可以發現，我國全國性社會團體成長速度相當快速，其中社團法人類型的多元化，亦顯示著我國社團法人之發展已經邁入了另一個新紀元。

㈡財團法人

我國的財團法人多以基金會的名稱設立，但在實務的運作上除了不需要會員組織外，與社團法人並沒有太大的不同，我國絕大多數的財團

→表 2-1　1992 至 2013 年臺灣地區全國性人民團體數

年　度	全國性政治團體	職業團體	社會團體
1992	24	6,828	8,190
1993	26	6,914	9,089
1994	28	6,973	9,995
1995	29	7,000	10,965
1996	29	7,193	11,788
1997	31	7,533	12,825
1998	33	7,774	13,783
1999	33	8,249	15,309
2000	33	8,511	16,879
2001	34	8,756	18,695
2002	36	9,040	20,454
2003	36	9,240	22,470
2004	39	9,846	24,303
2005	40	9,594	26,135
2006	42	9,853	28,027
2007	43	9,983	30,046
2008	43	10,167	31,994
2009	43	10,286	34,171
2010	43	10,476	35,392
2011	43	10,620	38,026
2012	43	10,867	40,307
2013	44	10,898	42,436

資料來源：作者整理自內政部統計處網站
（http://www.moi.gov.tw/stat/；檢閱日期：2014/6/23）。

法人都不是資助型基金會❸，而是運作型基金會❹，這也構成了我國獨特的非營利組織文化（財團法人臺灣亞洲基金會，2001: 25），其中又以

❸　所謂「資助型基金會」意指基金會以捐款給其他民間機構或政府單位，協助其實施公共服務，此乃屬於「資助型基金會」（財團法人臺灣亞洲基金會，2001: 20）。

❹　所謂「運作型基金會」意指基金會本身直接從事公共服務的遞送（財團法人臺灣亞洲基金會，2001: 20）。

➡表 2-2　1992 至 2013 年臺灣地區全國性社會團體類型與數量

年　度	合　計	學術文化團體	醫療衛生團體	宗教團體	體育團體	社會服務及慈善團體	國際團體	經濟業務團體	同鄉、校友會及其他團體
1992	8,190	1,118	235	194	843	2,223	1,254	859	1,464
1993	9,089	1,211	253	222	908	2,581	1,335	937	1,642
1994	9,995	1,335	294	261	1,010	2,902	1,407	1,055	1,731
1995	10,965	1,452	328	315	1,119	3,300	1,520	1,155	1,776
1996	11,788	1,564	365	318	1,265	3,481	1,621	1,213	1,961
1997	12,825	1,674	393	410	1,369	3,867	1,749	1,310	2,053
1998	13,783	1,844	430	458	1,469	4,194	1,850	1,411	2,127
1999	15,309	2,097	464	523	1,702	4,727	1,939	1,570	2,287
2000	16,879	2,476	520	626	1,911	5,309	2,009	1,750	2,278
2001	18,695	2,801	576	725	2,098	5,974	2,055	1,943	2,523
2002	20,454	3,169	627	825	2,329	6,576	2,122	2,157	2,649
2003	22,470	3,612	704	947	2,558	7,300	2,158	2,406	2,785
2004	24,303	4,021	769	1,062	2,779	7,846	2,218	2,675	2,933
2005	26,135	4,427	868	1,184	3,002	8,243	2,263	2,940	3,208
2006	28,027	4,827	927	1,299	3,307	8,798	2,319	3,203	3,347
2007	30,046	5,165	993	1,414	3,526	9,643	2,378	3,393	3,534
2008	31,994	5,557	1,065	1,526	3,763	10,228	2,425	3,676	3,754
2009	34,171	5,920	1,107	1,684	4,104	10,800	2,454	3,973	4,129
2010	35,392	6,050	1,146	1,816	4,395	11,245	2,445	4,126	4,169
2011	38,026	6,540	1,239	2,059	4,697	12,041	2,506	4,484	4,460
2012	40,307	6,992	1,320	2,253	4,946	12,630	2,550	4,827	4,789
2013	42,436	7,409	1,356	2,437	5,157	13,329	2,627	5,101	5,020

資料來源:: 作者整理自內政部統計處網站
(http://www.moi.gov.tw/stat/; 檢閱日期: 2014/6/23)。

企業或企業主捐助成立的基金會數量較多。根據蕭新煌、江明修、官有垣 (2006) 所著的《基金會在台灣：結構與類型》一書即清楚地勾勒出我國基金會的型態與特性。倘若從其設立宗旨與運作方式來分類，我國基金會約略分為下列五種類型(財團法人喜瑪拉雅研究發展基金會，2006)：

1. 以慈善救濟、社會福利為宗旨的慈善福利獎助基金會，例如伊甸社會

福利基金會、慈濟慈善事業基金會。

2. 以宣傳、教育為主的文化教育基金會，此類基金會是近幾年增加最多的，例如洪建全教育文化基金會、時報文教基金會。

3. 以學術研究、獎勵為主的學術研究獎勵基金會，例如肝病防治學術基金會、吳三連文教基金會。

4. 以產業、經濟發展為宗旨的財政經濟基金會，例如喜瑪拉雅研究發展基金會、會計研究發展基金會。

5. 以政治、民意、國際交流等事務為宗旨之基金會，例如青年發展基金會、海峽交流基金會。

　　蕭新煌 (1992) 針對臺灣文教基金會發展之研究調查報告中提到，就該研究之基金會樣本來源分析 (總計有 309 個)，有 75% 的基金會乃是於 1981 年至 1991 年間所成立，於 1971 年前所成立者僅占不到 7%❺。另外，2002 年對於臺灣基金會之調查可知，臺灣地區約有 2,900 至 3,000 個基金會。而依據喜瑪拉雅基金會出版的《台灣 300 家主要基金會名錄》之內容可知，臺灣前 300 大基金會總基金約有 544 億❻，而蕭新煌則藉此推估我國基金會基金總數約在 600 至 700 億之間❼。

　　根據蕭新煌、江明修、官有垣 (2006: 81) 所著的《基金會在台灣：結構與類型》一書之調查，這 420 個基金會的主管機關，主要是立案所在地的各級地方政府 (臺灣省、北高兩市、縣市)，共 242 家，占 57.6%；而立案於中央政府者，共 178 家，占 42.4%；所以立案於地方政府的比例高於中央政府 15% 左右，亦即區域性的基金會多於全國性的基金會。

　　綜觀上述，無論是社團法人或者是財團法人的出現，皆已呈現多元化類型，意味著其提供服務的類型亦多樣化，和政府部門相較之下，非營利組織可以針對不同人口的需求即時作出回應。另外，學者 Douglas 認

---

❺　蕭新煌主持，《我國文教基金會之研究》，行政院文化建設委員會委託，1992: 6–7。

❻　喜瑪拉雅研究發展基金會，《台灣 300 家主要基金會名錄》，2002: 2。

❼　蕭新煌，〈基金會在臺灣的發展歷史、現況與未來的展望〉，收錄於官有垣總策劃，《臺灣的基金會在社會變遷下之發展》，2003: 14。

為非營利組織由於能夠即時彈性的提供服務，而成為了重要的政治穩定器 (stablizers)，這也是非營利組織超越個別市場的競爭優勢 (孫碧霞等譯，2001: 22)。

二、我國非營利組織法律制度規範情形

隨著非營利組織所扮演的角色之重要性與日俱增，政府對於非營利組織的行為規範，例如稅法的各項租稅減免規定，以及組織設立、治理行為、責信要求等監督法則，對非營利組織的發展與功能發揮更是影響深遠（官有垣，2000: 78）。另外，欲歸類非營利組織的性質，稅法以及組織規則的設計是一項較為容易辨識非營利組織性質的方式，所以下列分成非營利組織主管機關、非營利組織租稅減免優惠，以及《非營利組織發展法》草案三方面介紹之。

(一)主管機關

1.社團法人

在社團法人的法制規範中提到，我國社團法人的主管機關是指人民團體會務組織之主管機關，依《人民團體法》規定，在中央為內政部，直轄市為直轄市社會局，縣市為縣市政府。目的事業主管機關按章程所訂宗旨任務涉及之目的事業的性質而定，應受各該事業主管機關之指導監督。目的事業主管機關可能不只一個，而係涉及兩個以上，例如環保業務，以環保署為目的事業主管機關；衛生業務，以衛生署為目的事業主管機關；稅賦業務，以財政部為目的事業主管機關。

2.財團法人

現行法令中有關以財產為設立基礎之財團法人，主要係依據《民法》相關規定，及各目的事業主管機關基於管理權責個別制定之相關財團法人之監督準則或要點。《民法總則施行法》第 10 條規定：「依《民法》總則規定法人之登記，其主管機關為該法人事務所所在地之法院」。財團法

人應依法向主事務所所在地方法院辦理法人登記。其登記類別分為：(1)設立登記；(2)變更登記；(3)解散登記；(4)清算人任免或變更登記；(5)清算終結登記❽。

(二)租稅減免優惠

我國非營利組織之相關免稅法規，共有十三種（見下表 2–3）。這些稅法大多是有部分條文與制定免稅優惠，以及鼓勵捐贈給非營利事業有關。

➡表 2–3　我國非營利組織免稅相關法規

1. 所得稅法部分條文
2. 所得稅法施行細則
3. 教育、文化、公益、慈善機關或團體免稅所得稅適用標準
4. 營業稅法
5. 印花稅法
6. 娛樂稅法
7. 遺產及贈與稅法
8. 遺產及贈與稅法施行細則
9. 土地稅減免規則
10. 平均地權條例
11. 房屋稅法
12. 關稅法
13. 使用牌照稅法

資料來源：馮燕，2000: 84。

租稅的優惠是指國家基於特定的社會目的，透過稅制上的例外或特別規定，給予特定納稅義務人，減輕租稅債務之利益的措施（封昌宏，2006: 16）。而上述條文中，包括捐贈者扣抵所得稅規定（如《遺產及贈與稅法》❾、《營業稅法》❿等）與非營利組織免稅規定在內，而較常為

---

❽　細節可參閱「申請財團法人登記」事項。

❾　遺產及贈與稅：遺贈人、受贈人或繼承人捐贈給被繼承人死亡時，已依法登記設立為財團法人之教育、文化、公益、慈善、宗教團體及祭祀公業之財產，不計入遺產總額課稅。捐贈給依法登記為財團法人之教育、文化、公益、慈

非營利組織所應用者為《所得稅法》中的部分條例，以及教育、文化、公益、慈善機關或團體免稅所得稅適用標準，所以以下以此進行介紹。

首先，我國非營利組織商業活動所得租稅徵免之作法，依據《所得稅法》第 4 條第 1 項第 13 款之規定，教育、文化、公益、慈善機關或團體，符合行政院規定標準者，其本身之所得及其附屬作業組織之所得，免納所得稅。

有關教育、文化、公益、慈善機關或團體之定義，則依據《所得稅法》第 11 條第 4 項之規定：「本法所稱教育、文化、公益、慈善機關或團體，係以合於《民法》總則公益社團及財團之組織，或依其他關係法令，經向主管機關登記或立案成立者為限」。但為了防止藉由非營利組織之名，行營利之實，故依據《所得稅法》第 4 條第 1 項第 13 款規定特別訂定《教育文化公益慈善機關或團體免納所得稅適用標準》。

依據《教育文化公益慈善機關或團體免納所得稅適用標準》第 2 條及第 3 條之規定，教育、文化、公益、慈善機關或團體符合免稅標準之規定者，其本身所得及其附屬作業組織之所得，除銷售貨物或勞務之所得外，免納所得稅；但若銷售貨物或勞務以外之收入不足支應與其創設目的有關活動之支出時，得將該不足支應部分扣除銷售貨物或勞務之所得。即若銷售行為以外之支出大於收入時，該不足之數若用商業活動所得來彌補，可享免稅優惠。

(三)非營利組織發展法草案

基於臺灣非營利組織大都依《民法》、《人民團體法》及各種特別法規所設立，惟設立之程序採行許可制，與先進國家普遍採用之登記報備制趨勢不合，且主管機關之監督管理防弊限制過多，對於非營利組織之資訊公開、財務透明及稅賦優惠等規範卻付之闕如，均影響非營利組織的健全發展。因此，在參考國外立法例及我國實務運作現況後，青輔會

善、宗教團體及祭祀公業之財產，不計入贈與總額課稅。

❿　營利事業所得稅：營利事業對於教育、文化、公益、慈善機構或團體之捐贈，以不超過年度申報所得總額 10% 為限。

研擬了《非營利組織發展法》草案，共計 25 條條文，以作為非營利組織普遍性及原則性之一般適用法律，以求促進公民社會的實現，確保公民社會中多元組織的自主與互動。

根據 2002 年 12 月修正公布的《非營利組織發展法》草案之內容，將非營利組織界定為以人為基礎設立登記之民間正式組織，排除現有以特別法規範之職業團體、合作社、私立學校、醫療機構，以及擬議中的《財團法人法》、《宗教團體法》與《政黨法》規範之對象，並明確簡化非營利組織之目的事業範疇。在草案的立法說明中提到，如草案通過之後，《人民團體法》即應檢討廢止。

而有鑑於非營利組織從事公益活動，其領域已日趨多元化，而不僅侷限於單一領域之目的事業，故未來非營利組織之業務跨越兩個以上目的事業主管機關，乃時勢所趨。為期事權統一，宜由單一主管機關統籌管理。惟基於方便非營利組織設立登記，並避免各目的事業主管機關就應管轄權責比例相互推諉，宜由非營利組織自行選定其一為主管機關，並明定主管機關於必要時，應會同各該目的事業主管機關辦理，以期周延。

雖然《非營利組織發展法》是一部專為非營利組織所設計的專法，但其內文中第 1 條即試圖釐清該法中所適用的非營利組織之定義，且該法為了避免多項法律所造成的交互重疊與雙頭馬車，恐造成非營利組織無所適從，故建議《人民團體法》即應檢討廢止。若單就這一點來說，《非營利組織發展法》提供了以往法律所沒有的明確方向，只不過該草案遲遲未能通過，而未能發揮其實質的成效。

除了上述之外，攸關我國非營利組織發展的相關法規還有 2006 年 5 月 17 日立法院通過的《公益勸募條例》（全文共 32 條），以及 2010 年 3 月 18 日行政院院會通過的《財團法人法》草案。前者是臺灣第一部明文要求公益團體將募款所得公開徵信的法案，同年 12 月 25 日並公布《公益勸募條例施行細則》，使得非營利組織在公益勸募行為上有了依據。後者則是希望藉由該法來解決目前財團法人所常見的利益迴避、財產運用、監督機制與董監事的待遇等問題，使我國的財團法人制度能更健全的發展。

第四節　國內非營利組織的研究進展

　　臺灣非營利組織的發展，見證了政治自由化與經濟發展，1987 年解嚴之後，非營利組織也在這場社會重組過程中孕育萌芽，成為了政府部門與企業部門之外的第三部門。事實上，非營利組織的非營利特性決定了它的活動領域，包括一般營利部門不願意涉足的領域，像是福利、慈善和環保活動等，非營利組織的非營利特性也提高人們對於組織的信任度，進而發展成為一個不可忽視的角色。

　　然而，相較於美國，臺灣的非營利組織研究起步較晚，仍可算是一個新興的領域，有許多方面亟待努力與充實。基本上，臺灣絕大多數的研究皆以美國的理論為中心，除了整理介紹美國的論述或援引其實務經驗外，也有以我國的非營利組織為對象，從不同的角度來進行個案研討與分析。

　　90 年代以前，國內非營利組織的探討相當缺乏，且研究焦點多集中在非營利組織的經營管理面向（江陳宗，1984；程瑞玲，1984；呂芳堯，1985；傅旼，1986；林昆宏，1987；黃世鑫、宋秀玲，1989）。而自 90 年代開始，國內學界對非營利組織的研究議題雖然日趨多元，例如非營利組織與政府的互動關係（官有垣，1996、1997）、非營利組織策略規劃（丁文郁，1997）、非營利組織績效指標（呂育一，1992；王韓康，1998；吳瑞虹，1995）、非營利組織參與公共政策（蔡千惠，1998；韓意慈，1999）等，但整體而言，由於這時期非營利組織的研究仍屬於剛起步的階段，各界對於非營利組織的發展並未給予太多的重視。

　　然而，1999 年九二一大地震發生之後，不但喚起政府與民間對非營利組織發展的正視，也促使學術界對於非營利組織所扮演的角色、發揮的功能、影響，以及與政府、企業各部門的互動情形，甚或所面臨的課題等問題的關切，進而展開各項理論與實證的研究。如檢閱非營利組織的相關研究可發現：在臺灣，有超過半數的非營利組織研究是集中在 2000 年以後。如以 90 年代為分水嶺，在這之前可說是我國非營利組織研究的

萌芽期，不但數量稀少，且多集中在經營管理面向。而 90 年代以後則是研究的形成期，非營利組織的相關理論在這時期陸續被介紹、整理，討論的議題也開始多樣，雖仍以經營管理居多，但也開始出現探討非營利組織與政府互動，或是議題倡導、參與公共政策的論述，數量雖不多，卻具有開創的代表性意義。2000 年以後受到現實環境需要的影響，臺灣非營利組織的相關研究大量出現，無論是研究的質或量皆超越 90 年代，因此，或許可將這種現象解釋為我國非營利組織的研究已經開始邁向成熟階段。在此階段，不但非營利組織的討論議題更趨於多樣，且在研究深度方面有顯著的提升，而非政府組織的相關研究也在這階段零星陸續出現。

所以在本節中，將整理回顧我國從 2000 年迄今的非營利／非政府組織的相關研究，分別從其經營管理、法制、與其他行動者的互動、非政府組織相關研究以及其他相關課題等五大面向來進行簡單的介紹與討論。茲整理分述如下：

一、非營利組織的經營管理面向

在過去，非營利組織多為被動等待他人伸出援手，以獲得組織資源，並未積極地向外界募取；然而，現今因受到大環境的變動，人民需求多樣化、同類型非營利組織相繼成立等因素影響，對非營利組織的營運來說，無疑是受到莫大的挑戰；是故，非營利組織也試圖學習企業部門效率的經營方式。近期探討非營利組織經營管理議題之文獻不在少數，例如行銷、募款（林雅莉，2000；陸宛蘋、王金英，2000；林嘉慧，2001；歐進士、歐耿作，2003；吳佳霖，2004；梁斐文，2005；周逸衡、黃毓瑩、陳華寧，2005；林吟紋，2005；黃慶榮，2006）、人力資源管理（陳定銘，2000；陸宛蘋，2000；陳定銘，2002；鄭淑芬，2003；孫煒，2004；楊宗文，2005）等，試圖經由有效管理模式的探討，來協助非營利組織尋求永續的生存之道。

除了上述，非營利組織的經營管理研究尚包括策略聯盟（江明修、許世雨、劉祥孚，2000；吳宗憲，2002）、非營利組織事業化（黃郁芬，

2005；黃佳瑩，2005；吳典樺、蘇弘誠，2005）等。由這些研究議題的出現得知，我國非營利組織研究已經逐漸跳脫傳統的經營管理模式，隨著外在環境的改變與競爭者的增加，「策略聯盟」、「事業化」等議題也成為非營利組織研究的新趨勢。而受到科技資訊發達快速的影響，非營利組織也開始運用網路資訊科技來拓展組織資源，例如網路行銷、網路募款（洪麗晴，2002；吳紀勳，2002；林豐智，2003；陳宗哲，2005；葉識山，2005；沈彥良，2006；林佳蓉，2005），顯示非營利組織的研究者希望透過這些新的經營管理方式的探討，來強化非營利組織本身的能力，以面對外在環境變動的挑戰，而不是僅消極、被動地等待社會大眾之捐贈與政府的補助。

二、非營利組織的法制面向

關於非營利組織的法制規範面向，在此限縮為非營利組織的他律與自律兩大方面。所謂他律是從法律制度面向來進行非營利組織的規範性議題討論，由於我國尚未建構出一套規範非營利組織的相關法律，因此目前法律面向之研究多以《租稅法規》與《財團法人法》為主（呂朝賢，2002；王致棠，2003；張嬋娥，2004；蔡培村、蘇美蓉，2004；徐步月，2005），或是抽象性的理論描述，所以無法進行較為深入或具體的探討，而制度面向亦然。

另外，從我國非營利組織自律面向來進行討論之文獻至今仍相當缺乏（馮燕，2004）。由於非營利組織自律是強調非營利組織除了受外在法制面消極規範之外，更應盡可能積極地自我約束，減少社會大眾對非營利組織經營運作的疑慮。然而因這方面的論述較為抽象，且不容易實證，因此，截至目前為止相關參考文獻仍是屈指可數。總結上述，非營利組織的他律面向與自律面向必須是相互配合的，若政府能藉由相關法制的訂定，賦予非營利組織明確的發展環境，應也可以協助非營利組織奠定自律的基礎，顯示無論就學術或實務來看，非營利組織法制面向之研究都有其必要與重要性。

三、非營利組織與其他行動者的互動面向

現今非營利組織在許多社會議題上所扮演的角色日趨多元，亦參與了許多社會運動，在此過程之中會與許多行動者之間產生互動，所以探究非營利組織本身的功能或與政府、企業間的關係是有其必要性的（黃慶源、朱斌妤、高明瑞，2001；呂朝賢，2002；洪如玉，2002；官有垣主編，2003；蕭新煌、江明修、官有垣主編，2006；邢瑜，2005；蔡志文，2005；張培新，2006；王仕圖，2007）。又因非營利組織服務的特殊性與公益性，所需資源與服務的提供遞送多與政府息息相關，因此，政府通常是非營利組織的主要資源資助者，不但在財務上補助非營利組織，同時也在硬體、技術、人力或專業方面提供相關協助。又，受到各國政府再造風潮之影響，政府陸續將許多可以交由民間經營的業務委託給民間部門執行，非營利組織也是其中之一。而非營利組織除了藉由接受政府的資源援助或業務的委託與政府互動外，也可透過積極參與公共政策過程與政府產生互動（魏人偉，2004；董瑞國，2004；松敏麗，2005）。是故，非營利組織與政府或企業等相關行動者之間的互動關係是相當值得探討的。

四、非政府組織的相關研究

國內非政府組織的相關研究於近期才開始萌芽，由於非政府組織所從事之服務多為跨國際性質的，其涉及的議題包括人權保護（董羚瑩，2002）、國際自然資源管理（洪秉賢，2002）、國際援助與援外活動（官有垣，2002a；李幼嵐，2002；謝易達，2006；林淑馨，2007b），或是探討非政府組織與全球化（顧忠華，2001；鍾京佑，2003；宋學文，2003；孫煒，2004）或外交事務的關係（謝易達，2001；林吉郎，2003；毛樹仁、吳坤霖，2004；林淑馨，2007c）等。承上所述，由於非政府組織憑藉其中立無政治色彩之特性，協助政府從事對外之事務，不但可以改善長期以來我國在國際舞臺上受到中國打壓所產生的孤立情形，還可因而提升我國的國際知名度，有助於我國與國際社會的接軌，可見非政府組

織研究的重要。

五、非營利組織發展的新課題

其他還有未能納入上述分類之非營利組織相關研究課題，例如從社會參與角度切入（江明修、陳定銘，2000），或展望非營利組織的未來（蕭新煌、孫志慧，2000），甚或探討非營利組織所面臨之課題（江明修、鄭勝分，2002），以及藉由國外非營利組織發展經驗的探討來反思我國未來非營利組織的發展方向（林淑馨，2006、2007a）等。

值得注意的是，或許是受到大環境不景氣和同質性非營利組織增加的影響，近年來有關非營利組織事業化或社會事業的相關研究有大幅增加的趨勢（呂朝賢，2008；楊君琦、郭欣怡，2011；胡哲生、張子揚、黃浩然，2012），甚至還有社會企業專書的出版（官有垣、陳錦棠、陸宛蘋、王仕圖編著，2012），以及社會企業專題來討論我國社會企業的法制建置（楊錦青，2013）、相關政策支援（鄭勝分、劉育欣，2013）、對社會影響（官有垣、王仕圖，2013）、發展現況與困境（林淑馨，2013）等，都足以證明這類研究主題在國內受到重視情形。

第五節　結　語

綜上所述得知，非營利組織整體的歷史發展雖然久遠，然在我國的發展，初期是以慈善濟貧的型態存在，不僅規模小，活動範圍也僅止於鄉里的慈善服務。60 年代之後，由於國際組織來臺給予經濟協助，於是產生了移植性、無競爭性的國際非營利組織。在國際經濟的支援下，這類型非營利組織無論在業務規模與活動範圍，都比本土性組織來得健全與龐大。一直到 80 年代，非營利組織的概念才正式落實於我國，並開始陸續發展。當時受到臺灣經濟成長的影響，中小企業陸續投入慈善救濟的行列，加上人民衣食無缺，開始思考協助政府改善社會現況的必要性，非營利組織於是逐漸發展萌芽。到了解嚴之後，各類型的非營利組織就開始蓬勃發展。

我國有關非營利組織的定義，主要是根據《民法》與《人民團體法》，又依其設立基礎之不同，而分為「財團法人」與「社團法人」，然因其所屬事業主管機關之不同，而需接受不同的管轄，因此青輔會雖研擬《非營利組織發展法》草案，但因該草案遲未通過，未能產生實質的效果。另外，目前國內的非營利組織相關研究，大概可以分成非營利組織的經營管理、法制規範、與其他行動者的互動、非政府組織以及其他等五大面向，顯示出現階段國內非營利組織研究的多元化，以及學界對非營利組織議題的重視。

 **Tea Time**

跨越國界的愛心活動：「飢餓三十」[11]

世界展望會是一個宗教性組織，希望救助遭受飢餓及危難的兒童與家庭，它自詡為全球最大的兒童關懷宗教保護機構，所以許多計畫與活動的核心對象皆為兒童。根據其關懷的對象分為「助學行為」、「投資豐盛生命工程」等，用以保障兒童應有的權利。

飢餓三十是由世界展望會所發起、舉辦的活動。在天災人禍頻仍的世代中，世界展望會為搶救生命免於死亡和疾病的威脅、流離失所與心靈創傷的痛苦，致力於全球各地人道緊急救援工作，更呼籲各地民眾以「人飢己飢，人溺己溺」的心情，在全球各地透過公益募款活動與飢餓體驗營等方式，一同投入關懷急難的行列。參與「飢餓三十」的方式非常多樣，包括捐款給「飢餓三十」、參加「飢餓三十」系列活動，例如飢餓三十營會、街頭義賣等，或是購買「飢餓三十」義賣品，或利用文宣、網路向親朋好友介紹「飢餓三十」，甚至擔任「飢餓三十」的義工。

臺灣世界展望會「飢餓三十──人道救援行動」自 1990 年

---

[11] 世界展望會網站（http://www.30hf.org.tw/default.aspx?PID=start；檢閱日期：2014/2/17）。

起舉辦，便是秉持著耶穌基督的關懷和愛，匯集國內各界民眾的愛心，即時回應世界各地緊急災難，救助無數飢餓、疾病、流離失所的人們，至今已邁入第二十五年的歷史，累計參與人次已超過 100 萬，援助超過 80 多個國家或地區。在世界展望會的帶領參與下，民眾親身體驗飢餓，了解被援助國的處境與需求，因而可以進一步將飢餓三十活動的精神深耕於社會角落。

參考文獻

一、中文書籍

江明修、許世雨、劉祥孚，2000，〈環保類非營利組織之策略聯盟〉，收錄於江明修主編，《第三部門：經營策略與社會參與》，頁271–304，臺北：智勝。

江明修、鄭勝分，2002，〈非營利管理之發展趨勢〉，收錄於江明修主編，《非營利管理》，頁436–475，臺北：智勝。

吳宗憲，2002，〈非營利組織之策略管理〉，收錄於江明修主編，《非營利管理》，頁221–248，臺北：智勝。

官有垣編著，2000，《非營利組織與社會福利：臺灣本土的個案分析》，臺北：亞太。

官有垣、陳錦棠、陸宛蘋、王仕圖編著，2012，《社會企業：臺灣與香港的比較》，臺北：巨流。

林淑馨，2007a，《日本非營利組織：現況、制度與政府之互動》，臺北：巨流。

林雅莉，2000，〈非營利組織之募款策略〉，收錄於江明修主編，《第三部門：經營策略與社會參與》，頁3–60，臺北：智勝。

孫碧霞、廖秋芬、董國光譯，Sharon M. Oster著，2001，《非營利組織策略管理》，臺北：洪葉。

陳定銘，2000，〈非營利組織之志工招募與甄選〉，收錄於江明修主編，《第三部門：經營策略與社會參與》，頁123–144，臺北：智勝。

陳定銘，2002，〈非營利組織之參與管理〉，收錄於江明修主編，《非營利管理》，頁317–368，臺北：智勝。

陸宛蘋，2000，〈非營利組織的人力資源規劃與管理〉，收錄於蕭新煌主編，《非營利部門：組織與運作》，頁205–226，臺北：巨流。

陸宛蘋、王金英，2000，〈非營利組織的行銷管理與募款策略〉，收錄於蕭新煌主編，《非營利部門：組織與運作》，頁247–290，臺北：巨流。

馮燕，1993，《非營利組織的社會角色——兼論理念》，文教基金會研討會，臺北：教育部社教司。

馮燕，2000，〈非營利組織之定義、功能與發展〉，收錄於蕭新煌主編《非營利部門：組織與運作》，臺北：巨流。

黃世鑫、宋秀玲，1989，《我國非營利組織功能之界定與課稅問題之研究》，臺北：財政部賦稅改革委員會。

蕭新煌，2000，《非營利部門：組織與運作》，臺北：巨流。

蕭新煌、江明修、官有垣，2006，《基金會在台灣：結構與類型》，臺北：巨流。

蕭新煌、孫志慧，2000，〈臺灣非營利部門的未來〉，收錄於蕭新煌主編，《非營利部門：組織與運作》，頁 481-495，臺北：巨流。

顧忠華，1997，〈非營利組織的社會責任與發展趨勢〉，收錄於司徒達賢等著，《非營利組織經營管理粹要》，頁 17-28，臺北：洪建全教育文化基金會。

顧忠華，2001，〈二十一世紀非營利與非政府組織的全球化〉，收錄於吳英明、林德昌主編，《非政府組織》，頁 12-24，臺北：商鼎。

二、中文期刊

毛樹仁、吳坤霖，2004，〈臺灣非政府組織於政府外交事務的角色與功能〉，《國家政策季刊》，第 3 卷第 1 期，頁 175-200。

王仕圖，2007，〈社區型非營利組織資源動員與整合：以社區發展協會為例〉，《臺灣社會福利學刊》，第 5 卷第 2 期，頁 103-137。

江明修、鄭勝分，2003，〈全球治理與非營利組織〉，《中國行政》，第 73 期，頁 71-95。

吳典樺、蘇弘誠，2005，〈非營利組織商業化之個案研究──以高雄縣身心障礙福利服務中心為例〉，《航空技術學院學報》，第 4 卷第 1 期，頁 273-280。

呂朝賢，2002，〈對我國志願服務法的若干反思與建議〉，《臺大社會工作學刊》，第 7 期，頁 205-241。

呂朝賢，2008，〈社會企業與創業精神：意義與評論〉，《國立政治大學社會學報》，第 39 期，頁 81-117。

宋學文，2003，〈非政府組織 (NGOs) 在全球治理中之機會與限制：一個政治學的觀點〉，《中國行政評論》，第 13 卷第 1 期，頁 127-158。

周逸衡、黃毓瑩、陳華寧，2005，〈應用關係行銷於非營利組織之捐助者──

以社會福利慈善事業基金會為例〉,《行銷評論》,第 2 卷第 1 期,頁 1–27。

官有垣,2000,〈非營利組織在臺灣的發展:兼論政府對財團法人基金會的法令規範〉,《中國行政評論》,第 10 卷第 1 期,頁 75–110。

官有垣,2002a,〈國際援助與臺灣的社會發展——民間非政府組織的角色扮演之歷史分析〉,《社會政策與社會工作學刊》,第 2 卷第 6 期,頁 131–173。

官有垣,2002b,〈第三部門的研究:經濟學觀點與部門互動理論的檢視〉,《臺灣社會福利學刊》,第 3 期,頁 1–28。

官有垣、王仕圖,2013,〈臺灣社會企業的能力建構與社會影響初探〉,《社區發展季刊》,第 143 期,頁 51–67。

林吉郎,2003,〈非政府組織 (NGOs) 外交:臺灣經驗的戰略思考〉,《全球政治評論》,第 4 期,頁 1–24。

林淑馨,2006,〈日本地方政府的非營利組織政策:以三重縣和神奈川縣為例〉,《公共行政學報》,第 21 期,頁 39–72。

林淑馨,2007b,〈日本非政府組織與政府之外交協力:兼論外務省的支援措施對我國之啟示〉,《政治科學論叢》,第 32 期,頁 71–108。

林淑馨,2007c,〈日本地方政府與非營利組織協力關係之分析——以橫濱市和箕面市為例〉,《行政暨政策學報》,第 45 期,頁 73–114。

林淑馨,2013,〈臺灣社會企業的現況與困境:以公益創投社會企業為例〉,《社區發展季刊》,第 143 期,頁 68–77。

林豐智,2003,〈臺灣之基金會運用網站行銷之研究〉,《企業管理學報》,第 57 期,頁 97–128。

胡哲生、張子揚、黃浩然,2012,〈社會創業模式與社會企業資源整合的關連性〉,《創業管理研究》,第 7 卷第 1 期,頁 1–26。

洪如玉,2002,〈一個民間團體在全球化下終身學習的啟示:以主婦聯盟為例〉,《社會教育學刊》,第 31 期,頁 55–78。

孫煒,2004,〈全球化對非政府組織的影響及其回應〉,《理論與政策》,第 17 卷第 3 期,頁 103–117。

孫煒,2004,〈非營利組織人力資源策略管理之體系建構〉,《中國行政評論》,第 13 卷第 3 期,頁 119–138。

張培新，2006，〈臺灣宗教組織運作的社會資本考察：以慈濟功德會為例〉，《中山人文社會科學期刊》，第 14 卷第 1 期，頁 125-163。

張嫦娥，2004，〈非營利組織——財團法人徵、免稅問題之探討〉，《今日會計》，第 97 期，頁 37-47。

梁斐文，2005，〈宗教型非營利組織行銷策略研究——以慈濟功德會為例〉，《社區發展季刊》，第 112 期，頁 206-215。

馮燕，2004，〈臺灣非營利組織公益自律機制之建立〉，《第三部門學刊》，第 1 期，頁 97-125。

黃慶源、朱斌妤、高明瑞，2001，〈非營利組織典範移轉之行銷策略個案研究——以財團法人喜憨兒文教基金會為例〉，《樹德科技大學學報》，第 3 卷第 2 期，頁 45-60。

黃慶榮，2006，〈非政府組織勸募策略分析〉，《非政府組織學刊》，第 1 期，頁 45-86。

楊君琦、郭欣怡，2011，〈社會企業組織型態與經營類型之初探〉，《輔仁管理評論（社會企業專刊）》，第 18 卷第 1 期，頁 53-78。

楊宗文，2005，〈非營利體育組織人力資源現況及其因應策略〉，《國民體育季刊》，第 2 卷第 34 期，頁 63-70。

楊錦青，2013，〈我國社會企業法制建置之初探〉，《社區發展季刊》，第 143 期，頁 39-50。

歐進士、歐取作，2003，〈非營利組織財務資源管理之探討——關注非營利組織之募款來源及行為，俾提升其運作與管理績效〉，《主計月刊》，第 566 期，頁 60-69。

蔡培村、蘇美蓉，2004，〈非營利組織財務來源及所適用稅法之研究〉，《財稅研究》，第 36 卷第 5 期，頁 73-85。

鄭勝分、劉育欣，2013，〈社會企業政策支援系統之初探〉，《社區發展季刊》，第 143 期，頁 28-38。

謝易達，2006，〈論政府參與非政府組織援外事務應有之取向與角色——以孫中山先生的世界大同觀點為導向〉，《師大政治論叢》，第 6 期，頁 255-279。

鍾京佑，2003，〈全球治理與公民社會——臺灣非政府組織參與國際社會的觀

點〉,《政治科學論叢》,第 18 期,頁 23–51。

三、碩博士論文

丁文郁,1997,《臺灣農民非營利組織策略規劃之研究——以臺灣農會為例》,
　　國立臺灣大學農業推廣學系研究所博士論文。

王致棠,2003,《臺灣非營利組織法制化之研究——以文化創意活動為核心》,
　　國立臺灣大學法律學研究所碩士論文。

王韓康,1998,《文教財團法人績效指標之研究》,國立政治大學會計研究所碩
　　士論文。

江陳宗,1984,《我國會計師查核簽證非營利組織財務報表可行性之研究》,國
　　立政治大學會計研究所碩士論文。

吳佳霖,2004,《非營利組織募款策略之比較研究》,佛光人文社會學院公共事
　　務學研究所碩士論文。

吳紀勳,2002,《非營利組織運用網路行銷之研究——以臺灣基金會網站為
　　例》,逢甲大學企業管理研究所碩士論文。

吳瑞虹,1995,《非營利組織之績效評估——以各國立大學院校為例》,國立中
　　興大學會計學研究所碩士論文。

呂育一,1992,《非營利組織績效指標之研究:以文教基金會為例》,國立臺灣
　　大學商學研究所碩士論文。

呂芳堯,1985,《臺灣地區基金會經營績效綜合評價之研究》,國立交通大學管
　　理科學研究所碩士論文。

李幼嵐,2002,《臺灣非政府組織之援外活動——以慈濟為個案研究》,國立臺
　　灣大學政治學研究所碩士論文。

沈彥良,2006,《以網誌作為非營利組織的群眾對話平台與訊息傳播工具》,朝
　　陽科技大學資訊管理研究所碩士論文。

邢瑜,2005,《非營利組織與政府、企業之行銷關係研究——以表演藝術組織
　　為例》,東海大學公共行政學系研究所碩士論文。

林吟紋,2005,《非營利組織產業化行銷管理之研究——以我國財團法人基金
　　會為例》,國立臺北大學合作經濟學系研究所碩士論文。

林佳蓉，2005，《我國非營利組織推動 e-learning 之初探——以「臺灣公益組織教育基金會」為例》，南華大學非營利事業管理研究所碩士論文。

林昆宏，1987，《行銷觀念在非營利機構之應用——以戒煙運動為例》，國立政治大學企業管理研究所碩士論文。

林嘉慧，2001，《美國大學募款策略之研究——非營利組織行銷之觀點》，國立政治大學廣告學系研究所碩士論文。

松敏麗，2005，《文教類非營利組織參與公共政策過程之研究》，東海大學公共行政學系研究所碩士論文。

封昌宏，2006，《非營利組織租稅優惠的法律分析——兼評私立學校租稅優惠問題》，國立成功大學法律學研究所碩士論文。

洪秉賢，2002，《非政府組織與國際自然資源管理之研究——以森林資源為例》，南華大學非營利事業管理研究所碩士論文。

洪麗晴，2002，《臺灣非營利社會福利機構網路募款的分析》，國立中正大學社會福利研究所碩士論文。

徐步月，2005，《我國非營利組織適用所得稅租稅獎勵之探討》，中原大學會計研究所碩士論文。

高靜鴻，2004，《非營利組織服務資源配置模式之探討——以大甲鎮瀾宮為例》，朝陽科技大學企業管理系碩士論文。

陳宗哲，2005，《非營利組織在交通議題的倡議角色——以蘇花高速公路為例》，南華大學非營利事業管理研究所碩士論文。

傅旼，1986，《非營利組織之效率評估》，國立成功大學工業管理研究所碩士論文。

程瑞玲，1984，《非營利組織之績效衡量》，東吳大學會計研究所碩士論文。

黃佳瑩，2005，《非營利組織社會企業經營管理之研究：以臺灣地區身心障礙社會福利機構為例》，國立中正大學社會福利研究所碩士論文。

葉識山，2005，《非營利組織利用部落格對網路傳播的探討》，國立中山大學資訊管理學系研究所碩士論文。

董羚瑩，2002，《國際非政府組織在人權保護功能上之研究——以國際特赦組織為例》，中國文化大學政治學研究所碩士論文。

董瑞國，2004，《公辦民營體系建構及非營利組織角色之政策分析》，南華大學
　　非營利事業管理研究所碩士論文。

蔡千惠，1998，《非營利組織遊說策略之研究》，國立政治大學公共行政研究所
　　碩士論文。

蔡志文，2005，《非營利組織與地方政府公私協力互動模式之研究——以臺中
　　縣國中、國小教師對童軍教育活動之滿意度為例》，南華大學非營利事業
　　管理研究所碩士論文。

韓意慈，1999，《非營利組織政策倡導角色之剖析——以臺北市廢除公娼事件
　　中的婦女團體為例》，國立中正大學社會福利研究所碩士論文。

魏人偉，2004，《非營利組織之政策倡導——以南華大學阿里山分部（民族學
　　院）為例》，南華大學非營利事業管理研究所碩士論文。

魏大統，2003，《非營利組織與政府部門協力創造就業之初步分析——以勞委
　　會「永續就業工程計劃」為例》，國立政治大學勞工研究所碩士論文。

四、研討會論文

官有垣，1996，〈臺灣民間社會福利機構與政府的競爭關係：以臺灣基督教兒
　　童福利基金會為例，1977–1985〉，發表於「中華民國社會福利學會八十五
　　年度年會暨社會安全學術研討會」，嘉義：中正大學。

官有垣，1997，〈民間社會福利機構與政府的購買服務契約之互動關係：董事
　　會影響力之探討〉，發表於「跨世紀的臺灣社會福利發展研討會」，臺北：
　　國際社會福利協會中華民國總會。

五、網路資料

內政部統計處網站（http://www.moi.gov.tw/stat/；檢閱日期：2014/6/30）。

洪建全教育文化基金會網站（http://www.hfec.org.tw/foundation/hfecintro_1.
　　asp；檢閱日期：2014/2/17）。

世界展望會網站（http://www.30hf.org.tw/default.aspx?PID=start；檢閱日期：
　　2014/2/17）。

六、法律條文

《人民團體法》

《民法》

《非營利組織發展法》（草案）

第二篇

非營利組織和政府、企業的關係

- 第 3 章　非營利組織與政府的關係
- 第 4 章　非營利組織與企業的關係

第三章 非營利組織與政府的關係

導言

　　非營利組織是當代社會的重要產物，其關切社會上的弱勢團體以及某些具公共利益的特殊議題。因而，非營利組織與公民社會之間保持著密切的關係。為確保組織能正常運作，非營利組織必須與政府部門保持密切關係，以爭取補助、免稅地位或設法遊說國會議員與政府官員；同時，也必須與營利組織保持密切聯繫，才能募集所需資源，實現組織目標。因此，有學者指出非營利組織可謂是公民社會、政府部門與私人企業交織而成的產物（丘昌泰，2000: 366）。

　　非營利組織既然是公民社會、政府部門與私人企業交織而成的產物，那麼非營利組織與其之間的關係是息息相關、密不可分的。然而，非營利組織與其他組織相同，無法脫離外界環境獨自生存，必須運用策略以尋求組織的發展和延續所需的資源，而相較於其他組織，非營利組織所生產的財貨與勞務是無形的，難以獲取實質上之利益，而需依賴外部單位的資源者來支應組織。所以在社會變遷的過程中，非營利組織與政府部門、企業部門之間的關係也逐漸發生改變。

　　現今非營利組織在許多社會議題上所扮演的角色日趨多元，亦參與了許多社會運動，在此過程之中會與許多行動者之間產生互動，所以探究非營利組織本身的功能或與政府、企業間的關係是有其必要性的（黃慶源、朱斌妤、高明瑞，2001；呂朝賢，2002；洪如玉，2002；官有垣主編，2003；蕭新煌、江明修、官有垣主編，2006；邢瑜，2004；蔡志文，2005；張培新，2006；王仕圖，2007），又因非營利組織服務的特殊性與公益性，所需資源與服務的提供遞送多與政府息息相關，因此，政府通常是非營利組織的主要資源資助者，不但在財務上補助非營利組織，同時也在硬體、技術、人力或專業

方面提供相關協助。又，受到各國政府再造風潮之影響，政府陸續將許多可以交由民間經營的業務委託給民間部門執行，非營利組織也是其中之一。而非營利組織除了藉由接受政府的資源援助或業務的委託與政府互動外，也可透過積極參與公共政策過程與政府產生互動（魏人偉，2004；董瑞國，2004；松敏麗，2005），是故，非營利組織與政府之間的互動關係是相當值得探討的。

　　在本章的一開始，首先說明我國非營利組織的發展概廓和經費來源；其次分別說明非營利組織與政府部門、企業部門之間本質上的差異；接著乃以非營利組織與政府部門之關係作為探討主軸，將論述的焦點置於非營利組織與政府部門間關係模式之探討；至於非營利組織與企業部門的關係模式則留待第四章再討論。

第一節　我國非營利組織的概廓與財源

一、我國非營利組織的概廓

　　相較於歐美，臺灣非營利組織發展的起步較晚。截至目前為止，由於國內缺乏非營利組織相關的大規模調查研究，所以僅能參考蕭新煌等人於 2006 年所出版之《基金會在台灣：結構與類型》所勾勒出的臺灣基金會之整理輪廓。雖然該書使用的是「2002 年基金會調查」的資料❶，但因該項調查算是臺灣第一次基金會的「普查」，即使距今已超過十年，然因這十多年間未有新的調查資料出現，故該項調查結果仍有其參考價值，有助於了解我國基金會的概廓與特徵。茲說明如下：

---

❶　該項調查中凡組織名稱兼冠有財團法人與基金會號稱者均為普查母群體，但非基金會的宗教組織、醫院、學校則排除在外，共得分屬不同政府部會主管下的 2,925 家基金會作為問卷發放對象（蕭新煌、江明修、官有垣主編，2006：5）。

㈠歷史短

有七成的基金會成立於 1990 年代，二成五成立於 1980 年代，剩下來的不到一成，在 1980 年代以前就已成立。

㈡集中北臺灣

有六成的基金會位在北臺灣，二成二設在南部，一成七座落中部，東部基金會最少，只有七家 (1.7%)。

㈢明顯的民間個人捐助力量

依主要的基金源來說，民間的個人捐助基金會最多，達六成五，其次是學校出資成立，有一成六，第三是企業捐助基金會，占一成一。

㈣教育福利和文藝是主要使命

依各基金會的自行認定，且可複選，有高達七成的基金會自認以「教育」為成立的主要任務，其次是「社會福利和慈善」，共有五成，再次是「文化藝術」，占三成八，接下來也有約三成六的基金會以「學術研究」為其職志。

㈤基金額小

屬「微小型」基金會規模者高達七成六。現有基金在 500 萬以下的高達四成七，毫無疑問都屬於「微型基金會」。其次是 500 至 1,000 萬的「小型基金會」，約有二成；屬於「中小型」和「中型」基金會規模（分別是 1,000 萬至 3,000 萬和 3,000 萬至 5,000 萬）的則有一成九，至於可堪稱「中大型基金會」(5,000 萬以上基金) 的只有一成五。若再進一步計算，平均基金額是 5,185 萬，最少只有 29 萬（東勢義渡社福慈善基金會），最多的是 60 億（國家文化藝術基金會），可見大小貧富差異又甚鉅。

㈥人力單薄，男女有別

根據資料顯示，平均人力是 11.36 人，其中行政人員、專業人員、財務會計人事人員較多，也似乎較穩定。整體來說，基金會女性人力較男性人力多，但上階層的執行長／祕書長領導人力仍以男性居多，而執行階層則多由女性主其事。值得注意的是，領導階層的執行長或祕書長，在多達六成五的基金會中是兼職或義務職。而約三成六的基金會有志工幫忙，其中又以女性志工多，男女比是四比六。

二、組織的經費來源

財源是任何組織生存的必要條件，組織性質不同，財務來源也有很大的差異。相較於政府部門與企業部門，非營利組織有著比較複雜的財源結構，所以在財源取得上也較為困難。因此，在不影響組織使命的前提之下，非營利組織會運用各種方式去募得組織運作所需之經費。一般而言，非營利組織的財源可能來自於政府補助或契約、企業部門的贊助與其他捐贈者的小額贊助（見下表 3-1）。因此，就財源而言，非營利組織的財務來源可說是標準的「混血兒」（鄭世怡、張英陣，2001: 4）。

➡表 3-1 非營利組織主要財務來源

財務來源	主要內容
民間捐助	個人、企業、基金會
政府贊助	購買、獎助
商業交易	收費服務、出售商品、會費繳交

資料來源：整理自鄭世怡、張英陣，2001: 5-6。

由於非營利組織並不如政府部門般有穩定的賦稅收入，或是如同企業部門以營利的方式賺取金錢，所以非營利組織在獲取固定資源的管道上相當受限，進而需要積極開拓多元資源途徑，以爭取有限的資源。大抵而言，非營利組織經費來源的主要對象包括政府部門、社會捐贈及市場收費，茲介紹如下：

㈠政府部門

在第一章中提到福利國家危機是造成非營利組織興起的原因之一。就國家社會福利領域而言，非營利組織的介入有擴大供給、提升品質、富有彈性❷等三方面的幫助（謝端丞，1997: 67–69）。基於此，政府部門與非營利組織之間如能相互合作，應能提升公共服務的品質，共創雙贏。一般而言，政府部門提供經費給非營利組織的方式主要有三種：獎勵補助、委辦公共事務與公設民營三種，茲簡述如下（溫信學，1997: 152；謝端丞，1997: 92–93）：

1. 獎勵補助

政府部門為了保障人民某些基本民生需求與財貨服務的消費，常透過獎勵補助的方式，以降低財貨服務的生產成本，提供較低廉的價格，以利人民消費，主要方式有現金補助、租稅減免、捐贈扣除、低利貸款等措施。

2. 委辦公共事務

此項作法乃是政府鼓勵非營利組織參與公共事務，透過委託非營利組織辦理公共服務之輸送、政策方案之草擬，以及進行研究計畫等方式來減輕政府行政負擔，增進行政效能，其中最常見者乃是契約外包。

所謂契約外包是指政府部門與其他機構的一種契約關係，由政府部門提供經費，由其他機構執行政府部門所要求的公共服務或業務。在此契約關係中，非營利組織很容易成為政府部門的下游機構或附屬機構。

---

❷ 擴大供給：因為自願部門可以創新的方式提供另一種選擇，吸引各種新的資源，或是直接支持政府。提升品質：因為競爭產生的利益或者扮演著批評者、壓力團體、消費者權利的指導角色，增強社會福利的照顧配置。富有彈性：自願部門無論在人員僱用、薪資配置及服務輸送等皆較政府表現突出。

3.公設民營

公設民營主要是社會福利民營化潮流下所衍生的產物。若以所有權和經營權的觀點來看，所謂「公設民營」乃是硬體設備的所有權歸政府部門，而硬體設備的經營管理權則交給民間機構。簡言之，公設民營就是由政府單位提供民間機構足以運作業務之硬體設施及相關設備，民間因免費提供之場地、施設及設備，省下許多開支，可以加強並落實服務之供給。另一方面，政府也可以運用現成的民間資源，減少重新建置所需的成本，可說是民間與政府雙贏的合作模式（沈明彥，2005: 155）。對非營利組織而言，由於政府提供設備與經費，可以節省組織的營運成本，故具有相當的合作誘因。

(二)社會捐贈

所謂「社會捐贈」，其涵蓋範圍包括個人捐贈者與企業部門，或是社會上的其他團體、基金會等。對非營利組織而言，若想要說服人們捐款，方法之一就是強調募捐的正當性 (legitimacy)，換言之，讓廣大的社會群眾相信該機構的募款具有合法、正當與道德上的意義（官有垣，2002: 66）。

雖然捐贈的重要性對非營利組織來說不言而喻，但是非營利組織若是愈依賴捐款以獲得組織運作的經費，其運作內容可能愈必須配合與捐款有關的活動。另一方面，由於環境的不景氣容易降低捐贈者的捐贈動機，因此，捐贈收入對非營利組織而言可能是不穩定與不確定的。因為受限於這些不確定的因素，非營利組織不能單靠捐贈，還必須自行擴充財源，以提高經費穩定，故衍生出各式各樣向企業部門學習經營管理的方式。

(三)市場收費

在過去，非營利組織多為被動等待他人伸出援手，以獲得組織資源，並未積極地向外界募取；但現今因受到大環境的變動，人民需求多樣化，同類型非營利組織相繼成立等因素影響，對非營利組織形成很大的衝擊，

故非營利組織也試圖學習企業部門有效率的經營方式。

　　值得注意的是，近年愈來愈多的非營利組織開始向企業學習管理概念與營運方式，以提升組織的收入。目前非營利組織除了積極採取新的募款方式外，多考量嘗試透過營利的管道，藉由組織的特性，從事賺取利潤的商業交易行為，再將獲得的利潤歸回組織的運作，如是的作為一般稱作是非營利組織的事業化，例如喜憨兒庇護工場、陽光洗車中心等。此外，部分非營利組織的資金來源包含了來自直接市場上的交易，例如投資收益、租金收入、會費或者是其他服務與產品以及一些處理特殊事件所獲得的收入等。此意味著非營利組織是經由其本身的努力而直接獲得收益，而收費也成為組織日趨重要的收入來源。

　　總結上述，若分析非營利組織的財源可發現，補助是由政府編列的預算所得，可能會受到政府補助預算的多寡影響；至於民間捐款更會受到外在環境和景氣變動而充滿不確定性。因此，非營利組織透過市場收費自籌財源似乎已成為日後的發展趨勢。

第二節　非營利組織與政府部門、企業部門的關係

　　近年來，國內外研究非營利組織的課題蓬勃發展，其在社會上的重要性與影響力也日趨增加。非營利組織經由與其他部門之間的互動，以獲取組織運作所需的資源，進一步實現其所背負的公益使命。絕大多數人對於非營利組織的興起是起源於政府失靈與市場失靈的看法，但學者Salamon (1987) 更強調非營利組織受到先天資源上的限制，無法全面顧及社會大眾所有的需求，是故，非營利組織僅是扮演市場失靈與政府失靈之後彌補性的角色，並非完全能夠取代政府部門與企業部門的功能與角色。

　　既然非營利組織不能完全取代政府部門與企業部門的功能與角色，勢必三者之間存在著互補以及各自獨特之處，因此，在本節中的第一部分先分析非營利組織與政府部門、企業部門三者本質上之差異，以便於

說明非營利組織何以能夠彌補政府部門與企業部門之不足；其次，本章是以非營利組織與政府部門之間的關係為主題，故將焦點放至兩者上；對非營利組織來說，在某些情況下，政府可以是指導者，也可以是競爭或合作的對象，最後，第三節將說明政府部門與非營利組織之間的關係模式及互動領域。

一、非營利組織與政府部門、企業部門的區別

非營利組織的形成是當代社會的重要特質與成就，其主要理念來自於公民自治與群體互助的展現，希冀藉以實踐社會公益；更有甚者，非營利組織的興起彌補了政府失靈與市場失靈所造成的缺失。換言之，非營利組織適時地在私人企業不願介入，而政府部門力有未及之時，彌合了這個缺口，同時亦得以確保公眾的利益。

由於非營利組織和公、私部門間的哲學基礎、代表性和運作目的等有相類似與重疊的情況，為了使讀者更加了解非營利組織的特質，在本章中特將非營利組織與公、私部門的相關差異予以整理歸納，以作為後續了解非營利組織與政府、企業部門的關係之基石，茲說明如下。

如表 3-2 所示，由於政府部門設立的哲學基礎是基於公正，其運作目的是以謀求社會大眾的普世利益為主，行政服務的模式是一致性的，財源來自稅收，決策機制是依法行政，決策權威來自立法院，需向選民負責，所提供之服務多具有獨占特質（如國防安全）。然也因為如此，政府部門的服務範圍是廣博的，組織和方案規模較大，在大型官僚結構下，使其在面對外在環境變化之時，回應極為緩慢，造成行政上效率不彰。

相形之下，企業部門設立的哲學基礎是營利，其運作目的也是以營利（追求利潤）為目標，故其服務模式會隨著顧客需求而調整改變，具有變化性，財源也是來自顧客與團體支付的費用。由於其決策機制與權威皆來自所有者（老闆）或董事會，故僅需向所有者負責。在此情況下企業部門的服務範圍僅限於付費者，組織和方案規模屬於小至中型。因之，企業部門在面對外在環境變化時，回應較為彈性且迅速。

至於非營利組織由於設立的哲學基礎是基於慈善，運作的目的是不

營利地謀求社會的福利，所以服務模式會因民眾需求而變化。其財源來自於民眾、企業的捐贈或政府補助金。非營利組織的機制和權威皆來自董事會，需向擁護者或支持者負責。在此情況下，其服務範圍乃是有限、特定的，組織和方案規模較小，屬於小型具有彈性的官僚結構。因此，非營利組織在面對外在環境變化時，較能彈性且迅速地因應。

➡表 3-2　非營利組織與政府部門、企業部門之區別

	政府部門	非營利組織	企業部門
哲學基礎	公正	慈善	營利
代表性	多數	少數	所有者和管理者
服務基礎	權利	贈予	付費服務
財源	稅收	捐贈、獎勵報酬、補助金	顧客與團體所支付的費用
決策機制	依法行政	依組織規章所成立的董事會	所有者或董事會
決策權威來源	立法機關	依組織規章所成立的董事會	所有者或董事會
向誰負責	選民	擁護者	所有者（老闆）
服務範圍	廣博的	有限的、特定的	僅限於付費者
行政架構	大型的官僚結構	小型具彈性的官僚結構	官僚結構或其他特定的運作層級
行政的服務模式	一致性的	變化的	變化的
組織和方案規模	大	小	小至中
運作目的	非營利：謀求社會大眾的普世利益	非營利：謀求社會福利與團體利益	營利
盈餘分配與否	不以追求盈餘為目的	不分配盈餘：必須保留盈餘用在未來目的事業的生產	分配盈餘

資料來源：Kramer, 1987: 243。

二、非營利組織與政府部門、企業部門的關係

非營利組織與政府部門、企業部門三者之間的關係，雖然看似殊異，但實質上卻是密不可分。如圖 3-1 所示，政府是非營利組織的管理者和

資源分配者，而非營利組織則是扮演著政府不足的支援者、建言者和監督者角色。長期以來，非營利組織一直與社會大眾維持服務提供者和支持者的相互依存關係。儘管服務提供的內容、方式、支持的行動模式有所不同，但這也是非營利組織存在的基本價值——公共利益。倘若失去社會大眾的肯定與支持，或組織無法對社會大眾提供服務，則非營利組織就失去了成為公益組織的基本要件（蕭新煌、孫志慧，2000: 486–487）。

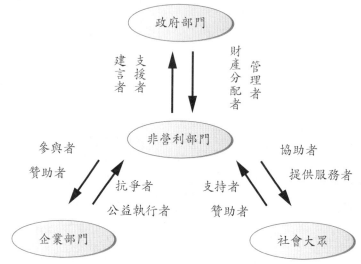

■圖 3–1　非營利部門與政府部門、企業部門、社會間的關係
資料來源：蕭新煌、孫志慧，2000: 485。

　　在了解非營利組織與政府部門、企業部門之區別與關係之後，可以發現政府與非營利組織存在著相同的目標與動機。就某方面來說，兩者可以成為盟友相互合作；但另一方面，政府部門因也是非營利組織的主管機關，可以對其進行監督與要求，如制定法律規範、稅賦減免的規定、發揮監督功能等。因此，在下節中將對非營利組織與政府之關係進行概述與介紹。

第三節　非營利組織與政府的關係模式

一、非營利組織與政府的運作

在探討非營利組織與政府的關係前，先就政府對於非營利組織的角色與功能進行探討（陳惠馨，1995: 209–212），包括：

(一)財務功能

透過獎勵、契約、稅賦優惠等給予非營利組織財務資助，是非營利組織與政府最密切的關係。

(二)督導功能

政府以一種較為超然的第三者立場，對於非營利組織業務監督，通常為法律規章的規範。

(三)保護功能

因應現代社會變化，非營利組織有時會發生營運困難以及損害捐款人權益等問題，此時政府將適時介入擔負保護的功能。

(四)諮詢功能

非營利組織乃民間自主力量，為促進社會公益的表現，政府自然應透過諮詢與輔導，積極扶助非營利組織的正常運作與發展。

根據研究顯示，非營利組織與政府的運作關係，約可以整理說明如圖 3-2（許世雨，1992: 165–166）：

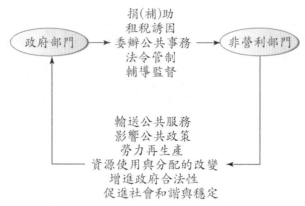

捐(補)助
租稅誘因
政府部門　→　委辦公共事務　→　非營利部門
法令管制
輔導監督

輸送公共服務
影響公共政策
勞力再生產
資源使用與分配的改變
增進政府合法性
促進社會和諧與穩定

➡圖 3-2　非營利部門與政府的關係

　　如圖 3-2 所示，非營利部門對政府行政有關「輸送公共服務」、「影響公共政策」之功能，已如前論述。而「勞力再生產」指的是非營利部門之志願人力，利用其正職之外時間從事志願服務、參與公共事務，增加社會總勞力產出，對社會貢獻，減輕政府行政的負擔；「資源使用與分配的改變」是指非營利部門的加入，改變（或更充分的運用）國家資源配置，而非營利部門之社會慈善福利功能，更有促進財富平均分配之作用；「增進政府合法性」乃指非營利部門含有公民參與之功能，藉由言論自由、集會、結社、遊行等權利的行使，表現了社會各種不同的聲音與需求，追求社會正義，增強政府之合法性地位；「促進社會和諧與穩定」亦為非營利部門對政府部門之最大貢獻，因非營利部門的本質是道德公民的情操，強調的是愛人、愛社區、愛社會國家的精神，藉由自主、負責地參與，傳播愛與祥和，為社會添溫馨、活力，因此也就能避免社會衝突、社會不平，而促進社會和諧與穩定。

　　至於政府部門對非營利部門之作為與影響，如圖 3-2 上半部所示，基於非營利部門在現代福利國家之角色與功能，政府常需透過各種政策，來促進非營利部門之成長與發展；同時，也需藉由相關法令的訂定、適時的輔導與監督來導正非營利部門之運作，以發揮非營利部門之正面功能。

二、非營利組織與政府的運作關係

由於非營利組織本身的規模、財源自主能力與使命的差異，使得非營利組織與政府間之關係充滿著複雜性。國外學者對於政府部門與非營利組織關係的研究甚多，其中較為完整且多為國內多數學者所引用者，包括 Gidron, Kramer, Salamon (1992)、Kuhnle & Selle (1992)、Kramer (1993) 以及 Najam (2000) 等人。由於這些學者是從不同的面向來觀察政府部門與非營利組織的互動情形並予以分類，因此所呈現出兩者的關係也有所差異。以下分別整理說明之：

(一)以「財務供給」與「服務輸送」分類

如表 3-3 所示，Gidron, Kramer, Salamon (1992: 16-21) 以「財務供給」與「服務輸送」兩大面向來作為非營利組織與政府之關係模式的分類依據。在本小節中，作者輔以「社會福利領域」來說明非營利組織與政府間之互動與特質。

表 3-3　政府與非營利組織關係分類模式

	政府主導模式	雙元模式	合作模式	第三部門主導模式
財務提供者	政　府	政府與第三部門	政　府	第三部門
服務提供者	政　府	政府與第三部門	第三部門	第三部門

資料來源：整理自 Gidron, Kramer, Salamon, 1992: 18。

1.政府主導模式 (government-dominant model)

在政府主導模式中，政府為經費提供與服務遞送的雙重角色。以社會福利領域來說，政府同時是主要的經費提供者與實際服務的提供者，政府以租稅收入來提供資金，並以政府人力來提供服務。在這種情況下，非營利組織僅能就政府部門尚未介入的領域提供服務，生存空間較為狹窄。

2. 雙元模式 (dual model)

在雙元模式中，政府部門與非營利組織各自提供福利服務需求，兩者間並無經費上的交集，而是處於平行競爭的地位。若以社會福利領域來說，政府部門與非營利組織雙方均有介入社會福利領域，但各行其事，不相互干涉，亦少合作，雙方對自己的活動均具有一定的自主性。雙元模式中，又可區分成兩種型態，一種是非營利組織提供與政府部門相同的服務，但服務對象是無法接受到政府服務的少數民眾；另一種則是非營利組織針對政府部門沒有提供的服務領域進行服務。

3. 合作模式 (collaborative model)

典型的合作模式是由政府部門提供資金，非營利組織負責實際的服務遞送。就社會福利領域來說，即政府部門認為社會福利為自身責任，但若由自身提供服務，則易發生許多缺失，例如效率不彰、回應速度慢等問題，因此尋求與非營利組織合作，由政府出資，然後委託非營利組織代為提供實際服務，是一種有計畫分工與合作的模式，例如英美等國，在 80 年代時，即為了提升政府施政效率，大幅將社會福利措施民營化。

合作模式可依照非營利組織的決策自主空間，再區分為兩種主要的型態：若政府扮演政策與經費資源的供給者，而非營利組織僅扮演政府政策的下游執行者角色，並無自主決策的空間，則稱之為「合作一買賣模式」(collaborative-vender model)；若非營利組織與政府可就服務內容、範圍、資源配置與服務輸送等面向，共同協商討論，具有一定的自主決定權，則稱之為「合作一參與模式」(collaborative-partnership model)。

4. 第三部門主導模式 (third-sector-dominant model)

在此一模式中，非營利組織同時扮演財務的提供者與服務遞送的角色。非營利組織既是經費提供者，同時亦是服務提供者，也就是政府部門幾乎完全不介入社會福利領域。此種情況主要是出現在某些因為意識型態或宗教觀念強烈反對政府介入福利服務的國家，或者是在社會福利

觀念尚未被大多數民眾所接受的國家。

⑵以「溝通接觸程度」與「財務依賴與控制程度」分類

Kuhnle & Selle (1992: 28–31) 根據「溝通接觸程度」與「財務依賴與控制程度」兩個面向，將政府與非營利組織的互動關係歸納為表 3–4 的四種類型：⑴整合依賴型 (integrated dependence)：即非營利組織與政府溝通頻繁、接觸密切，財務也依賴政府，同時在法律上受到較高的控制；⑵分離依賴型 (separate dependence)：非營利組織在財務上依賴政府，受到較強的法律規範，但彼此沒有頻繁的溝通與接觸；⑶整合自主型 (integrated autonomy)：非營利組織與政府有密切的來往，但不是依賴政府財務，受法律規章的約束有限，享有較高的自主性；⑷分離自主型 (separate autonomy)：非營利組織與政府的溝通往來程度低，享有高度的自主性。

■⇒表 3–4　政府與非營利組織的互動關係

財務依賴與控制程度 ＼ 溝通接觸程度	親　密	疏　離
依　賴	整合依賴型	分離依賴型
親　密	整合自主型	分離自主型

資料來源：Kuhnle & Selle, 1992: 30。

⑶以「目標」與「手段」分類

Najam (2000: 383–390) 所提出的 4C's 模式，乃是從「目標」與「手段」兩個面向來觀察非營利組織與政府之互動。如表 3–5 所示，這兩個面向交會的結果會產生下列四種互動型態：⑴合作 (cooperation) 模式：政府與非營利組織偏好運用相同的手段與方法，追求相同的目標；⑵互補 (complementary) 模式：政府與非營利組織偏好運用不同的手段與方法，追求相同的目標；⑶競逐 (co-optation) 模式：政府與非營利組織偏好運用相同的手段與方法，追求不同的目標；⑷衝突 (confrontation) 模式：政府

與非營利組織偏好運用不同的手段與方法，追求不同的目標。Najam 強調，研究政府與非營利組織的互動關係，宜聚焦在雙方交會結果的關係類型上，而非只關注個別一方。而這種基於組織目標與手段的選擇，可解釋為政府與非營利組織的互動關係，是一種策略性的制度選擇。

➡️表 3-5　非營利組織與政府互動之關係模式

目　標 　 手　段	相　似	相　異
相　似	合　作	競　逐
相　異	互　補	衝　突

資料來源：Najam, 2000: 383。

(四)以「互動領域」分類

學者 Kramer (1993: 15-19) 認為政府部門與非營利組織的交易 (transactions) 領域可分為財政上的 (fiscal)、管制上的 (regulatory)、服務輸送 (service delivery) 與政治性的 (political) 的互動四大類。

財政上的互動包括政府部門對於非營利組織在金錢與實物上的協助，例如補助金與事業委託金等；管制上的互動則包括服務標準、資格的設定、執照的發給等；服務輸送則包括訊息的交換、諮詢、協調與規劃、合營等；政治性的互動則是指政府與非營利組織之間，會希望對方的行動能夠符合自己的期望，故採行的活動包括倡導 (advocacy) 與遊說活動 (campaigning) 等行動（Kramer et al., 1993: 15-19；楊秀梅，2003: 23-24）。

另一方面，針對上述多樣分類，國內學者呂朝賢 (2001: 43-44) 認為，Kramer 的分類雖然指出了政府部門與非營利組織互動的關係，但在名詞的界定上，所包含的範疇卻不夠周延，故以 Kramer 的分類為基礎，將其擴充為下列四個領域：

1.財政的→資源的 (resource) 互動

因為政府部門與非營利組織之間，不僅有金錢及實物上的交易，在人力、資訊（包括技術、議題等）亦有相當程度上的交流，所以將「財政上的互動」改成「資源上的互動」。

2.管制的→規範的互動

呂朝賢認為使用「管制」一詞似乎意指政府單方面干涉非營利組織的活動，而使用規範的互動則較為中立，可以表現出雙向的互動型態。因為當非營利組織對政府的規範有所異議時，也會運用各種手段，使政府在政策上有所改變，而非只有政府單方面的規範非營利組織。

3.服務輸送→供給 (provision) 的互動

在 Kramer 的定義中，此一面向本包含資訊的交換，而呂朝賢認為資訊應屬於第一類資源互動的一部分，此類型應著重在實際財貨與服務的提供上，因此其認為用「供給」一詞較為適當。

4.政治的→目的的互動

在原本政治的互動中，Kramer 只注意到非營利組織藉由遊說等方式影響政府，卻忽略了政府亦有可能採用道德勸說等手段，使非營利組織的作為合乎自己的期望，因此為了表達這種雙向性的互動，呂朝賢認為應以目的的互動較為恰當。

在整理上述國內外學者對於政府部門與非營利組織之間的互動關係類型之後，其各自所著重的重點各有所不同，以 Gidron 等學者的分類看來，政府對非營利組織的影響力主要在於財務經費上的提供，繼而影響非營利組織的服務遞送方式。換言之，政府設立法令規則提供非營利組織資金援助，但同時可能也會提供類似的服務而成為非營利組織的競爭者，兩者之間呈現一個非零和的互補關係。就如前所述的，非營利組織與政府部門之間是不能相互取代的。另外，Kramer 與呂朝賢主要是針對

非營利組織與政府部門之間的互動「領域」來加以區分而成,將其區分成財政上、管制上、服務輸送上、政治上四大方面的互動,而在此基礎上呂朝賢則是進一步將 Kramer 的論述更加精緻化。

此外,Gidron 等人的分類與 Kramer 和呂朝賢的分類在某些項目上是相互重疊的,例如 Gidron 等人的分類面向之一——財務提供,與呂朝賢所提出的資源面向之意涵是相似的,只是後者所涵蓋的面向更為廣泛;另外,前者之服務遞送面向與後者所提出之供給面向,兩者也可視為相同的內涵。

此處要強調的是,以上所介紹的雖是非營利組織研究者探討非營利組織與政府部門間關係時常用的幾種模式,但事實上,不論哪一種互動模式,皆無法完整地解釋政府部門與非營利組織間的各關係面向,因為非營利組織在參與公共服務產出過程中會根據其角色之差異,與政府部門之間產生不同的關係模式。

第四節　結　語

對多數非營利組織而言,政府部門以各種形式提供經費,包括獎助、補助、契約委託等,對其組織的生存發展至為重要,而政府部門的支持與存在正當性的認可,對非營利組織是最實質也最重要的資源。另一方面,政府補助、獎助或委託非營利組織辦理社會福利服務,伴隨而至的服務內容與方式、契約規範的訂定,也意味著政府監督與管理的作為。

而從 Gidron 等人的分類來看非營利組織與政府部門的關係發現,兩者可以是敵人也可以是盟友。換言之,各個模式都有可能存在,而事實上也的確如此。但若以社會福利私有化的案例來說,則雙方的關係以合作模式占絕大多數。因為非營利組織所提供之服務是政府服務外的另一種選擇,或者是另一種完全替代政府類似的服務功能;而為了永續經營,其與政府互動途徑則採行資源共生合作互補方式,以彌補各自之限制。

當今面對多元複雜的社會需求,政府部門與非營利組織的協力合作是有必要的,因為政府部門與非營利組織在公共財的提供上皆有其限制,

政府部門受到體制上之束縛，而非營利組織受限於先天資源上之限制，但因兩者皆以公益為目標，在公共財供給方面正好可以截長補短，創造雙贏。因此，不論從理論或是實際的經驗資料來看，兩者應是較傾向於合作而非敵對。

　　另外，隨著社會價值觀由一元轉向多元，過去公共政策的執行純由政府一方擔任，但現今已經逐漸轉為由政府和民間團體共同合作，相互支援。因此，目前非營利組織與政府之間的關係，從以往對立到採行公私合夥，其轉變意味著政府的角色從過去的服務供給者、生產者與規劃者轉變成服務的管理者、購買者（簽約外包）與審查者。而非營利組織所扮演的角色也有很大的改變，從過去的弱勢權益倡導者改變成服務直接的提供者，所提供的服務也從不定型服務逐漸傾向定型服務。傳統非營利組織多被視為是單純的志工團體，而今也漸朝專業工作者發展。整體而言，非營利組織與政府部門的關係雖然並非全建立在合作模式上，但卻因都奠定在「公益」的基礎上，未來兩者應仍以「公益」為目標，把更多的注意力放在雙方之間關係的改善上。

Tea Time

非營利組織與政府合作的實務❸

　　由於社會的變遷，環境日趨複雜，犯罪率也隨之提升；加上家庭型態的轉變，兒童照顧工作的移轉，使得兒童的人身安全面臨著前所未有的危機。自兒福聯盟於 1992 年成立失蹤兒童協尋專案以來，共接獲 500 多位家長委託協尋失蹤兒，而警方接獲的失蹤兒案件更數倍於此（僅 1997 年 12 歲以下兒童失蹤案件即高達 876 人）。

　　在兒福聯盟協尋失蹤兒的過程中，發現兒童失蹤不僅反映家庭的問題，也涉及許多的社會問題（如人口販賣、無戶籍兒童等）。

---

❸　失蹤兒童少年資料管理中心網站（http://www.missingkids.org.tw/chinese/profile.php；檢閱日期：2014/2/17）。

有鑑於失蹤兒童問題的複雜性及其潛在的危機，前省府於 1997 年成立跨部門的「臺灣省政府失蹤兒童協助尋訪小組」，結合警政、社政、戶政、衛生等相關單位力量，共同解決失蹤兒童問題。

為了整合政府與民間資源，建立全面性的失蹤兒童協尋網絡，前省府與兒福聯盟於 1998 年起，合作設置「失蹤兒童少年資料管理中心」，並自精省後，於 2000 年 3 月改與內政部兒童局合作，將協調聯繫工作擴大至全國性行政單位，希望結合各部門的力量，改善兒童失蹤問題。

➡圖 3-3　兒福聯盟對失蹤兒童的協尋不遺餘力。

童失蹤問題。該資料管理中心匯整各地失蹤及身分不明之兒童、少年資料，進行電腦化的個案管理，提供查詢比對及專業的協尋服務，以提高失蹤兒童尋獲率，有效改善兒童失蹤問題。

兒福聯盟目前在臺北、臺中、高雄三地設立辦事處提供服務，工作人員從早期 3 人逐步擴編至 60 多人，戮力為全臺灣的兒童、家庭提供更多即時、在地的服務。並與內政部兒童局合作設置失蹤兒童少年資料管理中心，並受臺北市政府社會局委託辦理民生兒童福利服務中心❹。

---

❹　臺北市政府社會局於 1995 年 9 月委託兒童福利聯盟文教基金會，設立了國內第一個以托育服務為主軸的臺北市兒童托育資源中心，提供「托育資源及轉介」服務，為廣大有托育需求的父母分憂，為孩子創造更好的托育品質。

參考文獻

一、中文書籍

丘昌泰，2000，《公共管理——理論與實務手冊》，臺北：元照。

司徒達賢，1999，《非營利組織的經營管理》，臺北：天下遠見。

江明修、許世雨、劉祥孚，2000，〈環保類非營利組織之策略聯盟〉，收錄於江明修主編，《第三部門：經營策略與社會參與》，頁 271-304，臺北：智勝。

吳宗憲，2002，〈非營利組織之策略管理〉，收錄於江明修主編，《非營利管理》，頁 221-248，臺北：智勝。

官有垣主編，2003，《臺灣的基金會在社會變遷下之發展》，臺北：洪建全教育文化基金會。

林雅莉，2000，〈非營利組織之募款策略〉，收錄於江明修主編，《第三部門：經營策略與社會參與》，頁 3-60，臺北：智勝。

陳定銘，2000，〈非營利組織之志工招募與甄選〉，收錄於江明修主編，《第三部門：經營策略與社會參與》，頁 123-144，臺北：智勝。

陳定銘，2002，〈非營利組織之參與管理〉，收錄於江明修主編，《非營利管理》，頁 317-368，臺北：智勝。

陸宛蘋，2000，〈非營利組織的人力資源規劃與管理〉，收錄於蕭新煌主編，《非營利部門：組織與運作》，頁 205-226，臺北：巨流。

陸宛蘋、王金英，2000，〈非營利組織的行銷管理與募款策略〉，收錄於蕭新煌主編，《非營利部門：組織與運作》，頁 247-290，臺北：巨流。

鄭讚源，2001，〈NPO 與政府之合作——水乳交融 vs. 相敬如賓〉，收錄於《非營利組織管理與發展系列研討會：資源與發展篇》，頁 6-16，臺北：國家展望文教基金會。

蕭新煌、江明修、官有垣主編，2006，《基金會在台灣：結構與類型》，臺北：巨流。

蕭新煌、孫志慧，2000，〈臺灣非營利部門的未來〉，收錄於蕭新煌主編，《非營利部門：組織與運作》，頁 481-495，臺北：巨流。

二、中文期刊

王仕圖，2007，〈社區型非營利組織資源動員與整合：以社區發展協會為例〉，《臺灣社會福利學刊》，第 5 卷第 2 期，頁 103-137。

吳典樺、蘇弘誠，2005，〈非營利組織商業化之個案研究——以高雄縣身心障礙福利服務中心為例〉，《航空技術學院學報》，第 4 卷第 1 期，頁 273-280。

江明修、陳定銘，2000，〈臺灣非營利組織政策遊說的途徑與策略〉，《公共行政學報》，第 4 期，頁 153-192。

呂朝賢，2001，〈非營利組織與政府的關係——以九二一賑災為例〉，《臺灣社會福利學刊》，第 2 期，頁 39-77。

呂朝賢，2002，〈對我國志願服務法的若干反思與建議〉，《臺大社會工作學刊》，第 7 期，頁 205-241。

沈明彥，2005，〈「公設民營」對非營利組織的影響與因應之道——以 CCF 嘉義家庭扶助中心為例〉，《社區發展季刊》，第 108 期，頁 154-164。

林豐智，2003，〈臺灣之基金會運用網站行銷之研究〉，《企業管理學報》，第 57 期，頁 97-128。

周逸衡、黃毓瑩、陳華寧，2005，〈應用關係行銷於非營利組織之捐助者——以社福類慈善事業基金會為例〉，《行銷評論》，第 2 卷第 1 期，頁 1-27。

洪如玉，2002，〈一個民間團體在全球化下終身學習的啟示：以主婦聯盟為例〉，《社會教育學刊》，第 31 期，頁 55-78。

洪富峰、蔡昭民，2005，〈公私合營共創雙贏——高雄市身心障礙福利服務民營化〉，《社區發展季刊》，第 108 期，頁 31-37。

孫煒，2004，〈非營利組織人力資源策略管理之體系建構〉，《中國行政評論》，第 13 卷第 3 期，頁 119-138。

張培新，2006，〈臺灣宗教組織運作的社會資本考察：以慈濟功德會為例〉，《中山人文社會科學期刊》，第 14 卷第 1 期，頁 125-163。

梁斐文，2005，〈宗教型非營利組織行銷策略研究——以慈濟功德會為例〉，《社區發展季刊》，第 112 期，頁 206-215。

黃慶源、朱斌妤、高明瑞，2001，〈非營利組織典範移轉之行銷策略個案研究

——以財團法人喜憨兒文教基金會為例〉，《樹德科技大學學報》，第 3 卷第 2 期，頁 45–60。

黃慶榮，2006，〈非政府組織勸募策略分析〉，《非政府組織學刊》，第 1 期，頁 45–86。

楊宗文，2005，〈非營利體育組織人力資源現況及其因應策略〉，《國民體育季刊》，第 2 卷第 34 期，頁 63–70。

歐進士、歐耿作，2003，〈非營利組織財務資源管理之探討——關注非營利組織之募款來源及行為，俾提升其運作與管理績效〉，《主計月刊》，第 566 期，頁 60–69。

鄭世怡、張英陣，2001，〈非營利組織與企業組織合作募款模式之探討——以民間福利服務輸送型組織為例〉，《東吳社會學報》，第 7 期，頁 1–36。

鄭淑芬，2003，〈非營利組織的人力資源管理策略〉，《高苑學報》，第 9 期，頁 167–186。

三、英文書籍

Gidron, L., Kramer, M., & Salamon, L. M. 1992. *Government and the Third Sector: Emerging Relationships in Welfare States*. San Francisco: Jossey-Bass.

Kramer. 1987. "Voluntary Agencies and the Personal Social Services," p. 243, *The Nonprofit Sector: A Research Handbook*. New Haven and London: Yale University Press.

Kramer, Ralpj M., Hakon Lorentzen, Willem B. Melief, & Sergio Pasquinelli, 1993. *Privatization in Four European Countries: Comparative Studies in Government-Third Sector Relationships.* Armonk, New York: M.E.Sharpe.

Najam, Adil. 2000. "The Four-C of Third Sector-Government Relations: Cooperation, Confrontation, Complementarity, and Co-Optation?" *Nonprofit Management & Leadership*, 10 (4): 375–376.

Salamon, L. M. 1987. *The Nonprofit Sector: A Research Handbook.* New Haven, Conn: Yale University Press.

四、碩博士論文

吳佳霖，2004，《非營利組織募款策略之比較研究》，佛光人文社會學院公共事務學研究所碩士論文。

吳紀勳，2002，《非營利組織運用網路行銷之研究——以臺灣基金會網站為例》，逢甲大學企業管理研究所碩士論文。

沈彥良，2006，《以網誌作為非營利組織的群眾對話平台與訊息傳播工具》，朝陽科技大學資訊管理研究所論文。

邢瑜，2005，《非營利組織與政府、企業之行銷關係研究——以表演藝術組織為例》，東海大學公共行政學系研究所碩士論文。

林吟紋，2005，《非營利組織產業化行銷管理之研究——以我國財團法人基金會為例》，國立臺北大學合作經濟學系研究所碩士論文。

林佳蓉，2005，《我國非營利組織推動 e-learning 之初探——以「臺灣公益組織教育基金會」為例》，南華大學非營利事業管理研究所碩士論文。

林嘉慧，2001，《美國大學募款策略之研究——非營利組織行銷之觀點》，國立政治大學廣告學系研究所碩士論文。

松敏麗，2005，《文教類非營利組織參與公共政策過程之研究》，東海大學公共行政學系研究所碩士論文。

洪麗晴，2002，《臺灣非營利社會福利機構網路募款的分析》，國立中正大學社會福利系研究所碩士論文。

張上仁，2001，《非營利組織社會活動商業化之研究》，南華大學非營利事業管理研究所碩士論文。

陳宗哲，2005，《非營利組織在交通議題的倡議角色——以蘇花高速公路為例》，南華大學非營利事業管理研究所碩士論文。

馮俊傑，2003，《以非營利組織之觀點探討其與政府間互動關係——以社會福利財團法人為例》，東海大學公共行政學系碩士論文。

黃佳瑩，2005，《非營利組織社會企業經營管理之研究：以臺灣地區身心障礙社會福利機構為例》，國立中正大學社會福利所碩士論文。

黃郁芬，2006，《不同類型非營利組織商業化行為之研究》，國立中山大學企管

系碩士論文。

楊秀梅，2002，《草根型非營利組織與政府關係之研究——以社寮文教基金會
　　為例》，南華大學非營利事業管理研究所碩士論文。

葉識山，2005，《非營利組織利用部落格對網路傳播的探討》，國立中山大學資
　　訊管理學系研究所碩士論文。

溫信學，2006，《從法規與財務論非營利組織與政府之互動關係——以社會福
　　利團體為例》，國立臺灣大學社會學研究所碩士論文。

董瑞國，2004，《公辦民營體系建構及非營利組織角色之政策分析》，南華大學
　　非營利事業管理研究所碩士論文。

蔡志文，2005，《非營利組織與地方政府公私協力互動模式之研究——以臺中
　　縣國中、國小教師對童軍教育活動之滿意度為例》，南華大學非營利事業
　　管理研究所碩士論文。

謝端丞，1997，《福利國家本質之研究——兼論政府與非營利組織的角色與定
　　位》，國立中興大學財政研究所碩士論文。

魏人偉，2004，《非營利組織之政策倡導——以南華大學阿里山分部（民族學
　　院）為例》，南華大學非營利事業管理研究所碩士論文。

五、研究報告

陳惠馨，1995，《財團法人監督問題之探討》，臺北：行政院研究考核委員會。

六、網路資料

失蹤兒童少年資料管理中心網站（http://www.missingkids.org.tw/chinese/
　　profile.php；檢閱日期：2014/2/17）。

第四章 非營利組織與企業的關係

　　企業部門在社會上的運作，促進了財貨與服務的流通與交換，對於人類社會的貢獻是無法言喻的。既然企業部門的運作涉及財貨與服務的流通與交換，即表示企業部門並非封閉系統，必須與其他外在個體發生互動。換言之，企業部門在運作的過程中所消耗的有形與無形資本，以及其所獲得的利潤，並非單單只是來自企業部門營運的結果，也包括來自於社會大眾及企業部門所處的環境文化、社會政治等因素的互動。因此，企業部門的發展與整體環境有著密不可分的關係。

　　另一方面，企業部門也是非營利組織主要的資源提供者，非營利組織可以透過企業部門的捐助，以解決組織財源短缺的問題，並且服務一些組織所無法幫助的對象。對非營利組織而言，過去企業部門參與公益活動只是純粹扮演金錢或物資的贊助角色，對於公益活動的實質內容鮮少深入關切或參與討論。受到外在環境改變，企業部門的角色不再像過去純然為消極被動的贊助者，同時必須擔負起社會責任，除了以自身的力量外，還可透過和政府部門、非營利組織的合作，積極主動的參與公益活動。

　　在上一章中，已經介紹非營利組織與企業部門之間本質上之差異，發現兩者無論是在行為基礎、代表性、服務範圍等項目都相距甚遠。所以，在本章中乃試圖探討非營利組織與企業部門這兩個目標異質性極大的個體，如何互動合作。因此，在本章的第一節中將說明非營利組織與企業部門互動的動機，並以企業部門的慈善行為模式為分析主軸；其次，在第二節說明企業部門之責任類型，以及企業部門的慈善模式；接著在第三節中具體說明非營利組織與企業部門相互支援的具體作法。透過上述章節之安排，希冀讀者對於企

業部門在公益慈善領域中所扮演之角色，以及企業部門與非營利組織之互動關係有更多的了解。

第一節　非營利組織與企業部門互動的動機

非營利組織與企業部門相同之處在於，皆是藉由人與資金的結合以達成其目的。由於非營利組織的資源絕大多數是取決於社會大眾，且又享受稅法上之優惠，所以必須更加妥善運用資源，以增進公共利益的使命，至於企業部門則以提升自身的利潤作為組織的最終目標。由此可知，兩者的組織使命與目標幾乎是背道而馳的。

既然如此，非營利組織要如何與使命背道而馳的企業部門互動？甚至非營利組織在與企業部門互動時，還可能發生自身的「公益使命」與營利組織的「市場取向」之間的衝突與矛盾等情形。基於此，本節乃整理非營利組織與企業部門的互動動機如下（鄭怡世，1999: 132-134；馮燕，2000: 87；林宜欣，2001: 24-26；鄭怡世、張英陣，2001: 9；許世雨，2005: 43-44）：

一、非營利組織的動機

非營利組織與企業部門合作的動機，大致上是出自於資源的獲得、組織理念與服務倡導以及感化企業之責等三項因素，試分述如下：

(一)資源的獲得

由於非營利組織的財務來源以社會大眾捐贈為主，但是受到經濟不景氣之影響，以社會捐贈為主的財源收入可說是不甚穩定。所以非營利組織與企業部門合作，已經成為非營利組織獲取資源的方式之一。非營利組織與企業部門合作除了可獲得經費贊助外，連帶也可獲得技術與人力等資源。換言之，非營利組織與企業部門的合作不但可獲得有形的實質經濟贊助，還可以從中學習企業部門的經營精神與相關技術。

(二)組織理念與服務倡導

非營利組織藉由與企業部門之合作來宣傳自身的理念與服務。這種將理念宣傳於外的作法，將有助於非營利組織對外建立良好之形象，同時也可以告知有服務需求者，可以向非營利組織求助；或者是吸引有意願與熱忱來組織服務的企業志工到非營利組織提供協助。

(三)感化企業之責

非營利組織與企業部門合作的動機當中，其所關心的並非僅有企業部門可以提供組織有形之資源，另外也希望透過彼此合作互動的機會，讓企業部門感受到非營利組織的使命與理想，進而願意負起社會責任，為社會整體付出更大的心力。

總結上述，非營利組織與企業部門合作的動機，除了爭取實質的經濟支援之外，無形管理技術的學習與人力的獲得，也是一種額外的附加價值。更深層而言，非營利組織希冀透過與企業部門的合作，將組織理念傳遞給企業部門與社會大眾，甚至讓企業部門願意負起社會責任。事實上，國內外環境競爭日趨激烈，企業部門留給公益慈善的經費是相當有限的，所以企業部門會以集中關心少數社會議題的作法來作為公益贊助的思考。因此對非營利組織來說，其所提出的議題是否足以吸引企業部門之關注，將是日後雙方是否能進一步共同合作的重要關鍵。當然，此合作的前提是建立在不違背非營利組織既有的使命之上。

二、企業部門的動機

在企業部門的動機方面，國外學者有針對百大企業做過相關之研究，以下整理國外學者 Marx (1998)、Burlingame & Frishkoff (1996) 所作的研究調查結果，並試圖歸納企業部門願意與非營利組織互動的動機類型。

(一)學者 Marx 的看法

關於企業部門願意參與慈善行為動機之研究，學者 Marx (1998) 對美

國 226 家企業部門的管理階層進行郵寄問卷調查中，針對企業部門從事公益行為之目標價值進行重要性排序調查，如下表 4-1 所示：

➡表 4-1　企業部門從事公益行為時，目標價值之排序

企業目標價值	n	%
協助社會、提高生活品質	187	96.4
企業形象的提升	186	95.9
提供社區服務	182	93.8
促進種族和諧	162	83.5
爭取正面的媒體曝光	155	79.9
提升員工的忠誠度	154	79.4
增加員工福利	142	73.2
吸引並保有高素質的員工	127	65.5
擴充現存市場	98	50.5
進入新市場	93	47.9
增加產品或服務的銷售	75	38.7
降低政府管制	67	34.5
稅賦減免	52	26.8
降低成本	39	20.1

資料來源：整理自 Marx, 1998: 37；林宜欣，2001: 24；鄭怡世，2000: 208。

承上所述，Marx (1998) 將企業部門參與慈善行為之動機分成十四類目的，從社會公益目標（如協助社會、提高生活品質、提供社區服務）至經濟性的誘因目標（如節稅、降低成本）皆包含在內。由表 4-1 的統計數字與目標排序看來，在過去傳統社會中，企業的經營者對於所謂的「社會責任」似乎並沒有很明確的概念，大多還是以賺取公司利潤為首要目的。近日，企業經營者有感於自身在國內社會角色，甚至對於國際事務之影響日趨重要，便逐漸發展成以「取之社會，用之社會」的觀念來從事公益慈善活動，以回饋社會。

㈡學者 Burlingame & Frishkoff 的看法

另外，學者 Burlingame & Frishkoff (1996) 由「企業贊助公益事業動

機」的角度，提出「企業公益贊助的架構光譜」，從中可以看到企業參與公益活動的理念。在光譜中，最左邊的是「利他主義」(altruism)，係指一種完全以社會需求作為公益參與的考量；最右邊則是「善盡管家責任」(stewardship)，完全是以商業取向作為依據。而介於中間從左而右依序為「分享利潤」(shared benefits)、「長期的自利」(enlightened self-interest)、「慈善投資」(charitable investment)，其意義與具體作法如下圖 4-1 所示（Burlingame & Frishkoff, 1996: 97；許世雨，2005: 42-43；陳瑩蓉，2003: 23-25；鄭怡世，2000: 202-204）：

企業公益贊助的架構光譜

利他主義	分享利潤	長期的自利	慈善投資	善盡管家責任
無私地優先考量他人利益	捐助前會先考量到所提供或服務的對象是否是社會關注的問題，且不會期待獲得回報	捐助的目的在增進企業本身的利益。在捐贈前會先考量是否會為企業帶來互惠的效果	捐助的目的在期待獲得企業短期的金錢利益，並考量從捐贈中可獲得某種程度的回饋	企業所有的作為是以提高企業利潤為優先考量，使投資者獲得最多回饋
捐助方式： 1.匿名捐贈 2.合資捐贈 3.捐出財產	捐助方式： 1.擔任志工 2.提供技術 3.提供設備 4.實物捐贈	捐助方式： 1.公益行銷 2.企業資助的公益廣告 3.長期目標額的捐贈	捐助方式： 1.短期目標額的捐贈 2.策略的公益贊助 3.社會投資	捐助方式： 以捐贈來獲得稅賦上的減免

➡圖 4-1　企業公益贊助的架構光譜

　　事實上，企業部門參與公益慈善事業，並無法明確歸類本身動機是屬於完全自利或是完全他利，因為僅程度上之差異。之所以會產生「程度上的差異」，主要是受到許多因素集合之影響，例如該企業部門的財務狀況、社會責任意識的高低、資源投入等。假若企業的經營狀況不佳，就無法有多餘的心力去從事慈善行為。所以，企業願意從事慈善行為，應該是在其心有餘且力足之際，故上述這些諸多因素都應該被列入企業部門從事慈善行為的考量。

(三)小 結

　　承上，學者在論述企業部門從事慈善行為的動機，幾乎都是從自利與利他之觀點來區分。若是自利觀點，即多以「市場取向」為考量，包括 Marx (1998) 所提到的擴充現存市場、進入新市場、增加產品或服務的銷售、稅賦減免等動機；而 Burlingame & Frishkoff (1996) 所提的善盡管家責任也是其一。相反地，如趨向於利他觀點，則多以「社會取向」為考量，包括提供社區服務、促進種族和諧、協助社會、提高生活品質等動機。而 Burlingame & Frishkoff (1996) 所提的利他主義、分享利潤則也是屬於傾向社會取向。

　　整體來說，企業部門從事慈善行為的動機，不外乎是為了企業形象之提升，用以增強社會大眾對該企業之正面印象，進而支持該企業，企業部門若是獲得利潤，自然願意回饋社會。因之，企業部門從事慈善行為的動機是一脈相承的。在此，試圖將上述學者對於企業部門參與慈善行為的動機，簡單整理成提升企業形象、企業社會責任、商業策略以及其他等四項目的，分別說明之。

(一)提升企業形象

　　從 Marx (1998) 所做的研究中（參見表 4–1）不難發現，現今企業部門對於公益行為的態度，不只是單純抱持著社會公益，除了改善與提升當今社會及生活的品質外，相當程度地是將企業公益行為與提升企業整體形象做一個適度的連結。在凡事都注重外在包裝的商業社會中，企業部門藉由從事公益行為來形塑企業形象，進而提升企業及產品的知名度，企圖在企業形象與社會公益兩方面能達到雙贏，例如臺灣麥當勞與**羅慧夫顱顏基金會**合作，提出消費者每購買一盒快樂兒童餐，即捐出 10 元給該基金會的作法，或是郭元益食品與**心路文教基金會**合作，從顧客事先繳交的訂金中，捐出全部訂金的 10% 給該基金會，都是塑造企業熱心公益，回饋社會的好形象，進而達到提升企業形象的目的。

㈡企業社會責任

在資訊日漸開放、市場同質性過高的情況下，現代的企業已經普遍認知到企業的經營不再只是閉門造車、獨善其身即可，仍必須重視企業本身與環境之間的互動。在這樣的思維下，意味著企業經營不能只重視本身組織的獲利情況，還必須考量到其他不同個體的利益，像是公司員工、消費者、供應商、政府、社會團體等。思考的重點包括純粹為善、族群融合、改善社區環境、因應公益團體的邀約以及利他文化等。

㈢商業策略

此處的商業策略如以時間點區分，又可分成短期性的商業策略與長期性的商業策略。短期性的商業策略，是指企業從事公益行為的短期目標，藉由公益行為的參與，增加消費者對企業及其產品的好感，進而提升產品的銷售量，例如擴大既有市場、開發新市場、增加銷售量等，希冀在短期間內，能夠為企業帶來最大利潤。而長期性的商業策略，包括促進企業形象、建立公共關係、提升員工的認同、招募優秀員工、獲得社區與同業的尊重與認同等，較偏向於企業內部組織文化與組織氣候的建立與提升。企業藉由參與社會公益慈善活動，增強員工對企業組織的向心力、認同感，對企業部門的日後經營與領導將會是相當有益的，例如銀行與非營利組織合作，推出信用卡或認同卡，當消費者使用該信用卡消費時，銀行即捐出事先約定之特定比例的消費金額給該非營利組織，此種方式的合作期限即長達數年之久，屬於較長期性的商業策略。

㈣其他目的

除了上述三者動機外，企業部門與非營利組織互動之理由尚包括其他競爭者的壓力。因為在國際與國內市場競爭激烈的同時，企業部門除了捍衛市場占有率之外，在公益行為的參與上，也已經悄悄地與其他企業競爭者間相互角力。為了因應同業之間的競爭壓力，造成企業被動地參與公益行為，以增強在消費者心中的正面印象。

　　另外還有節稅的動機。為鼓勵企業參與公益活動，企業贊助公益活動的支出，得享有相關法令的稅賦減免規定。所以企業部門在從事公益行為時，其出發點雖多為良善的，但也可能是出自於自利的節稅動機。在我國《所得稅法》中規定，個人或營利事業對公益、慈善、教育、文化機關或團體的捐贈，只要捐贈金額不超過個人綜合所得的 20%、營利事業所得額的 10%，均可免稅。《遺產贈與稅法》也規定，任何捐贈給公益社團及財團組織的遺產，可免繳遺產贈與稅。

　　總而言之，企業部門從事慈善行為所持之動機相當多元，會因其規模、財務狀況、資源充足與否之不同而有所差異。但整體而言，如從其與非營利組織的互動情況來分析，應已經逐漸感受到企業在公益事務的贊助上已轉變為積極的角色，成為社會上從事公益贊助的基石，這對社會整體的進步是一個重要的開端。

第二節　企業部門的公益行為

　　企業部門是社會的一個重要機構，挾帶著龐大的資源體系，所以企業體的意向、趨勢與作為對社會上任何一個部門的影響力都是不能忽視的。因此，在討論非營利組織部門發展時，自然不能將其與企業部門的關係予以排除。另外，就非營利組織存在的合法正當性來說，非營利組織是以增進人類祉、社會公益為主，若能與企業部門互動合作，當能擴大功效，同時也照顧到企業內部員工的需求，對彼此而言，可謂是創造雙贏的局面（馮燕，2001: 215）。

　　當代的社會問題日趨複雜多元化，而解決問題的需求也愈加迫切，企業部門身為社會中的「第二部門」，往往是以企業慈善 (corporate philanthropy) 來善盡社會責任❶。究竟企業負有哪些責任?以下將介紹之。

---

❶　企業以提供金錢、實物或勞務等方式，主辦、參與或協助教育的、藝文的、體育的、保健的、環保的及關懷社會的活動，但不包含企業家以個人名義進行者（林宜欣，2001: 23）。

一、企業的責任

若從企業歷史的發展脈絡探討企業責任，其類型包括下列四項（Manne, 1972; Brummer, 1991；轉引自馮燕，2001: 216–217）：

㈠企業的經濟責任 (the economic responsibility of corporations)

企業的經濟責任被視為是企業傳統中的一部分，是對企業股東的責任。大致而言，企業的經濟責任是指「追求組織最大利潤」，此乃是企業的經濟責任之首要目標。若企業得利，其股份持有者、公司員工等也會因而受惠。

㈡企業的法定責任 (the legal responsibility of corporations)

企業部門是一個為了追求私人經濟目標的合法實體，但是企業的經濟與法定責任終究還是有些差異。企業基本的法定責任，廣泛包含遵守地方政府、中央政府現行法律、規範、管理辦法等；更具體來說，包括執照、許可的申請、交易行為應符合既定的法令規範。

㈢企業的道德責任 (the moral responsibility of corporations)

道德責任領域關心的是至高權威的問題，企業的道德責任行動，包括在對實際生活產生影響之議題上的立場、處理危機所需知識的掌控能力和預防其組織作為產生導致危害社會後果上的努力，以及適當回應社會上的批評與質疑等，例如工廠附近廢棄空氣、水質的整治。

㈣企業的社會責任 (the social responsibility of corporations)

企業身為社會的一分子，對整體社會就有應負的責任，因此企業經營者應擺脫傳統企業以經濟責任為尊的思維，更關心社會整體的發展。企業的社會責任作為應具備哪些要素？學者 Manne (1972) 提出其看法，認為企業善盡社會責任應包含三種要素：(1)慈善用意 (charitable intent)：企業社會責任必須是以慈善用意為出發，不以營利為目的才能稱為企業

善盡社會責任；(2)自發性 (voluntary effort)：企業責任必須是出自於內心的、自發性的，不是非志願性的、強迫性的，否則就不能成為企業的社會責任；(3)集體行為 (the collective nature of the action)：企業社會責任不是個人的社會責任，必須是企業整體、每個人都參與、投入的，這樣才能稱為是企業社會責任的表現。

「企業的社會責任」概念之提出，並不表示企業部門必須在財務收益與道德性成果之間進行取捨。事實上，企業原本就是在市場上追求利潤，才能維繫組織的正常持續營運，假若企業承擔愈來愈多的社會責任，那麼企業的功能和政府與非營利組織的功能就沒有太大的差別。對企業而言，社會責任的承擔應先衡量本身能力和平衡內外利益後，再決定應採取的行動。然而，企業社會責任概念的提出，是希望提醒企業部門在追求利潤之際，善盡社會責任，以收風行草偃之效，並塑造一個名實合一的現代企業部門，這對企業日後的經營來說是有利無弊的。

二、企業慈善模式

企業的社會責任是來自於企業領袖所堅持的願景，認為企業不僅有能力也應扮演賺錢以外的角色，包括了解企業的所作所為對企業內外、顧客與環境的影響，所以需將企業的使命、目標及政策與這些利害關係人結合在一起（張英陣，1999: 63）。

觀察國外企業慈善的發展軌跡，發現美國在 1970 年代後，由於受到市場蕭條的影響，許多企業均受到嚴重的衝擊，同時企業也改變消費市場大眾在對事件及產品的想法與喜好。學者 Young & Burlingame 認為企業慈善有下列四種模式（轉引自張英陣，1999: 63-64；白碧戀，2005: 30-32）：

㈠新古典／企業生產模式 (the neo-classical/corporate productivity model)

在此模式下，企業部門從事慈善工作的最主要目的是希望從中獲取利潤，企業慈善是否成功最重要的指標是企業的生產力是否提升，以及

利潤是否增加。許多企業慈善的立即效益較難呈現，但遵循此一模式的企業部門仍考慮長期的利潤，可說是一種「自利型」的企業慈善。

㈡倫理／利他模式 (the ethical/altruistic model)

此一模式的基本假設，是企業領袖運用企業的盈餘從事有益社會之活動，企業慈善是展現社會責任的企業文化且合乎道德規範的行為。此模式強調企業部門與社會是相互依賴的，企業部門也是社會的公民，而企業的經營者事實上也是社會的領導菁英，企業慈善是將企業盈餘，依據某些社會價值及道德標準來分配資源，而不是以企業部門追求利潤為依據。

㈢政治模式 (the political model)

此模式可分成內在與外在兩個層面來看。就外在層面而言，企業部門希望藉由企業慈善活動與非營利組織建立關係或聯盟，以獲得長期的利益，其動機不外乎想維繫企業的權力與自主性，也避免政府介入自由經濟市場，同時企業部門也可以透過慈善工作，保護企業的力量或獲得企業部門的正當性地位。就內在層面而言，企業負責慈善工作的部門與工作人員，經由辦理企業慈善和其他部門建立關係以求生存，並爭取運用企業資源而展現自己的權力。

㈣休戚與共模式 (the stakeholder model)

此模式認為企業部門是一個相當複雜的實體，許多利害關係人，例如股東、經理人員、工作人員、顧客、供應商、社區人士等，均會影響到企業部門的經營，也會受到企業部門的影響。而每個團體都有自己的利益，也都有各自的影響力，因此經營企業部門就是在處理這些不同利害關係人的利益，所以，企業慈善是企業經營者滿足各種不同利害關係人之利益的一種方式。

上述四種模式在企業部門中可能同時並存，也可能單一存在或兩種並存。事實上，企業慈善的四種模式並沒有一定的對錯或好壞，只是端

視企業的經營觀點而定。以我國來說，愈來愈多的著名企業開始起身示範，以示企業負起社會責任之重要性，例如宏碁連續好幾年都贊助雲門舞集即為一個明顯的例子。宏碁前董事長施振榮認為，除了科技產品之外，藝術、音樂、運動等都能讓全世界對臺灣的印象加分，因此雲門舞集只要有海外演出，宏碁一定會給予贊助❷。當中則包含了政治模式與利他模式，一方面欲向外界表示宏碁對藝術文化的支持與愛好；另一方面則對外建立宏碁參與非營利活動不遺餘力之正面形象。

第三節　非營利組織與企業部門的合作關係

　　非營利組織與企業部門是在不同的理念下所成立的組織，企業的宗旨是以創造最大利潤為目標，而實現社會責任、回饋社區並非其最主要理念與方針，但非營利組織則是以社會公益為其最終使命。因此，兩者除了在組織的宗旨目標有相當大的差異之外，在經營理念、決策方式與溝通模式等方面，會因為組織文化的差異而各有其特色與相異性。然而不同特質與存在目的的兩種組織究竟要如何合作，才能共創「雙贏」？其具體作法為何？以下分述之。

一、企業部門支援非營利組織的方式

　　一般而言，非營利組織與企業部門的夥伴關係可經由目的行銷、企業贊助、實物贈予，以及企業志工的方式來建立（張英陣，1999: 65–67；林宜欣，2001: 35–36；許世雨，2005: 45–48；蘇鴻達，2006: 46–48）。

㈠目的行銷 (cause-related marketing)

　　目的行銷的意義是建立在企業部門與非營利組織的互利關係，企業部門可以藉此達成行銷與促銷之目的，而非營利組織也可以達成募款及

---

❷ 中時電子報 (http://news.chinatimes.com/2007Cti/2007Cti-News/Inc/2007cti-news-Tech-inc/Tech-Content/0,4703,12050901+122007052700262,00.html；檢閱日期：2008/6/20)。

公共關係之目的。由於目的行銷涉及非營利組織與企業部門的互利交換行為，與傳統的企業慈善有所不同，因此雙方必須有明確的書面協議或契約。成功的目的行銷會使非營利組織與企業互蒙其利，但在決策過程中必須慎選合作對象，建立真正的夥伴關係並有明確的書面協議。例如(1)花旗銀行與喜憨兒基金會合作發行喜憨兒認同卡；(2)德恩奈公司多次與伊甸基金會共同籌辦牙刷義賣活動，並將募款捐贈伊甸，為殘障兒童購置輪椅，或作為遲緩兒早期療育基金、替殘障者籌募復康基金之用。

(二)企業贊助 (corporate sponsorship)

企業的贊助是由企業部門提供非營利組織經費及人力以贊助某項活動，為企業支援非營利組織的實質作法。雖然企業贊助方案對企業部門來說相當耗費成本，但愈來愈多企業部門運用此方式來促進與顧客的關係。例如中國國際商業銀行出資贊助藝術、體育類公益活動，包括紙風車文教基金會——「三一九鄉村兒童藝術工程臺南歸仁鄉演出活動」❸就是著名的例子。

(三)實物贈予 (gifts in-kind)

所謂「實物贈予」是指將企業的產品或服務捐贈給非營利組織，這是一種省時、省力、又省錢的有效方法，特別是將企業部門過剩的庫存品贈送給非營利組織，既可滿足社區需要，又可建立企業部門正面形象。

一般而言，企業在選擇實物贈予的對象時，都會考慮非營利組織的活動方案是否與企業產品特性相近。例如全球最大的網路市集 eBAY 結合聯合勸募協會、關懷生命協會、兒童慈善協會、創世基金會等公益團體，藉由 eBAY 臺灣網站運用日益熱絡的網路進行募款活動，各廠商或私人免費贊助、提供數十樣物品，包括臺北之音 DJ 提供的絕版 CD、EMI 維京音樂提供的原版單曲 CD、華納電影公司所提供的影片商品，以及2000 年總統大選紀念金銀套幣❹。

---

❸ 中國國際商業銀行文教基金會網站（http://www.icbcfoundation.org.tw/org/03.html；檢閱日期：2014/2/14）。

㈣企業志工 (corporate volunteerism)

企業志工是由企業部門主動將員工組織起來，為企業所在地社區提供服務。根據研究顯示，企業志工造成企業、員工與社區三贏的局面。因為非營利組織經常面臨人力不足與志工流動率高的困境，企業部門若能提供非營利組織穩定的人力資源，無疑是對非營利組織最大的助益；對企業部門來說，也能藉此凝聚公司員工對組織的認同，增強其向心力。例如中華映管股份有限公司同仁們肯定喜憨兒的努力與用心，由公司內部的大地之友社發起愛心活動，公司事先向喜憨兒烘焙屋訂購麵包餐盒，再由公司內部員工自由愛心認購，最後把所得金額全數捐予弱勢的社福團體，希望以肯定喜憨兒們的麵包作為出發點，讓人間因愛而充滿希望❺。

企業必須重視其應盡的社會責任，透過企業參與非營利組織公益行銷的活動，除了是企業盡社會責任的具體表現外，其潛在價值更是可以提升企業的優良形象，所以現在多數的企業無不將企業參與非營利組織公益列為重點工作。從這些具體的行動中發現，企業部門可能是藉由實物贈予或是身體力行的方式，反映出企業社會責任的價值與信念，其背後的意義是值得大家深思的。

二、非營利組織支援企業部門的方式

在談到企業部門與非營利組織的關係時，一般多認為，企業部門可以協助非營利組織的發展，卻鮮少人會想到，事實上非營利組織也可以促進企業部門的成長。根據文獻整理所示，非營利組織支援企業部門的方式有增加企業利潤、資源交流與教育企業的責任三種。試整理說明如下（許世雨，2005: 48；徐木蘭、楊君琦，2000: 325-328；林宜欣，2001:

---

❹　關懷生命協會網站 (http://enews.tacocity.com.tw/index.php3?action=history&url=/lcatwn/20020801221738.html# 關懷生命協會；檢閱日期：2014/2/14)。

❺　喜憨兒電子報 (http://www.ezsell.com.tw/care_folder/9307.htm#；檢閱日期：2008/6/20)。

36-40）：

㈠增加企業利潤

事實上，企業部門願意與非營利組織合作，是因為非營利組織可以提供企業有形與無形之利益，這也是非營利組織能與企業立於平等地位的關鍵因素之一。企業藉由贊助非營利組織，可以形塑出良好的形象，非營利組織則可以不定時提供企業誠懇建議，無形中可增強企業在同業之間的競爭力。

㈡資源交流

同上所述，資源並不僅限於實質上的資源，尚包括一些無形的資源，以勵馨基金會為例，曾經在其網站上舉辦「網路名人拍賣會」，就是非營利組織運用這樣的合作概念，替雙方再創造價值的例子。「網路名人拍賣會」顧名思義是一項網路競標，而得標者可以與名人對談的活動。勵馨希望藉此一方面提升其網路的公益形象與功能，另一方面也藉由名人提升組織本身的專業形象，並透過一對一與網友的面談，直接了解大眾的想法❻。

因此，企業可以藉由與非營利組織合作，擴展企業的人脈網絡，增強其對外的形象，以獲得更大的迴響，讓雙方都可以因此互利互惠。

㈢教育企業的責任

1997 年，澳洲的企業團體共捐贈了 1.86 億給其境內非營利組織；同年，企業贊助的預算卻高達 13 億元，為反轉這樣的趨勢，非營利組織必須持續地教育企業及政府部門，使其體認社會對於非營利組織的依賴與信任。企業在致力本業的同時，往往無法兼顧社會的每個層面，非營利組織除了單純地向企業募款外，更應能以第一線執行者的經驗，教育企業從事公益的重要性，並能使其體認非營利組織對社會的貢獻，而能更

---

❻ 生命力新聞（http://www.vita.tw/2000/08/blog-post_2094.html；檢閱日期：2014/2/14）。

積極、更實際地投身公益。

綜上所述，企業與非營利組織間的合作除了單向的贊助支持外，可以更進一步地提升到雙向的資源流通。或許有許多企業並不知要如何從事公益，但企業可藉由和非營利組織的合作過程中，學習如何從事公益活動，而非營利組織也可藉機學習企業專業的行銷手段及經營管理能力，這對雙方而言乃是互惠互利的行為。

第四節　結　語

企業與非營利組織在建立合作關係時，企業所扮演的角色是如何有效提升資源的應用，以協助非營利組織創造更高的效益，並讓非營利組織能夠在需要的時機被主動發掘，而非營利組織自身則應致力於提升為被企業投資的對象。因此，兩者間若能在教育社會責任與企業營利的矛盾中找出平衡點，且在企業利益和公益維護的折衝過程中做出最有效的運用，對於非營利組織與企業而言，應能共創雙贏的局面。

無論從企業贊助的角度或是非營利組織的觀點，非營利組織與企業合作都有助公益目標的達成，有利於公益之發展。但事實上，非營利組織與企業之間卻仍存有部分衝突，例如非營利組織難以獲得的淨資產和商業市場占有率，而企業在此方面則較擅長；又如非營利組織因不營利的特性容易獲得私人捐助與政府的補助，但企業部門因以營利為目的，難以有此待遇。

隨著我國經濟快速成長，社會多元化，國民素質不斷的提升，非營利組織如雨後春筍般出現。然而，各類的公益事業除非有雄厚的基金和孳息或產業及收益支持，通常其本身並無足夠自主的財源來支持整個事業的運作和發展，故必須向政府、企業及一般社會大眾進行勸募，才能維持其長期性和計畫性的社會改善行動。而多數非營利組織的經營，缺乏足夠的專業知識和執行能力，加上經濟規模不足，缺乏效益，必須經常依賴外在社會資源或引進企業化的經營方式，以開闢財源尋求更寬廣的資金來源。因此，不少非營利機構已開始嘗試運用企業經營方式，推

廣募款核心方案，以達成當初成立組織所期完成的基本使命。

因此，非營利組織與企業的合作與夥伴關係的建立，是順應國際化改變的結果，亦是為了在新環境中贏得更多的機會。這種融合與合作夥伴關係的建立，並不會導致非營利組織的公共意識消失，反而會帶來雙方的平衡與獲益。非營利組織可以透過建立彼此的夥伴關係而獲得進入市場的管道，同樣地企業也可藉由與非營利組織的合作，達到提升企業形象，促進組織成員反思之目的。雙方還可以通過相互學習獲得彼此的知識和技能，應用對方的技術（如行銷、事業化）、對問題的分析或管理風格等（如 SWOT）。這種夥伴間相互交流資訊、傳達思想的過程可以產生新的知識，開創出新的方法，在我國社會發展的大趨勢下都將是有利的選擇。

不落人後的愛心企業

個案一：富邦集團 ❼

富邦集團秉持著取之於社會，用之於社會，以及回饋社會的動機，且有效運用義舉善心的資源分配，自 1988 年成立「富邦慈善基金會」以來舉辦多項公益活動，例如「關懷殘障顏障就業」、「自閉症兒童夏日研習計畫」、「關懷受虐婦女設立信心之家」、「失蹤成人協尋」等。1991 年更實際參與《兒童福利法》修訂，並將兒童福利視為是該年度的工作目標，甚至還在同年底於國泰醫院設立「富邦早產兒專戶」，贊助第一兒童發展中心的「成立社區家園計畫」，積極參與國內的兒童醫療服務計畫。

此外，富邦慈善基金會自 2002 年開始推動的「用愛心做朋

❼ 富邦慈善基金會網站（http://www.fuboncharity.org.tw/chinese/menu.php?id=25；http://www.fuboncharity.org.tw/chinese/menu.php?id=38；檢閱日期：2014/2/19）。

友——學童認養計畫」更是持續至今，認養的範圍除了原住民兒童之外，還擴及來自失業、單親及貧困家庭的學童。該活動主要協助貧困學生在校費用的支出，例如註冊費、學雜費、學校課輔費、營養午餐費或學用品費用等，使學生能無後顧之憂得以順利完成學業。每位需要的學生可得到為期一年的助學金，共計 7,200 元（每月 600 元）。「用愛心做朋友」助學活動自 2002 年開辦至 2011 年止，共協助 112,850 位學生順利就學，累計補助金額達到 809,798,400 元。近年來，富邦集團和富邦慈善基金會分別獲得「臺灣企業獎最佳社會貢獻獎」及「國家公益獎」，顯示該企業集團與基金會的投入已獲得社會大眾的肯定。

個案二： 帝寶企業 ❽

企業有情，讓來自漁村的孩子也能抱著國樂樂器站上國際級大舞臺表演！一場感人的音樂演奏會在彰化縣員林演藝廳演出，來自鹿港鎮偏遠濱海地區四所學校、上百名學生在帝寶教育基金會贊助下登場。

帝寶教育基金會執行長表示，帝寶位處鹿港鎮頂番婆地區，為了讓更多生長自鹿港古都的孩子們接受傳統文化薰陶，並讓更多偏遠地區孩子也有機會接受良好音樂教育，基金會展開長期資助計畫，每年補助鹿鳴國中、草港國小、頂番國小及海埔國小各 40 萬元經費，讓校方去強化和提升國樂教育。

參與演出的海埔國小指導老師表示，該校 400 多名學生多來自漁村家庭，早年校方雖有心推動國樂，但受限經費不足，一直無法全面發展，直到帝寶教育基金會開始贊助後，學校得以聘請老師教導，才讓學生們獲得更專業的指導。該校的國樂團成員從一開始的 30 多人，到目前已逾 100 人，全校有 1/4 的學生都在學

---

❽ 大紀元新聞網（http://www.epochtimes.com/b5/7/7/8/n1767157.htm；檢閱日期：2014/2/19）。

習國樂。每天升旗前是學生的練習時間，校內四處充滿樂聲。

這一次在員林演藝廳的演出，許多孩子都是第一次站上大舞臺，大家既期待又興奮，演出前都不斷練習，力求表現完美，同時也作為感謝帝寶企業的最好回饋。

參考文獻

一、中文書籍

徐木蘭、楊君琦，2000，〈企業的非營利事業規劃〉，收錄於蕭新煌主編，《非營利部門：組織與運作》，頁316-337，臺北：巨流。

馮燕，2000，〈非營利組織的法律規範與架構〉，收錄於蕭新煌主編，《非營利部門：組織與運作》，頁75-108，臺北：巨流。

二、中文期刊

王明鳳，2006，〈行銷在非營利組織的運用之探討〉，《社區發展季刊》，第115期，頁131-140。

許世雨，2005，〈建構非營利組織與企業合作關係之研究〉，《第三部門學刊》，第3期，頁39-80。

張英陣，1999，〈企業與非營利組織的夥伴關係〉，《社區發展季刊》，第85期，頁62-70。

馮燕，2001，〈從部門互動看非營利組織捐募的自律與他律規範〉，《臺大社工季刊》，第4期，頁203-242。

鄭怡世，2000，〈淺論「企業的公益贊助」──社會福利的另類資源〉，《社區發展季刊》，第89期，頁201-214。

鄭怡世、張英陣，2001，〈非營利組織與企業組織合作募款模式之探討──以民間福利服務輸送型組織為例〉，《東吳社會學報》，第7期，頁1-36。

三、英文書籍

Burlingame, D. F. & P. A. Frishkoff. 1996. "How Does Firm Size Affect Corporate Philanthropy?" in Burlingame, D. F. & D. R. Young (eds.), *Corporate Philanthropy at the Crossroads*, pp. 86–104. Bloomington & Indianapolis, IN: Indiana University Press.

四、英文期刊

Marx, J. D. 1998. "Corporate Strategic Philanthropy: Implication for Social Work," *Social Work*, 43 (1): 34–41.

五、碩博士論文

白碧戀，2005，《非營利組織運用關係管理之研究——臺北市喜願協會個案分析》，銘傳大學公共事務學研究所碩士論文。

江響芳，2005，《非營利組織與企業進行募款方案合作聯繫溝通之探究》，東海大學社會工作學系碩士論文。

林宜欣，2001，《臺灣企業公益行為之研究：以電子類企業組織為例》，南華大學非營利事業管理研究所碩士論文。

陳瑩蓉，2003，《企業參與公益活動與非營利組織的夥伴關係：以三個在臺灣的跨國企業為例》，國立中正大學社會福利研究所碩士論文。

鄭怡世，1999，《臺灣非營利組織與企業組織合作募款模式之探討——以福利服務輸送型組織為例》，東吳大學社會工作學系碩士論文。

蘇鴻達，2006，《非營利組織與企業夥伴關係之研究：以荒野保護協會為例》，元智大學資訊社會學研究所社會組碩士論文。

六、網路資料

中時電子報（http://news.chinatimes.com/2007Cti/2007Cti-News/Inc/2007cti-news-Tech-inc/Tech-Content/0,4703,12050901+122007052700262,00.html；檢閱日期：2008/6/20）。

中國國際商業銀行文教基金會網站（http://www.icbcfoundation.org.tw/org/03.html；檢閱日期：2014/2/14）。

生命力新聞（http://www.vita.tw/2000/08/blog-post_2094.html；檢閱日期：2014/2/14）。

大紀元新聞網（http://www.epochtimes.com/b5/7/7/8/n1767157.htm；檢閱日期：2008/6/20）。

富邦慈善基金會網站（http://www.fuboncharity.org.tw/chinese/menu.php?id=25；http://www.fuboncharity.org.tw/chinese/menu.php?id=38； 檢 閱 日 期：2014/2/19）。

關懷生命協會網站（http://enews.tacocity.com.tw/index.php3?action=history&url=/lcatwn/20020801221738.html# 關懷生命協會；檢閱日期：2014/2/14）。

喜憨兒電子報（http://www.ezsell.com.tw/care_folder/9307.htm#； 檢閱日期：2008/6/20）。

第三篇

非營利組織的經營與管理

第五章 非營利組織的人力資源管理

導言

　　對營利組織或非營利組織而言，資源是維繫組織生存的必要條件。事實上，組織當中的其他資源，例如廠房、設備、技術、甚至資金，大多可以開列出標準的規格，然後依照規格採購，付出代價即可獲得，而且取得之後，在運用上大多能如預期發揮其應有的功能。唯有人力資源，由於個人之間的差異性太大，即使能開發出完整的人力需求條件，也必須投入必要的成本。事實上，可以完全依照條件順利取得的可能性並不大，而且即使能依條件取得所需的人力，其工作表現還得視員工的工作態度、環境條件而定，尚存在太多不確定的因素（張緯良，2003: 5）。

　　因此，在這個變化快速與多元化的時代裡，不論是非營利組織或是營利組織處處都受到挑戰。在本書第三章提到，資源對於非營利組織的營運是不可或缺的一環。大致而言，「資源」可以分成有形資源與無形資源，有形資源像是財力資源（社會捐贈、政府補助、事業化收入等）、物力資源（硬體設備）、人力資源（董事會、專職工作人員、兼職工作人員、志願工作者、顧問等）；無形資源像是專業技術、對外的社會關係與組織聲譽等。然而，相較於無形資源，有形資源往往會直接影響到非營利組織的運作，尤其在今日非營利組織財力、物力與資源皆十分匱乏的情況下，為了避免將不適任的人放在不適當的位置上，造成資源的浪費並影響組織發展，因而人力資源管理 (human resource management) 乃有其重要性。

　　基於上述，本章重點在於了解非營利組織與人力資源管理之關係。因此，主要將非營利組織的人力結構作一檢視，並說明針對不同的人力性質（董事會、專職工作者、志願工作者），非營利組織應該如何進行人力資源的管理與配置。故本章首先說明人力資源管理

的定義與範疇，以及人力資源管理的功能；其次，敘述非營利組織
與人力資源管理之關係，並探討在非營利組織中人力資源管理之重
要性；接著說明人力資源管理在非營利組織中的運用情形；最後，
論述人力資源管理運用於非營利組織中可能會遇到哪些挑戰，並探
討該如何因應。

第一節　人力資源管理的相關概念

一、人力資源管理的定義與範疇

人力是一種資源，不但是構成組織的基本元素，也是組織中其他資
源能否發揮效益的原動力（張緯良，2003: 4），所以組織管理者應將員工
視為一個「全人」，不是機械，亦非生產工具。人力資源的運用，意味著
組織的經營管理者必須重視組織員工的能力。換言之，人力資源管理的
運用代表著組織經營管理者對員工工作角色的認知已開始發生改變。

有學者認為，人力資源管理在本質上是一種管理，綜合了心理學、
社會學、社會心理學、經濟學、管理學等學科。管理者在實際處理人的
問題時，除了必須具備專業知識外，尚需依賴其直覺判斷、推理、想像
或錯誤的嘗試。因此，有效的人力資源管理是結合了管理、技術、行為
三方面的知識，其不但是一門科學，也是一種藝術（吳美連、林俊毅，
2002: 6）。茲整理人力資源管理的相關定義如下：

㈠人力資源管理的定義

在對「人力資源管理」下定義之前，需先對「人力資源」做一解釋。
所謂人力資源就是組織內所有與員工有關的資源，包括員工的能力、知
識、技術、態度和激勵（何永福、楊國安，1993: 4）。由人力資源的定義
可以發現，舉凡組織中與員工有關的一切活動都包括在內，因而可以得
知人力資源管理的面向是相當廣泛的。

　　針對人力資源管理的定義，學者提出不同的解釋，在本章中分成國外學者與國內學者兩方面來整理，分述如下（整理自何永福、楊國安，1993: 4–5；陳金貴，1994: 28；黃英忠，1993: 19；陳怡君，2006: 28；張緯良，2003: 6；鄭淑芬，2003: 176；Byars & Rue, 1991: 6; Armstrong, 1992: 13）：

1. 國外學者對人力資源管理的定義

　　Byars & Rue (1991: 6) 認為，人力資源管理包含為提供和協調組織的人力資源而設計的活動。

　　Schuler (1987) 認為，人力資源管理係經由各種管理的功能，促使人力資源做有效的運用，以達成組織的目標。

　　Sherman (1992) 認為，人力資源管理係負責組織人員的招募、甄選、訓練及報償等功能的活動，以達成個人和組織的目標。

　　Mondy (1993) 認為，人力資源管理是經由各種的技術與方法，有效地運用人力資源來達成組織目標的活動。

　　Armstrong (1992: 13) 認為，人力資源管理是運用策略與一致性的途徑來管理組織最有價值的財產——員工，藉由員工個別或集體的努力，以達成組織的目標。

　　Pace (1991) 認為，人力發展可以協助員工達成有效執行目前的工作、承擔組織中各種不同的工作，以及探討目前尚未認定與界定的工作。

2. 國內學者對人力資源管理的定義

　　何永福、楊國安 (1993: 4–5) 表示，人力資源管理是組織內人力資源的管理。詳言之，人力資源管理意指組織內對於人力資源的取得、運用和維護等一切管理的過程與活動。

　　黃英忠 (1993: 19) 認為，人力資源管理係將組織內之所有人力資源 (human resources) 作最適當的確保 (acquisition)、開發 (development)、維持 (maintenance) 和活用 (utilization)，其所規劃、執行和統制的過程即屬之；也就是說，以科學方法使企業的人和事作最適當的配合，發揮最有

效的人力運用，促進企業的發展。

陳金貴 (1994: 13–14) 則認為，人力資源管理是組織中有關人的管理，重視員工的價值，採用策略方式，協助組織達成目標。若從宏觀的角度來看，人力資源管理有最大的實用價值，可以藉此了解所有人力資源的管理活動以及承認這些活動對整個組織成功的貢獻，以增加人力資源使用的效力，達成對員工和組織有利之結果。

總結上述學者所述得知，人力資源管理著重於從人性的立場來觀察組織員工的行為，不但重視員工的成果表現，亦要求主管在工作過程中應與員工建立互動關係及積極的激勵，希冀組織與員工都能因而相互成長。

㈡人力資源管理的範疇

人力資源管理的範疇因相當廣泛而難以確切界定，由於所觸及的工作性質較廣，會因工作性質的不同而有所差異。然而，人力資源管理的內容，大約脫離不了招募、甄選、訓練、績效評估和薪資報酬制度、員工的生涯發展等項目。換言之，人員的選、用、育、留都涵蓋在人力資源管理的範疇之內。

二、人力資源管理的功能

關於人力資源管理的功能眾說紛紜，沒有一套絕對的標準，但因人力資源管理屬於服務性的功能，主要的目標是為了滿足其他部門的人力需求，透過招募、甄選作業，為組織各部門提供合適的人才，乃是其基本責任。唯在提供各部門所需人力時，除了滿足各部門人力在質與量上的需求外，同時尚需注意到人力獲得在時間點上的配合，以及所需的合理成本。根據美國人力資源管理學會 (The Society of Human Resource Management) 指出六項主要功能來界定其工作項目，所涵蓋的活動內容如下（吳美連，2005: 12–13）：

㈠人力資源的規劃與招募選用

包括進行工作分析，以建立組織中每項職位的具體資格與條件、招

募組織欲達成目標的人力資源、選用組織中各項工作的人力資源等。

(二)人力資源的發展

包括訓練員工、設計與執行管理與組織發展計畫、設計員工個別的績效評估系統。

(三)獎勵與報酬獎償

包括設計與執行酬償與福利系統、確保酬償與福利之公平性與一致性。

(四)安全與健康

包括設計與執行員工安全與健康計畫、設計懲戒與申訴系統。

(五)員工與工作的關係

包括提供會影響員工個人問題的各種協助等工作。

(六)人力資源研究

包括提供人力資源資訊基礎、設計與執行員工溝通系統。

另外，陳金貴 (1994: 14–15) 指出，人力資源管理的功能應包含用人 (staffing)、訓練和發展 (training development)、績效評估 (performance appraisal)、報酬管理 (compensation management) 和員工關係 (employee relations) 等項目。

總結上述，人力資源管理的功能可以從組織與員工兩方面來分析：對企業組織而言，人力資源管理可以營造良好的工作和學習環境，激勵組織員工向上求進以達到提升工作士氣、增加產能的目的；另一方面，對員工個人而言，人力資源管理則是求其發揮最大工作效益給予企業最大之貢獻，並開發個人潛能，以達到提升人力素質的目的，企求彼此關係的和諧、平衡以達雙贏局面。換言之，人力資源管理的最終目的是希望能開發個人潛力，使員工願意為組織效力，並達成組織與員工個人的共同成長，共創雙贏。

第二節　非營利組織與人力資源管理的關係

　　人力資源管理在非營利組織裡的重要性在於，非營利組織主要的特徵就是具備高度的勞力密集組織型態（孫碧霞等譯，2001: 85），所以對非營利組織而言，最重要的資源就是「人」，其會關乎到非營利組織營運的成功或失敗。因此，為了避免將不適任的人放在不適當的位置而影響組織的營運與發展，非營利組織的人力資源管理乃是相當重要。也因之，在本節中將說明人力資源管理與非營利組織之關係和重要性。

一、組織的運作和使命的達成有賴於優質人力

　　將人力資源管理的概念運用於非營利組織當中，顯示非營利組織的運作與使命的達成，以及對物力和財力資源的增闢等，都需要依靠人力資源的運作才可能達成。人力資源在非營利組織運作的過程中扮演執行者的角色，藉以達成組織的理想、落實對服務社會的承諾，甚至影響組織運作的成效以及開發其他物力及財力的資源（鄭淑芬，2003: 167–186）。由此可知，非營利組織所擁有的人力素質，會直接影響組織的運作和使命的達成與否。

二、組織缺乏明確的評估指標，故更需強調人力資源管理

　　非營利組織不像營利組織可以透過具體評估指標，去評估組織的服務品質。由於非營利組織所提供的財貨與服務通常有其特殊性，難以發展一套制式指標對其加以評估，所以非營利組織更需要依賴有理想、有專業的人員來協助組織的運作與發展。

　　總結上述，人力資源管理對於非營利組織之重要性在於，非營利組織是一個以公益為使命的組織，非營利組織在社會上是屬於人群服務的工作，同時也是屬於高度人力密集的事業特質，假若沒有足夠的人力，工作便很難推行，甚至影響到其所提供的服務品質。因此，非營利組織有必要對人力資源做一整體規劃。此外，不同於公家機關的用人習性和

穩定的薪酬,以及私人企業有明確的升遷管道
或優渥的獎酬,非營利組織由於本身較缺乏經
濟誘因,且資源相當有限,故更應重視人力的
有效配置。

　　此外,有別於一般營利組織的人力資源管
理,非營利組織的人力資本屬於「知識型員工」
的服務業,擁有專業知識的人才是組織的主要
資源,所以在變遷快速的社會,非營利組織也
需要變革,找尋具有創新能力的員工注入新的
活力(邱瑜瑾,2006: 74)。學者陳金貴(1994:
19-20)也曾指出,非營利組織中人力資源管
理的功能,乃是對董(理)監事、專職工作者

➡圖 5-1　人力資源是非
營利組織管理中的重要一
環。

及志願工作者進行人力資源管理。雖然大致上可以套用一般人力資源管
理的相關理論,但因考量組織的特質,在實際運作時恐會與理論有某種
程度之差異。故從下節開始,將介紹非營利組織的人力資源結構,再說
明非營利組織人力資源管理的面向,最後提出非營利組織在進行人力資
源管理時可能遇到的限制與挑戰。

第三節　非營利組織人力資源管理上的運用

一、非營利組織的人力資源結構

　　非營利組織的存在是基於對社會需求的使命,而非以營利為其目標,
其為社會提供服務,是靠人員來執行。一般而言,非營利組織中的人力
資源是指董事會、專職員工及志工三類。此三種人力在非營利組織中分
別扮演不同的角色:董事會大多負責有關決策面的事務,而專職員工及
志工則是負責實際的執行。非營利組織如要能順利運作,雖有賴於上層
的正確決策與方向指引,在實際執行時,組織中專職員工與志工間能否
合作與互補,則攸關整體組織的發展。

大抵而言，非營利組織的人力資源結構包含三種人員：負責決策的董（理）監事、執行計畫的支薪專職工作者以及不支薪的志願工作者，這三種人員的角色和工作都不相同，但有時又相互重疊。因而，可以將非營利組織人力資源管理定義為「管理及協調組織中的人力資源——董事、職員、志工，使其充分發揮能力，以共同合作的方式，達成組織目標」（陳金貴，1994: 21）。以下乃介紹各類人員在非營利組織中所扮演的角色與功能（司徒達賢，1999: 180；李佩靜，2003: 5；傅篤誠，2002: 163；楊東震，2005: 128-129；陳定銘，2003b: 278；張君怡，2009: 39）：

㈠董事會

對非營利組織而言，董事會是組織任務和目標的決定者，即決策領導階層，其決定了組織的方向以及制定一套有效的組織規劃，並且確保適合的資源進入組織且有效的管理資源。其次，董事會通常是非營利組織的對外代表，擔任公關的角色，定期地對外報告組織的工作績效，以及適時地與外界溝通，才可以加強民眾對非營利組織的印象。除此之外，非營利組織在徵選、續聘與解聘行政主管時，董事會通常具有最後的人事決定權，因而要求行政主管在工作上的表現也是董事會的職責。

㈡專職工作者

所謂專職工作者，是指在非營利組織中支薪的專職人員，必須全時的工作，一般簡稱「職工」。在非營利組織中，職工是實際在執行與實踐組織理念的人員，通常提供第一線服務，例如急難救助、緊急救援、教導學習，以及各項助人與自我成長的服務，以服務人群作為自我期許的目標。

對職工而言，雖然在非營利組織工作所支領的薪資是其謀生的來源，但相較於其他營利組織，非營利組織的薪資通常是較低的。在這種情況之下，職工願意到非營利組織工作一般是對組織的使命有相當的認同，才能持續為非營利組織效力。

除了職工外，組織中的靈魂人物乃是執行長（The Chief Executive

Officer，簡稱 CEO）。執行長是董事會延攬來實現董事會政策的人，通常是由單一個人擔任，對組織的效率、職工士氣、工作環境品質以及組織對外形象的建立，必須負最重要的責任，是整個組織中職工的最高上司，且需向董事會全權負責。

(三)志願工作者

所謂志願工作者是指非營利組織中不支薪的人員，通常簡稱「志工」。一般來說，志工願意加入非營利組織是基於對組織使命的認同，在非營利組織所追求的多半是社會需求（認同感）、自尊與自我實現。若分析志工的特質發現，其擁有的異質性相當高，雖來自於不同階層、背景，但卻因有相同的熱忱而結合聚集在同一組織。學者 Ellis & Noyes (1990: 4) 認為志工是以負責任的態度，而不是以金錢的利益來呈現個人所從事的服務行為，強調的是自由意志的內涵與助人的社會責任。

總結上述得知，志工是指基於內心深處對社會的責任、自我之實現與組織目標的認同下所激發出來的使命感，且在自由意志情況下奉獻個人心力之人。基本上，非營利組織由於其非營利的組織特性，財源通常較不充裕而無法僱用大量充足的專職人員，必須廣結其他資源，才能有足夠的資源提供服務；非營利組織中運用志工以解決人員缺乏的問題是很常見的，倘若沒有志工的投入，非營利組織可能會發生許多業務無法推動之情形。隨著公民意識與社群主義的抬頭，愈來愈多人願意挺身而出，加入非營利組織志工的行列，而部分非營利組織面對著日益增加的志工人數，也成立了專責的志工部門來管理志工，使志工人力能更有效的運用，或是成立相關的志工訓練課程，以讓志工事先了解組織業務與工作內容。

在了解非營利組織中人力組成的特色與職能之後，可以發現其在非營利組織中所扮演的角色為：董事會多屬非營利組織業務的決策者，職工多負責組織專業業務的執行，志工負責較不具制度化專業業務的執行。由上述各種人力所負責的區塊可發現：三者之間的關係是一種橫向的互動關係，與營利組織中主管與員工上對下的隸屬關係是有所不同的。其

中，又以職工和志工與非營利組織的運作關係最為密切。然而，職工與志工雖同樣對於組織的使命有相當認同，但職工卻將此工作視為一項收入來源與謀生管道，而志工則因多半另有職業，其參與組織主要是為追求理想及其他方面的滿足。兩者間雖有一些替代性，也有相當程度的互補性，但因兩種職務的工作任務不一樣，而無法完全替代。

二、非營利組織人力資源管理的面向

非營利組織如何有效地運用人力資源，使其能與組織的整體工作業務相互配合，以求有效地運用，學者孫煒 (2004: 129–133) 提出非營利組織人力資源策略管理可區分成確保管理、開發管理、績效管理、報償管理、維持管理等五項議題，分別介紹之：

㈠確保管理 (acquisition management)

非營利組織具有較高的理想性，社會大眾投入非營利組織是因為和該組織的理念與使命是相符的，所以在投入後對組織也有較高的期待，是故非營利組織在人力資源日益減少、但期望卻日益高漲的趨勢之下，要如何吸引適合的潛在人員進入組織、如何使志工認同非營利組織的理念、選擇志工的標準為何等研究主題都包含在確保管理的範疇當中。

㈡開發管理 (development management)

非營利組織在快速的發展之中，需要經由教育與訓練來開發非營利組織的人力資源，以提升人員的素質以及因應環境的變遷，因此非營利組織更需設計出適當的教育與訓練體系，以加強組織人員的專業訓練，提升人力資源的品質。因此，開發管理所面臨的主要研究問題是：如何有系統地針對非營利組織的特性設計出適當的教育與訓練體系。

㈢績效管理 (performance management)

因為非營利組織缺乏利潤作為評估績效的指標，所以更應該加強績效的管理，目標的達成即是非營利組織的績效，所以組織應該為成員設

定目標，並且設計一套評斷組織成員執行工作的績效標準。

㈣報償管理 (compensation management)

普遍而言，非營利組織人員的流動率較高，這可能是與非營利組織的薪資報償有關，所以非營利組織應該設計適當報償水平來提振組織人員的士氣以降低流動率。工作報酬方面又可分為貨幣性報酬與非貨幣性報酬。貨幣性報酬包括薪資、獎金、紅利與其他物質上的贈品等；非貨幣性報酬屬於精神性質，包括上級的嘉勉、個人對工作的認同感、滿足感、成就感。

㈤維持管理 (maintenance management)

成功運作的非營利組織必須結合職工的積極與志工的動力，管理者必須使兩者有效的合作，因此非營利組織必須設計出一套領導成員的方式，以維持成員與決策核心的協調關係。因此，維持管理的主要研究問題是非營利組織管理者如何領導成員，以維持成員與決策核心的協調關係。

針對上述，確保管理之內容和組織的性質與生命週期有關，才能吸引適任的人才進入組織；在績效管理部分，對非營利組織的人力資源管理而言有很大的必要性，目前美國、日本等國家都已實施，我國在此部分仍有待加強。事實上，若是能將上述非營利組織人力資源管理的面向做到完善，組織員工將會願意無回報的奉獻，除了達到一般所評鑑的績效之外，更以追求組織使命的達成為目標。

第四節　非營利組織人力資源管理的挑戰

相較於政府或企業，非營利組織基於本身組織的特性，經費與資源有限，無法給予員工優渥的薪資。又因為組織的規模不大，人員不多，晉升的管道受限。加上為配合服務對象的需求，經常工作逾時，工作負荷量大，且沒有正常的休假時間；員工所從事的工作，都是無形的服務，

難以在短時間看到具體的成果並產生高度的成就感，而易生挫折（陳金貴，2001: 22）。

　　在本節中,將歸納出非營利組織在人力資源管理上可能面臨之挑戰，並以職工與志工之間的問題為主，嘗試提出因應之道（陳定銘，1999: 136-137；陸宛蘋，2000: 224-225；陳金貴，2001: 22-24；傅篤誠，2002: 165；楊東震，2005: 133-134；鄭淑芬，2003: 179-180；陳定銘，2003b: 278-279）。

一、非營利組織在人力資源管理的挑戰

㈠職工與志工流動率高

　　我國目前從事非營利組織事業的職工有以下現象：工作量大、工時長、薪水低、流動率高，且以女性居多。一般而言，工作量大與工時長兩者之間是成正比的。會有這樣的現象發生，主要是因為職工人數不足所致。之所以如此，主要是因為非營利組織的工作特性，使得員工在錢少事多的工作壓力下，若缺乏強而有力的精神感召，則通常未能久任其職，使得組織好不容易培養的人才因此流失，也造成組織許多工作無法持續推展。

　　另外，在志工方面，目前臺灣的志工多屬於短期性志工，加上志願服務項目種類繁多，使得志工可能工作一段時間之後即產生倦怠感，造成流動率偏高，服務效果不易持續，許多業務無法順利推展。換言之，受到志工能力、個別差異、工作倦怠感、服務熱忱降低等因素之影響，促使志工流動率偏高，服務效果不易持續。

㈡服務的重疊與資源的浪費

　　非營利組織所運用的資源，普遍呈現出「質的不當與量的不足」問題。除了財力與物力缺乏的困境之外，在人力資源的運用上，也常常無法招募到適任而足量的志工，此外我國國內志工服務網絡並不完備，常常造成許多服務的重疊與資源的浪費，加上參與管道與資訊的流通性不

足，使許多有興趣參與志願服務的志工，增加參與時的困難性。

㈢志願服務與志工管理專業化的趨勢

一般人認為，志願工作者願意協助非營利組織，除了充滿理想使命之外，只要有多餘的時間與金錢，並不需要專業技術，即可擔任非營利組織的志工。雖然加入非營利組織的確不需要專業技術的人才，但是單憑著一股衝動與熱情來擔任志工，其持久性恐令人擔憂，故現今非營利組織必須不斷地訓練、考核以及使用具企業管理觀念的志工，才能成為新志工的主流。

㈣志工與職工角色衝突的困境

身為機構中服務主體的職工們，有許多機會參與及協助志工管理的規劃、決策及執行，其自主性亦相當高。在管理面向中，時常發現職工人員與志工人員不同角色上的合作搭配與衝突矛盾，例如對訓練方式或內容的期待差異、對評鑑考核的標準不一、對管理執行方式的意見不同等，往往會影響兩者間的關係，進而影響志工管理制度的推展。

㈤專業化需求的困境

當非營利組織面臨同性質團體的競爭及有限資源的爭取時，其必須以創新的內容、較好的服務品質及優質的管理能力來因應，因此工作人員必須要能超越傳統經營方式，以專業經營的態度使組織有效運作，此專業能力包括企業經營、品質管理、顧客導向觀念、成本效益、創新管理以及人力資源管理等，如何具備這些專業能力乃是組織之挑戰。

㈥訓練不足的困境

過去，非營利組織不覺得組織成員有訓練的需要，也很少給予訓練之機會。但目前在政府及較大型非營利組織的支持下，提供許多正式與非正式的訓練。然而許多組織可能因缺乏資訊、組織人員太忙、不在意訓練成果，或不滿意過去的訓練情形等因素，未能適度派遣員工接受適

當的訓練，錯失學習成長的機會。

(七)無效人力處理的困境

無效人力係指組織中缺乏工作意願或無法適應新工作型態的人員。在非營利組織中，因工作單純或人員不多，常未能建立完整的人事制度，以致有些員工是以個人關係進用，不但缺乏工作專長及工作熱忱，更仗勢欺人。另外，有些員工不願進修成長，當工作需要調整時，便以不懂或不適任來逃避工作，組織卻基於工作多年的人情關係，常不便處理這些人員，造成有人領錢不做事，指派工作又做不好的情形，不僅妨害工作的推展，亦會影響其他人員的工作情緒。

(八)員工缺乏組織認同感

組織認同感是凝聚員工的向心力，願意為組織認真打拼的重要因素。非營利組織所能激發員工的工作士氣和精神的條件，就是營造員工認同組織、喜歡組織的工作，因此在工作的設計、人員的互動及組織願景的塑造，都非常的重要。然而，現在的員工在追求自己的理想工作時，非營利組織的工作常無法滿足其需求，因此將此工作視為過渡性或是跳板性的工作，無心求取終身的志業發展，阻斷員工對組織強烈認同的追求心理，不願意在工作上多費心思或力求改進，且常有求去的心態，不在意主管的要求，造成了工作推展上的困難。

二、因應作法

針對上述非營利組織人力資源管理可能會遇到的挑戰，在此整理出適宜的因應作法（王銳添，1992: 19；陳金貴，2001: 24；滕雨方，2003；鄭淑芬，2003: 182-183；陳世鴻，2005；徐淑靜，2006；高寶華，2006: 220-221；魏希聖，2006）：

(一)職工與志工管理模式的建立

諸多文獻（徐淑靜，2006；滕雨方，2003；陳世鴻，2005）顯示，

職工與志工之間的協調合作為非營利組織管理的重要課題。職工與志工不同之處在於，前者將組織中的工作視為謀生、賺取金錢的方式，為有給職；後者是為了追求理想以獲得自身的滿足，多半是為了自尊以及自我實現之需求，兩者之間經常發生工作角色上的衝突。因為職工認為志工僅有熱忱毫無專業，志工卻認為職工自視甚高。因此，釐清職工與志工的職掌是避免衝突的重要因素。具體的作法是每一個職位皆應有一份詳細而清楚的工作說明書，各部門負責人對說明書的內容應充分理解，職位出缺時也應依照職責選定最恰當人選。志工與專職人員之間雖有一些替代性，但也有相當程度的互補性。非營利組織在人力資源方面的運用上，並非僅能依賴志工的理念與同理心，還必須建立一套好的管理模式，而管理模式建立時須考量到外在環境的變化、組織的結構以及志工的特色等諸多特性。

(二)溝通機制的建立

志工與職工因業務性質的差異，容易產生衝突與誤解，但兩者為組織使命努力的熱忱是相同的。因此，職工必須尊重志工對組織的貢獻，而志工也必須支持職工的專業，才能有助於建立彼此溝通的橋梁。

相較於政府部門，非營利組織的組織結構較具彈性，所以可以利用這項組織特質，建立職工與志工彼此的合作性，利用互動機會介紹彼此的職掌與專長，如此可將權責交代清楚，避免衝突之產生。其次，在溝通機制方面，職工與志工之間往往因溝通不足而容易造成誤解與隔閡，故應建立多元的溝通管道，盡可能安排各種溝通方式，特別是以平行與非正式之溝通管道為佳。

(三)監督考核功能的建立

非營利組織受限資源的不足，無法對志工進行有效率的督導，加上志工是志願幫忙，為避免督導考核帶給志工負面感受，應在志工招募和訓練期間再三強調其服務意義，並不時進行提醒。某些機構甚至將嚴謹的督導考核制度塑造為本身的一項特色，以彰顯自身專業性。倘若正式

考核在推動上遭遇困難，仍可透過非正式督導考核以掌握志工表現，並將其作為獎勵和續聘的重要參考。但必須提醒的是，不宜過分強調考核和獎勵表揚之間的相關性，以免讓志願服務流於功利，喪失原有意涵。

督導考核制度除了搭配內部溝通措施，更應思考如何運用這些志工服務資料與紀錄，對外展現志工團隊對社區和人群所作的付出，藉以爭取各界支持和資源，增進本身提供服務的能力，進而有助於建立正面的組織形象，使社會大眾能體認志工的努力。

(四)組織工作性質的區分

雖然職工與志工某種程度上有替代性與互補性，然因兩者專業背景不同，對組織所投入的程度也有所差異，進而影響彼此對組織的期望。因此，在工作的分工上應該有所區別，才能獲得最佳效率。例如組織內部的核心管理工作應交由職工負責較佳，包括組織長期的企劃工作、績效評估制度與指標的設計、整體績效的評估與檢討、員工的招募與訓練、募款方式的運用以及對社會的公開發言等，都應交由專職人員負責。主要的原因是這些工作具有核心性、整體性、傳承性以及制度化❶的必要。此外，組織應該培養志工在個人能力、工作技能以及人際關係等方面都有良好的發展，並試圖調整志工在其專職工作上的地位與心態，才能扮演好在非營利組織中志工的角色，並強化與職工的良性互動。

(五)人員招募的考量

組織成員的素質非常重要，用錯一個人，對組織會造成多方面的損

---

❶ 「核心性」是指這些工作在組織中屬於基礎性、根本性的工作，是將組織使命轉換為具體行動方向的重要環節，故交由長期任職的人員來負責較為妥善。「整體性」是指這些工作在決策時必須考慮組織整體運作的一致性，牽涉到各部門之間的協調性，志工不易了解營運全貌，不宜擔負整體規劃的責任。「傳承性」是指這些工作在各年度之間，需要高度的延續性，不應變動太大，在作法上需要某種程度的連貫，才能確保營運的順暢。「制度化」並不單純指流程的明確規定而已，而是指這些工作的作用在規劃組織各單位如何進行工作，以及確保組織的制度能落實執行（高寶華，2006: 222–223）。

失和困擾，因此必須慎選新人。雖然非營利組織有新的發展方向，需要具有特定能力者，但由於組織本身條件限制，可能無法滿足專業能力人員，造成短暫就職的現象，所以在考慮應徵者能力時，也應一併考量其對非營利工作的熱忱和態度，採用多種甄選方式，例如性向測驗、口試、問題解決能力的筆試等，經由多方面的檢測決定新人的任用。當遇有人情壓力時，這種被推薦的人雖不一定不好，但為以防萬一，如果能在事先訂定一套完整的作業程序，讓任何人均能在既定的程序中得到肯定，才能使組織得到真正人才。

第五節 結 語

　　人力資源是各組織中最重要的資產，人力資源的素質與表現對於組織的經營優劣、業務的推動與進展等各方面皆會造成影響，特別是組織資源不及政府與企業的非營利組織。對非營利組織而言，目前職工與志工所面臨的管理問題並非無法可解。以志工為例，志工並非非營利組織中的受薪者，但卻有很高的自主性與自發性的需要，希望受到尊重、支持和肯定其工作價值，因此，組織管理者若能重視志工內心的感受，將使其更願意投入（陳定銘，2003a: 316）。換言之，站在一種將心比心的角度與立場，應能降低職工與志工之間的衝突並減少誤解。

　　近年來人力資源管理日漸受到重視，而人力資源管理也成為一個值得投入的專業領域。若組織將成員視為主要的資源，則需要投入相當的成本，將有潛力的成員加以訓練，用以提升組織成員的素質。非營利組織人力資源管理之內涵，在於組織透過一些方式以良善管理組織員工，對組織而言，每一位成員都是帶著高度的期望進入組織，因此若能符合組織目標與個人期望，將能達到共創雙贏的局面。

我國內政部志工人力銀行❷

內政部全球志願服務資訊網網站中詳細登記我國志願服務之狀況，內容包括志工活動消息、志工教育訓練、志工服務的相關資料與法規、志願服務的相關主管機關等項目。

截至 2012 年 12 月底止，中央各目的事業主管機關，含文化、教育、環保、醫療、衛生、財政、經濟、農業、體育、科學、國防、消防、警政、社會福利等各領域登記有案之志願服務團隊數已達 20,468 隊，2012 年總服務人次達 297,677,391 人次，服務時數達 87,795,769 小時。

以社會福利領域為例，志願服務工作乃是依據《志願服務法》及「廣結志工拓展社會福利工作祥和計畫」等相關規定辦理，目前從事社會福利服務工作之志願服務團隊，截至 2012 年 12 月底計有 3,366 隊，志工人數達 182,954 人，分別投入身心障礙福利服務、老人福利服務、婦女福利服務、兒童及青少年福利服務、諮商服務、家庭福利服務、社區福利服務等社會服務工作，成員遍及家庭主婦、大專青年學生、勞工朋友、公教人員、退休人員及其他專門技術人員。2012 年服務時數達 29,532,144 小時，服務人次達 62,411,143 人次，對於提升社會福利服務品質，頗有助益。

---

❷ 衛生福利部志願服務資訊網 (http://vol.mohw.gov.tw/vol/index.jsp；檢閱日期：2014/6/23)。

參考文獻

一、中文書籍

王銳添，1992，《人事管理與組織行為》，臺北：曉園。

司徒達賢，1999，《非營利組織的經營管理》，臺北：天下遠見。

何永福、楊國安，1993，《人力資源策略管理》，臺北：三民。

吳美連，2005，《人力資源管理：理論與實務》，臺北：智勝。

邱瑜瑾，2006，〈臺灣基金會的組織架構、人力資源與業務方案〉，收錄於蕭新
　　煌、江明修、官有垣主編，《基金會在台灣：結構與類型》，頁 67–121，
　　臺北：巨流。

高寶華，2006，《非營利組織經營策略與管理》，臺北：華立。

陳金貴，1994，《美國非營利組織的人力資源管理》，臺北：瑞興。

陳金貴，2001，〈E 世代 NPO 人力資源之發展與挑戰〉，收錄於《非營利組織
　　管理發展系列研討會：管理知能篇》，頁 21–26，臺北：國家展望文教基
　　金會。

陳定銘，2003a，〈志工之人力發展〉，收錄於江明修主編，《志工管理》，頁
　　293–321，臺北：智勝。

陳定銘，2003b，〈志工之資訊應用〉，收錄於江明修主編，《志工管理》，頁
　　263–292，臺北：智勝。

陸宛蘋，2000，〈非營利組織的人力資源規劃與管理〉，收錄於蕭新煌主編，《非
　　營利部門：組織與運作》，頁 205–226，臺北：巨流。

張緯良，2003，《人力資源管理》，臺北：雙葉。

傅篤誠，2002，《非營利事業管理——議題導向與管理策略》，臺北：新文京。

黃英忠，1993，《現代人力資源管理》，臺北：華泰。

黃英忠、曹國雄、黃同圳、張火燦、王秉鈞，1998，《人力資源管理》，臺北：
　　華泰。

楊東震，2005，《非營利事業行銷》，臺北：新文京。

孫碧霞、廖秋芬、董國光譯，Sharon M. Oster 著，2001，《非營利組織策略管

理》，臺北：洪葉。

二、中文期刊

孫煒，2004，〈非營利組織人力資源策略管理之體系建構〉，《中國行政評論》，
　　第 13 卷第 3 期，頁 119–138。

陳定銘，1999，〈非營利組織志工招募與甄選的探討〉，《社區發展季刊》，第 85
　　期，頁 128–141。

鄭淑芬，2003，〈非營利組織的人力資源管理策略〉，《高苑學報》，第 9 期，頁
　　167–186。

三、英文書籍

Ellis S. J. & Noyes, K. K. 1990. *By the People: A History of American as
　　Volunteers*. San Francisco: Jossey-Bass Publishers.

Byars & Rue. 1991. *Human Resource Management*, 3rd ed. Homewood, Richard
　　D. Irwin, Inc.

Armstrong, Michael. 1992. *Human Resource Management: Strategy & Action*.
　　London: Kogan Page.

四、英文期刊

Hartenstein, A. 1988. "Building Integrated HRM Systems," *Training and
　　Development Journal*, vol. 42, issue 5. pp. 90–95.

五、碩博士論文

李佩靜，2003，《社會福利相關基金會專職人員人力資源管理之研究》，東海大
　　學社會工作學系碩士論文。

徐淑靜，2006，《慈濟基金會社區志工管理之研究：以桃園地區為例》，元智大
　　學資訊社會學研究所社會學組碩士論文。

張君怡，2009，《社福類非營利組織職工管理之研究》，東海大學公共行政學系
　　研究所碩士論文。

陳世鴻，2005，《志工管理：以國立自然科學博物館為例》，南華大學非營利事業管理研究所碩士論文。

陳怡君，2006，《環保類非營利組織的志工管理》，東海大學公共行政學系研究所碩士論文。

滕雨方，2003，《非營利組織義工教育訓練之研究：以國際佛光會中華總會為例》，佛光人文社會學院公共事務學研究所碩士論文。

六、網路資料

衛生福利部志願服務資訊網（http://vol.mohw.gov.tw/vol/index.jsp；檢閱日期：2014/6/23）。

魏希聖，2006，〈志工督導與考核〉，《臺中市政府社會局志工期刊》，第 27 期（http://society.tccg.gov.tw/fromI/index-2.asp?m=20&m1=8&m2=51&iid=6&sid=125&id=792；檢閱日期：2008/6/20）。

第六章 非營利組織的行銷管理

導言

　　從傳統的觀點來看，「行銷」就是「做生意」，也就是如何將產品推銷給顧客，讓顧客接受。以人類的歷史來看，做生意的觀念與活動，已有幾千年的歷史。但行銷首度以獨立分明的管理功能出現，大約是在本世紀初期，而「行銷學」更隨著 20 世紀資本主義的發展受到重視（洪順慶等，1998: 2；夏學理，2003: 48–49）。由於行銷觀念的起因與行銷學的興起都與經濟發展、產品銷售有著密切的關連，似乎不免被蒙上一層商業的色彩。若冠上「市場」兩字的行銷概念，更強化了企業營利的角色，使人難以將行銷一詞與強調「不以追求利潤」為目的的非營利組織作一結合，因而行銷的概念也鮮少被運用在非營利組織中。然而，隨著社會的進步，提供相似服務或同質性的非營利組織愈來愈多，非營利組織在面對競爭壓力日益增大的情況下，為提升本身的競爭力以爭取有限的資源與社會大眾的認同，勢必要借助行銷策略，了解行銷概念在非營利組織的適用性以及運作模式。

　　因此，本章將先藉由說明行銷對於非營利組織的重要性，以及目前行銷在非營利組織研究的情況；進而介紹傳統行銷理論中的行銷本質與行銷組合，說明營利性組織與非營利組織在行銷上差異之處；最後，介紹非營利行銷的傳統及新興的行銷方式。

第一節　非營利組織行銷的發展與研究現況

　　相較於政府或企業，非營利組織較少受到來自人民的課責，且缺乏成本效益的考量。隨著組織成長快速，競爭日益激烈，組織在面臨經費

壓力的情況下，開始思考將行銷概念運用至非營利組織的可能性。早年
美國行銷協會 (American Marketing Association, AMA) 將行銷定義為「引
導產品及服務由生產者流向消費者的企業活動」❶，促使非營利組織將
行銷視為是企業賺取更高利潤的一種手法。但是現在行銷的觀念已經逐
漸從生產、銷售的企業活動轉向重視顧客需求，這樣的轉變讓一向以提
供顧客滿意服務的非營利組織不再排斥行銷的觀念，更因民營化、志願
工作者增加，以及傳統資助的減少，使得行銷活動自 1970 年代末期開始
被應用到非營利組織中，例如醫院、大學、藝術文化團體、宗教或慈善
團體。到了 1980 年代，非營利組織的行銷觀念更是達到成熟的階段（余
松培，2001: 53；陳亞萍、夏學理，2001: 238）。即使如此，就算行銷觀
念在非營利組織中的地位日顯重要，但是當非營利組織在應用來自企業
的行銷觀念時，仍然需要特別注意到非營利組織本身的特性與行銷觀念
是否能配合，而非全盤地接受企業的行銷觀念。

　　行銷觀念一旦在非營利組織中受到重視之後，將會提高非營利組織
與不同團體間的互動。也因之，非營利組織應將行銷視為替組織增加資
源的重要方法。加上來自政府和企業的資源贊助，常受到預算排擠或經
濟不景氣的影響而逐漸減少，所以，如何在有限的資源裡增加本身生存
優勢等問題，更凸顯出行銷在非營利組織的重要性。

　　臺灣一方面因為非營利組織的相關研究原本就較國外遲緩，另一方
面則是因為行銷理論運用到非營利組織的發展較不成熟，致使國內有關
非營利組織行銷方面的文獻較少。其中，最早提出非營利組織行銷理論
的是許士軍 (1980)，在他所提出之〈非營利事業行銷觀念之應用〉一文中，
開啟了國內非營利組織行銷理論應用的視野，算是國內首位將行銷概念
運用到非營利組織的第一人。爾後，約有將近二十年的時間，有關這方
面的研究幾乎呈現空白的狀態，直到 90 年代後期，其他有關非營利組織
行銷的文獻，例如陳明照 (1998)、李麗日 (2001)、余松培 (2001) 等多位學
者才開始討論為何非營利組織需要行銷的議題，以及行銷理論應用在營

---

❶　此定義為 1960 年美國行銷協會之定義，其後基於市場環境的改變有重新做
　　修正（蕭鏡堂，2002: 9）。

利與非營利組織間的差異性，另外其他相關文獻則多在行銷理論的基礎上輔以實證加以說明。

在這些實證的研究中，又以研究非營利組織本身的行銷方式占大多數，有從捐款人之行為與態度作為切入點來進行研究（紀蕙文，2002；張淑鈴，2002；陳淞慶，1999），亦有從企業公益行銷著手（游舒惠，2001；江雨潔，2002；詹雪蘭，1996；蕭思文，1999），甚至還有研究非營利組織的網路行銷（吳紀勳，2001；羅秋川，2000；余泰魁、賴正能，2002），探討在網際網路發達的社會中，網站的建立對於非營利組織行銷所帶來的助益，或是社會行銷對非營利組織所產生的影響等（鄭淑娟，1998；宋巧雰，1999）。不論何者皆意味著，非營利組織的行銷是希望經由更寬廣的途徑、聚集較多的社會資源，以提供更好的服務。

第二節　傳統的行銷理論

由於行銷所涵蓋的範圍極為廣泛，此處僅介紹較具代表性的學者對於行銷一詞的看法，以釐清行銷的本質，並說明行銷概念的發展與代表之意義，以及在行銷學中最基本的行銷組合。

一、行銷的意義

行銷 (marketing)，又可稱為營銷、市場學或銷售管理，但廣為學術界及企業界所引用還是「行銷」一詞。關於「行銷」，曾有許多學者賦予各種不同的定義，茲整理分述如下：

(一)學者 Pride & Ferrell 的定義

「個人與組織透過創造、分配、推廣與定價各種財貨、服務與理念的活動，以在一個動態的環境中促進令人滿意的交換關係。」（轉引自蕭鏡堂，2002: 8）

(二)美國行銷協會的定義

「以創造滿足個人及企業目標的交換為目的，而從事構想、財貨或服務等之觀念形成、價格設定、推廣及分配等作業之規劃與執行的過程稱為行銷。」（呂長明，1999: 17）

(三)學者 Kotler 的定義

「行銷是一種社會性和管理性的過程，而個人與群體可經由此過程，透過彼此創造與交換產品的價值以滿足其需要與慾望。」(1980: 9-10)

綜合以上各個學者對行銷的定義可以發現，雖然有關行銷概念的說法不一，但仍有共同的意涵，亦即三者皆強調行銷是一種「交換、交易的過程」，交易的雙方可以透過這種方式得到滿足。所謂滿足，對於顧客或是消費者來說，是一種對產品需求上的滿足；以企業而言，滿足感的產生是來自交易後得到的利潤回饋。至於在行銷過程中的產品，則可能是有形的財貨，也可能是無形的服務或是理念，例如董氏基金會提倡拒吸二手菸的概念。因此，行銷最基本的核心就是一個雙方都能得到滿足的交易方式。

二、行銷概念的演進

行銷對任何一個組織而言雖說是不可或缺的重要觀念，但在不同歷史階段中，其受到的重視程度也不同。這種行銷觀念的轉變，或是受到的重視，通常反映出不同時間與空間環境對組織在社會上所扮演角色的期待，以及組織管理者對外在環境的認知，同時還反映出其個人的價值觀（陳慧聰等，2002: 12；洪順慶等，1998: 9）。一般而言，可以將行銷概念的演變區分為四個時期，試整理說明如下（洪順慶等，1998: 9-17；蕭鏡堂，2002: 28-31；Perreault & McCarthy, 2002: 33-34; William & Burce, 1994: 7-10）：

㈠生產理念／產品導向時期 (the production concept / product orientation)

工業革命末期到 1920 年間，大部分公司皆處於生產理念／產品導向的觀念之下。因為在開發市場時期，市場需求大於市場的供給，而生產能力不足是大多數企業所遭遇的共同課題，所以工作重點在於達成高度的生產效率。因此，大部分企業多抱持著只要能製造出產品，就一定可以銷售出去的觀念，企業時常依自己的立場生產產品，顧客則處於被動的地位，只能無條件地接受企業提供的產品。

在上述的背景下，人們深信好的產品自然會有銷路，而企業的成功常常被視為具生產製造的優勢。這種生產與產品導向的理念在 20 世紀的初期達到顛峰（陳慧聰等，2002: 13）。因此，提高生產效率、降低生產成本、強化產品品質，及改善配銷效率是此時期的重點。在生產理念或是產品導向下，產品市場並非企業經營管理之目標，生產技術與產品品質是決定企業成敗的關鍵。企業僅顧及產品的優缺點，卻忽略了顧客的真正需求。

㈡銷售理念／銷售導向時期 (the selling concept / sales orientation)

在歷經 1929 年的世界經濟大恐慌之後，企業市場開始萎縮，供給逐漸超過需求。雖然市場仍有成長空間，但產品嚴重滯銷，銷售遂成為企業求發展、生存的主要工具。因為僅有好的產品未必能保證市場成功，顧客有各種產品可以選擇，但在收入有限的情況下，產品在製造後，往往更需要大力加以推銷。

銷售導向時期的特徵是企業大量依靠推銷活動來傳達產品的優點，把產品推銷給顧客。但此一時期，企業仍然停留於本位主義，並未考慮顧客購買產品是否能獲得真正的滿足。因此，如何將生產的產品推銷出去是銷售理念時期的主要目標。

㈢行銷理念／市場導向時期 (the marketing concept / market orientation)

隨著二次世界大戰的結束，消費成長由於供給達到需求水準而趨緩，多數企業發現有產能過剩的問題。為了消化過剩的產能，必須生產顧客希望購買的產品。因此，在市場導向階段，企業需先確認消費者之需求，再投入企業所有活動並以最有效的方式滿足需求。

所謂行銷理念或市場導向就是指以滿足顧客的需求為導向，運用行銷職能作為統合企業整體運作的手段，並藉著顧客對需求之滿足，達到企業之利潤目標。在行銷的理念下，決定生產產品的權力不在於企業，而是在於能否掌握顧客。企業的任何決策，均應以顧客為依歸，隨時為顧客著想是這時期企業經營的基本想法。

㈣社會行銷理念時期 (social marketing concept)

基本上，行銷理念是建立於顧客皆能確實了解本身的需求，及企業完全能配合顧客需求之兩大前提下。雖然在行銷觀念下經營的企業會盡量去滿足顧客的需求，但是企業為追求更大的利潤，依舊不擇手段地運用行銷技巧來左右顧客的需求，往往忽視了社會全體的長期利益，使得資源問題、公害問題等破壞人類生活環境。

相較於前述三個階段，在滿足顧客需求之同時，企業經營還應兼顧避免對社會利益造成衝擊。也因之，在社會行銷理念時期，企業在制定行銷策略時，會同時兼顧顧客需求滿足、企業利潤目標和社會福祉三者的平衡。

從最早僅以強調產品生產功能的時期，到發現生產出的產品還需加上銷售行為的行銷為止，都僅能算是一種企業的銷售行為。所考慮的只有依照企業所需生產出產品，殊不知顧客的需求及欲望才是最需要重視的。直到行銷理念的產生，企業才認知到產品是為了來滿足顧客的需求，顧客滿意度的產生使得原本單純的銷售行為，轉變成為強調雙方都能得到滿足的行銷行為。社會行銷觀念的興起更說明了在滿足企業與顧客的

雙邊需求之外，社會總體的長期利益也是需要重視的課題。所以，原本只以企業與顧客為主的行銷定義，或許應改為在不傷害第三者的條件下所達成滿足雙方的交易方式，以凸顯行銷角色在現代社會的特性。

在行銷角色的演變過程中，各時期的行為者所強調的重點，如圖 6-1 所示：

➡️圖 6-1　不同行銷階段所強調的行銷重點演變

資料來源：邢瑜，2005: 30。

三、行銷組合的介紹

企業在從事行銷活動時，除了要確定服務的對象之外，還需搭配產品 (product)、地點 (place)、價格 (price) 和推廣 (promotion) 四個基本構成要素，以滿足其需求，一般稱之為 4P，是最重要的行銷組合。若加入包裝 (packing) 概念則成為 5P，亦有加入公眾形象 (publicity) 要素而成為 6P 者，或是放入社會公益 (public benefit) 成為 7P 者，以及加上民眾 (people) 而構成 8P（傅篤誠，2003: 5）。然無論何者，皆是從 4P 概念延伸而來。以下僅就 4P 行銷組合作一簡介，並分析這些概念運用在非營利組織時所代表之意涵（洪順慶等，1998: 3；Perreault & McCarthy，2002: 48–53；傅篤誠，2003: 5–14；高寶華，2006: 111–119）。

(一)產　品

產品是為了滿足市場需求所提供之財貨或服務，可能是一種有形的財貨，也可能是一種無形的服務概念，或是兩者之混合。由於生產的主要目的是在消費，所以生產出來的產品必須受到顧客的青睞。而在消費

的前提下，生產者必須依照顧客的偏好程度來設計產品。

以非營利組織而言，由於其產品可能是服務的供給或議題的倡導（如董氏基金會提倡戒菸或慈濟倡導骨髓捐贈），如援引上述的「產品」觀念，則非營利組織的「產品」還包含提供的服務或倡議的議題、服務的對象與過程或地點等。一般非營利組織在操作此概念時通常不會讓產品只是以產品形式呈現，而會做某種程度的轉化，使其蘊含「溫暖」、「關懷」或「慈悲」、「鼓勵」等情懷。例如喜憨兒基金會成立烘焙屋，除了教導喜憨兒製作麵包外，還在製作過程中使其學習自立與成長，而社會大眾在購買麵包時，則顯現對他們的鼓勵與關懷，故非營利組織對自身產品的定位顯得非常重要。

(二)地點／通路

產品所在地點或是產品的通路，是指生產者將產品銷售給最終使用者的傳送管道。生產者可能透過直接銷售，快速地將產品傳送給消費者，然而大多數的通路結構都呈現較複雜的情形，必須藉由中間商系統再傳送給消費者。所以，針對不同的產品設計一套獨有的銷售通路，也是一種相當普遍的情況。近年來，因為市場導向的關係，能掌握產品的地點／通路者對於市場可以處於較優勢的控制地位，由此可見地點／通路對於行銷的重要性。地點／通路主要考慮的內容包含：決定產品流通的方式、分析各種分配通路、設計通路結構到分析運送的路徑與方法等。

以非營利組織來說，其產品如何透過通路傳達、銷售或傳播出去，是一件相當重要的事，但因非營利組織的行銷網路通常不夠健全，也不夠周延，若能與企業或其他非營利組織合作，或許可以彌補本身的缺失。例如世界展望會與統一超商共同行銷飢餓三十活動、創世基金會與全國加油站推動「順手捐發票，救救植物人」活動，都是目前成效良好的通路個案。另外還有部分大型非營利組織自行規劃行銷系統，發展出特殊的通路模式，例如慈濟透過《慈濟月刊》、靜思書軒、大愛電視臺等建構出「垂直行銷系統」。

㈢價　格

　　行銷除了以產品、地點及通路等方式增加銷售量之外，如何制定適宜的價格以滲透目標市場也是相當重要的。由於顧客決定購買產品與否的關鍵要素即是價格，一個合理的產品價格可以讓顧客立即決定購買，因此，價格是顧客最在乎的一個購買指標，如何訂定多數民眾皆可以接受的產品價格是一項藝術。而決定定價的目標和產品的價格、分析產品的成本與競爭者的定價邏輯，以及決定各種價格折扣的方法都包含在價格決策之中。

　　對非營利組織來說，由於組織非以賺錢為目的，而是強調更多人的參與，所以在價格的設定上與民間企業有所不同。例如佛光山的「百萬人興學活動」，提倡每個興學委員每月捐 100 元作為佛光大學的建校基金，主要的目的即是強調「行善」、「功德」的觀念，而非金錢之多寡。由此可知，非營利組織的價格設定，主要視組織目的所在，因而沒有參與者無法負擔的窘境。

㈣推　廣

　　行銷組合的第四項要素是推廣，是指企業向顧客所發出的溝通活動，透過廣大的宣傳告知目標市場的消費族群，並激勵顧客大量購買。狹義的推廣被認為是廣告，認為只要是廣告能打響產品的知名度，便能達到產品推廣的目的。而廣義的推廣則包含決定推廣的目標、各種推廣工具的使用、選擇廣告媒體與訴求主題，以及分析折價券、抽獎、贈獎等方式。

　　若將上述「推廣」概念用於非營利組織，乃是組織向社會群眾所進行的一項溝通活動，藉由推廣來告知社會大眾服務的可獲取性，或是宣揚組織的理念與使命。例如董氏基金會為推廣戒菸行為，運用網站推動戒菸相關資訊，並舉辦街頭活動，開設諮詢專線，或請孫越等藝人現身說法與拍攝戒菸宣傳短片。

　　在本節最後，則以董氏基金會、中華民國婦癌基金會與慈濟慈善基

金會為例，藉由上述行銷組合來觀察分析其實際運用在非營利組織的情形，並整理成如下表 6-1 所示。

➡表 6-1 行銷組合運用之若干範例

非營利組織	董氏基金會	中華民國婦癌基金會	慈濟基金會
社會產品	戒菸	預防子宮頸癌	骨髓捐贈
標的對象	吸菸者	有過性經驗女性	一般大眾
行銷概念	集中行銷、行動行銷、體驗行銷	差異化行銷、知識行銷	無差異化行銷、大量行銷、體驗行銷、關係行銷
變革行為	成功戒菸	定期抹片檢查	參與捐髓驗血活動
語　調	「愛家，戒菸就贏」	「六分鐘護一生」、「婦女健康，全家關心」	「緣髓不滅」、「生命相髓」
產　品	戒菸行為	子宮頸抹片檢查	骨髓捐贈
通　路	董氏基金會、戒菸門診	醫院、診所、健康服務中心、婦癌基金會、P&G 寶僑家品	慈濟骨髓幹細胞中心、慈濟骨髓關懷小組
價　格（註）	1. 放棄飯後一根菸快樂似神仙的樂趣 2. 接受戒菸四招（放鬆深呼吸、喝杯冷水、活動一下、清洗沖臉） 3. 接受藥物輔助治療	1. 認識子宮頸癌防治的重要 2. 消除上婦產科檢查的恐懼 3. 追蹤妳和你的女性親朋好友每年的子宮頸抹片檢查結果	1. 骨髓捐贈須知 2. 提供慈濟髓緣人壽保證
推　廣	1. 網站資訊 2. 街頭活動 3. 藝人見證 4. 宣傳短片	1. 網站資訊 2. 文宣手冊 3. 宣傳廣告 4. 路跑活動 5. 義診講座 6. 公益大使	1. 證嚴法師改變效果 2. 網站資訊 3. 文宣手冊 4. 慈濟委員志工 5. 廣播報紙 6. 義賣晚會 7. 病患說服性傳播

註：此處的價格是指抽象的「對價」觀念。

資料來源：作者根據王順民 (2006: 61-62) 整理製成。

第三節　非營利組織的行銷

　　如前所述，由於一般容易將行銷的觀念與營利事業追求利潤的行為聯想在一起，因此，初期行銷觀念被非營利組織所排拒，直到 1969 年才開始被非營利組織所接受並加以運用。這之間的轉變乃是由於多位學者認為，行銷理論不但適用於企業組織，更可拓展至非營利組織的行銷❷（陸宛蘋，2000: 248）。以往，行銷是應用在營利性企業的產品或服務上，屬於企業經營功能中的一項活動，主要是為了達到或促成企業之營利目的，但隨著外界環境的改變，尤其是社會結構之演進，使得行銷的意義轉變為促進交易有效完成之基本功能（黃俊英等，1993: 7；許士軍，1998: XI）。而非營利組織之所以無法適應行銷觀念的加入，乃是因為外在環境或社會結構的變化對於行銷一詞加注了過多的營利色彩。若回歸行銷定義的本質，可以發現行銷所強調的只是一個滿意的交易過程，因而非營利組織與行銷兩者之間並無相斥之處。以下乃針對非營利組織的行銷特性、非營利組織和營利組織行銷之差異，以及非營利組織行銷之困難進行說明。

一、非營利組織的行銷特性

　　行銷是指由個人或組織所從事的交易活動，而交易的雙方皆能獲其所需。但由於非營利組織的特性之一，是其經營不以從事盈餘分配（non-profit-distributing）為目的，所以即使透過行銷所獲得的利益或是利

---

❷　傳統上認為行銷是屬於企業專屬的功能，所以，當有學者提出行銷的理念應該擴大到非營利事業時，也曾引起若干學者的不安、甚至誤解，以及一些學者專家的辯論。最有名的當推 Luck 與 Kotler 之間的論戰。Luck 認為行銷應為營利性企業所特有的功能，只限於企業體內運用，著重有金錢交易關係的物品，過分擴大行銷概念只會使理論混淆不清。Kotler 則提出反駁，認為將行銷狹隘的定義在營利活動的層面是一種新的行銷近視病（洪順慶等，1998: 8；黃俊英等，1993: 8）。

潤，皆必須運用在組織宗旨所限定的任務範圍之內，且其利潤不得分配給組織內部的工作人員。

雖然，行銷的觀念並不是因為外界環境的變化而適用於非營利組織之中，但是隨著外在環境變化所帶來財力資源匱乏、機構間競爭的增強以及社會大眾的責信要求（李麗日，2001: 144–147），強化了行銷對於非營利組織的重要性。此外，陸宛蘋 (2000) 認為，行銷可以幫助非營利組織確定本身的利基，確認對於顧客的需求並提供正確的服務，同時，引發群眾的注目，吸引各種需要的支持及熱忱，藉此擴大組織資源，以便更順利地實現使命。由此可知，行銷對於非營利組織而言，並不是追求由推銷產品帶來的金錢報酬，而是在於非營利組織本身之理念，或是所提供之服務是否能真實傳遞到需要的顧客群中，並藉由應得的回饋來確保組織使命的延續。

相較於其他營利組織，非營利組織提供的產品多數屬於以服務或是理念推廣的性質居多，例如「董氏基金會推拒吸二手菸的概念」❸。這種以服務、理念為產品呈現的方式，則不同於其他提供有形產品之行銷。其特殊的屬性有以下四項（方世榮譯，1992: 613–617；陳定銘，2003: 226–227）：

(一)不可分割性

是指非營利組織服務之生產與消費通常是同時進行，這與實體產品必須經由製造、儲存、配送、銷售，最後才得以消費的程序是不同的。服務的提供者與顧客互動是此類行銷中的一大特色，亦即提供服務與服

---

❸ 財團法人董氏基金會於 1984 年 5 月 19 日由董之英先生與嚴道博士共同創立，嚴道博士任董事長，以「促進國民身心健康、預防保健重於治療」為宗旨，從事創辦或協助有關國民身心健康之衛生事業，致力於菸害防制、食品營養、心理衛生等工作，全方位關懷全民身心健康。其中之菸害防制，共分為九個不同的階段來進行發展。從 1984 至 1986 年奠定基礎的第一階段開始，一直到從 1999 年 7 月第九階段的菸害防制運動新紀元為止，董氏基金會無時無刻都以拒菸為其組織推廣的理念之一（http://www.jtf.org.tw/JTF01/01-01.asp；檢閱日期：2008/6/20）。

務來源密不可分。

(二)無形性

是指非營利組織所提供之服務通常是無形的，並不像實體產品，在購買之前是可以被看到、品嚐、感覺、聽到或聞到的。因此，為降低消費的不確定性，購買者通常會要求服務品質的保證或具體事實。所以，服務供給者最大的挑戰就是如何提升產品的抽象意念，使無形事物有形化 (tangibilize the intangible)，以及將具體的事實附加在其抽象無形服務上的挑戰。

(三)可變性

非營利組織所提供之服務具有高度可變性，因為本身會隨著服務提供者或時間與地點之不同，而影響服務的效果。因此，服務的品質應採取下列三步驟來進行管制：(1)投資心力甄選優秀的人員及訓練；(2)組織上下有標準化的服務；(3)從建議與抱怨系統、顧客調查中，監看顧客的滿意程度。

(四)易逝性

服務是無法儲存的。若需求呈現穩定的情況時，服務的易逝性並不構成問題，但當需求變動很大時，提供服務者便遭遇困難。這種需求與供給的不協調，可以透過差別定價、補充性服務、兼職人員或是增加消費者的參與❹來進行改善。

整體而言，上述四種非營利組織的行銷特性，或許可以學校教育為

---

❹ 差別定價 (differential pricing) 是指可將需求由尖峰轉移至離峰時段。補充性服務 (complementary services) 是指可在尖峰時間加以推廣，提供等待的顧客有其他可選擇的方案。兼職人員 (part-time employees) 是指可以利用僱用兼職人員來解決尖峰需求的問題。而增加消費者的參與 (increased consumer participation) 則是指醫院可由病人自行填寫病歷卡或是超級市場可由顧客自行裝袋等（方世榮譯，1992: 616）。

例來進行說明❺：由於學校所提供之產品是教育（無形性），產品的好壞會隨教師而定（不可分割性），又因教師教學方式不同，學生所得教育也有所不同（可變性），一旦招生不足，這些勞務是無法加以儲存的，便造成教育投資的浪費（易逝性）。

另外，有部分學者從非營利組織的特性來觀察其行銷，認為除了商品有無形性之外，還可以從多元群眾、多重目標與群眾監督等三面向來探討，茲整理分述如下（梁斐文，2005: 208-209；高寶華，2006: 100-101）：

(一)多元群眾

不同於企業的行銷對象僅限於消費者，較單一化，非營利組織因同時擁有多元群眾，而難以採行單一的行銷手法。一般而言，非營利組織的行銷對象包括：(1)提供資源的群眾；(2)輸送貨物或服務的媒介群眾（如聯合勸募）；(3)轉化資源成為有效貨物或服務的內在群眾；(4)經由貨物或服務的提供而得到滿意度的消費群眾。

(二)多重目標

相較於企業通常以「追求持續性營利」為單一目標，非營利組織因為面對多元群眾，所以具有追求多重目標的特性。但多重目標間有時並非完全一致，而會產生衝突。

(三)群眾監督

非營利組織一方面因提供社會服務給社會大眾，可以彌補政府功能之不足，而獲得政府的補助或減免稅的優惠。另一方面，因非營利組織的資源多來自社會大眾的捐贈或政府補助，所以非營利組織在進行各項活動時較需受到政府、媒體與社會大眾之監督。

綜上所述得知，非營利組織所提供的產品是以服務或是理念的方式呈現，具有無形性、不可分割性、可變性以及易逝性等四項特徵，又因組織本身具有多元群眾、多重目標與群眾監督的特性，所以組織本身採

---

❺ 參考高寶華 (2006: 101)。

行之行銷方式有異於一般民間企業，也造成行銷時的困難。然而，即便如此，非營利組織在面對資源競爭日益激烈的外在環境之變動時，為獲得更多的資源與支持，仍須正視行銷之重要性。

二、非營利組織與營利組織行銷的差異

非營利組織所提供之服務或理念，因具有不可分割性、無形性、可變性與易逝性等特性外，其行銷活動也會受到組織特性之影響，而產生與一般營利組織不同的行銷行為。以下分別從追求的目標、組織的架構、多元的群眾以及對組織行銷的自主性四點，來整理非營利組織與營利組織在行銷上的差異（洪順慶等，1998: 22–23；陸宛蘋，2000: 250–252；余泰魁等，2002: 112–113；傅篤誠，2003: 44–48；魯炳炎，2012: 22）：

㈠追求的目標

關於追求的目標，營利組織通常將追求「利潤」視為主要目標，而非營利組織則是以追求「使命」(mission) 的實現作為目標。因此，營利組織運用行銷的目的是為了創造更高的利潤，而非營利組織則是運用行銷來加強他人對於組織使命的認同感，也就是 Brinckerhoff (1997) 所言「以使命作為行銷的基礎」(mission-based marketing)，藉由行銷活動來幫助組織目標的達成。又因為非營利組織所提供之產品多為無形，服務供給的對象並沒有需求一致的民眾，所以組織在追求達成使命的同時，也必須考量提供多重服務以滿足不同需求的民眾。

㈡組織的架構

非營利組織因服務的對象較多元，在分工及組織型態方面顯得較為複雜，缺乏整體的協調感，而產生組織內部成員因不同的分工或是複雜的組織型態，造成彼此間認知的差異。但另一方面，認同非營利組織使命的職工或志工，則較一般營利組織的員工多了一份為組織服務的熱忱，所以可彌補非營利組織因缺乏明確的組織型態而對行銷帶來的影響。

㈢多元的群眾

不同於營利組織有明確的顧客，亦即購買產品的消費者，非營利組織則因同時擁有多元的群眾而難以有清楚明確的行銷手法。正因為非營利組織擁有多元群眾，提高非營利組織受到來自群眾的監督。因此，非營利組織不僅需要受到提供資源者的審查，同時也必須獲得消費群眾的滿意，進而加深了行銷的困難度。

㈣對組織行銷的自主性

相較於營利組織的資源多來自單一且有共同經營目的的提供者，非營利組織的資源則來自多元的提供者，所以除了組織本身的管理階層之外，還必須受到資源提供者的管理，因而無法在組織行銷的決策上擁有完整的自主性，也容易受到資源提供者的干預而影響所採用的行銷策略。

三、非營利組織行銷的困難

綜上所述得知，受到非營利組織特性與所提供產品性質的影響，即使目前普遍認同行銷對於非營利組織具有相當的重要性，但實際上若將行銷概念運用到非營利組織，仍有其困難之處。學者 Rothschild (1979) 認為，就行銷管理的觀點來看，行銷用之於非營利組織與營利組織，有下列幾項差異（黃俊英等，1993: 17-19；轉引自王明鳳，2006: 133）：

㈠消費者特性難以掌握且資料取得不易

由於非營利組織消費者的特性、行為、喜愛的媒體、所持觀點等相關資訊的缺乏，雖然在部分社會科學論文中有累積部分研究資料，但針對行銷議題的研究卻相當稀少。且因非營利組織消費者願意犧牲的事項通常會涉及人類自我中心，所以其所表現出的態度及行為可能會有所顧忌，而難以取得可靠的研究資料作為行銷研究的基礎。

(二)產品常是無形的，且無法快速依照消費者的要求改善

由於很多非營利組織所行銷的事項涉及無形的觀念推銷或是社會及心理層面的利益，所以如何在媒體上清楚向消費者說明這種無形的利益是非常困難的。另一方面，相較於營利事業可根據消費者的要求對其提供的產品或勞務進行改善，然因非營利組織的產品是無形的，很難配合消費者的要求予以更改，因此只能希望消費者逐步接受其所提供的產品或服務。

(三)消費者無法在消費後得到顯而易見的利益

非營利組織行銷的另一項特點是：在某些情況下，個人犧牲的結果對消費者本身並沒有益處，而且益處往往歸給其他不相干的人。換言之，即是消費者在消費後所得到的好處並不明顯，造成行銷上的困難。

總結上述，雖然將行銷概念運用於非營利組織中，會因其推行對象，也就是消費者難以明確區分，或是無法清楚的了解其真正的需求而有適用上之困難。但學者 Kotler (1997) 卻抱持樂觀的看法，認為非營利組織運用行銷觀念，不僅可以更新產品和使命，在市場區隔下還可以吸引較多的贊助者（轉引自王明鳳，2006: 133）。至於非營利組織所提供之產品通常是無形的，以致造成行銷上的困難這點，若從非營利組織本身的行銷行為就是強調使命的實現，而非以追求利潤為導向來看，非營利組織應該將無形的產品行銷視為是組織的一項挑戰，而非行銷的困境。

第四節　非營利組織行銷的方式

由於非營利組織與營利組織在本質上的差異，也使得非營利組織在行銷方式的選用上與營利組織有所不同。在本節中首先就幾個非營利組織較常採用的行銷方式進行說明，再介紹晚近新興的網路行銷方式（傅篤誠，2003: 103-146；林豐智，2003: 99-100；林于雯，2005: 126-130；陳政智等，2006: 101-105；魯炳炎，2012: 40）。

一、傳統的行銷方式

(一)內部行銷 (internal marketing)

所謂內部行銷，是指行銷的對象從外部消費者（顧客），推展至內部員工（內部顧客），也就是對組織內部成員進行行銷。這種內部行銷的作用是要不斷地確保成員對組織設立宗旨與目的之肯定，同時信守到底，否則當內部成員一旦對組織設立的宗旨或目的產生懷疑，對組織發展將會造成很大的傷害。而內部行銷的方法，以由最高層的領導者來實行最為恰當，透過與基層組織成員聚會，一方面傳達組織的使命，另一方面聽取基層成員的意見以確保訊息的正確傳遞。

(二)關係行銷 (relationship marketing)

1983 年 Berry 所提出的關係行銷之定義為「在多重服務組織中，吸引、維持與提升和顧客的關係」。爾後雖也有多位學者提出不同定義，但一般均認為，關係行銷是利用原有的顧客群向外拓展，吸引新的顧客上門的一種行銷方式，是建立在既有顧客對產品或服務的口碑上。一般而言，關係行銷的主要概念有三：(1)注重與消費者發展長期互惠的聯絡網絡；(2)以個別消費者為對象；(3)以多元化與個人化的溝通方式和消費者建立關係。從以上的三個概念可以看出，關係行銷不只是利用原有客戶去吸引新的客戶，也強調與客戶建立長期且互惠的關係，並採個人化與多元化的方式，讓客戶有受尊重的感覺。例如嘉邑行善團專門幫助地方造橋修路，但在進行工程之前會先把經費估算出來，再寄給行善的團員，請他們共襄盛舉，每人捐贈 100 元，如果不足，再請會員去向自己的親朋好友勸募，仍是一人 100 元。如此一來，行善團的成員就愈來愈多，經費的累積也愈來愈多，此乃成功運用關係行銷的個案。

(三)事件行銷 (event marketing)

事件行銷是藉著社會上發生的事件或企業整合本身的資源，透過具

有企劃力和創意性的活動或事件，使之成為大眾關心的話題、議題，來吸引媒體的報導與消費者的參與，進而達到組織或產品行銷的目的。

事件行銷的要素有三：(1)有被製造的話題或議題，例如大甲鎮瀾宮媽祖文化季、宜蘭童玩節等；(2)有事件的發生場地，例如九二一大地震、南亞大海嘯等；(3)事件需有能引起社會大眾注意的本質，例如彭婉如事件、白曉燕事件等。不論是事件的議題，或是事件發生的場地，基本上皆是以能否引起社會大眾關注為主要的重點。

㈣善因行銷 (cause–related marketing)

善因行銷又可稱為「因果關係行銷」，最早被定義為是一種水平合作的促銷方式，也就是將企業產品與非營利組織進行聯合促銷的活動。但今日善因行銷的層面已經不僅止於促銷產品階段，甚至包含整個非營利組織與企業的合作。因此，善因行銷的廣泛定義應為：「一種以公益訴求為前提，藉以達成組織目的的一種規劃及執行方式」。

由於善因行銷關係到企業與非營利組織兩者密切的合作關係，因此不論是企業本身或是非營利組織，都非常注重雙方內在組織的特性以及組織在外部環境所受到的評價，並會反映在雙方合作的密切程度，或是計畫時間的長短與計畫層次上。例如 ING 安泰贊助臺北國際馬拉松、統一企業贊助家扶中心舉辦「跑出健康、跑出愛」慢跑公益活動等。根據研究顯示，企業贊助公益活動的類型以社會福利、教育、社區服務和環保為主，而本國企業則偏重於慈善類的非營利組織 (高寶華，2006: 127)。近年來陽光基金會透過電視公益廣告行銷，宣傳「給他機會，自力更生」，引起社會大眾對於燒燙傷患者的同情心，廣告中呼籲讓患者可以重見陽光的方法除了捐款之外，還有購買愛心義賣品或是到該基金會的相關機構消費，不但給予患者工作機會，同時也是一種實際的支持與鼓勵。

㈤體驗行銷 (experiential marketing)

體驗行銷是透過感官、情感、思考、行動及關聯等五項要件之塑造，為顧客創造不同體驗的一種行銷方式。這種思考模式突破傳統上理性消

費者的假設，認為消費者在消費時是理性與感性兼具，認為消費者在消費前、消費時與消費後的體驗，才是購買行為與品牌經營的關鍵。

因此，體驗行銷有下列幾項特點：(1)體驗本身就是服務、商品或包裝的一部分：體驗必須商品化，讓感覺不僅只是停留在感覺而已；(2)體驗需先設定一個主題：因為必須要有主題設計為導向，才可能完成一種體驗的過程；(3)體驗和主題是由業者所設計出來的：體驗行銷必須具有行銷力，也就是要針對顧客的需求去規劃行銷的手法；(4)製造出虛擬或實境的環境氣氛：讓顧客成為一個扮演者或參與者，體驗此環境。例如世界展望會每年都會舉辦飢餓三十體驗營，讓參與者透過持續三十小時不進食固體食物的行動，感受飢餓並了解難民的痛苦，落實「人飢己飢，人溺己溺」的精神，即是最著名的體驗行銷之運用。

㈥社會行銷 (social marketing)

所謂社會行銷，根據 Kotler & Zaltman (1971) 的定義，是指「方案的設計、執行及控制，以影響社會理念的可接受性，以及包含產品的規劃、定價、溝通、傳播及行銷研究的考量」，而 Fox & Kotler (1980) 的研究則認為，社會行銷是「將精確的行銷研究、產品的發展、誘因的使用及促使行為持續等要素整合為 4Ps 行銷策略，目的在於更有效的將社會理念推廣至民眾心中，使其接受並長期維持新的行為」。上述有關社會行銷的定義雖然在切入觀點上有所不同，但兩者都重視將社會理念傳遞給目標對象，同時還強調要長期維持新行為的概念。

從以上介紹的行銷方式可以看出，內部行銷特別強調確保非營利組織的使命確認，讓組織不同層級的成員同時為組織使命努力；關係行銷和體驗行銷不僅強調非營利組織必須維持與消費者長期且穩定的關係，並且也讓消費者感受到是針對其需求的個別行銷。由於非營利組織在行銷時缺乏一般企業的龐大宣傳經費，因此，特別需要藉由能夠引起大眾注意的事件行銷以及與企業合作的善因行銷，來增強非營利組織本身的行銷達成程度。

二、新興的行銷途徑——網路行銷

晚近由於受到網際網路盛行的影響，產生另一種新的行銷方式，亦即網路行銷，例如喜瑪拉雅基金會的公益網站 (http://www.npo.org.tw)、臺灣非營利組織研究網 (http://npo.nccu.edu.tw)。所謂網路行銷是指可以透過線上直接與目標群眾進行互動及溝通的一種行銷方式。因為網路行銷具有即時性、互

➡圖 6–2　透過網路進行的網路行銷好處多多。

動性、跨時間與空間性、明顯區隔市場等特性（林豐智，2003: 100），可以彌補傳統行銷所無法發展的部分。又因為網際網路具有管理方便、廣告行銷費用少，且維護與建置成本低廉等優勢，因而使得許多非營利組織開始嘗試使用網路行銷來推展其組織。

由於網路行銷可以改變過去較被動的服務方式，轉為主動提供使用者服務資訊（林于雯，2005: 126），加上網路行銷的方式也不僅限於一對一，可以是一對多，或是以多對多的方式進行，因此可以增加行銷本身的效率性。目前國內非營利組織最常使用的網路行銷就是透過組織網站的設立，來維持與民眾的長期關係（如用電子報、交流區、電子布告欄、facebook 與既有和潛在群眾互動），以及作為組織發布相關資訊的管道（如募款或招募職工與志工）。

新興的網路行銷可以減少行銷費用，同時透過網際網路的跨時空性、即時性等特性，增加行銷的便利性，為非營利組織提供另一條行銷發展的管道。若將網路行銷與募款相結合，還有如下的效益（陳政智等，2006: 105–106）：

(一)拓展募款通路、不受時空限制

只要網際網路的觸角到哪，募款的範圍就到哪，加上英文網頁的配合，可以讓國外的捐款者透過網路捐款。且提供 24 小時全天候捐款的便

利，只要連線到募款系統的位置，隨時提供民眾各類詳細資訊與募款管道。

(二)提高捐款意願

捐款人不用到銀行或郵局劃撥，透過網路便可利用信用卡或電子貨幣捐款，大大地增加捐款的便利性，對於募款的成效有大幅的助益。

(三)縮短作業流程、節省人力及作業成本

許多行銷募款活動需要考慮天候、場地或舉辦時間，但透過網路行銷募款，即可節省人力與時間，而捐款者透過網路捐款的方式，通常會留下基本資料於該機構的捐款資料庫，這樣一來，使得非營利組織可以節省重複輸入與整理資料的作業時間及成本。

第五節　結　語

行銷的觀念已經逐漸從單純的企業利益，轉向強調企業和顧客雙方的利益，進而到了社會行銷觀念的階段。在社會行銷的觀念下，對於社會利益的強調，已經成為除了企業和顧客的利益之外的第三種利益。這樣的轉變也使得一向為社會利益發聲的非營利組織正視行銷對於組織的重要性。

由於多數非營利組織所提供的產品屬於理念或服務的推廣，組織的型態也較多元及自主，使得非營利組織行銷概念的推廣與運用和一般的營利組織不同。但不論是傳統行銷方式的使用，或是新興的網路行銷手法之運用，非營利組織在思考行銷方式時都應將本身的特點加入考量，選擇最適合的行銷組合，並且將行銷視為是達成組織使命的手段，才不致於本末倒置，進而達成非營利組織行銷的真正目的。

Tea Time

門諾基金會❻

　　門諾醫院已經在花蓮屹立超過半世紀，從醫院到設立基金會，門諾專做些人家不做的、政府看不到但社會有需要的工作，照顧貧困的後山——花蓮，是門諾人不變的志業。門諾的環境有宗教意味，過去犧牲奉獻的事蹟，感染在門諾服務的每位同仁。執行長鄭文琪，30 出頭的年紀就已經在門諾服務了十年，「門諾人的互動特質很溫暖，這是讓我留下來的原因。」她說。

　　「門諾社會福利慈善事業基金會」的成立，主要源起於半世紀前花蓮門諾醫院的非醫療性質之社會服務工作。基金會於 1997 年成立，在偏遠的花東地區照顧年長者及身心障礙者，由醫療延伸出來的社會福利照顧，在門諾醫院的支持下，成為全人照護的典範。門諾基金會秉持著「做在最小的弟兄姐妹身上就是做在主身上」的使命，期望達成「無論是失去了愛或者是需要關懷的社會族群，我們都給予安慰看顧，只要是相關社會福祉的，都在門諾基金會的事工範圍」之目的。

　　基金會延伸門諾醫院在花蓮地區的服務觸角，自成立以來，一方面提供社會服務工作，另一方面也和政府建立社會服務的夥伴關係，共同為花蓮地區的民眾提供更好的福祉。成立以來接續開辦的服務項目包含：成立居家服務中心、輔具租借服務、守護連線服務、老人送餐服務、重殘養護與喘息養護、早期療育及融合教育、復康巴士、社區日托與復健水療等，並以老人和身心障礙者為其主要之服務對象。

　　基金會投入花蓮地區的社會福利服務工作已有十多年，不但

---

❻　資料來源：門諾基金會網站（http://www.mf.org.tw/item01/page02.asp；檢閱日期：2014/2/10）；聯合勸募協會 96 年年報，〈愛的故事〉，〈老人類：開發在地力量服務不再受限距離〉（http://www.unitedway.org.tw/aboutus/publication_quarterly.aspx?s1=39&s2=13&r=；檢閱日期：2014/2/10）。

為臺灣偏鄉地區提供必要的福利資源，對於弱勢族群、獨居老人與身心障礙者來說，更是一個全人照顧的服務體系。最重要的是，其服務確實實踐了基督教的精神，如同門諾醫院暨相關事業機構總執行長黃勝雄所言：「看見他們的需要，用愛轉動他們的生命！」

參考文獻

一、中文書籍

方世榮譯，Philip Kotler 著，1992，《行銷管理學》，臺北：臺灣東華。

陳慧聰、何坤龍編譯，Louis E. Boone & David L. Kurtz 著，2002，《行銷學》，臺中：滄海。

呂長民，1999，《行銷研究：方法論與實例應用》，臺北：前程。

余松培，2001，〈非營利組織之行銷管理〉，收錄於《非營利組織管理與發展系列研討會：管理知能篇》，頁 52-61，臺北：國家展望文教基金會。

洪順慶、黃深勳，1998，《行銷管理學》，臺北：新陸。

夏學理、陳尚盈、羅皓恩、王瓊英，2003，《文化市場與藝術票房》，臺北：五南。

高寶華編，2006，《非營利組織經營策略與管理》，臺北：華立。

許士軍，1998，〈表演藝術也可以行銷嗎?〉，收錄於高登第譯，Philip Kotler & Joanne Scheff 著，《票房行銷》，頁 X–XIV，臺北：遠流。

陸宛蘋，2000，〈非營利組織的行銷管理與募款策略〉，收錄於蕭新煌主編，《非營利部門：組織與運作》，頁 247-290，臺北：巨流。

傅篤誠，2003，《非營利事業行銷管理》，嘉義：中華非營利組織管理協會。

黃俊英、蔡敦浩、高明瑞，1993，〈非營利組織之行銷——臺灣的成功個案〉，《行政院國家科學委員會專題執行研究計劃成果報告》，臺北：行政院國科會科資中心。

魯炳炎，2012，《公益的價格：非營利行銷的理論與案例》，臺北：韋伯。

蕭鏡堂，2002，《行銷入門》，臺北：華泰。

二、中文期刊

王順民，2006，〈當代臺灣地區非營利組織的社會行銷及其相關議題論述〉，《社區發展季刊》，第 115 期，頁 53-64。

王明鳳，2006，〈行銷在非營利組織的運用之探討〉，《社區發展季刊》，第 115

期，頁 131–140。

余泰魁、賴正能，2002，〈e 世代非營利組織網路行銷策略〉，《產業論壇》，第 3 卷第 2 期，頁 106–132。

李麗日，2001，〈行銷在非營利人群服務組織中的應用〉，《當代社會工作學刊》，第 4 期，頁 142–163。

林于雯，2005，〈網際網路與網路行銷在社會福利機構的運用及發展現況〉，《社區發展季刊》，第 111 期，頁 126–133。

林豐智，2003，〈臺灣之基金會運用網站行銷之研究〉，《企業管理學報》，第 57 期，頁 97–128。

陳明照，1998，〈非營利組織行銷之道〉，《人力發展》，第 51 期，頁 33–42。

陳亞萍、夏學理，2001，〈表演藝術觀眾發展與其相關理論〉，《空大行政學報》，第 11 期，頁 213–252。

陳定銘，2003，〈非營利組織行銷管理之研究〉，《社區發展季刊》，第 102 期，頁 218–241。

陳政智、林于雯、黃千育，2006，〈非營利組織行銷與募款的新通路：網際網路〉，《社區發展季刊》，第 115 期，頁 101–111。

梁斐文，2005，〈宗教型非營利組織行銷策略研究──以慈濟功德會為例〉，《社區發展季刊》，第 112 期，頁 206–215。

三、英文書籍

Kramer, R. M. 1981. *Voluntary Agencies in the Welfare State.* Berkeley: University of California.

Philip Kotler. 1980. *Principles of Marketing.* New Jersey: Prentice-Hall.

William, D. Perreault, Jr. & E. Jerome McCarthy. 2002. *Basic Marketing: A Global Managerial Approach.* McGraw-Hill.

William, J. Stanton & Bruce J. Walker. 1994. *Fundamentals of Marketing.* McGraw-Hill.

四、碩博士論文

江雨潔，2002，《善因行銷對品牌權益及非營利組織形象影響之研究》，國立臺灣大學國際企業學研究所碩士論文。

邢瑜，2005，《非營利組織與政府、企業之行銷關係研究——以表演藝術組織為例》，東海大學公共行政學系研究所碩士論文。

吳紀勳，2001，《非營利組織運用網路行銷之研究——以臺灣基金會網站為例》，逢甲大學企業管理所碩士論文。

紀蕙文，2002，《非營利組織行銷活動與捐款人捐款行為之研究》，國立臺北大學合作經濟學系碩士論文。

張淑鈴，2002，《社會福利基金會捐款人關係行銷應用之研究》，南華大學非營利事業管理研究所碩士論文。

陳淞慶，1999，《捐款人對非營利機構行銷傳播活動的態度與捐款人市場區隔之研究》，國立交通大學經營管理研究所碩士論文。

游舒惠，2001，《企業參與公益活動與公益行銷之研究》，國立政治大學企業管理研究所碩士論文。

詹雪蘭，1996，《公益行銷對非營利機構的影響》，國立交通大學管理科學研究所碩士論文。

蕭思文，1999，《非營利組織採行善因行銷行為之研究》，國立臺灣大學商學研究所碩士論文。

羅秋川，2000，《非營利事業網路行銷之研究——以仁壽宮網站為例》，長榮管理學院經營管理研究所碩士論文。

五、網路資料

門諾基金會網站（http://www.mf.org.tw/item01/page02.asp；檢閱日期：2014/2/10）；聯合勸募協會 96 年年報，〈愛的故事〉，〈老人類：開發在地力量服務不再受限距離〉（http://www.unitedway.org.tw/aboutus/publication_quarterly.aspx?s1=39&s2=13&r=；檢閱日期：2014/2/10）。

喜瑪拉雅基金會的公益網站（http://www.npo.org.tw；檢閱日期：2014/2/10）。

董氏基金會網站（http://www.jtf.org.tw/JTF01/01-01.asp；檢閱日期：2014/2/10）。

臺灣非營利組織研究網（http://npo.nccu.edu.tw；檢閱日期：2008/6/20）。

第七章　非營利組織的募款

　　Salamon（1992）對於非營利組織所下的定義中曾提到六項構成要素，其中之一乃是不從事盈餘分配，亦即組織本身可以生產利潤，但必須將利潤運用在組織宗旨限定的任務，且組織內部的工作人員不能分配利潤。

　　不同於政府的主要財務來源為稅收，企業是以銷貨收益為主，而非營利組織的主要財務來源則來自於捐贈（詹天賜、黃琦智，1993：75）。然而，相較於政府的稅收以及企業的銷貨收益，非營利組織的財源則顯得較不穩定。一般的非營利組織，除非有雄厚的基金或企業及事業收益，通常本身並無足夠充裕的財源支持整體事業的運作和發展（施教裕，1996：10-11）。學者 Hasenfeld 和 English 也曾形容，非營利組織是處在一種「依賴情境」，依賴外部單位以獲取資源，然而對這些外部單位卻沒有充分對等的抗衡力量（轉引自洪麗晴，2001：2）。也因之，非營利組織如何維持其生存及運作，穩定而充足的財務來源顯得相當關鍵且重要。

　　因此，本章將從募款的角度出發，說明非營利組織如何運用募款的方式來達成維持組織營運的目的。至於章節的安排，首先說明募款的定義、理論及募款的發展階段；其次從分析募款的環境著手，進而了解募款的對象及捐助者的動機；最後，則依據募款的對象及組織的募款方向，介紹適合非營利組織募款的程序及可採用的募款方法，加強非營利組織募款成功的機率，並總結上述以作為結語。

第一節　募款的定義與理論

一、募款的定義

　　歷史上正式的專業募款，應該是從美國哈佛大學開始，它是全世界第一個專責募款單位，進行第一次有計畫、有組織性的募款，用年度性的募款來解決他們的財務問題（司徒達賢等著，1997: 133）。但一般民眾對於募款的認識通常是捐錢，主要是因為募款一詞並沒有一個明確的定義。以下將介紹幾個募款的定義：

(一)學者江明修的定義

　　「非營利組織基於目標與需求，對政府、企業、社會大眾或基金會等，發動募集金錢、物資或勞務的行動或過程。」（江明修，1996: 6）

(二)學者 Warwickk 的定義

　　「募款就是在對的時間及地點，尋找你需要的資源，以達到組織的使命，募款並非僅止於金錢的取得，事實上，募款方式及目的必須契合組織的目標及使命。」（轉引自吳佳霖，2005: 20）

(三)學者 Hopkins 的定義

　　「在美國，勸募一詞的定義是非常寬鬆的，即使是實務上也是如此，而不光只是在解釋上，慈善勸募在法案上的應用可以是任何的意思。換句話說，慈善可以因為個人的請求、郵寄、其他的出版形式、電視、收音機、電話或是其他的媒體而發生。」（轉引自林雅莉，1999: 7）

　　由上述募款的定義可知，募款不僅是指金錢方面的取得，其他如物資或勞務等都可納入募款的項目之內，雖然物資與勞務不能以金錢計算，但從另一方面來看，募得的物資和勞務也等於減少非營利組織在金錢上的實際支出。而且對於非營利組織來說，不論是採用何種形式的募款，

都必須符合組織本身的目標與使命，否則便喪失了募款的真正目的。

二、募款理論

從公共關係的角度出發，有下列四種不同的募款理論（轉引自汪浩，2002: 39–41）：

(一)項鍊理論

如圖 7–1 所示，募款組織是連接社會需求與捐款者需求之間的項鍊墜子，往右的活動指的是各種組織業務，服務對象是公益組織存在的目的，然後才能從其社會需求中澄清組織基本的社會責任與價值。往左邊的懇請方式基本上是一種募款技術，接觸愈多（信件、面對面等），則回應也會愈多（捐款等）。因此，必須先要了解捐款者的基本資料、價值觀和信念，才能了解它的基本需求，並且透過募款來對其回饋。

捐款者需要 — 捐款者 — 募款形式 — 募款組織 — 組織業務 — 服務對象 — 社會需求

➡圖 7–1　項鍊理論

資料來源：轉引自汪浩，2002: 39。

(二)交易分析理論

捐贈行為是在一種「雙向對稱」的「基本價值交換情境」中進行，藉著捐贈來滿足其人生哲學或基本需求，包含提升自我形象、獲取社會地位、希望透過公益機構以獲取肯定和表揚，所以其動機是多元的。例如出資興學可能是為留名後世，或實現個人教育理念，或彌補自己過去失學遺憾，當然也可能是純粹出於自利節稅的動機，端視捐款者個人的社會背景而定。

(三)時間窗理論

指捐款者的捐款額度常常是固定的，某些特定時間會刺激其提高捐

款額度，這些時間稱為狩獵季節。例如⑴獲得新增現金；⑵公司上市；⑶已上市公司改變持股的情形；⑷個人興趣的轉變；⑸額外收入；⑹有遺產稅；⑺希望將難處理的財產變現；⑻特殊事件；⑼面臨健康問題；⑽進入一個新的社會地位；⑾新遷進社區專業人士或主管級人士等。而平時的捐款額度和狩獵季節的捐款額度的差異情況，可由圖 7–2 清楚顯示：

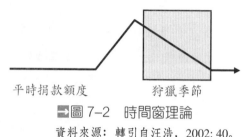

平時捐款額度　　　　　　狩獵季節

➡圖 7–2　時間窗理論

資料來源：轉引自汪浩，2002: 40。

㈣說服理論

　　說服是在公共關係的社會架構中，透過符號的交換來修正態度和行為，這種符號系統的轉換包含語言與非語言符號，其有效與否要看說服者是不是可以有效控制這些工具。至於其目的包括態度的改變、態度的支持與偏好態度的強化。

第二節　非營利組織的募款活動規劃

　　在介紹完募款的定義與相關理論後，在本節中將把焦點置於非營利組織能否成功募款的因素分析上。若從募款的理論可以發現，在募款的活動中，捐款人是最重要的，募款機構必須要清楚了解捐款人的基本需求（項鍊理論）、捐款人之所以捐款的動機（交易分析理論）、捐款的時機（時間窗理論），以及募款機構是否可以成功說服捐款人捐款（說服理論）。但在分析捐款人之前，募款機構必須先針對募款活動及機構本身有正確的認知，此認知包含了組織募款時的內、外在環境條件、募款的基

本原則，以及募款者所應該及避免扮演的角色。因此，本節將先從募款機構本身的條件開始介紹，進而探討成功募款的方法及程序，最後說明募款倫理。

一、募款的環境分析

任何一個組織在進行募款時，都必須要做環境的掃描，以了解組織本身所處的環境，以及與其他類似組織之間的關係。有關環境的分析，除了需著眼於外在環境之外，也必須清楚組織的內部環境。以下乃分別介紹之（陸宛蘋，2000: 267–268；司徒達賢，1999: 10–25；吳佳霖，2005: 38–41）：

㈠外部環境分析

組織的外部環境可以從外在總體環境、相關組織環境及競爭與市場環境三方面著手，其主要內容如下：

1.外在總體環境

總體環境是指外在的環境，包括策略規劃所談到的 PEST 分析：政治 (political)、經濟 (economic)、社會 (social)、科技 (technological)，以及自然環境等所構成的總體。對組織募款而言，外在環境的影響因素是不可避免且無法操控的，所以只能確實認識和了解並予以因應。

2.相關組織環境

組織募款時所需的相關協力組織環境，是影響組織募款成敗的重要因素。今日募款已經邁入發展性募款，所有與組織募款相關的上下游協力單位都應包含在內，因此非營利組織在計畫募款時，不僅是對捐款者進行了解，金融機構的環境、網路募款的資訊環境等也都應掌握。

3.競爭與市場環境

募款時必須了解直接或間接的威脅者的相關情況，即競爭者所提供

給捐款人的交換價值、交換時間、管道、競爭者的強弱與多寡等，以及組織募款時所區隔的目標市場中消費者所在的環境。

㈡內部環境分析

組織的內部環境是指組織募款時，所交換的無形價值產品、行銷能力、人力資源、資金籌措與財務管理、研究發展、資訊管理等。司徒達賢 (1999) 根據 CORPS 模式分析非營利組織的內部條件如下：

1.服務的對象 (C: clients)

非營利組織服務的對象，可能是特定，也可能是不特定的社會大眾。非營利組織就是希望透過各種方式，讓他們能更加滿足與幸福。

2.創造價值的業務運作 (O: operations)

組織中的業務運作，包含制定各項主要活動與支援活動。經由成功的規劃、控制，才能有效實現組織使命、理念，並對社會與服務對象，產生實質效果。

3.財力與物力資源 (R: resources)

非營利組織的資源，包含金錢與非金錢的。資源的來源可能是由社會大眾捐助，或是特定個人、團體捐贈。有了這些資源，非營利組織才能夠持續運轉。

4.參與者 (P: participants)

組織的參與者，也就是人力資源，包含職工與志工。職工屬於組織內受薪的正式員工，常駐於組織執行各項例行工作。志工則是不領薪的自願服務者，是基於認同組織理念或使命，自動參與組織的運作與服務。

5.所創造或提供的服務 (S: services)

組織所提供的服務，是組織理念具體的表現。這些服務可能是對人

的照顧，例如對急難者提供食物、衣服或金錢；也可能是價值的灌輸，例如董氏基金會所提倡的戒菸運動，就是希望透過宣傳改變吸菸者的觀念，促使他們戒菸。

二、募款的基本原則

成功的募款活動，都應該受到下列四大原則的指導（陳希林等譯，2002: 21-25）：

(一)建立深且廣的贊助人群眾基礎

募款工作的第一課，就是在無限寬廣的社會群眾裡，辨識出樂意出一點小力贊助慈善事業的人。這些小規模的贊助人可能每年只捐一次錢，或者以會員的身分每年繳交一次贊助費。

找到這些人之後，接下來就是逐漸增加他們捐助的意願。最簡單的方法就是請求他們每個月、每次領薪水或每個星期捐一點點錢，如此一來，經過十幾二十次的小額捐款後，即可累積相當可觀的金錢。這樣的方式，對於捐款人來說，困難度不高；對於募款人來說，只要肯細心確認捐款人的捐助意願，就可以達到效果。重要的是，為數眾多的小額捐款者可以為組織帶來長期穩定的力量。

(二)與最佳贊助人建立長遠關係

對於非營利組織而言，誰是最佳的贊助人？就是那些長期以來認同組織之目標，並且積極投入的人。其實贊助人第一次對某個慈善機構捐款時，他的目的在於試探這個贊助機構的反應，是否有善用捐款與善待贊助人、有無善盡告知善款去向之義務等。

如果募款組織持續追蹤記錄善款的流向，讓贊助人知道其用途，並體會來自受惠民眾或單位的回饋與感謝。如此一來，會提高贊助人對組織目標的認同，而更願意投入。

此時，若能進一步提供贊助人一些簡易、方便的方法，讓他提高捐款額度，那麼組織目前所擁有的小額捐款人，將有可能變成穩定且大方

的長期贊助者，並以遺贈（身後留下的遺產）或終身承諾捐獻定額薪資等方式，提供長期且穩定的捐款。

(三)提供捐款者多樣化的選擇機會

實務經驗顯示，捐款人若有多樣的選擇機會，則可以刺激其捐款的意願。例如大型慈善募款組織備有成套的募款專案，區分成不同的捐款額度或為了不同之目的來執行勸募。即使一家小型的慈善組織，也可以每年寄發六次諮詢函給贊助者，用三種不同的方式洽詢有無更多捐款意願。另外，透過電子郵件或在網際網路發出募款呼籲，也已經成為新興的一種募款管道。另外，美國的聯合勸募 (United Way) 所獨創，與公司行號合作讓員工自願從薪水中扣除部分比例轉交聯合勸募的募款方式，也紛紛為其他非營利組織所仿效。

(四)遵守一定倫理規範的募款工作

1990 年代美國的聯合勸募發生一連串的濫用善款醜聞，連帶使得各地的聯合勸募分支機構收入大減，不少上班族因而停止固定扣款給聯合勸募。更嚴重的是，其他的慈善機構也連帶遭受質疑，募款成績大受影響。由此可知，募款工作者需遵循一定的倫理規範，才不會影響募款的成效，甚至危及組織的經營。

三、募款倫理

非營利組織的存活與永續經營，除了需要豐沛的民間人力、物力的支援，還要依賴大量和持續不斷的善款來源，來維持它的運作。因此，非營利組織的財政收支、經費籌募、預算管理，也就成為社會公眾關注的重點之一。

(一)與捐款人維持良好的信任關係

事實上，非營利組織都靠各種募款方式來維持營運，因此募款就涉及到「信任」和「倫理」問題。Joan Flanagan 女士以其多年來從事募款工

作累積的經驗寫成《募款成功》(*Successful Fundraising*) 一書，開宗明義地強調「募款工作必須要遵守募款倫理，募款機構的所有單位都必須證明每一筆捐款都是以慎重的態度來處理……如果不這樣做，贊助者將離你而去。」可見，誠信和公眾的信任是非營利組織最大的資源，缺乏誠信或喪失公信力將造成很大的傷害。英國亨利管理學院 (Henley Management College) 曾發表一份研究報告，指 69% 的人決定捐款給公益慈善團體與否，主要因素為：能獲得滿足感、對募款主題的認同，以及個人對公益的態度。這份研究報告也指出，捐款者對慈善團體的信任與信心也是影響他們捐款行為的因素，如果慈善團體能夠積極發展與捐款人的互信關係，便可以讓這些捐款人更樂於掏腰包。

㈡有效運用善款並透明化

對捐款人而言，最重要的是能夠得知他們的捐款是如何被運用的，以及這些捐款會對需要幫助的民眾產生什麼樣的影響。同時，捐款人也會希望，能夠有更多的機會讓他們可以參與團體的活動，以及擁有對團體決策更大的影響力。

㈢建立監督機制，取信於民

俗語說：「天助必先自助，他愛必先自愛」。同樣的，若要捐款人慷慨解囊，組織必須先有一套良善、健全的自律、自清的機制。除了讓組織能在正常的制度下運作外，也可藉由將這些自律機制對外公開的機會，取信於民，讓捐款人願意相信組織，挹注更多的資源給組織。例如美國的獨立部門 (Independent Sector) 為了幫助非營利組織建立倫理規範，曾發展出一套名為 "Everyday Ethics: Key Ethical Questions for Grantmakers and Grantseekers" 的倫理守則，內容包括大綱和檢查表。最有趣的是，不僅是尋求捐贈的人 (Grantseekers) 要遵守倫理規範，就連贊助者 (Grantmakers) 也有倫理規範，因為贊助者如果隨意捐贈，對捐贈者不用心，贊助者也很可能成為違背倫理規範的幫兇。而美國非營利組織公開徵信的管道，還有像 Guide Star 網站 (www.guidestar.org) 或由 The

Chronicle of Philanthropy（網站及雙週刊）提供的即時資訊，充分公開非營利組織的資訊，並且輪番刊載基金會的年報資料。國外這些非營利組織監督機制、規範的建立與公開，無非是增強非營利組織徵信與公信力的方式，當然也是吸引善款的釜底抽薪之道。

第三節　非營利組織的募款對象與捐款者動機

　　非營利組織的募款對象非常眾多，大致上可區分為個人、企業以及政府機構。但來自於政府機構的經費通常要經過合法申請，而獲得經費後也必須定期接受政府的監督及考核，雖然非營利組織也應該向個人或企業清楚交代募得款項的運用，但並沒有法規上的強制性。因此，本節乃將非營利組織主要募款的對象限定在個人和企業，來探討其捐款的動機。

一、非營利組織募款的對象

㈠個　人

　　對非營利組織議題投以關注，或有意參與公益事務的個人；此範圍甚至可擴及每一個有能力幫助他人的個人。

㈡企　業

　　企業在營利的過程中，本就大量利用社會資源從事商業操作的行為；因此，在「取之於社會、用之於社會」的道德理念下，本來就該在營利之餘，多投身公益事業，回饋社會。更何況近來在強調「企業責任」的趨勢下，企業當然是非營利組織募款的不二選擇。

㈢政　府

　　近來政府功能不彰的現象頻生，許多公共政策與資源，由於政府的效能不佳，經常發生空轉、浪費的情形；「政府失靈」的現象油然而生，

公部門也因此飽受批評。緣此，公共政策「委外」的潮流應運而起，而許多本應由政府執行的慈善公益事務，也紛紛由政府內部委外由民間的非營利組織辦理。

㈣非營利組織同業

非營利組織的募款對象，當然不僅止於非營利組織領域以外的群體或個人；許多非營利組織其運作的性質是屬於「捐助型」(grant making) 的組織，其本身所從事的公益慈善事務，就是以捐贈為主。像此類的非營利組織，就是一般非營利組織可以募集資金的對象之一，例如**國家文化藝術基金會**就是明確定位為捐助型的非營利組織。

總的來說，非營利組織主要的募款對象為個人與企業，但相對於企業，個人的角色顯得相當廣泛，其中包含零散的個人捐款者、定期的捐款者以及組織中主要的捐款者等。以美國為例，個人的捐款可說是所有慈善捐款活動的主要來源，占了捐款的 83%（高登第譯，1998: 669）。因此，非營利組織必須相當了解個人捐款者的特質。圖 7–3 根據「對貴機構認同度」與「募得金額數」來區分個人捐款者，並進而歸納為下列三大類（陳希林等譯，2002: 42–48）：

㈠小額且不定期捐款者：包含個人捐款者、客戶、來賓等

此類的捐款人是構成金字塔底層之社會的不特定多數人，他們每個人都可能出資捐助。雖然募款者希望每個社會大眾都有贊助慈善事業的義務，但卻永遠無法獲得 100% 的支持。不過只要募款者肯努力，並珍惜且詳加記錄每一位出資的社會大眾或是參加活動的來賓、購買義賣品客戶的資料，雖然此類個人捐款者屬於小額且不定期的捐款，但募款者也有可能從其身上獲得源源不絕的新贊助款項。

㈡經常捐款者及機構會員：包含機構年度贊助人及會員、經常贊助人與自訂贊助目標者

相較於前一類小額且不定期的捐款者，此類捐款者較為固定，主要

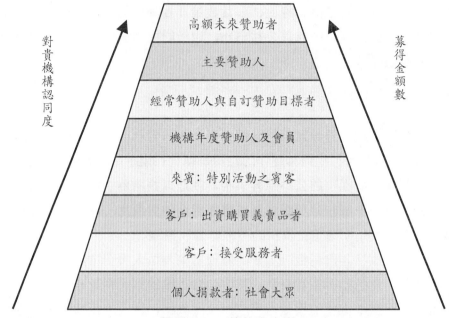

對貴機構認同度

募得金額數

高額未來贊助者

主要贊助人

經常贊助人與自訂贊助目標者

機構年度贊助人及會員

來賓：特別活動之賓客

客戶：出資購買義賣品者

客戶：接受服務者

個人捐款者：社會大眾

圖 7-3　募款金字塔

資料來源：修改自陳希林等譯，2002: 42。

是由於這些個人捐款者幾乎都是固定捐款人或本身即為組織的會員，也有一些捐款者會為自己的捐款計畫訂定明確的目標。

依據統計顯示，有 80-90% 的捐款，來自於這些曾為、現為會員，且有三到五年會員資歷的基本群眾。而那些自訂贊助目標的捐款者，會自己訂出一個目標以及一個時程（如每個星期捐 100 元、為期一年），並按照這時程與目標達成捐款的數額。因此，這類固定且經常性捐款的個人捐款者，就構成了組織募款中不可忽視的中堅分子。

㈢主要及高額捐款者：包含主要贊助人及高額未來贊助者

主要贊助人及高額未來贊助者構成了金字塔最頂層的部分，不論是在對組織認同度或是可募得的金額數上都是最高的一群。通常在主要贊助人此部分，組織能勸募到最大筆的捐款金額，這筆款項叫做「重要貢獻」。

所謂的重要貢獻，在實現之前往往需要一段長達數年的時間，加上

長期的面對面溝通、協調、說明，組織才能從既有的年度贊助人身上，獲得這個重要貢獻。這筆捐款通常是來自贊助人自己既有的資產（如定存、房地產、股票等），而非來自贊助人的年度收入。至於高額未來贊助者是就未來將要發生之事為贊助承諾的內容，常見的有遺贈及人壽保險等。

二、捐款者的動機

在清楚知道非營利組織的主要募款對象的角色之後，更必須了解這些捐款者的捐款動機。以下依照非營利組織主要的募款對象——個人及企業，說明個別的捐款動機。

(一)個人捐款者的動機

個人之所以捐款，其動機約略可以歸納如下表 7-1 所示，主要包括捐款人內在動機及外在影響力兩項。內在動機可分為：個人的或「我」的因素、社會的或「我們」的因素，以及負面的或「他們」的因素；外在影響力又可分為：報酬、刺激及特定情境因素。任何一個非營利組織或募款者進行募款時，都應該注意到這些因素並加以考慮（林雅莉：1998：31）。

而學者 Jencks 則從另一個角度研究個人捐獻行為的決定因素，發現如下幾項事實：首先，在影響的各類因素中，不論年老者的收入多寡，年老者較年輕者傾向更多的捐款。其次，不論有無扶養孩子者的收入多寡，有扶養孩子者捐助意願是較多的。而有一些證據顯示，女性的捐款較男性多，基督教徒的捐款較天主教徒多。最後，即使不論相同教育程度者之間的收入多寡，教育程度與捐助行為也有正向的相關。有些調查顯示，在一般城市中生活的居民其捐款較在其周圍的大型城市的居民要多（孫碧霞等譯，2001：153-154）。

以上的調查顯示，研究個人捐助者的動機，不僅要從單純個人的內、外在動機來探討，也必須清楚捐款者的一些基本資料，例如年齡、教育程度、信仰、居住地等。雖然以上資料多為美國的調查研究資料，但對

於我國的募款者亦有相當高的參考價值。由了解個人捐助者的動機及基本資料的相互配合下，將可使募款者更清楚知道如何向其所要面對的個人捐款者，進行一次成功的募款。

➡表 7-1　人們決定捐款的原因

內在動機	外在影響力
個人的或「我」的因素	**報酬**
自我承諾或自我尊重	認知上的報酬
成就感	個人的實質報酬
認知上的興趣	社會的期待
成長	
生活意義及目標	
個人利益	
神聖使命	
社會的或「我們」的因素	**刺激**
地位的需求	人類基本需求的刺激
聯盟力量的驅使	個人需求的刺激
團體力量的驅使	願景
相互依賴關係	企圖心（政治或社會面向）
利他主義	避稅或稅制優惠刺激
家庭及子孫的影響	
權力（政治、社會等）	
負面的或「他們」因素	**特定情境**
安撫挫折的期待	個人本身參與組織
減低不安全或危險	參與計畫及決策
減低害怕及焦慮的心理	同儕壓力
減少內疚	家庭參與壓力
	傳統文化

資料來源：林雅莉，1998: 31-32。

㈡企業捐款者的動機

關於企業捐助的動機在本書第四章第一節中已經有詳細的介紹，在此省略不再贅述。然而，綜合整理數位學者所提出之企業與非營利組織合作的動機來看，大致可以區分為：完全無私的利他主義、利益的互相分享與交換、獲得短期的立即利益，以及企業長期獲利等四種類型。無論何種分類都屬於理想型，即使在同一個企業中也可能並存數種合作的

動機（張英陣，1999: 64）。因此，企業與非營利組織合作時很難明確地指出，到底是以哪一個單一的動機作為出發點。所以如欲了解企業合作的動機，可以參考 Burlingame & Frishkoff 所提出「企業公益贊助的架構光譜圖」（圖 4–1），應有助於了解企業捐款動機究竟是落在連續光譜中的哪一個位置。當然，這動機可能只是線上的一點、一段或是很多點，就如同企業與非營利組織合作時不會只採取一種方式，企業與非營利組織合作也不全然只限於單一動機。

第四節　非營利組織的募款程序與方法

在陸續說明了有關募款的定義、理論、募款的環境分析、募款者的角色，以及確定捐款者和其捐款動機等因素之後，對於非營利組織而言，最重要的還是如何設計一個符合本身的募款程序，以及採用合適的募款方法。因為不同的組織，有不同的募款對象及募款原因，這將會影響到非營利組織所採行的募款方法。

基本上，非營利組織在進行募款之前，都必須針對不同的對象或目的，設計一套適合的「說詞」。例如如何介紹自己、介紹本機構及機構過去的活動與成績，以及如何說明這次活動的意義與預期成果等。尤其是當組織稍大，募款活動是要分散由許多人士來負責進行時，募款的程序更需要事先規劃，以求步調的整齊一致。更詳細的作法是，為募款行動設計一個「劇本」，預先假定募款對象的反應及募款者回應的方式（司徒達賢，1999: 240）。在預先針對募款的對象及目的設計一套「說詞」或「劇本」的情況下，將可以避免掉許多意料中會發生的事情，而提高募款的成功率，若此次的募款活動並沒有達成目的，也可適度地減少雙方的尷尬，並為下次的募款活動提供更多可以思考的面向。

在執行募款的過程中，因為募款對象以及目的之差異，也會有不同的募款方法。在眾多的募款方法中，並沒有優劣之別，方法的選用也不僅限於一種，可以雙管或多管齊下。以下將依照募款的目的與方式介紹不同的募款方法（李若綺，2006: 16–17；林雅莉，1998: 38–43）：

一、依募款目的區別

㈠特別、重大事件募款

特別事件乃是組織利用某項符合組織使命的社會議題，引起社會大眾對組織的注意，而重大事件則是當遇有重大的災難事件發生時，所發起的募款活動。例如臺灣九二一大地震、南亞大海嘯、日本三一一大地震等。

㈡個案式募款

以單一特定對象的故事傳達募款訊息給社會大眾尋求捐助，因為主打社會中的弱勢形象，所以容易在短期內獲得大眾的關注及捐助。例如2002年「臺灣版羅倫佐」張家三兄弟的故事，經由媒體接連披露，在短短三天內募集到近 7,000 萬的善款，使其得以順利出國就醫，即是屬於此種募款模式。

㈢服務方案募款

宣傳內容以符合組織設立宗旨之服務對象為主軸，提供專業服務，因為個案有需求，組織提供了服務，可主打組織全面性的形象，雖非主打募款，但因正面的形象，捐款自然隨之而來。例如陽光社會福利基金會推出之「最簡單的心願」、臺灣兒童暨家庭扶助基金會所推出的「點燃生命之火」全民愛心募款運動。

㈣專案募款

為特定單一服務事項作募款。例如門諾基金會所推出之「打造快樂老人『家』，望您牽成」、奧比斯防盲救盲基金會推出之「守護天使——失明孩子新希望」專案等。

二、依募款方式區別

㈠活動募款

舉辦吸引大眾注意且可以共同參與的活動。例如世界展望會的飢餓三十，活動募款常採取的形式為園遊會、義賣會、演唱會、健行活動等，但這類活動募款成本較高、捐款穩定度低，且活動內容須不斷創新。

㈡親自懇請及沿街募款

這兩種方式都屬於面對面、一對一的募款方式，兩者的不同點在於，親自懇請是由募款者向潛在捐款者表達需求，屬於透過人際關係的一種募款方式；而沿街募款通常是募款者去尋找新的捐款群眾，將募款需求直接告知。

㈢會員制度及俱樂部

利用俱樂部及會員制募款的主要意義在於，成為會員或俱樂部的一員，能使捐款者感到擁有特殊或菁英的地位，讓捐款者擁有成為團體中一分子的歸屬感。

㈣直接郵件募款

直接郵件募款主要尋求捐贈的範圍，包括從那些沒有接觸過的人那裡得到的小額捐款，一直到從固定及慷慨的人那裡得到的大額捐款。因此，必須針對不同族群類別設計不同內容及訴求的郵件。例如給從沒有捐過款的人的郵件，必須強調幫助他人的好處及快樂；而給固定捐款者的郵件，則是逢年過節的問候。

㈤電話及網路募款

相較於其他的募款方式，電話及網路募款若運用得當，則是相當節省成本的一種募款方式。但由於缺乏面對面的直接接觸，通常募款的成

功率較低。且目前在詐騙電話氾濫及網路個人資料等安全性考量下，需建立一套安全的線上交易付款機制。

例如林依瑩、朱盈勳與陳莉莉 (2007) 分析**弘道老人福利基金會**的成功募款策略包括：⑴發展貼近社會需求的服務；⑵募款活動應該盡量擴大參與，吸引大量的贊助者；⑶應該與最佳贊助人建立穩定關係（參見表 7-2）；⑷提升弘道的社會責信。

■表 7-2　弘道老人福利基金會與捐款人的關係維繫表

捐款金額	方　式	備　註
潛在捐款者	勸募信件、電話和人員接觸	可針對未捐款，卻有可能成為潛在捐款者
首次捐款	首次捐款感謝信／感謝卡；服務個案作品明信片；組織服務介紹光碟及相關文宣品	工作人員或志工的感謝電話
定期定額	更新信件	定期定額捐款者，但捐款授權即將過期，因此需要提醒捐款者，請更新捐款授權，並寄送相關表格。在捐款授權已過期一個月及過期三個月則另外通知
特殊活動捐款	特殊活動捐款勸募信件、勸募宣傳單、活動邀請信、活動計畫書等	有特殊活動或個案需求，需要額外的捐款，如「挑戰八十、超越千里——不老騎士歐兜邁環台日記」活動
3千–1萬元	感謝信及捐贈謝卡（個案作品）	
1萬–3萬元	感謝信及社區關懷據點作品——四色牌摺紙等	發揮服務個案和社區老人專長如繪畫、書法、摺紙等製成感謝紀念品致贈給捐款者
3萬–5萬元	感謝信、感謝狀（裱框）	由各服務處主任致電並寄送感謝狀
5萬–10萬元	感謝牌（小）	由各服務處主任致電並親自贈送感謝牌
10萬–30萬元	感謝牌（中）	由執行長致電並親自贈送感謝牌
30萬元以上	感謝牌（大）	由執行長致電並親自贈送感謝牌

資料來源：林依瑩、朱盈勳與陳莉莉，2007: 118。

第五節　結　語

　　非營利組織為了使組織財源更加穩定，必須發展一套屬於組織本身的募款方式。透過這套募款方式，將可使非營利組織在募款工作上較為得心應手。一個成功的募款活動，不僅組織內必須提供良好且訓練有素的募款人員，還需要有一套完善的募款作業程序，以及有熱忱且專業的領導者來進行監督，亦必須對潛在及現有的捐款對象有所認知，了解其捐款動機，在維持現有捐款者的情況下，進一步拓展潛在捐款者。

　　依照募款金字塔來看，捐款者從最底部來自社會大眾的個人捐助者，一直到金字塔頂層的主要贊助人或高額未來贊助者，都是構成整個募款金字塔不可或缺的一部分。雖然來自社會大眾的捐款可能較不穩定且金額數少，而來自主要贊助人或高額未來贊助者的捐助，通常都是相當高額的款項，但組織在進行募款活動時，不可以忽略任何社會大眾可能的捐款，因為來自社會大眾的小額捐款，累積起來也是一筆可觀的數目。

　　最後，對非營利組織而言，沒有一套募款流程是放諸四海皆準的，只要是在符合組織的使命下，能夠成功且有效達成組織的募款目的，對組織來說，就是一次成功的募款。

Tea Time

聯合勸募❶

　　隨著臺灣非營利組織日益多元化與專業化的成長，組織發展與組織管理的穩定、持續性愈顯重要，其中，經費與資源的籌募及有效管理更是非營利組織需要面對的重大挑戰。然而，臺灣非營利組織發展歷程中，募款人員和募款機制的專業化一直被忽略，專業能力培育的機制，也未能有系統的建立起來。在經濟環境處於不穩定的時刻，更凸顯了非營利組織建立穩定、多元化資源管道的重要性。

　　1990 年臺灣一群社工學界教授、社會公益人士、社福機構代表開始籌辦歐美等國行之有年的「聯合勸募」機制，成立「臺北市社會福利聯合勸募協會」，開始進行聯合勸募活動。1992 年改登記為「中華社會福利聯合勸募協會」，成為全國性募款的非營利組織，扮演位於社會大眾與社會福利非營利組織之間的中介角色，一方面向社會大眾募款，另一方面基於其專業知識與公正程序，將募款所得分配給社會福利非營利組織，在現今臺灣社會中具有相當程度的影響力與公信度。

　　搜尋有關聯合勸募的募款策略可以發現，聯合勸募的「公益行銷」方案一直不斷的創新。從早期成功發展的「一日捐」以及「花旗聯勸」等活動，還有 2007 年至 2009 年與 7–11 和藝人賀軍翔合作「把愛找回來公益旅行團」，在奇摩拍賣發起公益網拍

---

❶ 91 年度臺灣非營利部門資源籌募與運用研討會（http://www.npo.org.tw/Bulletin/ShowAct.asp?ActID=1485；檢閱日期：2008/6/20）；孫煒，2006，〈非營利組織績效評量的問題與對策〉，《政治科學論叢》，第 28 期，頁 163–202；簡春安、賴金蓮，〈聯合勸募在臺灣〉（http://www.sfaa.gov.tw/SFAA/Pages/Detail.aspx?nodeid=165&pid=1295；檢閱日期：2014/6/24）；中華社會福利聯合勸募協會網站（http://www.unitedway.org.tw/newscenter/mediapost.aspx?sn=674；檢閱日期：2014/6/24）。

活動，提供 10 個名額讓網友搶標等。目前估計全國人口中應有
超過一半的人聽過聯合勸募。由於目前捐款者以北部居多，所以
在策略上必須積極開拓中南部捐款，藉公關勸募委員會召集人陳
飛鵬先生的協助，聯勸與高雄港都電臺、金典酒店等中南部企業
合作，利用輕鬆行善的理念，也得到不錯迴響。

　　另一方面在維繫「忠誠捐款人」的面向上，公益行銷強調對
「對的人，說對的話」，所以自 1998 年以來，藉由「捐款者趨勢
調查研究」、「資料庫分析」以及公關勸募委員會的策略研擬，努
力掌握捐款者的人口分布、行為樣態、內心捐贈動機與捐款期待。
一方面，對聯勸的「忠誠捐款人」也發展了與捐款者之間的關係
管理，主要是以捐款者導向，傾聽捐款者心聲，滿足他們的需求，
近年來聯勸的網站、文宣品等以此為規劃原則，已陸續提供捐款
人生活周遭相關訊息（如早期療育、憂鬱症等介紹、聯勸補助機
構可以提供的服務等），讓捐款人能更了解聯勸的作為。聯勸的
年度募款成績穩定的逐年增加，分析其中原因主要是「定期定額
捐款」、「網路捐款」的穩定成長。定期定額捐款人數從 1999 年
的 1,266 人到 2014 年 2 月已超過 46,700 人，年度捐款金額共約
1 億 1,292 萬元，這是長期經營忠誠捐款者的成果。

　　再則是「網路捐款」的開發。因應網際網路蓬勃發展，聯勸
捐款人使用網路的行為非常普遍，聯勸便積極應用，將科技當作
「募款加速器」，鼓勵捐款人利用網路捐款。2000 年網路捐款只
占聯勸總募款的 3%，到了 2003 年則迅速提升至 14%，成效令人
矚目，連國際聯勸副總裁也表示臺灣網路捐款 (E-Giving) 可謂領
先世界，分析美國聯勸歷年來經驗均不超過 2%。而九一一事件
後，美國網路捐款的比例從 2% 增加到 8–10%，仍然不及臺灣的
成績。近年來聯勸充分運用網路科技與捐款者進行即時溝通、增
強組織責信（如公布募款用途、財務報告等），進行網路募款，
近年來的經驗已證實頗有成效。目前聯勸首頁中就建置了信用卡
線上捐款、網路 ATM、郵政劃撥等捐款方式供民眾選擇，以及聯

合勸募網站貼紙供部落客捐獻網站廣告收益。

　　除了募款方式的多元化外，聯勸並積極聯合國內其他公益團體，並將以公益團體彼此專業發展的經驗為基礎，經由具體行動來展現公益團體在募款誠信（公布募款額度、使用流向、使用效益）、財務透明（定期會計師查核、公開組織的財務報表）、服務效率（服務對象、提供的服務內容及服務成效等）、機構治理（組織架構、人力資源、管理制度）等方面充分揭露的自我規範，保障「捐款人知的權利」，為每一分善款的效益做最嚴謹的把關，而對捐款人有較好的保障。

參考文獻

一、中文書籍

司徒達賢，1999，《非營利組織的經營管理》，臺北：天下遠見。

司徒達賢等著，1997，《非營利組織經營管理研修粹要》，臺北：洪建全教育文化基金會。

江明修、陳定銘，1999，《第三部門：經營策略與社會參與》，臺北：智勝。

孫碧霞、廖秋芬、董國光譯，Sharon M. Oster 著，2001，《非營利組織策略管理》，臺北：洪葉。

高登第譯，Philip Kotler & Joanne Scheff 著，1998，《票房行銷》，臺北：遠流。

許主峰，1997，〈募款策略與規劃〉，收錄於司徒達賢等著，《非營利組織經營管理研修粹要》，頁 131–145，臺北：洪建全教育文化基金會。

陳希林、方怡雯、陳麗如、曾于珍譯，Joan Flanagan 著，2002，《募款成功》，臺北：五觀藝術管理。

陸宛蘋，2000，〈非營利組織的行銷管理與募款策略〉，收錄於蕭新煌主編，《非營利部門：組織與運作》，頁 247–290，臺北：巨流。

二、中文期刊

王振軒，2006，〈建構非政府組織的募款能力〉，《非政府組織學刊》，創刊號，頁 117–138。

汪浩，2002，〈簡介「募款」——非營利組織的生存基礎〉，《逢甲合作經濟》，第 34 期，頁 39–55。

林依瑩、朱盈勳、陳莉莉，2007，〈弘道老人福利基金會募款實務之探討〉，《社區發展季刊》，第 118 期，頁 112–120。

施教裕，1996，〈志願機構團體在勸募活動上的因應和推展〉，《社會福利》，第 125 期，頁 10–13。

張英陣，1999，〈企業與非營利組織的夥伴關係〉，《社區發展季刊》，第 85 期，頁 62–70。

詹天賜、黃琦智，1993，〈非營利組織募款資訊特性之探討〉，《交大管理學報》，
　　第 13 卷第 2 期，頁 73-84。

鄭怡世，2000，〈淺論「企業的公益贊助」——社會福利的另類資源〉，《社區
　　發展季刊》，第 89 期，頁 201-214。

三、英文書籍

Burlingame, D. F. & P. A. Frishkoff. 1996. "How Does Firm Size Affect Corporate Philanthropy," in *Corporate Philanthropy at the Crossroads*, ed. Burlingame, D. F. & D. R. Young. Bloomington & Indianapolis: Indiana University Press. pp. 86–104.

Dennis, R. Young & D. F. Burlingame. 1996. "Paradigm Lost: Research Toward a New Understanding of Corporate Philanthroph," in *Corporate Philanthropy at the Crossroads*, ed. Burlingame, D. F. & D. R. Young. Bloomington & Indianapolis: Indiana University Press. pp. 158–176.

Salamon, Lester M. 1992. *America's Nonprofit Sector: A Primer.* New York: Foundation Center.

四、碩博士論文

石雅惠，1994，《我國大學校友捐助行為及其對高等教育募款態度之研究》，國
　　立政治大學教育研究所碩士論文。

吳佳霖，2005，《非營利組織募款策略之比較研究》，佛光人文社會學院公共事
　　務學系碩士論文。

李若綺，2006，《我國非營利組織個案式募款之研究》，南華大學非營利事業管
　　理研究所碩士論文。

林雅莉，1998，《非營利組織募款之研究》，國立政治大學公共行政研究所碩士
　　論文。

洪麗晴，2001，《臺灣非營利社會福利機構網路募款的分析》，國立中正大學社
　　會福利研究所碩士論文。

張志賓，2003，《非營利組織募款策略之研究——以高等教育機構為例》，國立

中興大學行銷學系碩士論文。

五、網路資料

91 年度臺灣非營利部門資源籌募與運用研討會（http://www.npo.org.tw/
　　Bulletin/ShowAct.asp?ActID=1485；檢閱日期：2008/6/20）。

簡春安、賴金蓮，〈聯合勸募在臺灣〉（http://www.sfaa.gov.tw/SFAA/Pages/
　　Detail.aspx?nodeid=165&pid=1295；檢閱日期：2014/6/24）。

中華社會福利聯合勸募協會網站（http://www.unitedway.org.tw/newscenter/
　　mediapost.aspx?sn=674；檢閱日期：2014/6/24）。

第八章 非營利組織的績效管理

 導言

　　非營利組織顧名思義即非強調其獲利性，具有公益和不分配盈餘的特性，為一志願的組織，加上其是以改變人類行為或價值觀等為目的而設立，因此，一般認為績效管理或績效評估對非營利組織而言並無施行的必要與迫切性。然而，正因為非營利組織具有實現公益的特性，如何達成「取之於社會，用之於社會」的責任，最基本的作法就是強化績效管理（黃新福、盧偉斯編著，2006: 374）。依據 Louis Harris & Associate 所做的問卷調查顯示，從 1984 年到 1987 年，非營利組織的支持率下降了 25%，此調查結果也適用於說明國內非營利組織的發展情形。喜瑪拉雅研究發展基金會所發行的相關資料指出，受到經濟不景氣的影響，政府與企業對非營利組織的補助與贊助日趨減少（陳安琳、李文智、高蘭芬，1999: 148）。因此，非營利組織必須要有更積極的作為，才能喚起各界對組織重新燃起熱情，另一方面，組織必須更有效率地使用本身所擁有的資源。

　　在世界銀行出版的《非政府組織法的立法原則》一書中提到，慈善團體並非必然完全是好的，由於組織容易產生無效率、不專業的弊病，甚至可能會發生貪汙舞弊，故其內部管理機構、政府與社會大眾對組織之運作與活動應該善加監督（蔡惠娟譯，2000）。20 世紀以前，由於非營利組織的財產規模較小，服務的供給模式主要為慈善性贈予，加上缺乏租稅誘因的影響，故非營利組織的責任 (accountability) 問題較小。然而，隨著非營利組織的增加與規模的擴大，同時又享有租稅優惠，所以要求非營利組織提升其責任與透明度之呼聲日益增加（許崇源，2001: 542–543）。也因之，為了確保社會大眾對非營利組織的信任並維持其支持率，有必要課以非營利組織說明責任，同時增加組織的透明度，而為了達成此目的，建立一

套非營利組織的績效評估制度乃有其必要。因此，課責與評估對非營利組織而言，就如同「目的」與「手段」之關係。在組織中，如何整合「目的」與「手段」，使其成為一個完整的系統，用以確保組織中的成員活動和績效表現能與組織的策略性目標一致，則有賴於績效管理的推動與實施。

　　基於上述，本章的重點在於了解非營利組織績效管理的內容與作法。首先在第一節中，先釐清績效管理與績效評估的意義與目的；其次，於第二節中探討非營利組織中進行績效評估的限制與重要性，進而闡述績效評估指標所應具備之特性，以及適合非營利組織績效評估的指標類型；接著，整理非營利組織的績效管理原則與評估模式，以作為日後其他非營利組織實施績效評估時之參考；最後分析現階段非營利組織實施績效評估時所可能產生之困境。

第一節　績效管理與績效評估

　　所謂績效管理 (performance management)，是指整合目標設定、績效評估及發展成為一個完整系統，以確保員工的活動及績效表現與組織策略性目標一致，其作用是資料蒐集、個人審核與回饋，以改善組織運作的成效。因此，績效管理對於組織競爭優勢的塑造可說是具有關鍵性的地位（何明城審訂，2002: 208；黃良志、黃家齊、溫金豐、廖文志、韓志翔，2007: 271）。而績效評估 (performance evaluation) 雖僅能算是完整績效管理過程中的一環，但因完整的績效管理包含績效評估與績效回饋 (performance feedback)，績效回饋是將績效評估資訊提供給組織成員的過程，所以績效評估在整體績效管理過程中扮演的乃是相當重要的角色。

一、績效管理的意義與功能

(一)意　義

　　績效管理的意義是希望透過績效目標與標準之 PDCA 循環——亦即規劃 (plan)、執行 (do)、考評 (check) 與行動 (action) 來改善並增進員工及組織之績效成果，同時關注員工能力與心態的發展。而績效管理的範圍包括組織與個人的績效管理，前者還可以細分為部門業績的考核與組織整體的考核；後者則又可以從工作成果、行為過程與能力發展等三方面來觀察。因此，整體而言，一般在討論績效管理的意義時，多從下列兩個面向來思考。

　　一是對組織而言，績效管理的消極目的在於調校績效落差 (performance gap)，透過定期的檢查來發現組織成員的行為與工作成果是否與組織的期望相符，並進行必要的獎懲以調整組織成員的行為與態度。至於績效管理的積極目的，乃是預測人員、部門與組織在未來週期中所可能產生之變化，以便及早發現問題並進行改善（黃新福、盧偉斯編著，2006: 375–376）。另一是對組織成員而言，在進行績效管理時所採行的績效評估，應具備肯定或鼓勵的意義，因為這兩者是創造高績效的要素（何明城審訂，2002: 208）。

㈡功能與作法

　　關於績效管理的功能，根據 Poister 的看法，有計畫實施績效管理可以發揮下列幾項功能：⑴強化管理與公眾溝通；⑵落實策略規劃；⑶健全財務管理；⑷反映活動計畫效益；⑸發揮目標管理綜效；⑹進行全面品質管理；⑺健全外包合約管理（轉引自黃新福、盧偉斯編著，2006: 376–378）。而有關績效管理之作法則包含：績效目標規劃 (plan) →業務執行 (do) →績效評核 (check) →績效回饋及改善 (action) 等四項步驟（林淑馨，2012: 266）。

二、績效評估的意義

　　績效評估的概念最早來自於企業管理，係指一個組織試圖達成某項目標、如何達成目標與是否達成目標的系統化過程（丘昌泰，2000: 317）。管理學大師 Drucker 認為績效乃是企業的目的，亦即企業之所以存在的

理由（李允傑，1999: 4）。當企業管理者在進行績效管理時，會出現組織績效、部門績效與個人績效等三種不同績效評估的需求。因之，績效評估可以說是績效管理的執行策略，對任一組織來說，績效評估都不是件容易的工作。

一般而言，績效評估可以作為評估組織政策與計畫的基礎，也可據此建立組織成員的行為準則，使組織成員了解組織所重視的核心價值，藉此達到建立組織與維持組織文化的目的（吳美連，2005: 340）。對於私部門來說，由於經營目標單純，顧客對象和競爭對手較容易確認，因此管理者較容易掌握績效管理的方向與內容，而績效評估也得以順利施行。但相形之下，公部門的績效管理方向與內容則顯得複雜。所以，長期以來績效管理在公部門中一直停留在「觀念」與「理想」的境界，績效評估也始終無法得以根本落實。

到了 90 年代，公部門試圖師法企業的管理模式，強調績效管理與績效評估的重要性，指出績效評估在當代行政改革過程中具有下列兩項意義：一是將績效評估作為誘因機制，另一是將績效評估當作是管理工具。前者意味著以績效評估來檢驗行政效率和政府生產力的改變，若再配合適當的獎懲措施則更可以強化績效評估的激勵效果；後者視定期的績效評估為現代化的企業組織和公共組織最重要的管理方式，藉以了解一個組織運用資源之成效，並作為獎懲的依據。特別是公部門中引進績效評估，意味著政府內部運作上加入成本效益（或效能）的考量，可以大幅修正或改變過去的行政方式，以消除不必要的浪費和延宕（李允傑，1999: 5）。

另外，學者孫本初 (2005: 164–165) 從功能面向來分析績效評估的意義，認為績效評估對公部門而言具有「領航」或「引導」的作用。他指出過去政府的績效管理係強調由上而下的控制，並相信透過此種嚴密的過程控管，能夠獲致較高的生產力且滿足議會監督的要求。然而此種思維下的績效管理，最大的特徵乃是由最高的行政機關訂頒「一體適用」的績效指標，其結果往往導致不同層級的機關與不同層級的部門難以運用這一套績效管理制度，最後僅淪為徒具形式。因此，新思維下的績效

管理雖仍由政府扮演積極性角色，但需調整其角色為「領航」或「引導」者，強調以具體施政結果作為績效管理的主要標的，並捨棄由上而下的評估途徑，轉而授權各機關訂定適用本身的績效指標，或根據議會與民眾認知來訂定指標，換言之，即結果導向與顧客導向的重視。

三、績效評估的目的

一般而言，公部門和私部門實施績效評估之主要目的，不外乎是希望藉由績效評估的實施來檢視組織計畫與目標是否達成，了解組織的問題，並以此作為與組織成員溝通的基礎。而績效評估之結果一方面可以作為組織人事管理決策之基礎（如薪資調整、獎懲等），藉此了解組織成員的優缺點、潛力及訓練的需要，使組織成員的管理達到「適才適所」的目標；另一方面，組織成員也可經由績效評估而了解本身的缺點，作為日後改進之依據。因此，績效評估可以說是居公私部門中人力資源管理之整合性地位與角色功能。

但相較於私部門，公部門無論在服務輸送的對象或經營目標方面都較多元且複雜，所以績效評估實施不易。在這方面，非營利組織也面臨同樣的問題。由於非營利組織具有公益的特質，且有多重目標，其組織成員多基於對使命的認同而集結，組織內鮮少有層級節制的上下關係，因而更加深非營利組織績效評估的困難度。

第二節　非營利組織績效評估的內容

一、績效評估的重要性

受到非營利組織志願性、公益性、不從事盈餘分配等特質的影響，或許很多人皆會質疑，非營利組織為何需要進行績效評估？對此疑問，應可以援引 Drucker 的論述來加以說明。Drucker (1989) 曾經提到，1970年代當非營利管理學術領域形成之初，非營利組織的「管理」一詞還是受到禁忌的字彙，因為當時的學術社群認為非營利組織應該自立於商業

之外，並且需超越財務底線的偏狹考量。然而如今多數非營利管理的研究者反而認為非營利組織比營利組織更需要「管理」，乃是因為其缺乏財務底線所伴隨的嚴謹紀律（轉引自孫煒，2006: 164）。也就是說，正因為非營利組織不以追求財務獲利為主要考量，在資源有限的情況下更需講求組織本身的管理。而對所有組織來說，績效評估乃是組織管理、控制的中心課題，可以依據組織的使命、達成目標的表現，評估管理的績效，以爭取各種顧客的支持。所以，若要探討非營利組織管理，則需先從績效評估著手。

二、績效評估指標應具備的特性

績效評估指標的重要性在於透過這些評估指標的建立，而賦予組織成員努力的方向，因此對於組織成員而言，績效評估可以發揮工作重點的選擇及行為模式引領的作用。一般而言，績效評估指標應具備如下的幾項特性，茲分述如下（黃良志等，2007: 274–276）：

(一)策略一致性

策略一致性是指績效衡量指標與組織策略、目標及文化的一致程度。例如「創新」是組織的重要策略方向，則組織成員的績效評估中就應納入與「創新」相關的指標，以鼓勵組織成員的創新行為。績效評估之所以應與組織策略、目標及文化相互配合的原因在於，績效評估指標乃是引導組織成員的行為與努力方向，如能配合組織的策略及目標來設定，將有助於組織目標的達成。

(二)信　度

績效評估指標的信度 (reliability)，指的是績效衡量結果的一致性與穩定程度。換言之，所謂信度是指不同評估者對於組織成員的績效評估結果間的一致程度。若是以相同的績效指標對組織成員進行評估，即使在不同的時間點，所得之結果也不應有太明顯的差異。

㈢效　度

　　績效評估指標的效度 (validity)，亦即其評估的結果需實際反映組織的要求，這些指標包含工作績效的所有相關部分，同時並不包含其他與績效無關的部分，因此也常被稱為內容效度。

㈣判別力

　　判別力是指績效評估指標能夠有效區分出績效表現佳以及績效表現不良的組織成員。然而，由於非營利組織與公部門一樣，具有公益性的特質，導致一般認為績效評估指標不易測量，或是即使實施績效評估，而其結果都是優良的狀況。如此一來，績效評估即失去有效判別組織成員績效表現的能力，績效評估的目的將難以達成，而其結果也無法提供有用的決策資訊。

㈤具體性

　　具體性是強調績效評估應讓組織成員明確地了解組織的期望，以及本身應如何達成其目標。績效評估指標應具體明確，才能清楚指引組織成員努力的方向，對員工才能產生充分的激勵效果，因此，指標的設定若過於籠統模糊，能產生引導的效果將是有限的，也容易使評估結果更容易受到評估者主觀判定之影響。

三、績效評估的指標類型

　　有關非營利組織績效評估的指標類型，近年來有較多的研究與探討。部分研究著眼於抽象概念性指標的建立，認為可以根據評估之目的來選擇合適的指標，例如 Anthony & Young (2003: 620-623) 在論述非營利組織的績效評估時提出下列三項指標：⑴社會指標 (social indicators)：例如犯罪率的高低、僱用的安定、環境的改善等，對全體社會影響給予反應的概括性評量；⑵結果評量 (results measures)：表示組織達成目標的評量，但因某些目標測量基準不易設定，有時也會使用替代性評量尺度；⑶過

程評量 (process measures)：指組織進行活動的關連評量。相較於結果評量重視目標，過程評量較重視達成目標的手段與方法，此方式較適合用於測量短期績效，以及作為基層的控制手段。

日本學者林德昌 (2003: 5) 認為，政府與非營利組織相同之處，即在於公益的使命與不以追求利潤為目的，因此用以作為政府績效評估的 3E 指標❶應也適用於非營利組織。根據其看法，效果 (effectiveness) 指標相當於上述的結果評量，效率 (efficiency) 指標則相當於過程評量，而經濟 (economy) 指標因強調節約資源的觀念，可以將其歸在效率指標之內。由於非營利組織存在的意義是追求社會使命，因此績效評估應會特別著重效果的評量。只不過，非營利組織的存續幾乎都依靠外部資源，容易產生資源不足的問題，所以也有必要正視效率指標的重要性。

田尾雅夫 (2004: 214–215) 於相關論述中指出，在設定非營利組織的績效評估指標時，需考慮到資源的適切性、要求的適切性、過程的適切性、目標的達成、直接性與短期的影響，以及間接性與長期的影響等六項因素。若將這些因素配合上述的 3E 指標來思考，如下圖 8–1 所示，目標的達成即代表著「產出」，直接與間接性影響則相當於「結果」，主要在於觀察組織所能發揮的「效果」面向；至於資源是否適切使用則意味著「投入」，目的在於觀察其「經濟」面向；而要求過程的適切性乃是著重在「過程」，強調組織的「效率」面向。幾乎對所有的組織而言，都希望能以最少的投入獲得最大之產出，然不同的是，公部門與非營利組織更強調目標的達成度，亦即效果的高低。

有學者指出，組織中的效率係指「投入與產出之比例或投入轉化為產出的比率」，效率關心的是「手段」問題，此種手段經常以貨幣的方式加以表達或比較。而效果是指公共服務符合組織標的之程度，又可稱為公共服務對於標的團體狀態或行為的影響，抑或公共服務符合組織目標的程度，通常以產出與結果之間的關係加以衡量。所以，效果關心的是「目標或結果」問題 (田尾雅夫，2004: 217–218；丘昌泰，2000: 321–322)。

---

❶ 根據學者的看法，3E 指的是經濟 (economy)、效率 (efficiency) 與效果 (effectiveness)，如再加上公平 (equity)，則成為 4E (丘昌泰，2000: 320)。

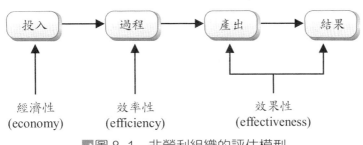

但事實上，無論是公部門或非營利組織，由於產出與結果的區別困難，再加上非營利組織所提供之服務，其成效通常難以立即顯現，故效率與效果也不容易明確衡量。即便如此，為了使有限資源能有效運用，同時建立非營利組織的策略管理，實施績效評估仍是不可或缺的手段。所以，近年來關心非營利組織的學者專家、相關單位，莫不嘗試以各種途徑來解決非營利組織在實施績效評估時的技術問題。

　　根據 Talbot (1996) 的分析，目前在美國公部門中至少有 68% 的機關使用「效果」指標，14% 使用「經濟」指標，8% 使用「效率」指標。也就是說，在實際製作績效指標的過程中，依然脫離不了以 3E 指標為關鍵性思考主軸。參考圖 8-2 所示，在經濟指標內考量「成本」與「資源」；在效率指標內考量「資源」與「產出」；在效果指標內考量「產出」與「結果」。在這樣環環相扣的過程中，觀察其對標的團體所產生的「服務水準」與「接收比率」（轉引自丘昌泰，2000: 324–325）。

　　上述的評量方式嘗試將 3E 指標予以「操作化」，使其有較具體明確之內容，但整體而言，由於各項目所包含的概念依然抽象，如要運用到各類型的非營利組織之中仍有其困難。因此，或許可以參考下列研究中所提出的各項較具體性指標。

　　國內學者孫本初 (2005: 290–292) 整理有關非營利組織較常運用的績效評估指標為：(1)目標管理：係指主管在年度開始即根據機構年度計畫，與員工共同擬定個人工作目標與任務內容。期間進行定期檢討與改善，待年度結束，再根據預定之目標共同訂定考績等第；(2)結果管理：程序

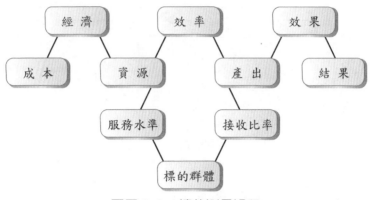

→圖 8-2 績效測量過程

資料來源：丘昌泰，2000: 325。

與目標管理相近，但較強調以具體工作成果來作為年終績效考核的標準，使個人可以依其工作內容做彈性設計，並避免不必要爭執；(3)關鍵事件記錄：前兩項指標主要以抽象目標或刻板固定的工作成果來作為考評的唯一標準，而關鍵事件記錄法正可以彌補這兩種方法的不足。其強調由員工自行列出一年來的重要貢獻，特別是對具體事件的影響程度。

　　Paton & Foot (1997) 認為測量非營利組織效能有五項標準，分別是：(1)組織方案活動的成就測量；(2)資源替選方案的考量；(3)財務狀況的測量；(4)復興重建的測量；(5)組織發展影響的測量。而 Kushner & Poole (1996) 認為組織效能必須結合滿意度、資源、內部過程與目標達成。但這些學者所提出的觀點，絕大部分都是承襲企業績效測量的經驗而來，意味著近來有關非營利組織效能之研究，道德價值部分似乎有降低的趨勢 (Robert & Renz, 1999: 111)。

　　日本學者島田恒 (2003: 159-163) 認為非營利組織的存在目的是為了使命的達成，所以，在談論非營利組織的績效評估相關議題時，不宜僅憑藉利益等量化之數據，也應考量組織的使命，並以其作為評估之基軸。也就是說，對非營利組織而言，社會使命與經濟效率乃是其管理的中心課題，所以，「組織使命的達成與否」和「組織的財務狀況」應同時作為非營利組織的績效評估指標。此外，在島田恒的論文中也提到美國非營

利組織 (BBB Wise Giving Alliance) 所制定的評估基準，其內容共分為五個領域二十三個項目，包括：⑴課責：例如年度報告、財務報告、募款項目明細與使用說明等；⑵經費的用途：關於組織目的的直接性活動之經費運用比例是否適切、募款使用的適切性、經費使用是否合乎捐款者期待之舉證等；⑶申請與消息資料：資料的正確性與可信度、關於計畫或活動經費使用的記載、組織概要與可能瀏覽之資料等；⑷募款的實施：進行募款時有關職工與志工和董事的管理，以及若捐款者要求守密，是否能達成守密義務或公開的限制等；⑸治理：是否維持理事會的活化、有給職理事是否維持 1/5 以下、是否禁止組織的利害關係人擔任理事等。上述這些項目雖能作為非營利組織的客觀評估指標，但無論是年度、財務報告或經費用途，抑或理事會的比例等的評估，都僅有助於對組織制度或營運結構等外顯面向的了解，無法深入了解組織使命或服務品質等內在面向的達成度。

國內學者呂育一和徐木蘭 (1994: 180) 曾經以文教基金會為例，來探討非營利組織的績效指標。該研究結果顯示，非營利組織在進行自我績效評估時，所採用的績效指標有三個主要構面：⑴組織的運作：包括組織、員工、作業、財務以及組織與外部團體的關係；⑵組織對社會的實質貢獻：包括理念、目標以及品質等；⑶組織與顧客的互動關係：包括組織舉辦活動的頻率、參與活動的顧客人數、活動及顧客的成長、職工及志工的人數，以及外部對組織的認同。在該研究所提供的三十八項單項績效指標中，服務品質、資源是否有效用於最需要的人，以及工作與活動對社會的貢獻為最受重視的前三項指標❷，其中，服務品質和工作與活動對社會的貢獻屬於「效果」指標，而資源是否有效運用則可視為是「經濟」指標。

綜觀以上所述得知，儘管目前學界尚未發展出一套完整的、有系統的非營利組織績效評估指標，然若參照上述各個學者專家所提出的評估指標可發現有一項共同的特質，亦即強調非營利組織的績效評估不應僅

---

❷ 最不受重視的三項指標則為：組織成立時間的長短、員工人數的成長，以及參加組織之會員數（呂育一、徐木蘭，1994: 180）。

關心組織所投入的成本、產出比例等，所採用的指標也不應只是可以統計的量化指標等；另一類涉及價值評量卻無法量化的質化指標，例如品質、滿意度、安定、士氣等，對於非營利組織而言，其重要性應不亞於量化指標。

第三節　非營利組織的績效管理原則與評估模式

一、非營利組織的績效管理原則

丘昌泰 (2000: 326) 認為公部門績效管理的原則可以從下列四個方面來思考：

㈠總體原則方面

亦即進行績效管理的最重要原則，為得到上層管理者的全力支持，並且必須要求部屬參與；此外，必須將所擬評鑑的相關任務與部門，都加以考慮與評估。因此，績效管理乃是組織全體成員共同參與改進績效程序。

㈡設定目標與標的方面

是指需界定相關使用者，並設定績效評估的組織目標，以及研擬相關計畫。

㈢績效資訊的蒐集

須以正確的資訊科技，針對量化與質化的績效資訊進行蒐集，而資訊本身必須注意其客觀性。

㈣績效結果的回饋

將回饋的訊息與標的結合在一起觀察。

由以上所述得知，如果援引公部門績效管理的概念至非營利組織中，

則非營利組織的績效管理原則乃是需得到組織內部各級管理者（如董事會或執行長）的認同與支持，在不違背組織使命的前提下，設定績效評估的標的與方向，並且討論實施績效評估所欲獲得之結果，究竟是定位在效率、品質或是顧客滿意度等，同時將其設定成上位的績效標準，並發展成具體的績效指標，分派工作內容與責任，按進度進行討論。

二、非營利組織的績效評估模式

一般而言，無論是學界、政府機關或是非營利組織本身在提到績效評估時，多認同在考量不同類型的組織與對象時，不應採行單一績效評估標準，或運用單一評估模式來進行評量，需根據評估對象或評估目的以設計多元的評估模式，其主要論述如下（日本內閣府國民生活局，2002: 78-82；島田恒，2003: 176-181）：

㈠評估的對象

1.事業評估

所謂事業評估乃是針對非營利組織所從事的活動或營運方式而進行之評估。非營利組織根據其設立的目的或理念，選擇不同的手段以達到事業目標。因此，在檢討對於非營利組織所從事的事業進行評估時，應考慮是否針對事業整體進行評估，抑或對個別計畫方案來實施評估。

2.組織評估

所謂組織評估乃是著眼於非營利組織的組織面而進行之評估，主要包括總會、理事會、事務局等機能狀況或會員數、理事組成等的組織架構、資訊公開、決策的公正性、業務的效率、品質改善等運用情況來進行「組織體系評估」，以及從組織的資產與收支情況的健全與否或安全性、適用性、透明性與效率性來進行「財務評估」。

㈡評估的焦點

1.成果 vs. 過程（成果評估、過程評估）

　　若評估是著重在「成果」，稱為「成果評估」；若是強調「過程」，則稱為「過程評估」。前者是針對事業所舉辦的活動結果而進行評估；後者則是根據事業計畫在籌劃過程中的資訊收集、決策的公正性、資訊公開、活動品質等來進行評估，強調對於過程之評估。兩者之差異如下表 8-1 所示：

➡表 8-1　「成果評估」與「過程評估」之內容

類　　型	內　　容
以「成果」為評估對象	成果評估主要是評估投入的資源、產出、成果與影響
投入 (input)	為舉辦活動而投入的資源（如人才、費用、物資、時間、資訊等）
產出 (output)	經由活動、事業的實施而衍生的財貨服務（如舉辦會議的次數、參加人數）
成果 (outcome)	經由活動、事業所產生的成果（如經由福利服務的實施減輕家人的財務負擔）
影響 (impact)	社會影響程度、PR 效果等
以「過程」為評估對象	根據事業計畫在籌劃過程中的資訊收集、決策的公正性、資訊公開、活動品質等來進行評估

資料來源：日本內閣府國民生活局，2002: 80。

2.時期、階段（事前評估、期中評估、事後評估）

　　若評估的焦點是以時期、階段作為區隔，則可以將其分為事前、期中與事後評估三類。所謂事前評估乃是在年度初期或事業企劃階段等活動或業務實施前所進行的評估，主要的評估焦點是企劃的合適性。期中評估則是在年度期中或業務實施中等活動或業務實施中途所進行的評估，著眼於組織營運的情況或計畫進行的狀況。事後評估是在年度結束

或企劃結束後等活動或業務實施後所進行的評估，強調經由企劃的實施所產生的成果。

最後可以將上述評估之類型整理如下表 8-2 所示：

➡表 8-2　評估的類別

對象別	過程別	時期、階段別
●**事業評估** 針對非營利組織所從事的活動或營運方式而進行之評估。非營利組織根據其設立的目的或理念，選擇不同的手段以達到事業目標 ●**組織評估** 非營利組織為了實施事業，整備組織體系，準備人才或資金，以組織體系、財務面向為評估的對象	●**成果評估** 根據活動或投入所產生的成果來進行評估 ●**過程評估** 根據事業計畫的籌劃過程或事業的營運過程等來進行評估	●**事前評估** 在年度初期或事業企劃階段等活動或事業實施前所進行的評估 ●**期中評估** 在年度期中或事業實施中等活動或事業實施中途所進行的評估 ●**事後評估** 在年度結束或計畫結束後等活動或事業實施後所進行的評估

資料來源：日本內閣府國民生活局，2002: 29。

三、誰是評估者？

由於多數的非營利組織在不同關係人的要求下，經常同時追求多重目標，因此在討論非營利組織的績效評估時，最容易面臨「由誰來評估」的問題。一般而言，非營利組織的評估者約可分為：⑴非營利組織自身；⑵利用者、受益者與支援者、協力者；⑶其他團體、專家或社會大眾（如圖 8-3 所示）。茲詳細分述如下：

㈠非營利組織自身的評估（內部評估）

非營利組織的第一評估主體首推組織本身，亦即其先經由內部評估的方式對組織進行評估。然而，即便非營利組織的組織結構不像公部門般龐大，較為扁平，但仍可以根據其所負責事務之不同，分為「總會」（最高的決策機構）、「理事會」（負責組織執行與對外聯繫事務）與「事

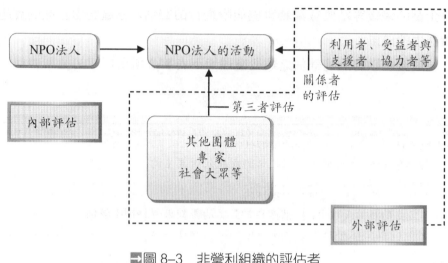

■圖 8-3　非營利組織的評估者

資料來源：日本內閣府國民生活局，2002: 20。

務局」（負責非營利組織日常經營事務）。而非營利組織如欲進行內部評估，必須根據上述各層級之特質而予以不同的評估。

㈡利用者、受益者與支援者、協力者、捐贈者的評估（關係者評估）

非營利組織的第二評估主體乃是接受非營利組織所提供服務之利用者、受益者，或是組織的支援者、協力者或捐贈者。基本上，非營利組織根據設立之使命或活動目的，以各種不同形式提供服務，而服務的利用者、受益者因接受組織所提供之服務，等於是組織之「顧客」，對於組織所產出之服務品質有深刻的體認與了解。因此，若能藉由服務的利用者、受益者之評估以作為反饋之基礎，對於組織的發展應有實質上的助益。另一方面，非營利組織的支援者、協力者或捐贈者在平時雖無法參與組織的經營，但是對於組織經營的使命卻有一定之認同，並產生期待，所以，如能使支援者、協力者或捐贈者參與組織評估，除能獲得其信賴之外，也可藉此增進支持者、協力者或捐贈者對組織的了解，甚至達到監督組織的目的。

(三)其他團體、專家或社會大眾的評估（第三者評估）

非營利組織除了可以進行內部的自我評估外，同時也可以委由第三者來從事評估。所謂第三者評估，乃是指和非營利組織有關之其他團體、專家或社會大眾。在其他團體方面是指和非營利組織有業務往來的組織、團體或是中間支援組織。由於這些組織、團體對非營利組織有深刻之了解，若委託其對組織進行評估，應有助於非營利組織改進本身之缺失。另外，非營利組織如能經由專家客觀之評估，徹底了解組織的問題，對於日後組織的成長與發展應能發揮相當實質的功效。但若要借助社會大眾之力對組織進行評估，除了社會大眾對非營利組織並非都有深刻的認知外，恐會產生成本過高的問題。然而，社會大眾從評估的過程中深入了解組織，甚至反映己身之期待，使民眾的關懷情感得以宣洩，或許是採行此種評估方式的最終目的。

第四節　非營利組織績效管理之困境

基本上，營利機構因其組織所有人相當明確，且利益可以清楚評量，同時組織的財務狀況也可以作為績效評估之依據，因此較容易實施績效評估（Speckbacher, 2003: 267；島田恒，2003: 158）。而相較於營利機構，非營利組織與公部門相同，都屬於績效評估較困難者。非營利組織因有不同利益取向的所有人，而各所有人之目標也不盡相同，故無法以單純的財務狀況作為績效評估之指標（孫煒，2006: 165）。此外，若從「績效的目標設定」而言，非營利組織除了無法以明確的財務貢獻來評估工作表現的優劣外，也難以以工作分析的結果來評定績效的高低，此乃是因為非營利組織以使命為目標，講求的是服務對象的感受程度所致。另一方面，就「績效的評定對象」而言，由於非營利組織的構成分子包括職工與志工，因其任務性質不同，無法以相同之績效尺度來進行考核。加上非營利組織服務提供的特殊性，亦即成功與否並非如營利機構般立即可見，所以有實施上的限制（孫本初編著，2005: 290）。

另外，針對上述非營利組織為何難以進行績效評估，日本學者河口弘雄 (2001: 88–89) 表示，非營利組織因缺乏強大的外在壓力，且組織成員多具有高度自尊，未能正確認識組織進行績效評估的重要性，再加上組織服務的特殊性質，不易量化，致使非營利組織的績效評估制度遲遲無法建立。綜合上述，非營利組織實施績效管理時可能產生的問題與困境如下（陳燕禎，2004: 2；黃新福、盧偉斯編著，2006: 376；孫煒，2006）：

一、多重目標造成責任意識不明

非營利組織因需滿足各種利害關係人的不同要求，或在擴大服務領域的理念下，經常同時追求多重目標，但因組織的資源有限，所追求的多重目標無法同時進行，造成實施責任難以清楚劃分，績效管理和評估的困難。

二、服務性質特殊，難以建立適切的評估指標

由於非營利組織的類型多樣，且服務多屬公益性質，除了忽略成本意識外，因果關係也不容易界定，服務目標更是難以量化，因而無法單純以量化指標來評估，還需考慮加入品質或安全性等質性評估指標。然質性評估指標的建置不易，難以具體化或操作化，故加深非營利組織績效管理與評估的難度。

三、過於強調績效評估，恐造成負面效果

績效評估的目的原本是讓組織對過去資源運作有整體的了解，以作為組織日後反省與改進的基礎，但卻也可能因而成為政府或企業以此作為決定契約或分配捐款的依據，而促使非營利組織正視績效評估的重要性。然過度強調或重視的結果，卻也可能造成非營利組織為了爭取好評價，投入大量精力在績效報表的製作與撰寫或組織知名度的提升上，忘卻組織真正的使命，造成「目標錯置」的現象，甚至為了美化績效評估指標，而發生造假等負面效果的情形。

第五節 結 語

如前所述，非營利組織實施績效評估雖有其操作上的困難度，然面對有限的資源與組織數量的不斷增加，如果評估能有助於組織達成使命，同時提升外界對組織的信任，則非營利組織進行績效評估不但有其必要性，亦有其迫切性。然而，由於非營利組織的類型相當多樣，實在難以設計出「一體適用」的評估指標。基於此，在本章最後，無意探討非營利組織績效評估細目指標，而是希望參考前面之論述，從結構面向來討論非營利組織績效評估制度的建構課題，以及該指標所應具有之特性。

首先是評估目的的反思。在爭辯非營利組織是否需要進行績效評估時，或許應先重新思考評估之目的。無論是公部門、私部門或非營利組織，之所以實施績效評估，乃是希望以評估結果作為組織檢討反省與管理的參考。其中，非營利組織的組成又異於公部門與私部門，由於大多數非營利組織的資源都是來自企業、民眾的捐贈或政府的補助，為了使這些有限的資源能更有效率地被使用，同時使組織深刻了解本身的營運與管理現況，有必要定期進行績效評估，並將結果作為評估組織策略與計畫的基準。因此，雖然良好的績效評估制度可以增強組織成員的工作動機，提升組織成員的自尊，促使組織目標清楚地被傳達，同時也容易被組織成員所接受，但是若不清楚組織究竟為何而實施評估，僅將其視為是一種潮流或例行作法，則恐怕失去評估的意義。

其次是評估指標的訂定。在談論績效評估時，最困難的是評估指標的訂定。因為如何設計出一套適用於非營利組織特質，且又能確切反映出組織現況的指標，是目前學界、公部門與非營利組織所亟需探討的課題。如前所述，非營利組織雖與政府部門相同，不以追求利潤為目的，加上其大多資源皆取自於社會大眾，有責任也有義務讓社會大眾了解組織的運作與資源的使用情形，卻又很難以「效率」的量化指標來作為評估之標準，必須同時考量服務品質、使命與目標達成等質化指標，而造成評估難以進行的困境。

中華聯勸的績效指標❸

　　相對於營利企業尋求的利潤極大化、政府追求普遍性公共價值，非營利組織為反映某些社會價值的特殊需求，故在根本上的使命與前兩者具有極大的差異。因此，要將此社會價值轉化為可以評量的具體單位並不是件容易的工作。由於現今並沒有一套被學術界與實務界普遍接受的非營利組織績效評量機制與作法，在此僅以聯合勸募所採用之績效評量的相關制度設計，介紹如下：

　　「中華社會福利聯合勸募協會」為一全國性募款的非營利組織，它扮演位於社會大眾與社會福利非營利組織之間的中介角色，一方面向社會大眾募款，另一方面將募款所得分配給社會福利非營利組織，在社會中具有相當程度的影響力與公信度。因此，中華聯勸根據非營利組織績效的經費分配機制，似可作為臺灣非營利組織績效評量的代表。中華聯勸績效評量的重心是社福非營利組織本身的管理結構以及所提計畫的合理程度，亦即中華聯勸主要關切的是申請單位的規劃與執行方案的能力，並以此為補助經費決策的主要依據，至於實際執行成果的展現則委由申請單位自行表述。

　　欲向中華聯勸申請經費的社會福利非營利組織，大致上須經組織審查與方案審查兩種評量程序。根據其經費分配機制，審查委員先以實地審查的方式，以三十八個指標分別評量申請單位的組織架構、會務運作、財務運作、專業管理以及與中華聯勸配合的意向等五個構面，深入了解申請單位的性質與能力。方案審查又細部劃分為評量申請單位能力的組織審查以及評量計畫內容的方案審查兩個部分，具體指標及配分如下表：

---

❸　孫煒，2006，〈非營利組織績效評量的問題與對策〉，《政治科學論叢》，第28
　　期，頁177–179。

⇥表 8-3　中華聯勸組織審查指標與配分

組織審查

A. 組織管理

決策機能與運作（0-6 分）

1. 組織有中、長程組織發展、財源穩定之整體營運策略發展與服務計畫。
2. 董（理）監事會與工作人員關係良好（溝通管道的暢通、工作具體交付）。
3. 依組織（捐助）章程規定，定期召開董（理）事會會議，辦理改選或改聘。

組織架構與年度營運（0-2 分）

1. 訂有詳實年度營運計畫（包括服務項目及內容等）。
2. 訂有明確行政組織架構、各部門權責。

人力資源發展（0-6 分）

1. 組織擁有完善人事管理制度並依規定辦理。
2. 合理的人力資源運用（適當的人力配置與人員專業服務能力與資格）。
3. 專業人員人事穩定。

財務管理與資源開發（0-4 分）

1. 組織的會計及財務管理情形良好、稽核時會計程序符合一般標準、且能適時提出財務報告。
2. 政府補助款與民間捐款執行績效良好。
3. 能適當運用社區資源（人、地、物）。

B. 服務管理

資料管理（0-3 分）

1. 服務流程中，訂有個案基本資料、個別長期訓練目標及計畫之相關表格。
2. 具有個案資料管理辦法（包含基本資料、訓練資料等），且個案基本資料具有以下條件（可資訊化管理，方便使用，能隨時更新，具保密性、整合性）。

服務規劃（0-3 分）

1. 定期召開教學、個案研討、主管、督導、諮詢等會議，且有詳實紀錄。
2. 定期針對案主的滿意度或是案主接受服務的影響進行評估。

方案管理：泛指組織對所有方案的管理方式（0-6 分）

1. 組織呈現出方案的具體效益，所提方案具自評指標以及評估指標與項目有明確的執行方式。
2. 計畫變更時，依規定提出完整說明，並依照變更計畫實施。
3. 組織訂有自我方案評估的辦法，並能提出具體檢討改進建議與執行。
4. 針對檢討事項，能擬定具體改進計畫及對策，並確實執行且具成效。

➡表 8–4　中華聯勸方案審查指標與配分

方案審查

明確的方案目標（0–15 分）

1. 明確的服務對象。
2. 清楚的案主來源。
3. 明確的改變目標：態度、價值觀、行為或知識。
4. 上述目標的可行性。

明確的需求評估（0–15 分）

1. 有可靠資料數據說明需求。
2. 同一區域有其他組織服務相同對象時，說明服務區隔。
3. 該方案計畫具迫切性。

投入資源的承諾（0–5 分）

1. 方案所需資源（專業人力、經費與志工）自籌情形。
2. 該服務計畫對案主可近性佳。

方案執行的專業性（0–25 分）

1. 延續性計畫說明過去執行成果，展現具體執行能力與效益。
2. 執行方法條理敘述、服務流程明確。
3. 定期專業督導。
4. 方案執行進度明確（以甘特圖 (Gantt chart) 或計畫評核術 (program evaluation and review technique) 等方法顯示）。
5. 符合方案所需，合理編列業務費項目報價。

效益評估（0–10 分）

1. 延續性計畫展現案主能力提升，問題改善的程度與情況。
2. 可測量的自評指標。
3. 闡明蒐集資料方法。
4. 註明評估實施的負責人。
5. 說明方案成效對社區／社群在態度、價值、行為或知識等方面的影響。

參考文獻

一、中文書籍

丘昌泰，2000，《公共管理——理論與實務手冊》，臺北：元照。

何明城審訂，Robert B. Bowin & Donald F. Harvey 著，2002，《人力資源管理》，臺北：智勝。

吳美連，2005，《人力資源管理：理論與實務》，臺北：智勝。

林淑馨，2012，《公共管理》，臺北：巨流。

孫本初編著，2005，《公共管理》，臺北：智勝。

黃良志、黃家齊、溫金豐、廖文志、韓志翔，2007，《人力資源管理：理論與實務》臺北：華泰。

黃新福、盧偉斯編著，2006，《非營利組織與管理》，臺北：空中大學。

蔡惠娟譯，L. E. Irish & K. W. Simon 著，2000，《非政府組織法的立法原則》，臺北：喜瑪拉雅研究發展基金會。

二、中文期刊

呂育一、徐木蘭，1994，〈非營利組織績效指標之研究——以文教基金會為例〉，《臺大管理論叢》，第 5 卷第 1 期，頁 165–188。

李允傑，1999，〈公部門之績效評估〉，《人事月刊》，第 29 卷第 4 期，頁 4–14。

孫煒，2006，〈非營利組織績效評量的問題與對策〉，《政治科學論叢》，第 28 期，頁 163–202。

許崇源，2001，〈我國非營利組織責任及透明度提升之研究——德爾菲法之應用〉，《中山管理評論》，第 9 卷第 4 期，頁 540–566。

陳安琳、李文智、高蘭芬，1999，〈非營利基金會組織基金管理績效之研究〉，《亞太管理評論》，第 4 卷第 2 期，頁 147–165。

三、英文書籍

Anthony, R. N. & D. W. Young. 2003. *Management Control in Nonprofit*

Organizations, 7th ed. McGraw-Hill.

四、英文期刊

Robert, D. Herman & O. Renz David. 1999. "These on Nonprofit Organizational Effectiveness," *Nonprofit and Voluntary Sector Quarterly* 28 (2): 107–126.

Speckbacher, G. 2003. "The Economics of Performance Management in Nonprofit Organizations?" *Nonprofit Management & Leadership* 13 (3): 267–281.

五、日文書籍

田尾雅夫，2004，《実践 NPO マネジメント——経営管理のための理念と技法》，東京：ミネルヴァ書房。

河口弘雄，2001，《NPO の実践経営学》，東京：同友館。

島田恒，2003，《非営利組織研究——その本質と管理》，東京：文真堂。

内閣府国民生活局，2002，《NPO 活動の発展のための多様な評価システムの形成に向けて——NPO 評価手法に関する調査報告書》，東京：財務省印刷局。

六、日文期刊

林徳昌，2003，〈非営利組織の戦略経営(2)〉，《流通科学大学論集——経済・経営情報編》，第 12 巻第 2 号，頁 15–29。

第九章　非營利組織的課責

　　長期以來，非營利組織被視為是社會良善面的象徵，不是被蒙上善良、公益的面紗，就是被賦予較高的自我道德要求，是社會正義、道德的維護和實踐者。但事實上，近年來非營利組織醜聞頻傳，以歐美為例，美國聯合勸募協會前董事長 William Aramony 的詐欺案、瑞士國際慈善天主教團結聯盟的童工案，以及法國癌症研究協會不當使用捐款等（陸宛蘋，2008）；鄰近的日本在三一一大地震發生後，也傳出非營利組織濫用政府補助金或民眾捐款之事❶。在臺灣，從過去 1987 年彭昭揚社會福利基金會事件到 1999 年的九二一大地震事件，以至於 2008 年發生新聞局追討南亞海嘯善款事件（陸宛蘋，2008）；到 2011 年中華民國紅十字會為協助日本三一一賑災活動，所募集的款項屢遭媒體披露保留捐款未及時撥款使用；知名議員涉及侵占八八風災善款等爭議事件頻傳（郭瑞坤等，2013: 46），不但影響非營利組織的生存與發展，更衝擊公民社會中好不容易建構的社會資本。

　　另一方面，由於非營利組織不像一般企業以營利為目的，也不似政府可依賴稅收來維持行政運作，因此資金的來源大多向社會大眾或企業募款得來，或以契約訂定的方式接受政府補助。在新右派思潮的影響下，非營利組織逐漸朝向市場機制發展，並從市場化的發展中獲得利益，但隨著商業化而來的收入、契約競爭、新捐贈者和「社會企業精神」(social entrepreneurship) 的期許，對非營利組織長期以來所扮演的價值守護者、服務提供者、倡導者和社會資本營建者的角色而言，可能產生了無法達成社會使命的「無效能」、投注

---

❶　〈震災 NPO：補助金橫領容疑で元代表を逮捕　岩手県警〉(http://mainichi.jp/select/news/20140204k0000e040204000c.html；檢閱日期：2014/2/7)。

過少的收入比例於服務對象之「無效率」，以及內部人員圖利自身以及輕率地進行投資或財務決策等矛盾與衝突，衍生出「破壞公共信任」的問題（鄭惠文，2009: 3-4）。

在此情況下，為了避免影響組織的發展，非營利組織有必要建構一套透明的說明機制，以向社會大眾或利害關係人交代資源的流向並展示營運績效，此乃課責 (accountability) 概念的源起。然而，課責一詞對於非營利組織而言，猶如「潘朵拉的盒子」(Pandora's box)，模糊且具有衝突，讓人好奇又恐懼 (Kearns, 1994，轉引自鄭惠文，2009: 5)。此乃是因為相較於政府部門或企業部門有清楚明確的課責對象，非營利組織卻因課責的要素與對象眾多而相對複雜。然而無論如何，面對競爭日益激烈的非營利市場，課責對非營利組織而言，似乎已經成為不得不面對與正視的重要課題。

基於上述，在本章中首先說明非營利組織需要課責的原因與重要性；其次，藉由公部門課責概念的整理，再延伸探討非營利組織課責的內涵與特性；接著，說明非營利組織課責的內容；最後則分別從資訊公開與財務報導，以及自律與他律兩大面向來探討非營利組織的課責機制，並討論非營利組織課責的問題。

第一節　非營利組織課責的原因與重要性

一、非營利組織何以需要課責？

非營利組織的經營與運作，除了要有清楚的使命，以作為組織發展的指引，充沛的資源也是影響組織存續不可或缺之要素。非營利組織的財源收入來自於政府補助、基金孳息與企業贊助，部分比例更是源於社會大眾捐款。換言之，非營利組織除非有雄厚的基金、孳息或是產業收益的支持，通常本身並無足夠的自主財源可支持整個事業的運作與發展，故需要向政府、私人企業及一般社會大眾進行勸募，才能維持其長期性

和計畫性的社會改善活動。

　　隨著非營利組織的蓬勃發展，再加上財源來自於社會大眾，課責議題雖潛藏著重要性卻未被重視。然 90 年代，美國曾發生新時代慈善基金會投資詐欺爭議、美國有色人種促進協會高層主管薪俸爭議，與美國聯合勸募高層主管貪瀆等相關事件（Keating & Frumkin, 2003: 3；孫煒，2004: 143），使得社會大眾對於非營利組織的信任度受到影響，也使得非營利組織的責任問題一再受到檢視。因此，非營利組織如欲再次喚起社會的信任，重建民眾的信心，應正視課責的重要性。

二、非營利組織課責的重要性

　　政府如欲展現負責，可以透過施政與選舉方式向人民負責，而企業則是透過衡量利潤以對股東與消費者負責，非營利組織雖不需透過上述方式向社會負責（孫煒，2004: 143），但對於組織可能產生無效率以及不專業等弊病，甚至發生貪汙行為之疑慮，則需要向社會大眾加以說明負責。因為在社會資源有限、激烈競爭的情形下，非營利組織有必要向社會大眾展現其公信力以爭取社會資源，而此處所指公信力意為取得社會大眾之認可與信任，或可稱為責信度（馮燕，2009: 262）。

　　以我國非營利組織發展而言，在早期威權統治時代，非營利組織數量較少，於服務提供類型上亦較為單調，故對於非營利組織管理之相關問題較未受到重視。然而根據內政部統計處 (2013) 資料顯示，我國經各級政府核准立（備）案之人民團體共計 53,625 個，顯見當前社會發展之多元，對於非營利組織而言，若不重視課責具體落實，一旦產生弊端揭露，將使其他組織連帶受到影響質疑，進而使得非營利組織的社會合法性受到重大挑戰（馮燕，2009: 263），影響社會整體發展。

第二節　課責的基礎概念

　　無論是公部門、私部門或非營利組織，課責皆具有重要的意涵，不僅關係組織形象良窳，甚至還可能影響組織運作效率及競爭力。然而，

課責一詞屬於抽象的概念，所代表的意涵與具體概念為何？此乃是本節中所欲說明之重點。

一、課責的意涵與特性

課責一詞最先出現於公部門。根據《韋氏大字典》的解釋，課責指涉的是一種義務、自願接受責任或是對於一方的行為加以說明❷。Day & Klein (1987: 5) 認為課責是對於履行職責與工作的回應，並對行為提出理由或解釋。換言之，是否具有課責性即體現於誰能夠加以課責，以及誰具有解釋的責任。而 Caiden (1988: 21) 更清楚定義課責的意涵，指出課責是對責任加以負責、報告、解釋、說明、回應、承擔義務以及服從外在判斷。

若再進一步根據課責涉及場域的範疇大小，可將其區分為廣義課責與狹義課責。在廣義課責中，所代表的不僅是正式的管理過程與向高層報告、遵守法律規範，還包含需符合人民對於組織績效、回應性以及對於道德的期待，例如內在的責任與義務；且報告的對象除了高層之外，也應包含大眾、媒體以及贊助者等利害相關人，甚至涵蓋公共信任與公共利益❸的維持等 (Kearns, 1996: 9)。至於狹義課責則是意指官僚組織中，對較高權威者或是組織內部的指揮管理負有責任，具有兩種層面的意涵，亦即對誰 (to whom) 負責？以及該為何事 (to what) 負責？簡言之，狹義課責乃是組織結構上的監督管理，以及向高層報告之過程 (Kearns, 1996: 7)。

另外，有研究指出（陳敦源，2003: 11；陳志瑋，2006: 175），可以將課責視為是一種控制行為，具有下述三項特性：⑴課責為一種互動關係，成員至少包括課責者與被課責者；⑵被課責者由於授權之故，有義

---

❷ 韋氏大字典 (http://www.merriam-webster.com/dictionary/accountability；檢閱日期：2014/1/10)。

❸ 公共信任意指透過貫徹對於選區選民所承諾之使命的良善信念，以示對組織負責，並結合管理與治理的實務；而公共利益則難以被加以定義，因其於公共需求與優先順序上有著不同的觀點與價值 (Kearns, 1996: 40)。

務回答課責者對於授權行動表現之行為；(3)課責者與被課責者之間於互動時所提供的資訊，往往為課責者所關心之績效問題，亦為被課責者受託應完成事項之達成程度，且績效資訊往往呈現於被課責者身上。

二、公部門的課責模式

㈠ Romzek & Dubnick 以及 Romzek & Ingraham 的課責

學者 Romzek & Dubnick (1987: 228–230) 以及 Romzek & Ingraham (2000: 242) 認為課責為指涉行政機關及其組織成員處理組織外部分歧之期望過程，因此依據「期望或控制來源」以及「組織自主性程度」兩項要素，將課責區分為下列四種型態：

1. 層級課責 (hierarchical)

層級課責於行政組織管理階層中受到廣泛運用，有下列兩種意義：一是行政部門中上下層級人員依循組織命令有所行動；另一則是藉由嚴密的規範達成控制組織的目的。此意涵意味行政人員受到組織內部較高層級的規範控制，上級與下屬兩者近似於監督與被監督者的關係，下位者必須遵守清楚的規則或標準作業程序，以示對上級負責。

2. 法律課責 (legal)

法律課責近似於層級課責，兩者所強調的價值皆為遵守規範，不同之處在於法律課責著重的面向為行政人員（或稱執行者）受到來自組織外部立法者之控制，並透過遵守法律規範的行為表現對立法者負責。簡言之，法律課責為透過組織與外部監督者對於規範協議與遵守而得，著重於機關與監督者之間的協議。

3. 專業課責 (professional)

專業課責為對於組織內部具有專業能力的行政人員加以授權，使其具備充分的決策權，並依據專業能力將任務完成，但如未能達成績效目

標則組織或上位者有權進行懲罰作為。換言之，可視為組織依據專業領域所建立的共識或作業標準而確立的課責標準 (Romzek & Johnston, 1999: 388)，或者稱為專業能力。

4. 政治課責 (political)

政治課責即如同選民與民選代表間的關係，強調回應性，亦即容易產生行政人員須向誰負責的問題，因此管理者必須對於民選官員、顧客、一般大眾等組織外部的不同利害相關人之不同期望加以選擇。

■表 9-1　Romzek & Dubnick 以及 Romzek & Ingraham 的課責內容

		期望或控制來源	
		內　部	外　部
自主性程度	高	專業課責 依據專家自身與同儕之間的監督	法律課責 藉由契約協議形式
	低	層級課責 層級監督組織	政治課責 藉由民選代表、顧客或其他機構

資料來源：Romzek & Dubnick, 1987: 228–230; Romzek & Ingraham, 2000: 241–242。

㈡ Kearns 的課責

Kearns (1994: 188；1996: 67–92) 將組織課責假定為兩個面向：一是績效標準，可分為清楚的或外在的 (explicit) 標準（如法律、行政規範），或是模糊的或內在的 (implicit) 標準（如深植於組織專業的規範或社會可接受的價值中）；另一則是組織對於這些標準所做出的回應方式，包含被動的 (reactive) 回應與主動的 (proactive) 回應。根據這兩種面向，Kearns 建構出四個具有代表性的課責架構。詳細內容如下：

1. 法律課責 (legal accountability)

法律課責要求清楚的權威、命令，遵守法律規則與精神，在此面向下，組織將對於外部監督機制的審計、規範或契約義務的服從與回應視

作本質，以及遵循諸如禁止私下分配盈餘等的相關規定。

2. 協商課責 (negotiated accountability)

對於組織而言，協商課責主要要求對利害相關人的高度回應。

3. 裁量課責 (discretionary accountability)

裁量課責要求透過專業知識與自由裁量權，使得組織進行正確的決策。換言之，在此課責面向下，組織的課責來源有二：一是來自社會的期望，另一則是來自專業的期望。

4. 預期課責 (anticipatory accountability)

預期課責要求組織判斷社會未來趨勢，並能夠主動參與、倡導相關立法與行政創新。

■表 9-2　Kearns 的課責內容

		評估標準	
		清楚的或外在的	模糊的或內在的
組織回應性	被動的或消極的	**法律課責** 服　從	**協商課責** 回應性
	主動的或積極的	**預期課責** 倡　導	**裁量課責** 判　斷

資料來源：Kearns, 1996: 67。

從上述兩種課責的內容說明得知：公部門的課責內容，主要多以控制程度與控制來源加以劃分，大抵脫離不了層級節制或法令規範的監督。但對非營利組織而言，由於自身所涵蓋的利害關係人眾多，須課責之面向也較為繁多，例如公共資訊的揭露、法律與管制的遵守、董事會的監督與信託責任、同儕課責、組織效能、募款倫理與廉潔、對關係人的回應、組織使命的正當性、利益衝突的避免與解決，以及公共資源的管理等（Independent Sector；轉引自江明修、梅高文，2003: 144），無法全然

適用上述之課責內容，而必須根據課責對象之特質，思考其所需之課責要件，才能將課責的意涵真正落實於組織管理。也因之，強調遵守來自於組織外部規範與法令的法律課責、著重專業能力的裁量課責，以及強調對於利害關係人高度回應的協商課責等，較能凸顯非營利組織管理機制中的課責概念。

第三節　非營利組織的課責

如前所述，課責概念首見於公部門，然對非營利組織而言，受限於組織特質，使得其課責內容較公部門模糊，也難以建構明確之機制。基於此，在本節中乃先整理並說明非營利組織課責的內涵與特性，進而援引公部門的課責概念至非營利組織，嘗試賦予非營利組織的課責較清晰之內容。

一、非營利組織的課責內涵與特性

經濟合作暨發展組織 (Organization for Economic Co-operation and Development, OECD, 2003) 認為，非營利組織課責概念的興起，與其從事商業活動相關，因為公眾認知到非營利組織商業活動透明度的重要性，並且成為相當重要的操作工具，用以監測非營利組織商業化活動的財政及非財政資訊；課責提供非營利組織資源、活動及達成率的有效資訊，有利於強化正式討論與決策。由此可見，課責隱含政府或權責單位對非營利組織的權力關係，但這種權力關係不是僵固的，而是一種過程。在此過程中，組織經由透明化和影響力的發揮，與關係人建立並保持關係（郭瑞坤等，2013: 49–50）。

因此，非營利組織若要贏得社會大眾的信任，在資源有限的情況下延續組織生命，達成組織理想和目標，就需重視課責，並將其內化於自身機制當中。以管理角度來檢視，非營利組織雖與公部門相似，皆為以追求公共利益為目標；但另一方面，在應遵守法令、平衡預算或有效利用自身收入等面向上則與企業部門相似（孫煒，2002: 109）。然而，儘管

非營利組織與公、私部門間有上述共通之處，但仍存有下列之差異，故無法援引公部門與私部門之課責機制。試說明非營利組織與公部門之差異如下（孫煒，2004: 146）：

1. 非營利組織缺乏公部門中明確的指揮命令關係，成員互動多基於理念契合與信任之依存。
2. 非營利組織課責並非僅侷限於法律的遵守或限制等，其需要追求公共利益與公共信任之維持，以及所承諾的社會性責任。
3. 社會大眾對於公共利益的認知與評價不盡相同，而非營利組織亦少積極回應社會大眾的期盼，多以自身主觀的認定實現組織責任。
4. 非營利組織難以相同的管理原則向政府機關、服務對象、捐款者、志工等多元對象加以負責。

基於上述之差異，非營利組織難以直接適用公部門的課責機制。有研究指出，非營利組織的課責可說是奠基於下列三種權力關係之上（Rochester, 1995，轉引自馮燕，2009: 263）：

(一)結構責信

即組織治理權力的要求，由明確的組織上下階層關係構成的責信基礎，例如組織內部下屬與主管間的行政要求，所共同建構出的組織責信度，但可能僅限於組織內部行政管理上的監督。

(二)委託責信

乃是指授權人與代理人間的責任關係。非營利組織中捐款人的捐助如同是在委託非營利組織提供服務，所以此種委託關係亦是責信基礎之一。

(三)社區責信

社區權力是非正式的制度約束，由社區歸屬感所帶來的自覺性責任意識，是回應責信要求的基礎。

若檢視上述內容發現，對非營利組織而言，課責之意涵乃是對所倡

導、關懷之議題及其服務對象完全負責，另外則是在財務方面對其捐款者或支持者負責。但嚴格來說，非營利組織的課責對象由於是不同屬性與階層的關係人，且這些關係人對組織的生存與發展而言皆扮演著不可或缺的角色，因而較為複雜。

二、非營利組織的課責內容

非營利組織與公部門共同之處，在於追求公共利益之公共性或公益性的使命或目標。然由於公共性的概念抽象，不但指涉的範圍廣泛，所牽涉的利害關係人也相當多，加上非營利組織的特質與公部門有異：公部門的責任是可以透過清楚的法規命令、正式程序、監督與強制來達成，但非營利組織內部缺乏公部門中明確的指揮命令關係，成員的互動多基於理念的契合與信任之依存，其責任絕不侷限於法律或規則的限制與遵守，更重要的是公共利益與公共信任的維持，非常強調非營利組織自覺於關係人 (constitunencies) 的責任意識，所承諾的社會性責任（或公共責任）（江明修，2002: 24–28），故難以形塑出課責的具體概念（孫煒，2007: 114）。

研究指出，非營利組織課責的組成要素，包含組織之經營管理是否為組織支持者、成員、受益者、員工與合作者所信任，組織經營之成果、過程、資訊責任是否公開加以檢視、釐清責任歸屬與負責對象等。因此，組織在提供公共服務時，組織整體必須具有可信任、及時、資訊公開等特質（李嵩賢，2003: 29–30），而非營利組織的課責除了意謂需對所倡導與關懷的議題及其服務對象完全負責外，還需在財務面向捐款者或支持者表示負責。

此外，孫煒 (2004: 148–149、2007: 116–117) 的研究指出，不同學科觀點分析非營利組織管理的責任議題也展現不同的性質。若從倫理的觀點來看，非營利組織的責任是指願意持續接受眾人的監督，甚至敦請公眾來監督組織與其指導人的行為；如從法律的角度切入，非營利組織的責任是指加諸於組織的法定行為標準的義務，以及缺乏法定行為標準時，公布其行動資訊的義務；倘若從政治觀點來分析，非營利組織的責任包

合：⑴非營利組織予以解釋說明的高層權威；⑵非營利組織得以解釋說明的績效標準；⑶非營利組織對於績效環境作出之回應等三項要件。

該研究更進一步將非營利組織的責任架構化約為一個循環的過程：亦即在非營利組織的內部環境中，董事會監督管理者與志工採取組織行動，提供財貨與勞務等組織產出給組織外在環境中的顧客，至於組織則接受外在環境中關係人的評估，以判斷組織是否達成其使命與目標，進而評定其績效。另一方面，非營利組織的評估結果將影響組織外在環境的關係人，在未來持續支持與參與非營利組織的決定，此一決定還將反饋到非營利組織的內部環境中，影響關係人今後的行動。

換言之，透過監督、評估、反饋等三項功能性機制，整合了組織行動、組織結果、支持與參與等三項要素，配合內外在環境關係人之間的互動，形成一整合性課責管理的循環架構。在這樣的組織管理循環架構下，對於外部環境中的利害關係人而言，若組織無法對於自身行為說明或課以責任，甚至並未達成其使命或目標，將會影響組織獲得資源的多寡，限制組織的行為能力，亦即組織形同受到懲罰。

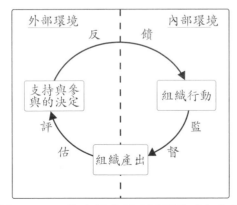

➡️圖 9–1　整合性非營利管理的責任架構

資料來源：孫煒，2007: 118。

由上圖所示可得知，非營利組織與社會之互動實為循環之關係，透過課責意涵的落實，非營利組織的行為與產出績效皆可能影響社會對於組織的支持，特別是近年來非營利組織陸續發生道德與財務之弊案，課

責議題對於非營利組織的經營與發展而言，將更顯其重要性。

第四節　非營利組織的課責機制與課題

一、非營利組織的課責機制

如前所述，非營利組織對課責內容之界定，並未如公部門般明確，而存有較多模糊之處，故影響非營利組織課責機制之運作與發展。綜觀現今對非營利組織課責機制的相關研究發現，一般多從「資訊公開與財務報導」以及「自律與他律」兩大面向來探討，茲分別說明如下：

㈠資訊公開與財務報導

整理課責的內容可發現，資訊與課責兩者間有密切之關聯性，無論是對誰負責，或是為了何事負責，抑或是層級、法律課責，甚至是著重回應性的協商課責等內容，多脫離不了資訊揭露的範疇。因為有了充分的資訊，方可促使外界將課責與非營利組織加以連結。

1.資訊公開

當提及非營利組織的課責機制時，所應實現的具體目標分別有確保服務供應、保護捐助者利益、保護服務對象利益、保護內部職工利益、於政府提供資金時保證資金價值、維持公平競爭之環境以保護與非營利組織相互競爭之私部門利益、保護非營利組織不受公部門過度政治影響等（Ware, 1989；轉引自江明修、梅高文，2003: 144）。因此，就學理與實務面而言，探討非營利組織課責機制時，多從資訊公開以及與之相似的財務揭露等角度加以著墨，甚至將兩者混用。也就是透過資訊公開的機制，可以發揮防止非營利組織舞弊 (abuse) 的功能，而該功能的發揮來自於可藉由組織所公開的報告，獲取相關資訊偵查舞弊情事，並且當從他處發現任何未報導於該報告的舞弊情事時，主管機構即知該機構有意謊報重要事實，而進一步調查。

　　藉由組織財務與業務等資訊公開，對減少非營利組織自我圖利 (self-dealing) 之消極責任提升功能較大，對完成使命效能 (effectiveness) 之積極責任 (positive accountability) 提升功能較小，所以積極責任之提升有賴經營能力之改善與公眾參與。倘若非營利組織的管理者知道其工作將隨時被人檢視，勢必更留心於工作內容，如此一來不僅有助於消極責任之提升，甚至能有助於積極責任之達成（許崇源，2001: 545）。

　　然而，對於非營利組織而言，究竟該提供哪些資訊以供外界參考，甚至作為是否支持組織運作的評估指標或參考？依據美國財務會計標準委員會 (Financial Accounting Standards Board, FASB) 於《財務會計公報》第四號 (FASB, 1980) 中指出：非營利組織所提出的資訊應達到下列幾項目標之辨別：

⑴制定決策：非營利組織應對於現在或潛在的資源提供者，提供有關組織資源分配與合理制定決策的資訊。

⑵評估能力：非營利組織所提供的資訊應能協助現在或潛在的資源提供者，得以評估非營利組織提供服務的能力。

⑶評估職責：非營利組織所提供的資訊應能協助現在的或潛在的資源提供者，了解管理者是否有履行其職責與其他績效的表現。

⑷反應變動：非營利組織應提供關於組織經濟資源、義務和淨資產的資訊，以及呈現一些交易事件或環境改變對收入和利益所造成的影響。

⑸呈現績效：非營利組織所提供的資訊應反映組織於一段期間的績效，定期衡量非營利組織淨資產金額和性質的變動、組織績效和服務收入等資訊。

⑹表達事實：非營利組織所提供的財務資訊應能表達組織於現金的獲得與花費，以及其他流動資金的情形，並說明組織與其他影響組織流動性之因素。

⑺輔助說明：非營利組織所提供的資訊內容應包含解釋與說明，以協助使用者了解財務資訊的內容。

　　在 2004 年 FASB 所提出新的財務報告概念性架構中指出，非營利組織的財務報告必須是「相關」(relevant) 且「忠實呈現」(faithful representation) 的，這兩點特質將有助於利害關係人做出與組織相關的決策。FASB 將「相關」性質定義為：具相關性的資訊可以協助使用者評估組織過去、現在及未來交易的績效，並進而預測組織未來價值，或經由這些資訊更正他們之前對組織的評估。因此，就相關特性而言，及時的、具相關性的資訊提供，可以幫助使用者及時根據資訊做出回應。而在「忠實呈現」的部分，則是意指資訊必須具備可被驗證、中性及完整性的特質。除了此兩項特質之外，FASB 亦認為財務報告應具備「可供比較」與「可被了解」兩項特性，所謂「可供比較」的意義是讓使用者可以判別兩組經濟現象的異同，進而增加使用者在資源配置上的選擇使用能力。「可被了解」則是意指資訊應能夠讓具備基本知識的使用者清楚理解該資訊的意涵，透過財務資訊的分類、突出特徵及明白呈現，以達成財務資訊可被了解的特性（洪綾君、林依瑩，2010: 42）。

另外，若從非營利組織的運作特徵來看，其運作可視為是一種代理人關係，組織的董事會、職工、志工等可被視為代理人，而利害關係人則為其委託人。因此，對於非營利組織而言，資訊揭露的目的即在於解決代理問題。因為就委託人（捐款者）而言，若無法確定代理人（非營利組織管理者）管理資源的效率，則可能導致捐贈資金供給的減少；反之，若非營利組織管理者能夠提供有效運用資源的資訊，即可促使捐贈收入增加（鄭惠文、彭文賢，2007: 12-13）。

然而，非營利組織對委託人的界定並不明確，所以造成委託人一代理人問題發生之頻率高於公部門。一般而言，非營利組織的執行長多被視為是主要代理人，董事會、顧客、捐助者皆可被視為是委託人，但各個委託人之間的利益卻不似企業中消費者與股東的利益那樣明確與一致。加上非營利組織的績效指標不似企業多以利潤作為主要績效指標，其產出包含有形的財貨與無形的關懷、信任等部分，除了較為抽象，在衡量產出的數量與品質方面也有其困難，因而使得委託人難以對代理人課以應有之責任（孫煒，2004: 150、2007: 120-121）。正因為非營利組織在服務提供上具有上述特性，藉由資訊公開，或許可形成確保非營利組織課責之途徑，促使組織必須向社會大眾說明代理經營社會資源的產出

和結果 (Lee, 2004: 177–180)。

因此，非營利組織在資訊公開的途徑上，往往可以透過「直接報導」與「間接報導」的方式來達成資訊公開的目的。所謂「直接報導」是指在網路資訊發達的現今社會，可藉由各種電子報導 (e-reporting)，透過網際網路、部落格、電子郵件等方式向社會大眾說明組織經營的績效；若是透過新聞媒體，例如電視、報紙、相關發行刊物等報導非營利組織所面臨的危機和問題，則稱之為「間接報導」。經由這兩種途徑，不但能夠增進社會大眾對非營利組織經營活動的了解，也有助於公民參與的實現（鄭惠文、彭文賢，2007: 12），同時也可看出「可及性」對非營利組織的重要程度。

整體而言，由於課責是有目的之活動，與組織計畫和運作息息相關，彼此之間透過定義行為與績效標準的共識，以達成課責之目的。而欲達成課責之目的，需藉由組織相關資訊的揭露與呈現；換言之，「資訊」即為連結課責與組織最佳方式之一。因此，有效的課責機制需清楚陳述目標、制定決策、呈現關係透明度、誠實報導已使用的資源與達成結果、評估組織運作是否達到滿意程度，並監督是否有獎懲機制等，方能使組織完全對其目標與績效負責（鄭惠文、彭文賢，2007: 6）。

2.財務報導

如上所述，資訊公開與財務報導經常相互運用，因為就資訊公開的內容而言，往往包含有財務相關資訊，這是因為財務資訊有數字性指標，較能反映具體的經營成果，所以非營利組織能夠透過公開財務資訊以達成課責，利害關係人也可藉由要求組織公開財務資訊，增加對組織的了解與支持。

基本上，非營利組織在財務資訊管理上有下列七項特徵（黃德舜，2007: 30）：

(1)非營利組織也需要賺錢（即增加結餘款），但賺錢的目的是為擴大服務目標。

(2)內部控制制度的建立是非營利組織治理 (governance) 的重要課題。

⑶非營利組織的融資決策較投資決策重要。

⑷非營利組織財務管理上很重視預算及成本管理。

⑸志工是非營利組織獨特節省支出的來源。

⑹衡量非營利組織績效的方式，除財務績效指標外，也包括社會效果 (social effects) 指標。

⑺基金會計是非營利組織財務管理工作的基礎。

因此，就財務課責的角度而言，Keating & Frumkin (2003: 4-5) 認為，非營利組織改善財務課責系統的首要工作，就是要了解財務如何產生效用。其規劃出一套財務報導模式，認為組織所產出的活動將反映於內部會計系統中，再依據期限定期地將這些財務資訊傳給利害關係人。而組織的活動、會計系統與所揭露的資訊將由外部或內部單位加以檢視與確認，用以確保組織活動與契約相符、會計系統能確實反映活動，以及財務報表與需揭露的資訊一致。如此一來，利害關係人便能夠根據所掌握的資訊進行分析，以檢視組織的績效，並思索於未來對於組織的支持或參與。換言之，組織是否於未來得以獲得支持，不僅取決於自身績效，亦取決於財務運用的決策以及揭露的資訊。

㈡他律與自律

除了資訊公開與財務報導之外，一般在探討公部門課責管理時，會依據其控制的來源，分為內部控制與外部控制。若將此概念援引至非營利組織中探討其課責行為時，即為自律與他律兩種型態。所謂他律是指透過正式立法法規，由政府或其他公權力來執行的監督機制；自律則為專業內或組織內的自行規範（馮燕，2003: 12）。以下分述之：

1. 他 律

根據馮燕 (2001: 230) 所言，「他律規範」就是一個法律規範，亦即強制性機制，而最大的權力來自於國家、政府。在談論到非營利組織「他律」的概念時，政府乃是非營利組織的監督主體，其功能是不可替代的。政府所具備的強制性為有效監督的基本保障，立法機關所頒布之相關法

令成為非營利組織的基本環境，既是對於其行為的約束，亦為其行為標準（周志忍、陳慶云主編，1999: 44–45）。目前我國規範非營利組織的他律規範有《民法》、《人民團體法》、各部會財團法人的設立標準及監督準則、免稅法規及募捐法規等。因而可知，「他律」乃是透過外部的法規、強制性機制，促使非營利組織向主管機關提報資料與公開資訊的行為，使得社會大眾了解非營利組織的資源運用與流向，除了便於管理外，更可維護人民知的權利，以及提高非營利組織自身的公信力（馮燕，2009: 257），以避免非營利組織在發展過程中可能產生之基礎不充分、制度不良、凝聚力不足、領導失效、會務廢弛以及偏離自身章程或使命等弊病（許世雨，1999: 183–184）。然而值得注意的是，愈依賴政府監督控制的力量，愈會削弱非營利組織自律的力量（江明修、梅高文，2003: 145），故單靠他律是無法促進非營利組織的責信度，還需靠組織本身自律的養成，因此，自律與他律可說是一種互補的形式。

2.自　律

有別於透過公權力以強制性手段規範的「他律」，「自律」所指涉的部分乃是組織自身專業範疇。自律的形成和自我約束的內化其實是一個複雜的辯證過程，很少人或團體會在無任何外力約束的情況下進行自律，對多數人和團體而言，自律行為的形成仍有賴於外部力量的監督與約束（周志忍、陳慶云主編，1999: 271）。然須注意的是，自律規範並不意味著可以取代正式的法律，事實上，遵循適用的法律乃為專業的基本精神之一。因此，自律規範意指由專業人員相互約定、自願遵循的守則。所以，政府制定的法規可視為是非營利組織行為的最低規範標準，而自律規範乃是非營利組織發展漸趨成熟之時，基於向社會大眾證明其效率之需求，以及政府法規不合需求或日漸繁複，或意識到需有更高行為標準以爭取社會公信時，而自訂之較高標準的自我要求規範（馮燕，2003: 14–15）。

世界銀行將非營利組織的自律規範，區分為三個層次（喜瑪拉雅研究發展基金會譯，2000）：

⑴個別組織的自律規範：除了遵循主管機關的規範、監督原則之外，每個非營利組織可針對自身要求，制定根本的自律規範。

⑵結盟組織的自律規範：在非營利組織發展過程中，常會暫時或永久與其他組織形成結盟關係，或形成兩傘型組織的策略，為了達成共同的目標與增強組織效率，組織與組織之間將尋求自律規範共識，達到自我約束效果，可排除不合規範的組織，並獲得社會大眾信任。

⑶部門內監督性團體制定的自律規範：在非營利組織的內部監督機制上，捐款人可透過檢視董事會管理、宗旨、業務、募款以及財務管理、年度報告、責信度、預算等，藉由自律清單來評估各組織的狀況，有助於促進非營利組織課責覺醒與修正，以及提升非營利組織的公信力。

　　自律機制不論是組織自身或部門團體間的共識約定，常需制定機制結構、程序與制裁方式，而不僅是準則撰寫或自由心證。自律為非營利組織保障與強化公共責任的理想方式，但需佐以多重力量的監督，並處於良好的社會環境中，非營利組織所受到的外部約束方能轉化成為自覺的責任意識與內部自律機制。以我國而言，2005 年成立之**台灣公益團體自律聯盟**即為自律機制之表現，為非營利組織自願集合所成立之聯合團體。該聯盟成立的宗旨是提升我國非營利組織之公益績效與社會形象，增進社會大眾對於公益團體的認識與信任，主要任務有：⑴建立自律機制，促成公益團體資訊公開；⑵促進捐款人權益保障；⑶推動建立適合公益團體生存之法令環境；⑷推動公益團體之交流；⑸促進公益團體發展相關研究；⑹其他有利於公益團體發展之工作。

　　整體而言，自律的形成有賴於他律的力量，但過度的他律又可能會削弱自律的力量，因此兩者之間須找出維持合理且平衡的尺度（江明修、梅高文，2003: 145）。但除了政府的課責具備完整的機制外，企業及非營利組織的課責卻是缺乏強制性機制。政府課責的根本原因在控制其行為，因此常採用外部監控 (external supervision) 的「他律」機制，例如明確的行政法律、監察單位、立法機構監督及水平督察單位等，以相互制衡確保行為正確。相對的，從尊重企業的自由市場機制、尊重公民社會非營利組織的自主性及政府無力插手管束等因素下，政府對企業與非營利組

織無法全面採用外在監控方式進行課責與糾正，此時，自我管制的「自律」便成為企業與非營利組織課責機制中，極重要的思考概念與實務途徑（Lloyd, 2005；轉引自周佳蓉，2007: 2-18）。

二、非營利組織課責的困境

非營利組織的課責機制，隨著社會發展程度和公民素養的提升而呼聲漸強，相關意識也逐漸在形成中。然卻也因其特殊的性質，在實務運作上產生侷限與困境，試討論分析如下：

(一)揭露資訊之內容難以與績效連結

就資訊揭露角度而言，非營利組織的決策程序過程較結果重要，因為沒有可以明顯判斷的結果數據，例如股價或其他清楚有意義的結果指標。另外，不同的非營利組織領域的表現結果也難以比較，一來有數據化標準的問題，二來數據的意義難以確實反映是否達到真正的社會效益。因此，欲了解公共利益是否在非營利組織中被重視或呈現，需要在決策過程中觀察，但通常一般人無法介入理事會、董事會或得知內部訊息，決策或資訊討論過程顯得較為封閉。在年度的會員大會中，通常議題或年度事項已經過安排，會員所獲得之資訊相當有限；會員有權了解組織各方面的運作活動，但通常無法得知理事會與職工間的決策過程等訊息。因此，非營利組織如果無法完整揭露資訊，就不容易使一般大眾理解，進而獲得認同，而失去信任（周佳蓉，2007: 2-26-27）。

(二)財務會計制度未達一致

臺灣目前的非營利組織以中小型規模為主，常囿於資源和能力的限制，無力顧及內部稽核作業和控制系統。尤其財務會計制度的規範散見於各主管機關所制定的法規中，在缺乏非營利組織可遵循的專用公認會計原則的情況下，財務報表的表達與績效衡量必然產生困難。因此，政府應制定統一的會計制度，協助非營利組織管理走向制度化，以面對未來更複雜的資訊需求和會計環境，保障捐款人和會員的權益。此外，財

務課責系統的建立本質上並非造成非營利組織新的財務負擔，而是善用現有的財務和內部管理資訊，在提供有用資訊給予使用者的前提下，以有系統、可了解且定期的設計，讓使用者易於解讀和使用（鄭惠文、彭文賢，2007: 27）。

㈢資訊不對稱

我國非營利組織礙於詐騙案件頻起、擔心被其他組織覬覦資源，或有利益輸送情事的揭發等諸多因素，多數皆排斥將財務資訊公開，即使願意公開也是被動提供。因此，政府須提供配套措施和誘因，以鼓勵優於懲罰的漸進方式，營造非營利組織資訊報導和評估的能力。至於財務資訊的公開，未來除透過**台灣公益團體自律聯盟**會員主動地以身作則影響其他非營利組織之外，政府應先從非營利組織不得拒絕將財務資訊公開的規定做起，鼓勵非營利組織主動且定期地公開財務資訊與經營運作的情形，才能使大眾透過資訊的解讀，降低可能產生的資訊不對稱情形，進一步有能力檢視非營利組織的行為，並給予認同及信心。未來主管機關若考量以網際網路作為資訊揭露的工具之一，應顧及非營利組織不願公布攸關個人隱私權資訊的立場，或是有些非營利組織因規模小或業務發展不順遂而沒有能力架設網站等問題，給予這些組織在基礎建設上的協助，幫助架設網站或提供相關作業的諮詢之配套措施（鄭惠文、彭文賢，2007: 29-30）。

㈣法規不合時宜

如前所述，相較於公部門，非營利組織的課責機制顯得較為模糊而不明確，加上受到利害關係人多樣性的影響，所需負責對象也多元，更凸顯其課責的困難。由於我國缺乏規範非營利組織的單一法規，相關規定散見各處，例如《民法》、《人民團體法》等，因而凸顯出規範既繁且多，可謂層層規範管制，但在實務上卻因缺乏專業與人力，而呈現執法過於寬鬆、裁量標準分歧、管制僅見形式而不見實質，造成組織無所適從的現象（江明修、梅高文，2003: 148）。故如欲促使非營利組織落實課

責機制，除了需改善現階段多頭馬車、內容繁簡不一的法令規範外，更應促使非營利組織自動揭露組織的財務與相關資訊，藉由公眾審查制度的建立，來減輕主管機構的監督責任，並促進非營利組織的良性競爭。

第五節　結　語

我國自解嚴以後非營利組織數量的成長相當快速，加上陸續發生的非營利組織弊端，促使非營利組織不得不開始正視課責的重要性並積極落實。課責所涉及的是一種解釋與負責的互動關係，以公部門為例，可以將其分為層級課責、法律課責、協商課責、政治課責、專業課責與期望課責等。但對非營利組織而言，由於組織性質與公部門有相當程度之差異，例如非營利組織缺乏明確的命令關係、所面對的對象也較公部門多元複雜等因素，使得其課責概念無法全然適用。儘管如此，非營利組織仍可立足於結構責信、委託責信、社區責信之課責基礎之上，進而發展出自身的課責管理模式，透過循環的運作方式以確保組織課責性與維繫組織的競爭力。

從本章所述得知，非營利組織的課責機制往往離不開資訊公開之範疇，因為資訊是連結非營利組織與課責之重要媒介。所以在實務面上，非營利組織需透過資訊公開來揭露自身運作訊息讓社會大眾知曉，而主要的資訊乃是財務報導機制。此外，來自於政府的正式規範對於非營利組織之運作管理，亦扮演重要之角色。因為透過正式規範的制定，使得非營利組織體制正常化，並進一步形塑自身組織文化，發展自發性的自律觀念與機制，從外在到內在，使得組織、社會大眾、捐款者之權利皆能受到保護。

然而，非營利組織課責的發展，正由於界線的模糊與不確定性，使得現實中存在不少侷限性，諸如揭露資訊之內容難以與績效連結、財務會計制度未達一致、資訊不對稱、法規不合時宜等限制，尚有待政府相關單位與非營利組織共同推動與改善，以使非營利組織整體發展環境更加妥善。總之，建構完備的非營利組織課責機制是提升社會多元與完整，

進而創造社會公益價值的一條途徑。在永續發展的概念下，非營利組織唯有具備長期經營的遠見與負責開放的態度，適當地揭露資訊、對外提供有效的服務，並將組織運作和財務相關資訊加以向外界揭露，接受社會大眾的監督，才能確保所有利益關係人的最高福祉，也唯有如此，才能提升公信力以維繫公共性，並為組織創造價值，進而促成公民社會的實現。

Tea Time

心路社會福利基金會❹

在 70 年代，由於當時社會資訊並不發達也尚未普及，因此社會大眾對心智障礙的認知仍然較為陌生，由其衍生的各種症狀，在當時也未被充分了解，加上當時各項醫療較為匱乏，故對於擁有身心障礙者的家庭而言，無論是在就學、托育、醫療，甚至就業等皆產生相當大的負擔與壓力。在此背景下，為了孩子生存的尊嚴與權利，身心障礙家庭的家長們開始進行交流，從創辦《心路雙月刊》開始，凝聚家長力量，並在 1987 年成立了「心路文教基金會」，以「提供全方位的服務、促進有機會的環境，成就智能及發展障礙者最大可能」作為組織理念，希望結合家長與專業工作者之力量，為智能及發展障礙者及其家人提供服務，1998 年則更名為「財團法人心路社會福利基金會」。

心路社會福利基金會目前提供的服務包含發展障礙高危險群兒童之早期介入，提供發展障礙兒童專業療育、智能及發展障礙成人日托、居住與安養服務，並促進智能及發展障礙成人社會參與、終身學習及工作與就業，提供智能及發展障礙成人職業重建服務，建構智能及發展障礙者個人及家庭支持網絡，智能及發展障礙專業人養成及服務推廣與研發以及權益之宣導與倡議。

在課責機制方面，心路基金會具體建構自身網站，在網站中

❹ 資料來源：吳永乾，2011: 69–70。

除了放置組織架構、活動相關訊息、服務對象有關的資訊倡導、志工招募訊息、相關新聞報導等較常見訊息外,還公開組織財務方面資訊,例如一般性捐款徵信、捐物徵信、專案募款徵信等,甚至年度的財務報表以及用途分析也都清楚公布,並於網站公開活動或者服務的成果統計,以協助使用者連結組織資訊與資源,了解組織所提供的服務情形。此外,就機構對外的公開資訊途徑而言,2003 年以後可以透過網站檢閱各期電子報,甚至在 2010 年5 月以後,更將組織刊物電子化以供外界閱讀,將組織營運與服務之情形積極傳達給社會大眾。如是的作法除了可以提升組織的公信力外,更進一步強化社會大眾對於基金會之信心,保障社會大眾知的權利,為每一份善款效益做公開而透明的把關,同時也有利於組織資源的獲取,進而達成組織使命的延續。

參考文獻

一、中文書籍

周志忍、陳慶云，1999，《自律與他律：第三部門監督機制個案研究》，浙江：
　　浙江人民。

孫煒，2007，《第三部門的治理研究》，臺北：翰盧圖書出版有限公司。

許世雨，1999，〈非營利組織與公共行政〉，收錄於江明修編，《第三部門：經
　　營策略與社會參與》，臺北：智勝，頁 155–190。

喜瑪拉雅研究發展基金會譯，2000，《非政府組織法的立法原則（討論草案）》
　　（International Center for Not-for-Profit Law 原著），臺北：喜瑪拉雅研究
　　發展基金會。

馮燕，2009，〈非營利組織的法律規範〉，收錄於蕭新煌、官有垣、陸宛蘋編，
　　《非營利部門：組織與運作》，臺北：巨流，頁 250–275。

二、中文期刊

江明修、梅高文，2003，〈自律乎？他律乎？——財團法人監督機制之省思〉，
　　《中國行政評論》，第 12 卷第 2 期，頁 137–160。

李志宏，2006，〈從組織治理談非政府組織的責信度〉，《非政府組織學刊》，創
　　刊號，頁 103–126。

李嵩賢，2003，〈非營利組織管理課責初探〉，《人事月刊》，第 37 卷第 1 期，
　　頁 27–35。

洪綾君、林依瑩，2010，〈臺灣醫療財團法人財務資訊公開之研究〉，《公共行
　　政學報》，第 37 期，頁 37–70。

孫煒，2002，〈非營利組織的管理教育與訓練規劃〉，《行政暨政策學報》，第 35
　　期，頁 103–135。

孫煒，2004，〈非營利管理的責任問題：政治經濟研究途徑〉，《政治科學論叢》，
　　第 20 期，頁 141–166。

許崇源，2001，〈我國非營利組織責任及透明度提升之研究——德爾菲法之應

用〉,《中山管理評論》, 第 9 卷第 4 期, 頁 540–566。

郭瑞坤、張玲瑜、張秦瑞、沈逸晴、張馨芸, 2013,〈捐贈者對非營利組織課
責行為之認同度與捐款意願之研究〉,《非營利組織管理學刊》, 第 14 期,
頁 46–83。

陳志瑋, 2006,〈全局治理與課責〉,《法政學報》, 第 20 期, 頁 173–194。

黃德舜, 2007,〈非營利組織財務資訊透明化的管理意涵——兩個個案比較分
析〉,《非政府組織學刊》, 第 3 期, 頁 29–46。

鄭惠文、彭文賢, 2007,〈非營利組織財務資訊的公開報導: 美國經驗與其意
涵〉,《行政暨政策學報》, 第 44 期, 頁 1–42。

三、英文書籍

Caiden, G. E. 1988. *The Problem of Ensuring the Public Accountability of Public
Officials, Public Service Accountability*. West Hartford, CT: Kumarian Press.

Day, P. & Klein, R. 1987. *Accountabilities: Five Public Services*. London & New
York: Tavistock Publications.

Kearns, K. P. 1996. *Managing for Accountability: Preserving the Public Trust in
Public and Nonprofit Organizations*. San Francisco: Jossey-Bass Publishers.

四、英文期刊

Johnston, J. M. & Romzek, B. S. 1999. "Contracting and Accountability in State
Medicaid Reform: Rhetoric, Theories, and Reality," *Public Administration
Review,* 59 (5): 383–399.

Kearns, K. P. 1994. "The Strategic Management of Accountability in Nonprofit
Organizations: An Analytical Framework," *Public Administration Review,* 54
(2), 185–192.

Keating, E. K. & Frumkin, P. 2003. "Reengineering Nonprofit Financial
Accountability: Toward a More Reliable Foundation for Regulation," *Public
Administration Review,* 63 (1): 3–15.

Lee, M. 2004. "Public Reporting: A Neglected Aspect of Nonprofit

Accountability," *Nonprofit Management & Leadership*, 15 (2): 169–185.

Romzek, B. S. & Dubnick, M. J. 1987. "Accountability in the Public Sector: Lessons from the Challenger Tragedy," *Public Administration Review*, 47 (3): 227–237.

Romzek, B. S. & Ingraham, P. W. 2000. "Cross Pressures of Accountability: Initiative, Command, and Failure in the Ron Brown Plane Crash," *Public Administration Review*, 60 (3): 240–253.

五、碩博士論文

吳永乾，2011，《社福型非營利組織課責內容初探與現況分析》，東海大學行政管理暨政策學系碩士論文。

周佳蓉，2007，《環保團體課責表現衡量架構之建立與實證研究》，國立中山大學公共事務管理研究所博士論文。

六、研討會論文

馮燕，2003，〈自律與他律——公益倫理的建立〉，「第三部門之內部治理與外部環境學術研討會」論文。

鄭惠文，2009，〈非營利組織募款的財務課責：以八八水災為例〉，「金融海嘯下的全球化、民主化與民主治理研討會」論文。

七、網路資料

陳敦源，2003，〈透明與課責：行政程序控制的資訊經濟分析〉，臺灣透明組織網站，http://www.ti-taiwan.org/ch.files/pdf.files/conference411_4.pdf，2010/8/25。

陸宛蘋，2008，〈揭開非營利組織公益的面紗——治理〉（http://www.meworks.net/meworksv2a/meworks/page1.aspx?no=149896&step=1&newsno=52905；檢閱日期：2014/1/20）。

一般來說，國家維持正常運作通常是由政府部門、企業部門、非營利組織（或稱第三部門）、第四權媒體以及公民所組成，其各自扮演政策方針、市場機能和公民社會的角色，而這些部門和角色彼此緊密地結合，係為國家運作是否順暢之關鍵。然而，隨著大環境的變化，政府部門逐漸將公共服務提供方式移轉至民間部門，企業或非營利組織某種程度上也間接肩負起過去由公部門負擔的服務責任，如此的變化造成了三個部門的界線漸趨模糊，功能也逐漸混合（Ott, 2001: 355；陳金貴，2002: 39）。再加上愈來愈多的非營利組織共同競爭有限的資源，致使非營利組織不得不開始思索組織發展的利基，以及如何在競爭激烈的環境下可以穩定運作的問題。

對整體社會來說，非營利組織雖有著推動社會改革的驅動力，也存有對公共議題的影響力，但非營利組織在面對外部資源匱乏和環境變遷之際，如何本著組織宗旨目標在現實社會中繼續生存，則成為非營利組織需加以正視並面對的課題。而非營利組織自行開發營利管道的事業化或產業化，遂成為近年相當受到關注和討論的議題。一項由 Salamon (1999) 就全球二十二國非營利組織所做的調查顯示，非營利組織的收入來自私人慈善捐款的比例僅占約 11%，主要有將近 40% 是來自政府相關財務的支援和挹注，更有高達 49% 是來自組織本身代辦費或是其他商業性收入。由此可知，非營利組織走向商業化或事業化已成為一種環境現實 (Salamon & Associates, 1999: 24)。

事實上，非營利組織的社會事業化在非營利組織的研究領域中，仍屬較為新興之議題。因此，在本章當中擬先介紹非營利組織社會事業化之內涵，了解非營利組織社會事業化的概念與指涉層面；其

次以美國與我國為例，闡述此概念興起背景；接著歸納非營利組織社會事業化的發展類型；最後則探討非營利組織社會事業化所產生之正面影響與潛在問題。

第一節　非營利組織社會事業化的內涵

非營利組織的存在價值在於負責解決與改善社會問題，例如貧窮、環境汙染、家庭暴力、吸毒等，以及提供市場經濟無法完全供給的基本社會服務，例如教育、藝術、醫療等。而支持非營利組織持續運作的經費來源，大多來自政府的補助及民間捐款。然而，近年來受到經濟不景氣的影響，政府補助及民間捐款日益減少，非營利組織為求自給自足，愈來愈傾向採取社會事業化之模式，藉由販售服務、商品等方式籌措運作與活動經費。例如我國的陽光基金會，就引進行銷管理及汽車美容等專業技術成立汽車美容中心，僱用的員工大多是中重度的身心障礙者。這種創新的手法，不僅可以達到宣傳組織、提供弱勢族群工作機會等效果，還可以為組織爭取額外的收入，有助於組織長期的發展。以下乃說明非營利組織社會事業化的概念，以及所需關注的面向。

一、非營利組織社會事業化的概念

㈠社會企業的意義

欲了解非營利組織的社會事業化一詞，應先從「社會企業」的概念談起。社會企業雖說是新的名詞，但卻是一個存在已久的現象，至今尚未有統一的定義。所謂社會企業一般泛指企業或非營利組織透過商業手段，以達特定社會服務的目的。根據經濟合作暨發展組織 (Organization for Economic Co-operation and Development, OECD) 的定義：「社會企業係指任何可以產生公共利益的私人活動，具有企業精神策略，以達成特定經濟或社會目標，而非以利潤極大化為主要追求，且有助於解決社會排斥

及失業問題的組織」。換言之，社會企業雖具有企業外貌，然因具有公益本質，故就組織型態而言，社會企業乃被視為是企業與社會部門間的混合體組織（鄭勝分，2008b: 402）。

在歐洲，社會企業強調社會創新 (social innovation) 精神，兼容社會、經濟與政策三大目的，以解決身心障礙者與弱勢族群的失業問題，例如英國的 The Big Issue，即為街友創造工作機會，協助他們重回社會。但在美國，社會企業強調社會與經濟目標的融合，除偏重以商業收益補貼非營利組織的財政缺口外，也是一種新型態的社會投資 (social investment) 模式（鄭勝分，2008a: 204；吳明珠、鄭勝分，2012: 149）。

(二)社會事業化與社會企業的差異

關於社會事業化的定義，眾說紛紜。學者陳金貴 (2001: 2) 認為，所謂社會事業化是「嘗試營利的活動，透過組織本身的特性，從事賺取利益商業交易行為，再將獲利回歸給組織來運作」。而官有垣 (2008: 2) 則認為，「一個私人性質非以營利為目的的組織，致力提供社會財，除了有非營利組織的傳統經費來源外，還有相當部分包括商業的營利收入（從政府部門撥款者與私人營利部門的消費者獲得經費）以及商業上的活動」。相形之下，呂朝賢 (2008: 43) 所提出的定義，由於清楚描繪出事業化的特質，相當淺顯易懂。他認為，社會事業化是「藉由商業性的賺錢策略獲取組織經營所需資金，以實現組織的慈善或社會使命者」。

此外，若將非營利組織的特質配合社會事業化之意涵發現，非營利組織的社會事業化是指「非營利組織願意以創新的精神，透過市場機制或商業性的手法，將組織的產品或勞務提供給組織外之人群，其獲利將投資於組織中，而最終目的不僅是實踐組織之使命，更能使組織財源更趨穩定及多樣化，並提供就業安置與職訓等機會」（黃毓婷，2006: 12）。簡言之，非營利組織為了追求自有財源，逐漸以販賣服務與商品活動為組織主要的資金來源，而此種發展過程則稱之為「非營利組織社會事業化」（洪久雅，2004: 89；江明修審訂，2003: 59）。相較於營利組織，事業化的非營利組織不僅提供案主產品或服務，同時也運用案主的技巧與

能力提供更多服務或產品給顧客，將服務人群視為一種投資，故營利是一種手段而非目的（Dees, 1998，轉引自黃坤祥、游皓偉、黃瓊芬，2005: 452）。

因此，如比較社會事業化與社會企業的差異可發現：在臺灣，社會企業的相關概念尚在建構中，一般常與非營利組織的企業化或事業化混合使用。如參考上述相關定義得知，非營利組織的企業化或事業化僅能視為社會企業的一種類型，社會企業的經營主體不一定是非營利組織，也可以是企業，重要的是，無論何者皆須以企業或商業手法來完成其公益或社會性目的。

二、社會事業化所需注意的面向

非營利組織社會事業化的出發點雖是希冀改善組織的整體營運，但非營利組織本身原有使命與目標需待貫徹，因而非營利組織社會事業化有其關注的重心。以下歸納出非營利組織推動社會事業化所需關注的重要層面（陳金貴，2001: 39；黃毓婷，2006: 11-12）：

(一)事業家精神

所謂事業家精神係指進行社會事業化的非營利組織，其組織成員皆應具勇於創新、主動追求變遷與不怕冒險等精神，才能跳脫以往非營利組織的發展經驗，朝向社會事業化方向發展。

(二)事業導向

所謂事業導向係指非營利組織直接參與市場中產品生產與服務輸送的過程。換言之，非營利組織一旦參與社會事業化活動，其產品與服務至少要維持市場競爭力，才能在自由競爭的市場中確保組織的生存。

(三)社會目的

所謂社會目的乃是非營利組織社會事業化最基本的價值，也是社會事業化的非營利組織與企業之所以不同的差異關鍵。詳言之，非營利組

織推動社會事業活動，其目的不在於追求利潤或營利的最大化，而是希望社會事業活動能同時達成經濟與社會目標。例如臺北勝利身心障礙潛能發展中心成立的宗旨是提供身心障礙者就業服務，中心採用的方式是提供工作機會與技能訓練給這些身心障礙者，使其有機會能從事資料建檔、視覺設計等工作。此運作場域雖然屬於商業範疇，但實際上是期望從長遠的考量來根本解決身心障礙者的就業問題。

㈣社會所有

所謂社會所有意指非營利組織從事社會事業活動所獲得的營運所得，是分配給所有服務對象或投資於組織慈善事業，而非給予特定個人，此乃非營利組織從事社會事業活動與企業部門的差異所在。

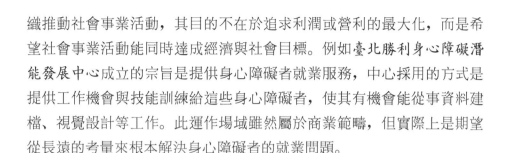

第二節　非營利組織社會事業化的興起背景

如同人力資源管理、行銷管理與績效管理等概念是源自於企業部門的經營管理理論，非營利組織社會事業化的概念亦是從企業部門學習而來，期望藉此來解決非營利組織經費短缺或運作困難的問題。

若回顧非營利組織的發展可發現，許多重要的相關理論多來自美國，此乃因非營利組織在美國的發展歷史較為久遠之故。因此，雖然非營利組織社會事業化對我國而言是屬於較新的議題，但這項議題在美國已經發展一段時間。所以如能深入了解美國非營利組織社會事業化的成效與衍生之問題，應可以提供我國參考與借鏡。基於此，以下介紹美國與我國非營利組織發展社會事業活動的背景與現況，以便對非營利組織從事社會事業化有更深刻的了解。

一、美國非營利組織從事社會事業化的背景與現況

在美國，非營利組織從事社會事業化的歷史雖已存在久遠，但直到80 年代，由於非營利組織的事業化活動在美國迅速擴張，非營利組織的社會事業化行為才逐漸受到實務及學界的重視。相關研究者分別從政治

意識型態、經濟層面及社會變遷等三大面向所造成的影響，來探討促使非營利組織積極發展社會事業化的因素，茲整理歸納如下（Skloot, 1987: 380; Dees, 1998: 24–25; Weisbrod, 1998: 74；黃毓婷，2006: 13–14）：

㈠政治意識型態的影響

現代福利國家體制的興起主要源自於對二次世界大戰結束後的因應，各國政府均以福利的供給作為復甦經濟的手段。然而到了 70 年代，各國政府由於財政赤字的壓力，紛紛大幅縮減福利預算，減少政府直接扮演福利供給者的角色。甚至到了 80 年代雷根政府上臺之後，大力倡導「社會優於國家」及「小而美」(small is beautiful) 等緊縮政府的理念，用以減輕政府部門的財政負擔。所以，在此政治意識型態下，政府持續要求非營利組織必須「自我支持」(self-reliance)，減少對政府財政補助的依賴，迫使非營利組織轉而尋求新的收入型態。

㈡經濟層面的影響

除了上述政治意識型態上的影響外，70 年代末期的通貨膨脹使得非營利組織的支出急遽增加，導致傳統的資金來源不足以應付組織的運作。因此，非營利組織為了因應經濟不景氣所產生的財源縮減，不得不向外尋求新的資金管道，並試圖借助企業部門的經營管理技巧，透過付費服務及販賣商品等事業化方式為組織謀得財源，以減輕非營利組織沉重的財務壓力。

㈢社會變遷的影響

此處所提及的社會變遷，涉及範圍甚廣，一方面是由於資本主義在世界各地掀起一股成功浪潮，導致對市場力量信心的增加，民眾對於競爭與營利動機能促進效率與創新都抱持樂觀態度，因此許多觀察家認為非營利組織應注入更多市場力量與方法。另一方面，許多非營利組織的領導人，希望在服務社會弱勢群眾的同時，不致讓服務對象對組織產生過度依賴，因此有的非營利組織以社會事業活動為工具，協助遊民及其

他弱勢團體自立，並建立自身的能力。

此外，社會環境的變遷也影響了非營利組織財務多樣化的需求。傳統上，非營利組織的資金來源主要來自於私人捐贈，包括個人、企業組織或其他基金會；然而近年來，非營利機構的預算來自於慈善捐贈的比例逐漸降低。以美國為例，該國在 1980 年的慈善捐贈佔了年度收入的32%，但到了 1996 年僅剩下不到 20% 的比例。在捐贈縮水的情況下，非營利組織不得不拓展新的收入型態，包括進入商業市場爭取資源。由上述內容可得知，外在社會環境的變遷給予非營利組織壓力，迫使組織正視營運方式必須彈性地改變，始能因應外在環境改變的挑戰。

二、我國非營利組織從事社會事業化的背景與現況

㈠ 2005 年以前

相較於上述美國非營利組織社會事業化的發展歷程，我國非營利組織社會事業化的發展歷程就顯得簡單且短暫。國內非營利組織社會事業化的發展歷史，大約起始於 1980 年代，而以 2005 年作為發展的分歧點。1985 年，由*伊甸基金會*於臺北市忠孝東路愛群地下商場開設禮品店「伊甸玉坊」作為開端，雖然該店日後無法繼續經營，但也奠定非營利組織社會事業化的發展基礎（劉寶娟，2003；轉引自黃毓婷，2006: 42）。接著 1992 年，*陽光社會福利基金會*為了使其傷友有工作機會、工作地點跟復健的地方，因此以庇護職場的經營模式開設陽光洗車中心❶。

1999 年的九二一地震，對於非營利組織社會事業化的發展更是有推波助瀾的效果。主要是因為大地震之後，民間團體的慈善資源紛紛湧向救災工作，對非營利組織的募款資源造成排擠的作用，加上震後臺灣經濟衰退、政府補助預算縮水，迫使非營利組織在日趨競爭的環境下另闢財源。此後，我國許多非營利組織開始嘗試發展社會事業化，以增進組織的財務自主性（黃毓婷，2006: 42-43）。舉例來說，*臺北勝利身心障礙*

---

❶ 陽光社會福利基金會網站（http://www.sunshine.org.tw/default.asp；檢閱日期：2014/2/18）。

潛能發展中心於 2001 年成立「勝利資訊建檔中心」與「視覺設計中心」，專門僱用身障者在家從事版面編輯、美工圖形等設計製作；於 2002 年開闢蘭花瓶苗組織培養生產庇護工廠。心路社會福利基金會於 1996 年 1 月成立「心路洗車中心」，為成年身心障礙者提供就業職場；1997 年 2 月成立身心障礙者之「舊衣回收中心」，同年 9 月成立「寬寬洗衣坊」，以擴充身心障礙者就業職種，提供其就業訓練與輔導❷。

　　除了非營利組織自身推動社會事業化活動之外，政府部門也鼓勵非營利組織應積極從事社會事業活動，如此非營利組織不僅可提升自有財源，也能進一步為社會創造工作機會（黃榮墩，2001: 2）。另一方面，政府更以具體的行動來協助非營利組織推動社會事業化活動，例如經濟部中小企業處陸續舉辦相關研習營與會議，試圖促成政府部門與非營利組織實質合作方案，以推動非營利組織的社會事業化。

㈡ 2005 年以後迄今

　　2005 年 10 月，非營利組織社會事業化的發展又向前邁進一步。在多家社會福利團體的倡導及努力下，內政部發布施行《優先採購身心障礙福利機構或團體生產物品及服務辦法》，規定各級機關及公私立學校等全年採購身心障礙團體所生產之物品及服務，其金額應達年度預算的 5%，否則將受罰。如此一來，非營利組織可藉由優先採購的方式，增加其銷售管道，達到保障非營利組織產品通路及承包服務的機會，對政府而言同時也是落實照顧弱勢族群的政策（黃毓婷，2006: 43）。

　　除了非營利組織與政府部門致力於社會事業化的推動，國內學界與實務界也逐漸對非營利組織社會事業化議題感到興趣。在學界方面，逢甲大學於 2003 年成立全國第一所「社會事業經營管理研究中心」，除與非營利之社會事業建立合作關係外，也將合作計畫與非營利組織社會事業做結合，而成為該校推廣教育之課程❸。另外，在實務界，喜瑪拉雅基金會也於 2006 年成立「社會事業中心」，主要是希望協助更多企業及

---

❷　心路社會福利基金會網站（http://web.syinlu.org.tw；檢閱日期：2014/2/18）。

❸　逢甲大學網站（http://www.fcu.edu.tw/wSite/mp?mp=1；檢閱日期：2014/2/18）。

非營利組織將傳統社會公益重新定位為「社會事業」行動，開辦具有市場競爭力、財務可持續發展的社會事業，以社會企業家精神協助解決臺灣及國際社會發展問題，為有限的公益資源創造更多的社會乘數效應（黃毓婷，2006: 43）。

第三節　非營利組織社會事業化的發展類型

　　非營利組織推動社會事業化，大致上會依非營利組織的個別特性或優劣勢來做選擇，故會發展出不同的型態與策略。在本節中，乃針對非營利組織社會事業化的發展類型進行說明，分別從理論與實務上來做分類與敘述。

一、理論上的分類

　　長期從事「遊民經濟發展」服務工作的**羅伯茲事業基金會** (The Roberts Enterprise Development Fund) 將非營利社會事業分為下列五種類型（Emerson & Twersky, 1996；轉引自黃毓婷，2006: 21-22）：

(一)庇護型

　　係指地方或聯邦政府給予非營利組織保證契約，使非營利組織可藉此找到市場的立足點，但卻不意味此種保護契約會降低服務的品質。

(二)開放市場型

　　係指非營利組織在取得合約上並沒有任何的優先權利，而是完全進入市場與企業競爭，例如非營利組織開設的洗車中心、烘焙屋及洗衣坊等，在未受到特別保護的情況下，均需與民營業者共同競爭。

(三)特許權型

　　係指非營利組織藉由得到國家或企業的經營特許或專賣權以發展自身的事業。

㈣以方案為基礎型

　　係指非營利組織直接由社會服務機構所委託的方案中衍生社會事業活動，政府將其設立的庇護工場委託身心障礙社會福利團體經營即是一例。

㈤合作社型

　　係指一種由員工共同持有股份，卻又同時可以領取工作薪資的事業經營方式。

二、實務上的分類

　　伊甸基金會執行長陳俊良 (2001) 將非營利組織產業化依「經營模式」分類如下❹：

㈠經營模式分類

1.照顧產業的經營模式

　　乃為減輕國民因失能所產生之身體及日常生活障礙，結合政府及民間力量，以專業化、企業化方式，提供民眾身體和日常生活照顧服務之一種產業。例如光原社會企業結合當代社會著重自然健康文化，建構「有機部落」，一方面提升農民在當今社會上相對弱勢的地位，另一方面透過農業計畫生產網絡，讓地處偏遠地區交通不便的原住民小農能集結起來，獲得經濟效益。

2.觀光文化產業經營模式

　　即連結現有的地上人文、地下土產，打造「文化產業，產業文化」的經營方式，實踐自立自主的夢想，發展出具有地方特色的產業，而這些文化傳承與經濟生機兼顧的場域，是所有面向的支持體。例如布農基金會以經營布農部落的方式，重建原住民文化，找回原住民信心；而新

---

❹　伊甸基金會網站 (http://www.eden.org.tw/index.php；檢閱日期：2014/2/18)。

故鄉文教基金會協助九二一災民打造桃米社區等。

3. 勞務服務的經營模式

透過組織中案主的資源加以訓練後，提供勞務性服務。例如臺北市原住民勞動合作社承包大樓或社區、政府的清潔打蠟工作；伊甸基金會承包委員會的「電話服務中心」，透過身心障礙者接線的方式過濾一些電話再予以轉接。

4. 庇護產銷的經營模式

非營利組織設立庇護工場或發展庇護性代工，透過建立庇護性產業，生產相關福利產品，促進政府、企業產業合作，提供就業安置，並與職訓機制結合，甚至利用社會福利機構社區化與在地化的特性，結合已有的服務特性乃發展出具地方特質的產業活動。例如喜憨兒基金會的喜憨兒烘焙屋、伊甸基金會各類庇護工場、陽光基金會洗車中心等。

(二)社會事業活動的實際手法

國內學者陳金貴曾經以適當的商業化手段，獲取合理利潤作為考量，列舉出臺灣社會事業化之非營利組織所可能從事的各種社會事業活動（陳金貴，2002: 44-45；蕭盈潔，2002: 25-26；黃毓婷，2006: 23；陳定銘，2007: 431-432）：

1. 向受益人收費

非營利組織可以舉辦活動、接受諮詢、出借場地或停車位、支援特定的對象，藉以收取合理的費用。

2. 販賣商品

非營利組織可以透過販賣部，以直接販賣本身產品，或代理相關產品，透過販賣部、郵購或電子商務的方式處理。

3.庇護工場

庇護工場不只是過渡式的就業訓練場所，也可以對外營業，賺取費用。例如陽光基金會的洗車中心及設在捷運車站的庇護商店，或是喜憨兒基金會的烘焙屋及餐廳。

4.以資源回收的方式賺取費用

例如環保型團體可將資源回收的物品加以整理，轉賣給相關組織，最著名應是慈濟所積極推動的資源回收再利用，環保志工將紙張分類回收，並將回收的錢捐獻成為愛心基金，落實「垃圾變黃金、黃金變愛心」的理念。

5.向第三者收費

非營利組織透過政府提供的經費，服務社會大眾，或協助企業辦理醫療、托兒、進修教育等事項，向企業收取費用。

6.直接經營事業

非營利組織可投資餐飲業或清潔公司等，在僱用弱勢族群為員工的前提下，經營各種事業。

7.運用組織的聲譽收取贈款

這是採用善因行銷❺的作法，藉由非營利組織與企業合作，幫其背書，收取廣告費或回饋金。

8.辦理與任務相關的各種方案

針對組織本身的專長與特性，辦理相關方案，賺取費用。例如張老師基金會舉辦成長團體、女青年會辦理禮儀研習班。

---

❺ 善因行銷是直接將企業的產品或服務與特定的慈善機構相結合，每當消費者購買其產品或使用其服務時，企業便從收入中贈予一部分給該慈善機構。

綜上所述，非營利組織推動事業化的類型相當多樣，包括商品的販賣以及善因行銷的方式等，目的皆是希望透過這些方式來對外獲取資源，以謀求組織的長期運作與發展。然而更重要的是，非營利組織社會事業化不僅可以幫助解決組織本身資源的短缺問題，透過像是庇護工場、直接經營事業等方式，輔導案主培養一技之長，使其擁有自力更生的生活能力，一方面為重新踏入社會人群作準備，另一方面，社會也能更了解這些案主的努力而接納他們，對於整體社會的發展應有正面之影響。

第四節　非營利組織社會事業化的影響與展望

近來有愈來愈多的非營利組織開始向企業部門學習經營管理方式，以爭取額外的收入，部分非營利組織開始事業化，取代以往完全依賴私人捐款與政府補助，例如陽光洗車中心、喜憨兒烘焙屋、主婦聯盟的教育訓練等，透過非營利組織自身的事業化來獲取資源，以解決非營利組織財政困窘的狀況，對非營利組織的發展而言應有其一定程度之助益。但相對來說，任何的管理營運方式都可能有其限制，尤其是對非營利組織來說，從事營利事業的結果是否會導致社會大眾對於非營利組織標榜「不營利」的混淆，甚至直接影響對組織使命的認同以及捐贈的熱情。因此，在本章最後，將從非營利組織社會事業化所產生之正面影響與可能衍生之問題來進行討論，並探索非營利組織社會事業化之未來（蕭盈潔，2002: 26–27；洪久雅，2004: 92–95；黃毓婷，2006: 20–21）。

一、非營利組織社會事業化的正面影響

非營利組織社會事業化的具體成果主要表現在非營利組織本身的營運管理與提升社會公益上，分述如下：

(一)提高非營利組織財務的穩定性

受到政府預算緊縮的影響，目前各國政府正有計畫性地縮減對非營利組織的補助，而在私人捐助方面的成長幅度也彌補不上這部分的缺口，

特別是受到經濟不景氣的影響,私人捐款幅度更是大幅縮小。因此非營利組織勢必須要發展新的資金來源,從事社會事業活動就是方式之一。透過社會事業化的活動,非營利組織所獲得的收益,將提供組織一個新的資金募集管道,使得外在環境的變動不致過度影響非營利組織的營運,如此非營利組織才能追求更多社會使命的達成。

(二)改善非營利組織的服務品質

非營利組織的社會事業化意味著非營利組織必須借用商業的概念與技巧,利用市場力量以滿足日益迫切的社會需求,而市場的競爭力量將使得非營利組織的運作更有效率及更能回應需求。

另外,非營利組織在社會事業化成功之後,通常會回過頭檢視組織本身的運作,期望更有效率地經營組織,進而發現非營利組織在行銷、募款等管理、會計與資訊系統上更需要強化其專業性,藉以提高品質管理的精密度,同時有助於組織的長遠發展。

(三)提供弱勢團體工作機會

遊民、殘疾或其他長期失業者等弱勢團體在傳統勞動市場中,因容易受到排斥而無法獲得公平適當的工作機會,或是因為傷害、災變而長期遠離勞動市場,對於再就業心生恐懼。因此,非營利組織所成立的社會事業不僅能提供這些長期受助者適應勞動市場的機會,同時非營利組織也透過對嚴重或多重障礙者的訓練與僱用,促使就業市場能提供適合此類障礙者的長期工作,對於弱勢族群的個人成長與整體社會公益的促進皆有很大的幫助。

(四)促進非營利組織的專業化

為了因應社會事業化的推行,非營利組織內的營運管理會變得更為專業複雜,分工也會更精細,因此必須透過專業人才來負責相關業務的規劃與執行,才能使組織的社會事業化得以順利進行。因此,非營利組織社會事業化的結果將有助於組織對於專業人才的培養與重視,進而促

進非營利組織的專業化管理。

二、非營利組織社會事業化的潛在課題

在現今多元競爭的社會中，以公共利益為使命的非營利組織難以完全仰賴政府部門的補助與大眾的捐款來維持組織生存，因而非營利組織社會事業化等策略化經營方式應運而生。然而，非營利組織社會事業化除了為組織帶來更穩定的收入與改善服務品質等正面影響之外，由於其從事營利性的行為，也因而產生些許爭議。但如前所述，非營利組織社會事業化的推動與研究在臺灣仍屬於較新的研究領域，相關論述與可供參考資料略少，所以在此段落中，針對非營利組織社會事業化所潛藏之可能問題，參考現有之研究❻，整理分述如下：

㈠組織使命遭受質疑

非營利組織在考慮事業化與否時，最先面臨的是組織使命是否會遭受質疑的問題。因為一般人在區分企業組織與非營利組織的不同時，一個很重要的判斷標準就是組織的「使命」(Wolf, 1990: 27)。非營利組織的使命不但賦予組織存在的意義，對組織內部而言更是價值體系與凝聚力的來源；對組織外部來說，亦可作為大眾認識非營利組織的基礎與責信的來源。因此，使命的內容實為攸關非營利組織發展成敗之重要關鍵。

一旦非營利組織從事社會事業化活動之後，組織必須更改原先的經營管理模式，甚至為了維持事業部門的存續，不得不仿效企業，將「市場」列為第一優先順序，計算成本效益，以設法降低損失並尋求新的收入來源。但如是的作法可能有違非營利組織不以追求利潤為目的之使命，造成社會大眾、政府機關甚至是非營利組織本身都會產生質疑，思考類似的社會事業是否會背離組織最初的使命與宗旨，進而造成非營利組織經營的危機。因為對非營利組織而言，倘若使命模糊甚至與創設初期之目標不相干或違背，不僅董事會、社會大眾、主管機關等很難判別非營利組織所從事的活動是否合乎公益與原始目標，也容易讓人懷疑其免稅

---

❻　此部分主要參考黃毓婷，2006: 33–34。

地位的正當性。另一方面，對內部員工而言，定位不明的使命也會使員工無所適從，降低對組織的認同感。所以，非營利組織在考量是否從事社會事業化活動時，應將事業內容與組織使命進行整合性評估，並與內部人員進行充分溝通，以減少上述情形的發生。

(二)組織文化落差

非營利組織在從事社會事業活動後，若是組織內部員工缺乏事業經營、商務專業等知識，必定需延攬了解、執行新任務的員工，例如洗衣坊需聘任整燙師、洗車中心則僱用具汽車修理背景的人才。然組織一旦聘用這些新員工，就必須處理非營利組織與企業文化差異所造成的衝擊。此種衝擊可能導因於慈善部門的員工對事業經營理念尚屬陌生，對事業部門商務經營的作法與提案無法接受，或事業部門的員工無法適應組織內部的運作需經無數的會議討論，以及簽呈、公文等繁複的行政程序。甚至組織在進行事業化之後，事業部門的組織文化因需考量成本效益，其組織文化勢必會與原本非營利組織的組織文化有所差異。因此，如欲使非營利組織在進行事業化後，內部還能維持和諧的運作，則非營利組織的管理者先要找出此種文化落差可能產生的衝突，同時推動內部教育與溝通，把衝突的負面影響減到最低。

(三)不公平的競爭

非營利組織的社會事業化是透過營利的商業行為以獲取資源，就市場競爭角度而言，非營利組織侵入原屬企業的領域，加強兩部門間的競爭關係。而企業部門對於非營利組織侵入原有市場所造成的競爭，也發出不平之鳴，認為其與非營利組織的競爭是一種「不公平的競爭」。所謂「不公平的競爭」乃是企業組織一般認為，非營利組織享有多重的競爭優勢，包括免稅地位、志工的參與，以及社會大眾對非營利組織的認同與利他的心態等，在同樣商品或服務供給的選擇上，基於「助人最樂」的心理，民眾多會以非營利組織為優先考量，故產生「不公平」。

但事實上，非營利組織的社會事業活動也遭受諸多限制，造成其與

企業組織競爭上的劣勢。例如非營利組織財力不足，而經營社會事業需投入大量資金，或購買新的設備、聘請專業人力等，但非營利組織受限於經費，無法做上述投資，也影響事業化的成果。以目前臺灣非營利組織的社會事業化情況來看，幾乎大部分從事事業化的組織皆面臨收支無法平衡的窘境，產生社會事業活動之財源反需仰賴組織的募款與政府補助，有違當時推動事業化的原始初衷。

如探究其原因發現，由於身心障礙者等弱勢族群因先天或後天的能力限制，其產能與工作量無法達到一般職場員工的標準，造成生產力不足的情形。此外，非營利組織在社會事業活動上需聘僱多名具社工背景的職場輔導員，指導其他成員如何與身心障礙者相處並帶領其從事工作，同時也需增聘擁有職場技能的技術輔導員，進而增加營運成本的負擔。另一方面，即使非營利組織事業部門所僱用的是身心障礙學員，但無論是這些學員或是上述的輔導員等相關員工的僱用，皆需依照勞資法規定給薪或發給獎金，而這部分的經費是政府不給予補助的。經由上述的分析發現可知，非營利組織即使有企業部門所認為的「優勢」，但因組織本身特質的影響，例如低生產力和較高的人事支援，反而造成社會事業活動的市場競爭弱勢，無法和民間企業進行「公平的競爭」。

三、非營利組織社會事業化的未來展望

非營利組織為了本身的自給自足而加重對社會事業化行為的依賴，但實際上，非營利組織的營利行為不僅衝擊到原有市場的競爭，亦使其本身不營利的特質與角色遭到質疑，進而引發爭議。在本節最後，乃對於非營利組織社會事業化之未來發展進行討論，期望能提供非營利組織今後在考量是否從事社會事業化時之參考。

(一)學習企業經營管理方式

非營利組織社會事業活動的開辦，必須要向外部延攬專業團隊，社會事業活動也應大量注入企業經營手法，例如市場分析、尋找產品上游的供應商與下游的經銷商，或是社會事業活動生產物品之銷售管道、擬

定行銷策略、制定生產目標與執行率等，這些都是非營利組織在開辦社會事業活動之前所必須認知並確切掌握的（黃毓婷，2006: 112-113）。此外，非營利組織在從事事業化後，還需設立停損點，並定期評估事業整體的經營成效，以避免長期的虧損影響組織的發展。由此可知，倘若非營利組織未能徹底了解企業的運作方式，組織成員不習慣也不熟悉企業的管理，即貿然從事社會事業活動，不但最後恐無法達成從事社會事業化的目標，反而造成組織營運上的負擔。

(二)確認組織的使命與發展定位

大部分非營利組織剛開始從事社會事業活動時都憑著一股熱情，卻缺乏審慎與長遠的規劃。然實證研究卻證實，非營利組織因社會事業化而影響組織的使命與目標，關心的焦點逐漸偏重於財務收入的多寡，卻疏忽組織原本的使命及社會倡導精神。因此非營利組織在從事社會事業化之前，應審慎評估並思考組織的長期發展，進而檢視組織使命、釐清組織資源以及庇護就業者的能力與產量、是否能獲得組織成員認同等，以避免日後發生組織使命與社會事業相衝突的情形。

(三)借助外部企業、社區的力量

近年來，企業往往以「企業慈善」來善盡社會責任。儘管企業與非營利組織合作的動機可能源自於企業形象的改善、獲取知名度、減免稅等，但企業積極參與公益活動的現象，應是非營利組織社會事業活動的一項重要資源。特別是企業能透過通路的提供、專業或服務資源的釋放、專案外包以及實際提供就業安置等模式，協助非營利組織社會事業活動的運作，這對普遍缺乏事業專業技術與財力短缺的非營利組織來說，應能達到非營利組織與企業雙贏的結果。另外，社區應也是非營利組織發展社會事業活動不可或缺的力量。因為非營利組織的社會事業活動如能獲得社區居民的認同、凝聚社區利害與共的社區意識，則社會事業活動在向外擴展時也會較為順利。例如非營利組織的社會事業活動可與社區內的教堂、醫院及加油站等結盟，共同提升地方產業的發展（黃毓婷，

2006: 112–113）。

第五節　結　語

　　非營利組織的社會事業活動主要目的在於有效運用商業化的力量，來達成社會使命，為社會謀福祉，同時也作為解決非營利組織長期以來資源不穩定的新嘗試。事實上，非營利組織與企業部門之間有許多本質上的差異，但在非營利組織推動社會事業化後，兩者之間的界線愈來愈模糊，是故，倘若非營利組織在此過程中缺乏審慎的評估，並未能與組織相關成員進行充分溝通討論，則可能導致組織內外部關係人對組織使命產生質疑，降低對組織的認同感。另一方面，若非營利組織未能充分考量社會事業所帶來的產能，與可能增加的行政成本與管理問題，也可能使組織在投入大量心力經營社會事業後，卻造成組織財務問題不但未能好轉反而日益惡化的困境。因此，非營利組織在推動社會事業化時，除了靈活運用多項商業經營手法外，還須考量組織本身的功能與條件，同時繼續著重在社會使命相關的表現上。畢竟商業運作不會也不該取代非營利組織的慈善事業地位，很多值得追求的社會目標，光靠市場法則是行不通的，而這也正是非營利組織存在的最重要價值。

Tea Time

喜憨兒烘焙屋與陽光庇護職場❼

個案一：喜憨兒烘焙屋

　　財團法人喜憨兒文教基金會是由智障者家長團體——高雄市智障者福利促進會發起，以心智障礙者的終身照顧、終身教育

---

❼　喜憨兒社會福利基金會網站（http://www.c-are-us.org.tw/about/event；檢閱日期：2014/2/18）；陽光社會福利基金會網站（http://www.sunshine.org.tw/about/track.asp；檢閱日期：2014/2/18）。

為宗旨。1995 年 6 月 8 日成立董事會，6 月 29 日向高雄市政府
教育局立案通過，7 月 17 日在地方法院完成法人登記。從此展開
照顧心智障礙者長久、艱鉅的工作。

1996 年喜憨兒基金會參觀日本的相關機構後決定開設烘焙
屋，為喜憨兒工作訓練，並於 1997 年 3 月在高雄成立第一家喜
憨兒烘焙屋（大順店）。1998 年，在花旗銀行和華視的贊助下，
臺北喜憨兒烘焙屋統領店成立。接著，1999 年又分別成立高雄喜
憨兒烘焙屋和麵包餐坊，以及臺北的喜憨兒烘焙餐廳。喜憨兒烘
焙屋除了販售麵包、蛋糕外，近年來還積極開發出喜憨兒伴手禮、
彌月禮盒與喜餅，以及節慶蛋糕（如薑餅屋、薑餅樹）等，希望
能藉此使喜憨兒可以學習靠著自己的力量，學得一技之長並從工
作中獲得成長。

每個孩子都是父母心中最美麗的天使，即使有所缺陷，也不
影響他身上莊嚴的光彩，喜憨兒心智上的障礙只是他們生命裡的
部分殘缺，惟這些障礙是可透過你我溫情來化解的，若能進一步
觸動激發並引導他們發揮潛能，這些喜憨兒也許就像一塊待開發
啟蒙的區域，期待用勤勞的雙手編織自己的夢想，而這正是喜憨
兒烘焙屋成立的宗旨，此不但實現了喜憨兒的就業夢想，也減輕
了家庭負擔，更使喜憨兒走出社區，成為社區居民的好鄰居。

個案二：陽光庇護職場

1981 年，李文女士透過電臺廣播節目，娓娓細訴著《怕見陽
光的人》一書，那是作者曉亞小姐的吶喊，一篇篇熱愛生命的謳
歌，在跌倒、痛挫、爬起的歷程中，是一頁頁悲酸的淚水；這赤
裸裸告白，意外地引起社會廣大迴響，更讓人揪心鼻酸的是，角
落裡怕見陽光的人，竟也不少；而每一位朋友背負的人生，又怎
堪再度被踐踏。曉亞小姐說：如果社會把這群人看成正常人，那
麼請給他們公平的機會，讓他們能夠發揮殘而不廢的精神勇敢活
下去；如果把他們看成殘障者，那麼請給他們同樣多的禮遇，讓

他們在恩惠中安靜地度完餘生。

於是在各界響應、呼籲與支持之下，1981 年 12 月 18 日國際殘障年尾聲之際，臺北基督教勵友中心及一群熱心公益人士結合十個社會服務團體共同發起成立陽光社會福利基金會（以下簡稱「陽光基金會」），希望藉由社會關懷的力量和專業服務，協助顏面損傷及燒傷朋友，走過傷後艱辛且漫長的重建路程。「陽光」之名也是由曉亞小姐《怕見陽光的人》一書而來。

陽光基金會的服務對象是顏面損傷及燒傷者，主要包括唇顎裂、顱顏畸形、腫瘤病變、皮膚病變與嚴重的顏面受傷者。為了協助顏面損傷及燒傷的朋友可以重新走入人群，學習靠著自己的力量在這個社會中生存，1992 年，陽光基金會設立陽光庇護職場，第一個陽光洗車中心和平站成立。雖然有許多人擔憂完全沒有經驗卻投入大量人力及資源的陽光洗車中心會撐不下去，但長遠來看，為了積極開創身心障礙者的就業新機，這項大膽的嘗試是需要且值得的。正如洗車中心輔導董事方慶榮所言：「陽光庇護職場的理念和實踐原則，除了專業的職業訓練、輔導和工作調適外，更重要的是將它放置在競爭市場上，工作人員從中得到輔導、合理薪酬及工作尊嚴」。也因此，陽光基金會陸續在 1996 年設立捷運販賣店南京站、1999 年成立洗車中心北新站、2000 年設立捷運販賣店古亭站，每年不但可提供近百位身心障礙朋友及傷友工作機會，還可藉由庇護職場培養顏面損傷及燒傷者對於自身工作能力之信心，並加強傷友與社會之互動。

參考文獻

一、中文書籍

江明修審訂，Burton A. Weisbrod 著，2003，《非營利產業》，臺北：智勝。

官有垣，2008，〈臺灣社會企業組織的經營管理：以陽光社會福利為例〉，收錄於《多元就業開發方案——民間團體發展成為社會企業論述精選集》，臺北：行政院勞工委員會職業訓練局中彰投區就業服務中心，頁 109–142。

陳定銘，2007，《非營利組織、政府與社會企業》，臺北：智勝。

陳金貴，2001，〈志工的發展未來〉，收錄於《2001 志工臺灣研討會》，臺北：亞太公共事務論壇。

陳金貴，2002，《非營利組織的產業發展》，非營利組織夏季論壇，臺灣公益資訊中心。

黃榮墩，2001，〈建立社會經濟，推動社會福利產業化〉，收錄於《NPO 航向 e 世紀研習營——福利事業產業工作坊會議手冊》，臺北：行政院青年輔導委員會。

鄭勝分，2008a，〈社會企業之責信〉，收錄於江明修編著，《第三部門與政府：跨部門治理》，頁 101–119。

二、中文期刊

洪久雅，2004，〈產業化對非營利組織之影響：以我國社福類基金會為例〉，《研考雙月刊》，第 2 期，頁 88–99。

呂朝賢，2008，〈社會企業與創新精神：意義與評論〉，《國立政治大學社會學報》，第 39 期，頁 81–117。

吳明珠、鄭勝分，2012，〈庇護工場轉型社會企業之研究〉，《身心障礙研究》，第 10 卷第 2 期，頁 148–162。

陳金貴，2002，〈非營利組織社會企業化經營探討〉，《新世紀智庫論壇》，第 19 期，頁 39–51。

黃坤祥、游皓偉、黃瓊芬，2005，〈庇護工場與身心障礙者就業開發之探討——

高雄縣「一家工場」之實證分析〉,《社區發展季刊》,第 110 期,頁 450–466。

鄭勝分,2008b,〈社會企業:市場、公共政策與公民社會的交叉點〉,《公共行政學報》, 第 27 期, 頁 199–206。

三、英文書籍

Ott, J. S. 2001. *The Nature of Nonprofit Sector, Boulder.* Colorado: Westview Press.

Salamon, L. M. & Associates. 1999. *Global Civil Society: Dimensions of the Nonprofit Sector, Boulder.* Maryland: The Johns Hopkins Center for Civil Society Studies.

Skloot, Edward. 1987. "Enterprise and Commerce in Nonprofit Organizations," in *The Nonprofit Sector: A Research Handbook*, ed. Walter W. Powell. New Haven: Yale University Press.

Weisbrod, Burton. A. 1998. *The Nonprofit Economy.* New York: Harvard University Press.

Wolf, Thomas. 1990. *Managing a Nonprofit Organization.* New York: Simon & Schuster.

四、碩博士論文

許竣傑,2003,《非營利組織產業化——社會企業機制綜合架構規劃之研究》, 南華大學非營利事業管理研究所碩士論文。

黃毓婷, 2006,《非營利組織社會事業化之探討——以社福類非營利組織為例》,東海大學公共行政學系研究所碩士論文。

蕭盈潔,2002,《非營利組織事業化——以社會福利機構為例》,國立臺北大學社會工作研究所碩士論文。

五、網路資料

J. Gregory Dees. 1998. "The Meaning of Social Entrepreneur" (http://www.caseat-duke.org/documents/dees_sedef.pdf; 檢閱日期: 2014/2/18)。

心路社會福利基金會網站（http://web.syinlu.org.tw；檢閱日期：2014/2/18）。

伊甸基金會網站（http://www.eden.org.tw/index.php；檢閱日期：2014/2/18）。

陽光社會福利基金會網站（http://www.sunshine.org.tw/about/track.asp；檢閱日期：2014/2/18）。

逢甲大學網站（http://www.fcu.edu.tw/wSite/mp?mp=1；檢閱日期：2014/2/18）。

喜憨兒社會福利基金會網站（http://www.c-are-us.org.tw/about/event；檢閱日期：2014/2/18）。

第四篇

非營利組織的多樣性

第十一章　教育型非營利組織

導言

　　教育為國家百年大計,也是國家的根本與希望,不僅對社會經濟文化的發展有深遠的影響,也是提高國民素質、加速社會進步的基本力量(鍾德馨,2004:43)。不僅如此,教育也是天下父母與成人所關心的議題,但卻往往是最難令人滿意的活動與

■圖 11-1　教育為國家百年大計。

事業(林生傳,2004:2)。由此可知,教育問題一直是許多人特別關注的焦點議題,過去臺灣教育幾乎都由政府一手掌控,舉凡教育制度的規範、教育政策的制定、教科書出版,甚至師資培育都由師範體系所負擔,所以政府在教育議題上是扮演獨占的角色。

　　臺灣自從 1968 年推行九年國民教育以來,基礎教育可以說是相當普及。但隨著整體環境的改變,教育政策與學校教育方式勢必需要重新加以檢討與調整,因而出現改革的聲浪。加上近年來教育政策反覆不定,教育問題層出不窮,表面上整體國民的教育水準有顯著提高,但實際上其背後所隱含的相關問題,例如高學歷高失業率、技職人才明顯不足、城鄉學生素質差異擴大等,引發對教育議題有興趣的社會人士之關心與討論。也因而當部分民眾等不到政府善意或立即性的回應時,乃組成團體,用以拓展本身的教育理念與倡導改革之議題,並舉辦各項與教育相關的活動,除了希望能提供政府施政參考,並早日提出相關的解決方案外,也用以喚起社會大眾對教育議題的重視。

　　基於此,本章乃以教育型非營利組織為主軸來進行相關的說明

與分析。整體而言，本章從五個部分來論述：首先，介紹教育型非營利組織的事業特質，其中包含此類非營利組織的種類、登記的門檻、活動範圍以及組織的角色功能；其次，說明教育型非營利組織的發展歷程；第三部分在探討教育型非營利組織參與公共政策的方式；第四部分則在了解目前教育型非營利組織的發展困境；最後總結上述以作為結論。

第一節　教育型非營利組織的事業特質

一、教育型非營利組織的種類

由於我國目前尚未制定專屬非營利組織之法規命令，因此，法規中沒有特別針對教育型非營利組織或基金會作詳細的定義與規範，有關這類型非營利組織的概念散見於《民法》以及《人民團體法》的規範之中。茲分述如下：

(一)民　法

根據《民法》第一編「總則」有關法人的規定，依其設立的基礎可以區分成社團法人以及財團法人兩類，以下分別就其成立基礎、種類、成立門檻說明之。

1.成立基礎

所謂「社團法人」是由「人」所組成的組織體，必須有一定人數的集合始能組成社團法人，組織的行為必須經由理監事開會決議，社員可以透過社員大會參與團體決策，並對組織進行監督。而「財團法人」則是由「財產」所組成，其成立的基礎必須有一筆可供特定目的使用的財產，而組織並無社員，因此必須另外設立管理人，依捐助之目的妥善管理、使用財產，以維護多數不特定人的權益（馮燕，2000b: 77）。

2.種　類

社團法人當中又可細分成三種：(1)營利法人：以營利為組織主要之目的，並將所得利益分配給組織成員，例如企業、公司；(2)中間法人：不以營利為組織目的，但特別重視組織成員的共同利益，主要的服務對象為組織中的成員，因此亦有人稱之為互益性財團法人或者自利性財團法人，例如同鄉會、聯誼會；(3)公益法人：主要以追求公共利益為組織的關注焦點，其服務對象為大多數之民眾，例如協會、學會等（馮燕，2000: 77-80）。

財團法人屬於公益性法人，「基金會」是一般對財團法人的代稱，喜瑪拉雅研究發展基金會所出版之《台灣300家主要基金會名錄》，將基金會大致分成文化教育、文化藝術、社會慈善、醫療衛生、環境保護、經濟發展、其他等七類❶。而本章所要探討之教育型非營利組織則屬於社團法人中第三類之公益法人以及財團法人中的文化教育類。

3.成立門檻

社團法人的主管機關為內政部，設立及管理法令為《人民團體法》。根據該法第8條規定：「人民團體之組織，應由發起人檢具申請書、章程草案及發起人名冊，向主管機關申請許可。前項發起人須年滿20歲，並應有30人以上……」。由此可知，以「人」為成立基礎之社團法人其設立門檻必須有30人以上之社員始得成立。

財團法人的許可及業務監督權限屬於各財團目的事業行政機關，設立與管理的法令以各主管機關所制定之規章為準。例如教育類財團法人的主管機關為教育部，管理監督之規章為《教育部審查教育事務財團法人設立許可及監督要點》。由於非營利組織享有免稅之權利，為了避免少數為了避稅之團體假非營利之名成立基金會，卻行逃避納稅義務之實，根據《教育部審查教育事務財團法人設立許可及監督要點》第3條規定：

❶　喜瑪拉雅研究發展基金會網站（http://www.himalaya.org.tw/index.asp；檢閱日期：2014/2/19）。

「本部審查教育法人之申請設立時，應審酌其捐助財產是否足以達成設立目的及業務宗旨，其設立基金之現金總額並不得少於新臺幣 3,000 萬元」。由此可知，以財產為成立基礎的教育文化財團法人，必須有 3,000 萬元以上的資本額始得設立。

財團法人在臺灣非營利組織中具有重要的意義。根據調查，美國之非營利組織類型分布，有 90% 以上屬於公共慈善組織，只有少數 5% 屬於基金會；反觀臺灣，財團法人可以說是臺灣非營利組織的主體（江明修、陳定銘，1999: 224），而在眾多財團法人團體中又以文教基金會之數量為眾。但仔細觀察基金會之運作內容發現，其從事的服務卻與文化教育之範疇有所偏離。主要原因在於早期有關基金會設立標準不一，以及登記主管機關較無明確與統一的規定所致。例如內政部管轄之福利或社會工作基金會，其設立資本額規定為 3,000 萬元；而由教育部所管轄之文教類基金會，其設立門檻則為 1,000 萬元，以致許多基金會為了達到設立門檻所需的資本規定，紛紛登記為文教基金會，然實際上所提供之服務並非與教育事務相關，形成我國文教基金會數量眾多的情況。但這種情形目前已經因修法提高文教類非營利組織最低設立門檻至 3,000 萬元而獲致改善。

(二)人民團體法

在我國，有關非營利組織的分類，除了《民法》中有提到外，還可以參考《人民團體法》之規定。有一些根據《人民團體法》所設立的組織，因為沒有向法院登記成為法人，僅向主管機關申請許可之組織，事實上也可以納入非營利組織的範圍（馮燕，2000b: 80）。

1.種　類

《人民團體法》第 4 條將人民團體分成職業團體（如工會、商會）、社會團體（如協會、同鄉會）以及政治團體（如政黨）三種類型。其中社會團體係以推展文化、學術、醫療、衛生、宗教、慈善、體育、聯誼、社會服務或其他以公益為目的，由個人或團體組成之團體，雖較符合非

營利組織不以營利為目的之構成要件，但因組織本身多只服務組織成員，是否為非營利組織，仍受到爭議。

2.成立門檻

以 2013 年全國人民團體為例，按團體分類，以社會團體 4 萬 2,436 個占 79.1% 最多，職業團體 1 萬 898 個占 20.33% 次之，政治團體（含政黨）291 個占 0.54% 居第三。其中社會團體部分，以社會服務及慈善團體 1 萬 3,329 個最多，學術文化團體 7,409 個次之，體育團體 5,157 個居第三，其餘經濟業務團體 5,101 個，國際團體 2,627 個，宗教團體 2,437 個，醫療衛生團體 1,356 個，宗親會、同鄉會、同學校友會、環保團體及其他等 5,020 個；與 2012 年比較，以社會服務及慈善團體增加 699 個最多，學術文化團體增加 417 個居次❷。

總結上述得知，目前我國有關教育型非營利組織大致可分為三種，分別是登記為財團法人之文教基金會、登記為社團法人之教育文化團體，以及未登記為法人之一般教育相關團體。在本章中所指稱之教育型非營利組織乃是指這三種類型之組織。

二、教育型非營利組織的活動範圍與角色功能

㈠活動範圍

教育本身牽涉的範圍極為廣泛，舉凡教育政策、教育制度、教育環境，以及因為政策、制度所衍生的各種議題都屬於教育的範疇。此外，還有以學校學生為主體之學校教育，以及以廣大的社會大眾為主體之社會教育等，也都涵蓋在教育範疇之內。由此可知，與教育相關的事務本身之範圍多元且複雜，以教育類或文教類為名而設立的組織，其所從事之活動範圍更是難以明確的界定。為了具體探討教育型非營利組織的活動範圍及其角色功能，並作為後續討論之基礎，在本章中將教育型非營

❷ 內政部統計處網站（http://sowf.moi.gov.tw/stat/week/list.htm；檢閱日期：2014/6/23）。

利組織限定在以教育制度與政策為關注焦點，並積極涉入公共政策過程之倡議型組織。

(二)角色功能

如前所述，有關教育型非營利組織之活動範圍極為廣泛，且近年來愈來愈多的非營利組織將本身所關心的議題拓展至更廣泛的公共問題與政策上，因此，其所扮演之角色功能也日趨多元化。國內學者蕭新煌(1991) 曾經將民間組織的社會角色分成積極的角色與消極的角色，前者如提醒、諮詢、監督，而後者包括制衡、挑戰與批判。此外，另一位學者馮燕更將非營利組織的社會角色歸納成目的角色、手段角色與功能發揮角色等三類。由於該項分類相當淺顯易懂，在此援引其分類法，茲說明如下：

1.目的角色

在目的角色中又可細分成七種不同的角色，分別為濟世功業、公眾教育、服務提供、開拓與創新、改革與倡導、價值維護以及整合與激勵。所謂「濟世功業」所指稱的如一般慈善團體或宗教團體所從事的服務，一方面濟世以利他，一方面功業以利己；「公眾教育」則是對一般社會大眾進行的教育，包含各種價值的倡議或知識的傳達；「服務提供」是一般非營利組織最基本的角色功能，其服務包含有形的（如福利的提供）與無形的服務（如法律諮詢服務）；「開拓與創新」包括服務對象、服務方式、服務觀念的開拓與創新；「改革與倡導」指議題或價值觀的灌輸與倡導；「價值維護」則是指創新價值以及舊價值的維護；至於「整合與激勵」是由於目前非營利組織的數量愈來愈多，而且推動的事務日趨複雜，為了避免資源的重複與浪費，開始著重資源、人力或者組織的整合，例如**中華社會福利聯合勸募協會**。

2.手段角色

此類較接近蕭新煌的分類，也就是從事提醒、諮詢、監督等積極的

手段與展現制衡、挑戰和批判的消極手段，臺灣多數社會運動型或倡議型的民間團體都扮演這種角色。

3.功能發揮角色

功能發揮角色可以從三個層面觀之：第一「帶動社會變遷」，是指大部分的非營利組織都有帶動社會變遷的本質與影響力；第二「擴大社會參與」，是指臺灣非營利組織最大的一個功能，就是提供多元化的社會參與管道，讓民眾可以實際參與公共事務與關心公共議題；第三乃是最為人所熟知的「服務的供給」。

事實上，上述三種角色功能雖有部分重疊，卻也都有其各自偏重之處，例如目的角色中的服務供給、濟世功業或公眾教育是非營利組織之所以存在最基本的功能，也是早期非營利組織剛成立時較偏重的部分。而手段角色部分則是指非營利組織實際扮演「第三部門」的角色，從旁協助政府並適時給予提醒與監督，成為立法、司法之外另一個監督政府的部門。至於功能發揮角色乃是著重在非營利組織逐漸跳脫過去彌補政府功能不足的角色，開始關注政策參與面向以及發揮對政策之影響力等功能。

由以上所述得知，從非營利組織的角色功能來檢視教育型非營利組織發現，不同於社福型或其他類型的非營利組織大多提供實質或有形的服務，這類型非營利組織大多從事議題倡導，或察覺目前教育相關的問題，教導一般社會大眾正確的資訊與知識以及對教育政策進行檢討與批判，屬於一種理念型的組織，所以這類型組織成立的宗旨多在建構一個完善的教育環境與制度，希望藉由教育制度的改善，發揮對政策的影響力，以落實組織的理想目標，並推動社會的進步與變遷。因此，整體而言，教育型非營利組織在目的角色中的實質服務供給角色功能上稍顯微弱，但是在手段角色以及功能發揮角色功能上則有較多的發揮空間。

第二節 教育型非營利組織的發展歷程

有關教育型非營利組織的發展歷程，與我國政治體制和社會文化變遷有極為密切的關係，因而在本節中首先整理臺灣教育型非營利組織的興起原因；其次分析教育型非營利組織與教育改革的關聯；最後回顧教育型非營利組織參與教育改革的歷程。

一、臺灣教育型非營利組織的興起

我國教育型非營利組織的興起可以追溯到 80 年代。當時除了受到全球經濟蕭條以及福利國家面臨財政困窘壓力等全球性因素的影響外，我國在政治、經濟、社會的變化更是促成教育型非營利組織發展的重要因素。以下分別從政治、經濟與社會文化三個面向來整理影響我國教育型非營利組織發展之因素。

㈠政治因素

戒嚴時期臺灣政治制度處於封閉的狀態，受到整體社會保守風氣以及執政黨長期箝制思想等多重因素的影響，嚴重限制國內非營利組織的發展。直到 70 年代，非營利組織才有較蓬勃的發展，尤其 1987 年解嚴之後，臺灣社會呈現出嶄新的面貌，不論在政治、經濟、社會與文化上都有明顯的轉變。臺灣社會過去嚴密的社會秩序開始鬆動，間接地影響大環境中每個系統的運作，其中不同系統的轉變速度也有所差異，政治系統的變化速度一直超越其他系統，而軍事系統是變化最慢的系統。至於教育的演變速度則是倒數第二慢的系統，相較於政治、經濟、文化、科技等顯著地緩慢許多（丁志仁，2000: 42）。

解嚴之後，社會風氣逐漸解放，國家對於人民結社之權利有諸多的開放，促使愈來愈多的民間團體投入社會福利、醫療衛生、環境保護、教育問題等議題。此外，隨著政治體制的開放，人民有更多的空間表達意見，甚至運用各種管道積極涉入公共問題，也使得社會運動類型之組

織逐漸增加，拓展了非營利組織在公共議題上所扮演的角色功能，許多教育型非營利組織即是在這樣的環境背景中興起。這些組織不僅關心教師、學生的權利，更投入現有教育制度的檢討與改革，80 年代初期一連串的教育改革活動，即是教育型非營利組織逐漸嶄露頭角的重要關鍵與證明。

㈡經濟因素

80 年代以後臺灣經濟起飛，甚至創造了亞洲經濟奇蹟，伴隨著政治體制的解放以及社會多元化的影響，促使人民教育水準的提升。面對過去的壓抑與限制，不少受過高等教育的人士開始思考現有制度設計的用意與利弊，也藉由實際投入公共議題與政策參與，試圖改變制度上的缺失。尤其過去臺灣的教育都由政府所主導，執政當局經常將政黨的意識型態箝入教科書當中，無形中抹煞受教者之基本權利。基於此，許多教育團體開始關注教科書的編寫、教師培育計畫、教師教學權利與學生受教權利、大學教育自主等問題，強調教育改革的必要性與迫切性。

㈢社會文化因素

政治思想的解放與經濟的發展使得社會呈現出多元化的現象。民眾不但因此獲得更多的言論與參與自由，更開始關心周遭所發生的各種社會問題，希望政府單位不僅關心少數弱勢族群，更重要的是如何尊重與兼顧多元價值與意見。關心教育文化的非營利組織於是要求政府應顧及學生差異性的需求，發展適才適性的教育制度，讓每位學生都可以在學習中獲得最大的效果。基於這項理由，教育文化的非營利組織呼籲，教育制度應做一通盤的檢討與改進，因而展開這類型非營利組織與政府之間密切的互動關係。

總結上述可知，影響教育型非營利組織發展的因素包含政治、經濟與社會文化等多樣原由。隨著改革開放所帶來的壓力與種種問題促使教育型非營利組織積極投入國內教育問題的改善，進而掀起 80 年代一連串的教育改革運動。因此，這類型非營利組織的興起與教育改革運動有非

常密切的關連。

二、教育型非營利組織與臺灣教育改革的關聯

　　臺灣教育型非營利組織的興起和發展，可以從民間參與一系列的教育改革中獲得充分的了解。解嚴之後，由於社會面對一連串改革開放所帶來的壓力與種種問題，開始朝向開放、國際化、自由化與多元化發展，愈來愈多人主張多元價值的思維模式，也體認到傳統以知識及升學為導向的學校教育已衍生出諸多問題，而且這樣的學校教育已經無法因應時代的潮流。因此，主張教育改革的聲浪日趨升高，並由許多民間團體著手規劃推動改革，甚至帶動一連串教育改革活動的進行。所以，在 80 年代的教育改革運動中，教育型非營利組織著實扮演重要的角色。在其領導下，教育政策與制度的研擬與改革已非為政府單一的專利，而是成為政府、專家學者、民間團體，甚至是全民所得以關注並參與之共同領域。

三、教育型非營利組織參與教育改革的重要歷程

　　過去臺灣雖也曾經進行教育改革，但大多屬於課程模式的小幅改變。隨著解嚴與民間教改團體的投入，促使教育改革的腳步得以大幅邁進。國內學者吳清山 (1998: 264–266) 將我國教育改革活動歸納為三個階段，在每個階段中，教育型非營利組織都有重要的參與並產生影響。茲分述如下：

㈠萌芽期（1987 至 1988 年）

　　受到許多來自民間對教育制度的不滿與批判之影響，政府被迫於此階段召開已經停辦十八年的第六次全國教育會議。會中針對過去教育制度受到政治體制的限制而顯出僵化的部分，提出整體性的調整與改進之建議。在此階段雖有部分民間團體成立，但所發揮的影響稍嫌微弱，許多改革仍然以政府為主軸。

㈡成長期（1989 至 1993 年）

此階段民間成立之教育團體逐漸增加，不僅對改革發揮影響力，也對教育政策形成一股壓力，直接影響政府的教育政策，因而有非常卓越的成績。例如有一些關心國內大學教育之學者組成大學教育改革促進會，在立法院審議《大學法》修正案過程中，積極遊說立法委員，要求落實大學自主、教授自治及學生自治，開啟了國內民間積極主導教育政策制定的先河，更是促成校園民主化的先鋒（黃榮村，2003: 48）。

㈢熱絡期（1994 年迄今）

1994 年以後是教育改革的熱絡期，無論是政府部門或是民間教育團體都積極投入教育改革運動，教育改革逐漸成為全國性之重要議題。在此階段，由民間教育團體推動的改革事蹟包括 1994 年發起的「四一〇教改運動」，提出落實小班小校、廣設高中大學、推動教育現代化、制定《教育基本法》等四項訴求（黃政傑，2000: 27）。同年《大學法》完成修正公布，《師資培育法》也於此時公布。而為了回應民間對教育改革的期待，教育部於 1994 年召開第七次全國教育會議，並在會議結束後成立教育改革審議委員會，對國內教育體制進行全面的體檢。除此之外，其他如《教師法》的制定公布、開放國小教科書民編、《教育基本法》的公布實施、為了確保教育經費的穩定性而公布《教育經費編列與管理法》，以及多元入學方案實施等都是在這個時期所完成的，顯示民間教育團體在教育改革的過程中確實發揮極為重要之影響力。

第三節　教育型非營利組織參與公共政策過程的方式

早期許多非營利組織多以提供各種服務為組織的目標，例如慈善或社福型非營利組織都以協助弱勢、提供扶助、收容、醫療等服務為主，成為彌補政府服務供給不足的被動角色。但是隨著環境不斷地變遷，愈

來愈多的民間團體體認到除了扮演被動的彌補角色之外，非營利組織應當發揮組織的特質，例如對問題的專業性、對議題的敏銳度、組織彈性等優勢，主動地進入公共政策的參與過程，扮演批判、監督、帶動改革的積極角色，教育型非營利組織亦如此。在了解現有教育制度所引發的各種問題後，以專業的立場對政府部門提出建議，並促使政府更能夠接納民間團體的提案，共同討論教育問題。所以大多數教育型非營利組織的服務型態與運作模式都傾向政策的倡導與遊說，試圖匯集更多人民的想法讓政府部門了解，並實際投入參與相關政策的制定規劃與推動。

我國教育型非營利組織過去在教育政策的制定規劃，甚至是執行過程中都有非常卓越的成績與貢獻。近年來，教育型非營利組織積極投入教育政策的參與活動，對政策的產出有極大之影響力。一般非營利組織參與公共政策的方式種類繁多，會根據議題的需求與變化而採取一種或者多種的參與方式。學者江明修與梅高文 (1999) 將非營利組織參與公共政策過程的方式區分成八種，而教育型非營利組織過去參與相關政策的經驗也多脫離不了這些方式，茲分述如下：

一、政策倡導

非營利組織的傳統功能是以提供收容、救濟、醫療等服務為主，然而面對日趨複雜的社會問題，非營利組織體認到社會層出不窮的問題在於制度上的缺失、社會結構的扭曲以及資源的分配不均。因此，要根絕這些社會問題的產生，除了提供基本的服務之外，更應積極地走向參與公共事務與改造社會環境，而首要的作法就是進行公共政策的倡導（江明修、梅高文，1999: 8）。政策倡導主要在改變一般民眾、專業人士或政府單位對特定議題的態度與想法，藉由宣揚與辯護組織的理念與價值，試圖影響並導引政策的方向與社會變遷。

目前政策倡導為許多非營利組織參與公共事務所經常運用的一種方式。由於非營利組織對特定議題有長期的關注，而多數議題也具有專業性，需藉由非營利組織來宣揚理念以影響民眾根深蒂固的想法。例如人本教育文教基金會以維護人權為組織的核心價值，多年來致力於反體罰

的議題，透過各項研究調查數據提醒父母、教師以及政府相關單位必須重視體罰所帶來的負面影響，並且出版相關刊物，倡導愛的教育與零體罰的理念，目的在扭轉過去將體罰視為鞭策學生向上的錯誤觀點。

二、遊　說

所謂「遊說」(lobbying) 乃是非營利組織介入政策過程，與政府部門的政策決定者溝通，以影響公共政策或議題設定，並說服政策決定者支持並通過非營利組織所關切的法案或政策 (Hopkins, 1992: 104)。遊說雖可以包含在政策倡議當中，但兩者間仍有些微的差異，一般來說政策倡議的對象較廣泛，含括政府、民眾或特定人士；遊說則較偏重在對政府部門的遊說，是介入政策決定過程中發揮對政策決定的影響力，其遊說的對象可以涵蓋立法、行政與司法部門。非營利組織經常藉由「直接遊說」的方式，例如在場監聽、陳情請願、提供資訊互惠交換等，與政府官員或者立法委員進行面對面的意見交換與溝通，試圖說服有關決策者維持或改變相關政策。此外，亦有可能透過「間接遊說」，例如動員民眾打電話、發送電子郵件、舉辦公聽會等各種宣傳活動對相關決策者進行遊說，企圖凝聚民意對政府部門施壓，使其不得不接受非營利組織的主張與意見。

如以此來觀察教育型非營利組織的運作發現，過去教育型非營利組織在遊說上亦有卓越的成果。例如中華民國教育協會為了推動《家長會法》的制定，於 1996 年動員組織成員對省議員進行遊說；人本教育文教基金會反對將《教師懲戒法》納入法規中，認為師生關係不宜用法令去界定，因此向立法部門遊說，這都是教育型非營利組織成功運用遊說方式的案例。

三、訴諸輿論

由於政府必須應付、處理的問題非常繁多，因此，如何在眾多議題中凸顯議題的重要性與迫切性，讓議題在短時間受到廣泛的討論，以喚起社會大眾的關注，同時壓迫政府部門針對議題研擬對策，形塑輿論是

極為重要的策略。因為媒體具有快速傳播的功能，透過電視、廣播、報紙等報導，可以在短時間內吸引眾人關注的目光，進而將問題推進公共議程中，所以非營利組織能否與媒體合作乃成為議題曝光與否的重要關鍵。過去教育型非營利組織較善於舉辦各種公聽會、座談會，甚至遊行等活動，再藉由媒體大量報導的效應，以爭取曝光的機會。

四、涉入競選活動

一般理論主張，非營利組織為了增加在公共政策過程中的影響力，都會支持特定候選人或由組織自行推派人員參與競選活動，主要的目的在讓組織的力量進入決策的核心以發揮影響力。我國非營利組織在競選活動的參與中，少以直接推派代表的方式來影響政策，而多是對平日關心非營利組織所提議題的候選人，予以推薦與支持，候選人對於非營利組織所提議題的關切以及非營利組織對候選人的推薦與支持，乃是一種互惠的互動方式（江明修、梅高文，1999: 9）。

教育型非營利組織亦有採取此種政策影響方式的經驗，例如人本教育文教基金會、臺中縣父母成長協會都曾經推派組織成員參與競選，然而，許多教育型非營利組織卻不主張採取涉入競選活動的影響方式，其考量的原因大致可以整理為二：一是組織成員參選且當選後未必能為組織帶來實質效益。亦即組織推派成員參與的動機大多是為了爭取更多的資源，以及讓組織的理念與主張在決策過程中可以獲得重視與採納。但組織推派成員涉入競選活動所能發揮的實質影響力有限，甚至會影響組織與其他候選人的友好關係，當組織動員成員將選票投給組織所推派的成員，連帶將排擠其他候選人的選票，其他候選人基於選票的考量會選擇與其他非營利組織合作，以獲取支持，因此，參與競選活動並非可以帶來實質的效益。二是文化環境因素的影響。多數國人對政治抱持較悲觀且不信任的態度，認為組織與政治一旦有所關連，多少會使民眾對非營利組織產生質疑，故採取謹慎的態度。

五、自力救濟

自力救濟只是當非營利組織或一般民眾無法藉由正當管道表達意見，或者其意見無法獲取政府的回應與解決，為了迫使政府正視來自民間的意見，並且進一步地提出解決方法時所採取之手段，例如採取較溫和的請願，或是激烈的示威、抗議、遊行等體制外的手段，以宣揚組織的理念與主張（江明修、梅高文，1999: 9）。雖然自力救濟的影響方式多少帶有悲憤與不理性的色彩，但卻是有效獲取政府重視的手段。早期政治體制較封閉，民間的意見經常無法上達，所以經常使用此種激烈手段。近年來，由於政府開放各種管道讓民間團體可以自由表達意見，故手段也趨於溫和，但當民眾覺得自身權益不受重視或被忽略時，仍會採取激烈的抗爭手段。

過去教育型非營利組織往往被拒於政策決策核心之外，在無法採取合法管道發表意見時，也經常運用自力救濟的方式以期影響政府政策，1994 年由許多關心教育之團體所發起的「四一○教改大遊行」即是一個著名的個案。此次的遊行不僅敲響我國教育改革的鐘聲，更使教育議題成為我國重要的社會議題。

六、策略聯盟

一般而言，少有非營利組織可以完全依賴組織自身的力量完成其政策活動目標。為了強化對政策的影響力，許多非營利組織會尋求理念相似的團體共同合作，所謂團結力量大，藉由理念相同的組織共同來推動同一議題，在資源上可以整合，較容易獲得成功。然而，策略聯盟的運用也會帶來一些限制，因為策略聯盟不僅牽涉到組織資源、行動配合、理念與價值的認同之外，在雙方資源有所懸殊時，組織資源較豐富或規模較大者有時不願意讓其他組織免費搭便車。因此，聯盟的組織之間難免產生排拒的心態。

不過，教育型非營利組織卻有藉由結合其他組織的資源共同推動議題，成功運用策略聯盟的經驗；較著名的個案有：1991 年 5 月由**振鐸協**

會、主婦聯盟、教權會及婦協等十個團體組成「救救下一代行動聯盟」；1997 年 7 月中旬，國代修憲凍結《憲法》原本對教科文預算 15% 的下限保障，因此民間團體乃組成「搶救教科文預算連線」，於 9 月 27 日舉行遊行活動，向政府表達民眾要回教科文預算之決心 ❸。

七、合產協力

另一種影響公共政策的途徑為直接參與政策的執行，亦即非營利組織加入公共服務的產出過程，此即公私部門的合產協力（江明修、梅高文，1999: 9）。合產的概念主要是將過去僅接受公共服務的民眾與民間團體納入公共服務產出的行列，從服務的接收者轉變成服務的供給者，由政府與非營利組織共同合作，不僅有利於服務品質的提升，更符合了民主政治的精神。有鑑於臺灣教育所引發的種種問題，人本教育文教基金會於 1989 年成立森林小學，有別於傳統學校教育，更重視學生五育均衡發展，培養學童在娛樂中學習知識，但早期私人興學為法律所不允許，人本教育文教基金會仍致力於森林小學的興辦，此舉可以說是打破舊有法律限制，成為公部門之外另一個教育服務的供給者。如今，私人興學不再像過去受到政府部門相當大的反對與限制，取而代之的是，鼓勵民間參與興辦國民教育，主張提供私立大學公平競爭之條件，甚至主張國民中小學採取公辦民營的方式，由公部門與民間團體共同合作，無形中擴展了教育服務供給的範圍與對象。

八、公民投票

公民投票是近年來民眾或民間團體參與公共事務的新興方式。過去環保團體，甚至是政府單位都曾經發動過公民投票的實際行動，將議題訴諸最基層的民意，由民眾透過投票表示贊同或反對一項提案，例如核四公投。而人本教育文教基金會曾推動一次有關「教師是否課稅」的公投活動，讓民眾表達其對此議題的態度，並將公投之結果提供政府了解基層人民對於教師不課稅不公平的心聲。目前我國有關公民投票的機制

❸　參閱人本教育文教基金會簡介。

尚未成熟，但是無可否認地，為了達到民主政治，未來公民投票的參與將會成為許多民間團體形塑民意、匯集民意的重要機制。

上述八種參與公共政策的方式是各類型非營利組織經常採取並用以影響政策的方式。然而，隨著組織型態的不同以及議題的需要與變化，都會影響組織決定採取何種參與政策的方式。目前政府部門面對來自民間團體之反映與要求，多採取較開放與正面的態度，同時擴大民間參與公共政策過程的各種管道，以廣納民意。所以，目前大部分非營利組織都體認到採取較溫和的參與方式較為適當，不僅可以減少因為抗爭所帶來的社會成本，更可以用理性思考的方式解決相關的問題，而教育型非營利組織對教育政策參與和運作過程即是一例。

第四節　教育型非營利組織的發展困境

教育型非營利組織過去在我國教育議題與政策的改革上曾經扮演極為關鍵的角色，也積極地從事各種相關調查研究，發覺教育問題，並與政府協調思索解決之道。然而研究顯示❹，近年來教育型非營利組織在發展上也面臨一些困境，茲分別說明如下：

一、組織本身存在「身分團體」的問題

如前所述，教育為全國民眾共同關心的重要議題，其涵蓋的內容極為複雜，包括教育制度、教育環境、教師權益、學生權益、課程改革與考試制度等。當初教育型非營利組織的成立可能將組織關注的議題限定在特定的問題上，但教育議題中所牽涉到的利害關係包括教師權益、學生權益以及家長參與教育權利等。因此，教育型非營利組織可能分別代表不同的權益，例如全國教師會除關注教育問題，更積極地爭取、維護教師權益；人本教育文教基金會特別關注學生的受教權；全國家長團體聯盟除了關心學生的權益，更站在家長的立場，主張家長應有的教育參與權利等。由此可知，教育型非營利組織雖然同為關注教育問題，但實

---

❹　詳細內容請參閱松敏麗，2006: 129-132。

際上不同團體之間可能發生立場對立的情況，所以推動一項政策，可能同時牽動不同團體之間所要捍衛的立場，以致於在協調的過程中往往發生意見不合的窘境，必須花費更多的時間妥協與討論。

二、資源無法有效的整合

目前我國教育型非營利組織的規模大小不一，部分組織不僅規模較大，也擁有較多的資源，例如人本教育文教基金會、全國教師會等。也因此，部分具有優勢與豐富資源的組織並非一定要仰賴政府的挹注，加上前述所提到的教育團體本身即代表不同的利益，組織與組織之間多少存在利益相對立的情況。因此，推動教育相關議題與活動時也比較不願意與其他團體合作，不僅容易造成組織各自為政、無法共同為相同議題投注力量，更讓資源無法得到充分的整合，以致形成資源重疊的浪費情形。

三、與政府之間的互動有待加強

前述兩項因素都可能直接或間接影響教育型非營利組織與政府之間的互動關係。換言之，當組織的理念無法適時獲得政府部門的重視與接納，將會產生兩種現象，亦即與政府保持距離，產生不願意進一步互動的冷淡態度；或是採取激烈的反抗，破壞與政府之間的對話空間。前者如人本教育文教基金會發現現有教育體制無法尊重學生的差異性與需求，在尊重學生人權理念的驅動下，該基金會突破重重困難設立了體制外的森林小學，以有別於一般體制內之學校教育，這也算是一種消極抗議現有教育體制的作法；後者如全國教師會近年來為了爭取教師權益，不惜採取激烈的遊行抗議手段。由於全國教師會為目前全國組織成員最多的民間團體，一旦動員教師進行遊行抗議，對政府部門確實會產生不小的壓力，但是採取激烈的抗議行動往往會增加社會成本，並引起許多負面效應。唯有回歸理性的討論與協商才能夠真正解決問題。所以，教育型非營利組織應當與政府維持良好的互動關係，甚至提供更多教育的專業建議與資訊，協助政府部門制定教育政策，而政府部門也可以提供

多樣資源，以共同推動教育之相關改革，達到互惠的理想目標。

第五節　結　語

　　由於教育本身具有複雜性，除了難以在短時間之內獲得改革成效外，更無法掌握改革後所引發的各種問題。因而在這樣一個充滿不確定的環境之下，組織與組織之間或是政府與民間組織之間很難獲得共識。基於此，政府以及教育型非營利組織在推動教育議題或教育改革的活動上，必須具有更多的專業性與周延的思考，畢竟教育所牽涉的不僅是莘莘學子的受教權利，更可能牽動整體社會運作。例如當初推動廣設高中、大學的理想，是為了減緩聯考窄門所帶給學子的壓力，卻未能考量到此一制度的改變之後，所衍生出的高等教育從過去的菁英教育轉變為大眾教育問題，導致畢業等於失業的窘境，以及技職人才嚴重缺乏等相關問題。由此得知，教育本身牽涉的範圍極為廣泛，需要藉由政府與民間團體互相合作，才能共同解決問題。所以政府與教育型非營利組織之間應該維持良好的互動關係，政府部門可以借助民間團體的專業知識以及民間組織的優勢，摒除政府的本位主義，對民間團體參與公共政策過程採取開放的態度；而教育型非營利組織也應該善盡組織的角色功能，不僅協助民眾監督政府，更帶動社會整體的變遷與制度的改革，才能使我國的教育制度能夠更加健全與完善。

Tea Time

財團法人人本教育文教基金會

　　人本教育文教基金會對臺灣教育議題影響至深，要了解我國教育型非營利組織投入教育議題的經驗與過程，人本是一個很好的例子。

　　人本教育文教基金會早期是由一群關心臺灣教育問題的大學教授所組成，並在許多友好團體如主婦聯盟、教師人權促進會、

信誼、吳尊賢、洪建全等基金會的贊助下，籌措足夠的經費，於1988年正式成立人本教育文教基金會。在經由不斷地討論後發現我國教育改革的迫切性，許多教育問題一一地被發掘出來，例如體罰問題、能力編班問題。

從人本教育文教基金會的發展歷程來看，該基金會的運作從過去消極發現問題到如今積極參與尋找問題解決的方式，在公共政策參與過程中實質發揮民間組織的特質與優勢。該基金會投入我國教育議題之活動已有二十餘年的時間，其參與方式大致可以分成下列幾類：

一、政策倡議與媒體策略

過去人本教育文教基金會經常舉辦各種公聽會、研討會與記者會，配合當時所發生的教育問題或事件，將組織的理念透過媒體的渲染與傳播，快速地傳達給更多人以喚起多數人對教育問題的關心。例如針對 1994 年 4 月發生於臺北市蘭雅國中手銬事件❺，召開「校園暴力事件研討會」，引起各界討論，教育部部長為此公開道歉，校園暴力以及反體罰的概念也引起諸多家長的關心。由此可知，議題的倡導輔以媒體工具的運用可以在最短的時間內吸引多數人的關注並獲得支持，並可以成為民間團體監督政府部門作為的有利工具。

除此之外，該基金會藉由成立出版社，出版《人本教育札記》月刊、《人本教育文庫》、《快樂新父母系列》有聲書、《家裡的森林小學》有聲書、《數學想想》期刊等，闡揚組織的教育理念，倡導人本組織「以人為本」的教育觀❻。

---

❺ 1994 年 1 月 15 日一名蘭雅國中學生因遲到、服裝儀容不整與師長發生肢體衝突，最後由生活組組長以及校警將其以手銬銬至欄杆上，後由人本教育文教基金會揭發此事並引起社會各界譁然。

❻ 人本教育文教基金會網站（http://hef.yam.org.tw/index01.htm；檢閱日期：2014/2/19）。

二、遊　說

　　人本教育文教基金會也曾擬定遊說策略與方針，設計各種說帖，例如反體罰、反能力編班等，輔以組織從事的調查研究證據，進行對立法委員以及教育相關單位的遊說活動，透過影響與結合立委，相繼通過了改造教育環境所需的重大法案。例如刪除《教師法》中的體罰條款阻卻體罰合法化、修正《國民教育法》與《私校法》確立私人興學與校園民主化，並使小班制成為政策等，這些都是該基金會在教育議題上成功遊說的案例。

三、策略聯盟

　　我國大部分非營利組織共同的特徵是「小而窮」，組織大多面臨經費缺乏的窘境，在人力、物力各種資源短缺的情況下，也相對削弱組織對於公共政策的影響力，因此，組織之間逐漸展開互動，發展一種策略聯盟的互助關係，其中最著名的就是1994年的「四一〇教改聯盟」，喚起社會大眾對於我國教育改革的問題之重視。

四、社會運動

　　過去人本教育文教基金會也曾採取遊行、示威、抗議等較激烈手段。例如 1994 年的「四一〇教改大遊行」，結合 70 多個民間團體於臺北、高雄同步舉行遊行，此次的行動是臺灣教育史上人數最多、規模最大的社會運動，也是臺灣教育改革具有影響力與成功的案例。

參考文獻

一、中文書籍

江明修、陳定銘，1999，〈我國基金會之問題與健全之道〉，收錄於江明修主編，《第三部門：經營策略與社會參與》，頁 215-267，臺北：智勝。

馮燕，2000a，〈非營利組織之定義、功能與發展〉，收錄於蕭新煌主編，《非營利部門：組織與運作》，頁 2-42，臺北：巨流。

馮燕，2000b，〈非營利組織的法律規範與架構〉，收錄於蕭新煌主編，《非營利部門：組織與運作》，頁 76-107，臺北：巨流。

二、中文期刊

丁志仁，2000，〈臺灣教改的發展始末〉，《研考雙月刊》，第 24 卷第 1 期，頁 42-47。

江明修、梅高文，1999，〈非營利組織與公共政策〉，《社區發展季刊》，第 85 期，頁 6-12。

林生傳，2004，〈臺灣近期教育改革的透視與省思〉，《教育學刊》，第 23 期，頁 1-36。

黃政傑，2000，〈臺灣教育改革的政策方向〉，《教育政策論壇》，第 3 卷第 1 期，頁 26-53。

黃榮村，2003，〈國內教育改革的回顧與前瞻〉，《立法院院聞》，第 31 卷第 4 期，頁 46-67。

鍾德馨，2004，〈我國教育改革政策之價值觀分析〉，《教育文粹》，第 33 期，頁 43-51。

三、英文書籍

Hopkins, Bruce R. 1992. *Charity, Advocacy and the Law*. New York: John Wiley & Sons.

四、網路資料

人本教育文教基金會網站（http://hef.yam.org.tw/index01.htm；檢閱日期：2014/2/19）。

內政部統計處網站（http://sowf.moi.gov.tw/stat/week/list.htm；檢閱日期：2014/6/23）。

喜瑪拉雅研究發展基金會網站（http://www.himalaya.org.tw/index.asp；檢閱日期：2014/2/19）。

第十二章　環保型非營利組織

　　為了追求經濟發展，世界各國無不投入鉅額資本發展各項工業，然而，在經濟至上的觀點下，工業化的結果往往伴隨著環境汙染、水汙染，帶來空氣品質下降、土壤汙染等環保問題。另外，隨著經濟快速成長，每個家庭的消費能力大幅提升，個人、家庭甚至企業每日所製造的垃圾量更是驚人，民眾在貪圖方便的情況下殊不知已在無形中嚴重傷害了賴以生存的地球。

　　過去環境保護的概念極為缺乏，主要之原因在於環保問題具有延遲性，人們對於當時產業的汙染及負面影響尚未察覺，僅關注經濟成長所帶來的所得增加、生活條件改善等正面的影響，極少人真正關心經濟成長所帶來的環境汙染，而政府對於環保問題亦僅是從「衛生」的角度著手（李永展，1998: 99），故缺乏從整體的環境保護觀念來進行規範。

　　隨著人民物質生活的滿足，經濟問題不再成為民眾主要的關切議題，取而代之的是人民政治上參與權的爭取以及對於生活環境品質的要求。因此，環境保護議題逐漸嶄露頭角，受到多數民眾以及環保團體的重視與批判，並積極著手參與相關問題的探討，來自民間的環保團體更是促使環保問題受到全面性重

➡圖 12-1　現代社會垃圾製造量驚人，環保議題成為各國共同關注的焦點。

視的重要關鍵因素，環保型非營利組織即是在上述的背景之下興起和成長。因此，本章以民間成立之環保型非營利組織為主軸，分別

從環保型非營利組織的事業特質、發展歷程，以及在環保議題上所採行策略聯盟的作法與發展困境進行探討，最後總結上述以作為本章之結語。

第一節　環保型非營利組織的事業特質

一、環保型非營利組織的設立基礎與分類

㈠設立基礎

如前所述，有關我國非營利組織的相關規定散見於《民法》與《人民團體法》中，其成立的基礎大致可以分成財團法人以及社團法人兩大類，財團法人主要是以捐贈的財產為基礎所設立的組織，在臺灣多以「基金會」稱之；社團法人主要以社員為成立的基礎，許多環保型非營利組織是以協會、學會、促進會等作為組織名稱，且大多數均涵蓋在社團法人中。至於《人民團體法》中則規定，社團法人的設立必須有相當的人數始能登記成立。儘管如此，仍然有部分組織雖以公益為目的，但既不登記在財團法人之下，也非以社團法人的形式登記，而成為沒有登記的法人團體，像這樣的團體也必須接受《人民團體法》的規範。以下則根據環保型非營利組織成立之基礎進行個別論述。

㈡分　類

1.社團法人

社團法人當中又可細分成三種：⑴營利法人：以營利為組織主要之目的，並將所得利益分配給組織成員，例如企業、公司；⑵中間法人：不以營利為組織目的，但特別重視組織成員的共同利益，所以主要的服務對象為組織中的成員，因此亦有人稱之為互益性財團法人或者自利性

財團法人，例如同鄉會、聯誼會；⑶公益法人：主要以追求公共利益為組織的關注焦點，其服務對象為大多數之民眾，例如協會、學會等（馮燕，2000b: 77–80）。

2.財團法人

財團法人屬於公益性法人，「基金會」是一般對財團法人的代稱，國內喜瑪拉雅研究發展基金會所出版之《台灣 300 家主要基金會名錄》，將基金會大致分成文化教育、文化藝術、社會慈善、醫療衛生、環境保護、經濟發展、其他等七類❶。因此，本章所要探討之環保型非營利組織屬於社團法人中第三類之公益法人以及財團法人中的環境保護型組織。

3.非法人之公益團體

有部分環保型非營利組織是根據《人民團體法》所設立，依私法向主管機關申請許可設立者，稱之為私法人。在私法人中又可細分成職業團體、社會團體以及政治團體三種，職業團體大多是以組織成員的利益為主要考量，社會團體則是以公共利益為依歸，政治團體顧名思義是以某種政治目的而結合成的團體。基於此，本章所探討之環保型非營利組織若以私法人型態設立則被涵蓋在社會團體類。

事實上，除了根據法律層面將環保型非營利組織予以分類成法人與非法人兩種，其中法人團體又細分為以財產為基礎所設立的財團法人，以及以社員為基礎的社團法人之外，尚可從組織策略、功能等不同的層面將其分類，例如學者 Stevenson 試圖將環保型非營利組織依照團體成員的政治理念、擁有的資源及訴求議題、採取的策略，分為下列四大類型（轉引自梁明煌，2000: 82）。

第一類認為問題可以利用科技來解決，主張政府決策過程加入生態知識，進行環境影響評估，增加科技整合，引進高科技來解決衝突，維持生活品質，無須社經體制改革，也無須允許一般民眾參與決策。這些

---

❶ 喜瑪拉雅研究發展基金會網站（http://www.himalaya.org.tw/index.asp；檢閱日期：2014/2/10）。

團體屬於科技倡導者。

第二類認為問題可以用政治行動來解決，倡導者認為現有的法律、行政、經濟及決策必須修訂，才能減輕人類活動的影響。此類團體認同現有的政經社會體制，而積極爭取參與公共決策、選舉、遊說政府、支持和其利益相符的政策，較留意中產階級的生活品質。

第三類則是以批判的方式來促成社會變遷，此類團體視環境危機為社會出現重大問題的前兆，來自經濟掛帥、社會結構不健全及資本主義的弊病，需要大規模的政治、經濟改革，才能解決日趨惡劣的問題及維持社會正義。

第四類則是以倡導回歸工業革命以前人類的生活形式，強調大自然的本質，根植個人環境倫理並只使用軟性或環境影響程度很低的技術，此類團體採用的策略是烏托邦式，認為一切應回歸自然。

(三)成立方式與門檻

1.主管機關

環保型非營利組織若以財團法人之形式籌設，根據《內政業務財團法人監督準則》第 3 條之規定，財團法人之主管機關，在中央為內政部，在直轄市為直轄市政府業務有關之處、局，在縣（市）為縣（市）政府。另外，第 4 條規定財團法人之業務範圍，跨越直轄市或縣（市）者，由內政部主管。同樣地，環保型非營利組織若以社團法人之形式設立，根據《人民團體法》第 3 條規定社團法人之主管機關：在中央及省為內政部；在直轄市為直轄市政府；在縣（市）為縣（市）政府。但其目的事業應受各該事業主管機關之指導、監督。換言之，環保型非營利組織除了按成立基礎的不同可分成財團法人以及社團法人之外，也可按其業務範圍或者成立的區域，分成全國性與地方性之環保型非營利組織（圖12-2），其成立方式與門檻也隨之而有所差異。由此可知，目前我國非營利組織的主管機關相當繁雜，在管理上欠缺一個統籌的管理機關，有必要設立一專責機關負責管理與監督，減少在管理上所產生的紛雜與流弊。

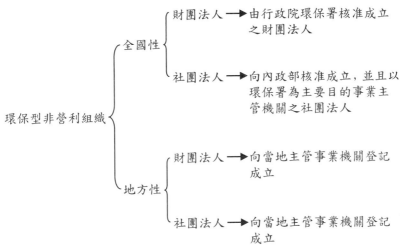

圖 12-2　環保型非營利組織之主管機關

資料來源：作者自繪。

2.成立方式

　　一般而言，財團法人業務範圍在縣（市）者向當地縣（市）政府申請；業務範圍在直轄市者向當地直轄市政府申請；業務範圍跨越直轄市或縣（市）者，除法令另有規定外，向內政部申請。根據《民法》第59、60、61 條規定，我國財團法人之成立方式，有幾個重要的關鍵程序：⑴要有捐助行為的捐助章程；⑵要有主管機關之許可；⑶要向所在地法院辦理登記，一般設立申請程序如圖 12-3（江明修、陳定銘，1999: 230）。

　　同樣地，社會團體之組織，應由發起人檢具申請書、章程草案及發起人名冊等向主事務所所在地之直轄市、縣（市）政府申請許可。發起人戶籍或工作地（以團體為發起人者，其代表之戶籍或工作地）分布於7 個直轄市、縣（市）以上者，得向內政部申請籌組全國性團體。根據《民法》第46、47、48 條規定，社團法人的設立程序包含：⑴必須有主管機關的核可；⑵社團設立應訂定章程，其應記載之事項包括組織目的、名稱、董事之組織與社員之相關規定等。

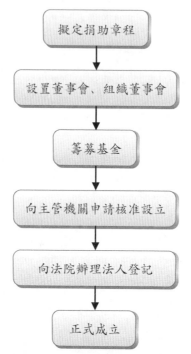

→圖 12-3　財團法人設立程序

資料來源：江明修、陳定銘，1999: 231。

3. 成立門檻

　　如前所述，我國非營利組織依其成立基礎之不同而可以分成財團法人與社團法人，進而影響其個別的設立門檻。以財團法人而言，由於是以財產為成立基礎，因而以最低財產作為設立之門檻，根據《內政業務財團法人監督準則》第 8 條規定，財團法人之設立，其財產總額須達於足以達成其設立目的為準，至於財產總額之最低數額則由主管機關另定之。換言之，我國有關財團法人成立的最低財產限制會根據非營利組織的類型差異而有不同之規定，例如教育型與社會福利慈善型之財團法人非營利組織，其設立基金之現金總額不得少於新臺幣 3,000 萬元；而環保型非營利組織，依據《環境保護財團法人設立許可及監督準則》第 8 條規定，以環保所設立的財團法人，其所捐助之財產中，現金部分不得少

於新臺幣 500 萬元,但於 1991 年 12 月 30 日前核准設立者,現金部分不得少於新臺幣 100 萬元。顯示環保型財團法人非營利組織之設立條件,比起其他教育型或社福型非營利組織而言,門檻低得多,也較容易設立。

　　另一類是以社員為成立基礎的社團法人以及私法人團體,因此,在設立的最低門檻上是以社員人數作為設立的最低限制。根據《人民團體法》第 8 條之規定,人民團體之組織,應由發起人檢具申請書、章程草案及發起人名冊,向主管機關申請許可,其中發起人必須年滿 20 歲,社員人數必須有 30 人以上始能申請核准設立。

二、環保型非營利組織的活動範圍與角色功能

(一)活動範圍

　　環保型非營利組織的興起,與當時的社會背景、經濟發展以及政治活動有非常密切的關係。60 年代的臺灣正值經濟快速發展,在那個經濟凌駕一切的年代裡,經濟成長雖改善民眾的生活品質,卻也因過度追求經濟成長,而衍生不少負面的影響。只不過當時的政府與民眾大多沉溺在經濟成長之中,鮮少有人正視其所帶來之潛在傷害與不良效應。直到近幾十年來,由於人民的生活品質已達到不虞匱乏的水準,再加上人民知識水準的提升、社會運動的興起,愈來愈多有識之士逐漸關心生活周遭的環境,使得環境保護的議題開始受到政府與人民的重視,由政府相關單位輔導成立的組織或是民間環保團體紛紛興起,在環保議題與政策上扮演相當重要的角色。

　　環境保護的範圍相當廣泛,舉凡空氣汙染、水汙染、垃圾汙染、工業汙染、水土保持、地球資源耗竭、生態保育等議題皆屬之。60 年代中期工業蓬勃發展,勞力密集、高度汙染、出口導向是其特徵,不論是由國家力量扶植的重工業,例如煉油、化學、金屬治煉,或者是由民間中小企業獨資經營的紡織、電子、五金、塑膠等輕工業,都是以剝削環境為成本創造經濟利潤,其所衍生的環境汙染以及破壞自然成為環保抗爭萌芽的主要力量(李永展,1998: 99)。因此,早期許多環保團體的興起

都是以反公害抗爭開始，不僅關注公害問題的解決，更主動協助因為公害而致使權益受損之民眾爭取其權益。其後，許多專家學者以及知識分子發現，環境保護議題不應只是站在事後抗爭與補救的角度，應該更進一步減少、阻卻任何有害環境的活動與政府政策之形成，因此，許多環保型非營利組織開始設法影響政府政策，積極參與政府政策的運作，協助人民匯集、表達意見，逐漸形塑出倡議型的非營利組織。直到近年來，生態保護概念的興起，環保型非營利組織開始從事環保概念的教育，發起綠色消費的概念，積極與企業、政府建立互動關係，共同推動環境的修護、維護與保育。由此可知，環保型非營利組織除了服務民眾，協助民眾爭取優質的生活環境，也主動介入政府公共政策運作的過程，倡導、教育社會大眾對環保問題的重視，活動範圍十分廣泛。

(二)角色功能

大部分環保型非營利組織的設立多有設定特定的環保議題，或者特別關注某一個環保爭議。例如**自然生態保育協會**希望從觀念的深植，以積極行動宣揚保育的重要性，從事的任務包含野生動物之保育、研究與推廣、天然景觀與棲地的維護、環境汙染防治的研究、自然生態的保育宣導等，以倡導生態保育概念為組織的宗旨，扮演教育民眾的角色；**臺北市野鳥協會**早期以賞鳥調查與教育為主，後期才開始涉入社會抗爭的活動；**新環境基金會、臺灣環保聯盟、主婦聯盟**等則以批判與監督的角色關心環境及自然生態保育的相關政策。由此可知，許多環保型非營利組織會為了達成組織的終極目標，而設定許多不同的角色以及採取各種不同的策略方法，以促使組織目標的實現，因此，組織也會逐漸依照專長以及關注的焦點發揮不同的角色功能。然而，隨著環保問題的衍生與複雜化，環保型非營利組織所扮演的角色功能顯得愈來愈多元，組織不再單純地扮演單一的角色，取而代之的是同時扮演服務供給、政策倡導、政策監督、價值傳達與教育民眾等的多重角色。學者丘昌泰 (1993: 86) 認為環保團體以環境保護議題為主要的訴求，其主要的功能包含：(1)以環境教育來啟發民眾的環保意識；(2)從事草根性的政治活動來影響立法院

通過相關法案；⑶推動公益性活動；⑷從事環境公害訴訟等四項功能。王麗容 (1991: 128–130) 則將環保型非營利組織所具有的功能區分成：環保理念的教育者、環保意識的宣傳者、環保工作的組織者、環保資訊的提供者、環保立法與政策的監督者、環保行動的實務者、環保知能的諮詢者、環保抗爭事件的中介者、環保人才的啟發與培育者、環保理念和行動的辯護者等十項。

　　綜合上述學者的分類發現，其與 Kramer (1987) 根據大多數非營利組織的特質、目標和實際功效所歸納的角色功能相似，約可以整理成如下（馮燕，2000a: 16–17）：

1. 開拓與創新的角色功能

　　由於非營利組織對社會大眾的需求較為敏銳，可以運用組織擁有的專業人才，適時發展出適當的策略，並規劃執行，嘗試找出解決的方法引領社會革新。例如上述環保工作的組織者、環保資訊的提供者等所扮演的角色。

2. 改革與倡導的社會功能

　　非營利組織往往從社會各層面的參與和實踐中，洞察社會脈動的核心，運用服務經驗展開輿論與遊說，具體促成社會態度的改變，引發政策與法規的制定與修正，擔負整個社會體系與政府組織的監督與批評。例如環保意識的宣傳者、環保立法與政策的監督者等。

3. 價值維護的角色功能

　　非營利組織會透過激勵民眾對社會事務的關懷、參與，提供社會菁英和領袖的培育場所，觸發一般民眾之人格提升與生活範疇，有助於民主社會理念及各種價值的維護。例如環保理念的教育者、環保人才的啟發與培育者、環保理念和行動的辯護者等角色功能。

4.服務提供的角色功能

由於資源有限以及政府價值優先順序規劃的限制，無法充分考量所有民眾的需求，非營利組織多樣化的服務輸送正可以彌補這種差距，透過非營利組織的服務供給，讓人民有更多的選擇機會。例如環保行動的實務者、從事環境公害訴訟、環保抗爭事件的中介者。

一般而言，無論何種類型的非營利組織，隨著組織的發展以及相關問題的變化都會影響非營利組織所扮演的角色功能。而不同階段中不同類型的非營利組織則有其較偏重的角色功能，例如環保型非營利組織早期主要扮演公害抗爭的角色，為了協助民眾爭取優質生活的環境權以及捍衛環境保護的價值，不惜動員民眾與政府或企業財團進行抗爭，發揮了價值維護與批判監督的功能。但近年來，隨著人民生活品質與教育水準的提升，對環境保護的知識愈來愈豐富，環保型非營利組織除了持續發揮組織教育民眾以及價值傳達的功能外，也積極與政府及企業部門建立良好的互動關係，共同推動環境保護以及生態保育等各項政策活動，以利環境政策的整體規劃與推動。

第二節　我國環保型非營利組織的發展歷程

60年代的工業發展所帶動的不僅是經濟的成長、社會的變遷、人民生活品質的改善以及教育水準的提升，更引領全球社會進入一個嶄新的紀元。然而，伴隨工業化發展的正面效果，隨之而起的是知識分子的批判聲浪，人們開始檢視工業化背後所引發的各項問題，環境保護議題也逐漸受到先進國家的重視，愈來愈多關注環保問題的組織紛紛成立，在各項議題的發展過程中扮演舉足輕重的角色。

一、我國環保型非營利組織的興起

回顧我國環保型非營利組織興起的原因，大致可以從經濟、社會以及政治三方面來分析，茲說明如下：

(一)經濟面

　　早期環境保護議題鮮少受到國人的關注，主要的原因在於環境問題本身具有延遲性（李永展，1998: 99），再加上過去許多環保問題大多呈現地區性或個案性，例如政府將核廢料移往蘭嶼地區存放，或者工廠排放的汙水與廢氣，其所造成的影響首當其衝者為當地的居民，而受到環境汙染者也以工廠附近的民眾為主。由於汙染的影響未擴及其他地區，導致一般民眾對工業汙染未能察覺，加上工業發展所衍生的便利性以及經濟成長所帶來的富裕，已成為人民在乎之重點，因此，大多數人選擇冷漠以對。雖然在這段期間已有部分以捍衛生活環境的環保型非營利組織成立，但由於組織的規模較小與經費上的不足，大部分都以協助當地居民爭取生存權利與賠償的抗爭活動為主。

　　直到近年來，隨著生活品質的改善與教育水準的提升，民眾對環保概念開始有所認識與了解，也逐漸體會到除了區域性的環保問題如工業汙染之外，還有許多與人民生活息息相關的環保爭議正在醞釀形成中，例如資源的耗損所帶來的能源危機；因為過度開發、濫墾濫伐的結果造成大雨過後的土石崩塌與地基下陷；溫室效應使得全球氣候的轉變、酸雨的形成、保育類動物瀕臨絕種等的生態問題，在在提醒民眾不得不深切思考環境保護對人類的重要性。因此，許多關注特定議題的非營利組織紛紛成立，投入更多的資源與專業，設法緩和各種對環境的破壞，甚至主動介入政府制定公共政策的過程，提醒、監督政府必須及早規劃環保問題的相關政策，透過各種管道教育社會大眾環境保護的重要性與迫切性。

(二)社會面

　　經濟發展促使社會變遷與進步，人民除了思索如何改善自身的生活方式與滿足個人需求外，也開始關心生活周遭所發生的各種問題。加上教育水準的提升，使得民眾對環境問題的關心程度日益提升，過去民眾只求最低層次的生活溫飽，如今則會積極地爭取更優質的生活環境，不

僅關心環保問題所可能衍生的結果，也實際投入環境保護相關組織之運作，試圖盡一己之力改變環境，因而使得環保型非營利組織呈現蓬勃發展的局面。

(三)政治面

過去戒嚴時期社會風氣處於保守與封閉的狀態，人民無法自由地表達意見，因而限制了環保型非營利組織的發展。直到 1987 年解嚴之後，民主自由意識抬頭，再加上政府也逐漸重視人民的意見表達，賦予非營利組織發展的空間，而環保型非營利組織亦是在此情景下萌芽。我國環保問題開始受到政府重視之契機始於 1988 年 8 月，當時為了因應民間層出不窮的環境抗爭問題，環保署乃從衛生署獨立出來，十幾年來環保署人力編制增加了 130.77%（李永展，1998: 98），此種作法凸顯政府對環保問題的重視程度，政府不再視環保問題為衛生問題，而投入更多的人力與經費解決、維護環境與生態。另一方面，除了政府對環保問題的重視外，許多民間組織因對周遭環境問題具有較敏銳的反應，同時也容易了解民眾的需求，故陸續成立相關的非營利組織。

綜上所述得知，我國環保型非營利組織的發展受到經濟、社會與政治的影響，其中又以經濟與政治最為深刻，前者引發環境問題，促成環保型非營利組織的興起，後者則帶給環保型非營利組織大幅成長的空間。以下，則針對我國環保運動的歷程進行介紹。

二、我國環保運動的歷程

國外學者 John McCormick (1989) 認為環保問題自古以來即存在，但直到 1945 年才有環保運動產生。基本上，環保運動會根據不同的時間、地點以及不同的因素而引發（林貞嫻，2005: 8）。根據研究顯示，臺灣環保運動的發展較美國緩慢，直至 80 年代中期始有環保運動的產生。早期我國的環保議題大部分屬於地方性，也就是當某地方的個人意識到環境的損害已經威脅到個人的權益或生存權利時，會尋求其他相同遭遇的個人組成團體予以抵抗與反制，進而形成環保團體或非營利組織。因此，

環境保護的工作逐漸跳脫傳統由官方指導的單一角色，開始出現由下而上，由草根力量主導之情形（何明修，2006）。該類型的團體或組織初期的發展類型較傾向於關心區域性議題，爾後隨著環保意識逐漸增強，其所關懷的層面也擴大到全國，甚至是跨國性的環保議題，動員力也從原本的鬆散擴展到制度化。

學者 Hsiao 將環保運動的類型大致歸納成三類，分別為反公害運動、生態保育運動以及反核運動（林貞嫻，2005: 10），各類環保運動的類型如下表 12-1 所示：

■→表 12-1　臺灣環保運動的類型

環保意識	環保運動
意識到汙染的「受害感」	反公害運動
意識到環境惡化的「保育觀」	生態保育運動
「公共安全」的意識	反核運動

資料來源：林貞嫻，2005: 10。

一般而言，臺灣的環保運動中，生態保育運動被視為較柔性、具教育性，而反公害運動則比較具抗爭性，以下就三種不同型態的環保運動歷程予以說明：

㈠反公害運動

早期我國的環保運動以公害抗爭運動居多。由於工業的發展，使得工業汙染等問題層出不窮，例如 1984 年桃園觀音反高銀化工汙染事件、1985 年臺中大里鄉民抗議三晃農藥廠汙染行動、1987 年起至 1988 年 4 月的新竹李長榮化工汙染所引發的圍廠事件、1987 年 7 月至 1990 年 9 月的高雄後勁反五輕運動、1988 年 9 月桃園縣基力化工造成的鎘米事件、1988 年 10 月高雄縣林園工業區廢水外溢居民圍廠索賠、1993 年 4 月高雄大社工業區空氣汙染引起居民圍廠抗爭等。因反對石化工廠興建計畫所發展出來的自救抗爭運動則有：1986 年初至 1987 年 3 月的鹿港反彰濱工業區杜邦設廠運動，1987 年和 1990 年宜蘭縣、1988 年桃園縣、1991 年

雲林縣各地的反六輕運動，1998 年花蓮縣的反 TDI 運動，1994 年起的臺南縣反七輕運動，以及自 1994–1998 年引起重大爭議的臺中港區拜耳設廠案等（李永展，1998: 99）。由於民眾意識到汙染對自身生活環境的損害，受害居民紛紛採取自力救濟的方式，要求工廠停工、關廠、遷廠或者求償索賠，但卻往往無法與業主達成協議，在雙方不退讓的情況下，隨著媒體的報導常成為全國關注的議題，造成愈來愈多的環保人士、環保團體、專家學者投入協助居民爭取權益，區域性的環保問題儼然成為全國性的環保抗爭事件，只不過大部分的公害抗爭事件會隨著事件的結束或者解決而消失或解散。

㈡生態保育運動

此類運動也是始於 1980 年初期，主要由學者、科學家等所組成的保育人士，針對許多保育工作推動宣傳活動以及傳達保育概念，這些活動包含拯救瀕臨絕種的動植物、鳥類的保育工作、溼地的維護、紅樹林、森林、河川的整治與保育工作。目前臺灣有許多以生態保育為組織核心的非營利組織成立，例如荒野保護協會、主婦聯盟等。此類運動的產生主要是意識到自然資源逐漸耗盡，以及生態受到嚴重的破壞後，許多保育人士逐漸結合地方反公害勢力，共同以抗爭的方式，阻止各項開發案或者任何有損環境生態的建設，並在草根運動中扮演重要的角色。例如臺南市鳥會在濱南綜合工業區案中，以維護面臨絕種的黑面琵鷺為主要訴求而發動許多抗爭的活動。

㈢反核運動

此類的環保運動主要是為了反對興建核四廠所發起的抗爭活動，運動的發展與反公害運動相類似，是以受害者意識為動員的基礎，周遭的居民因為擔心受到輻射汙染而起身捍衛自身權益，但是與反公害運動不同之處在於反核運動很早就與政治結合，有相當濃厚的政治色彩，使得我國核四廠興建與續建的議題持續受到社會大眾的關注。早期反核運動由許多知識分子以及專家學者紛紛透過報章媒體表達反核的意見，甚至

展開強力的遊說活動，但成效有限。一直到 1987 年解嚴之後，整個反核運動才產生重大的改變，許多反核專家學者開始籌組臺灣環保聯盟，結合核四廠預定地之貢寮居民成立反核分會，反核運動由知識分子轉為草根性的民眾抗議活動，由環保聯盟的專家學者提供策略，而實際抗爭則由當地居民主導，如此的結合是臺灣環保運動的重要轉變，反核運動成為眾所矚目的焦點，近年來反核運動也開始與生態保育運動相互結合（林貞嫻，2005: 12-13）。

三、我國環保型非營利組織在環保運動中的成就

我國環保型非營利組織在環保運動上的成就可謂是不勝枚舉，從早期從事反公害的抗爭活動到近年來關心生態保育以及對社會的關懷，環保型非營利組織都投入了相當大的資源與人力，不僅參與各項環境保護與生態維護的實務工作，對環保概念的教育與倡導更是不遺餘力。此外，目前許多組織也紛紛投入環保政策的參與，藉由倡導與遊說等各種策略，發揮非營利組織影響政策方向的功能。

整體而言，雖然我國環保運動的發展較歐美各國緩慢，在環保意識的養成也相對薄弱，但目前已逐漸看見國內環保型非營利組織過去二十年多來努力的成果。例如自 1987 年以來主婦聯盟即倡導垃圾分類、資源回收的觀念，期望透過分類達到垃圾減量與資源重複使用的目的，不斷地透過媒體以及實際進入校園進行宣導工作，將垃圾分類的觀念傳達給民眾，期望藉由學校教育單位的配合，讓學生從小就可以養成環境保護的觀念。該項環保觀念歷經多年的倡導與努力以及相關單位的配合，目前終於展現初步成果，許多縣市已將垃圾分類納入環保政策中。許多環保團體藉由遊說或動員專業人士與志工，開始採行聯盟的行動，例如犀牛角粉、黑面琵鷺、高爾夫球場、水源保護區、飼養保育類動物、反核、六輕石化業等議題都出現了強大的聯盟在《集會遊行法》的規範下進行群眾運動，甚至有組織與環保人士直接參與政黨、介入選舉行動或轉任國會助理，讓國會更能切入保育立法及政策監督（梁明煌，2000: 86-87）。除了理念的倡導之外，許多組織也從事各項研究調查、舉辦各種研討會

使議題逐漸走入學術化，甚至開始跨國性的交流，辦理各種國際性的會議如參與地球高峰會議、簽署各項國際公約，將環保問題從地區性的公害抗爭逐漸拓展成為全球生態保育的議題，有效維護地球的生存環境。

第三節　環保型非營利組織的策略聯盟

環境保護工作一直被認為是政府公共服務功能中較弱的一環，因而給予環保型非營利組織充分的理由主動地介入關心環境保護議題。一般來說，相較於社福型非營利組織直接提供實質上的服務，環保型非營利組織大多是以觀念和議題倡導為主要使命，再加上有許多的環保型非營利組織是在解嚴之後才成立，因此，臺灣環保型非營利組織設立時間不長，組織結構較容易呈現「小而窮」的特質，但也因而使得環保團體在議題倡導上較容易採取策略聯盟的方式，藉以擴大其組織的力量以及對議題的影響力。Kelley (1994) 曾說：「如果 1980 年代是企業購併的年代，那麼 1990 年代就是策略聯盟的年代」（轉引自江明修、許世雨、劉祥乎，1998: 12）。由此可見，策略聯盟的重要性已獲得普遍的承認，即使是環保型非營利組織也予以認同，認為策略聯盟除了可以減輕組織人力與經費的負擔外，更能夠強化組織的影響力。基於上述，在本節中乃以策略聯盟作為觀察環保型非營利組織實際運作的指標，並進行說明如下：

一、策略聯盟的概念

策略聯盟原本是企業界提升競爭力的重要策略，目的在透過合作的關係，共同化解企業本身的弱點，強化本身的優點，以提升整體企業的競爭力，這個概念後來被援引成為許多組織學習的重要管理策略。所謂聯盟 (coalition) 係指不同的團體組織為促進其公共利益而聚集在一起，從事長期或短期的合

➡圖 12-4　策略聯盟是一種共享、共榮、互惠的合作關係。

作與互動（江明修、梅高文，1999: 8）。策略聯盟的意涵大致可以歸納為下列幾項（江明修、許世雨、劉祥孚，1998: 13）：

1. 組織因應環境變遷與挑戰的一種策略應用。
2. 是不同組織之間的一種長期合作，但並非合併關係。
3. 各組織具有共同目標，並共同付出資源。
4. 是一個互利過程，彼此相互依賴。
5. 是一種契約行為。
6. 目的在提升彼此的競爭優勢。

簡言之，策略聯盟就是組織為了因應環境的變遷與挑戰，所進行的一種策略活動，屬於一種契約行為。主要的目的是藉由組織之間在議題或資源上的合作，增強其競爭力與影響力，組織之間不僅擁有相同的組織目標，更是一種共享、共榮、互惠的合作關係。

二、策略聯盟動機

策略聯盟經常被運用在企業的經營，企業界策略聯盟的最終目的在尋求企業間的互補關係，亦即企業本身比較缺乏的部分，可以透過合作的方式加以強化（謝宗穎、姜樹仁，2003: 50）。若以民間團體而言，組織之間的聯盟較常發生於倡導性的社會運動或是政治行動組織（劉麗雯，2004: 53）。如觀察環保型非營利組織的組織特性可發現，早期環保型非營利組織的成立大部分是為了反公害，以及為了捍衛遭受汙染的生活環境所發起自力救濟的組織，因而組織本身的區域性強，規模較小，組織經費常嚴重的不足。近年來，雖然環保型非營利組織漸漸朝向專業化組織發展，但因組織關注的議題有時與企業的利益相違，因而組織經費來源不如其他類型的非營利組織，特別需要仰賴政府的挹注，或是接受政府的委託研究，否則即面臨經費與組織影響力不足的問題，迫使許多組織不得不開始尋求與其他組織合作，期望透過組織之間目的之結合、組織資源的整合設法強化組織的力量。因而，策略聯盟乃成為近年來環保型非營利組織經常採取的行動策略，其中有兩項最重要的考量因素：

㈠資源的相互依賴

從資源基礎的觀點來說，組織資源的互補性是促成合作的重要因素，資源的互補程度愈高則合作成功的可能性愈大（黃銘章、楊淑珍，2003：60）；換言之，資源的相互依賴與互補性成為組織之間策略聯盟的先決條件。如前所述，環保型非營利組織普遍具有「小而窮」的特質，受到捐款來源的限制，以及資源上的不足（如人力不足、經費短缺、資訊缺乏）等，若可以透過策略聯盟的方式，將不同組織的優勢以及資源做妥善的整合，將可以發揮最大的效用。

㈡增加組織的影響力

環保型非營利組織多屬於倡議型的組織，經常發動各種活動企圖影響政府部門的決策與行動，例如法案的催生、政策的推動與修正等，但因組織先天條件的缺乏，對政府的影響力相當有限，如能經由策略聯盟來凝聚組織的力量，結合全國環保團體共同對政府部門施壓，以擴大議題的焦點與被討論的空間，藉由發動各種活動塑造輿論，迫使政府部門正視環保團體的訴求，此乃環保型非營利組織經常採取策略聯盟的重要因素。

基於上述得知，雖然策略聯盟的概念最初是用於企業，但因非營利組織在人力與資源方面皆相當欠缺之故，如能進行策略聯盟，應能彌補組織在此方面的缺失並提高其影響力。特別是環保型非營利組織，由於在使命上經常與企業相左，較難獲得大型企業的捐款，所以，策略聯盟對該類型非營利組織更顯重要性。基本上，一般非營利組織與環保型非營利組織在運用策略聯盟時最大的差異在於：大部分的非營利組織屬於議題上的合作與結合，或是組織活動的配合，一旦議題或活動結束，彼此之間的聯盟關係隨即消失，待新的議題或是活動需要再次合作時才會進一步地採取行動；而環保型非營利組織即使合作的議題已經結束，無論在資訊的傳遞或是其他資源的分享上，仍然會保持相當密切的互動關係，不會因為聯盟關係的結束即不相往來，屬於一種特別的互動關係。

第四節　環保型非營利組織的發展困境

　　過去二十多年來，我國環保型非營利組織對臺灣環境保護工作的維護與推動有著相當重要的貢獻。然而，諷刺的是，雖然有愈來愈多人關注環保議題，而相關的組織也陸續成立，但卻未能減緩我國環保問題的惡化。因此在本節中，將針對環保型非營利組織在運作過程中可能產生之困境進行討論分析。

一、環保型非營利組織本身的貧弱

　　雖然組織貧弱是多數非營利組織共同的特徵與困境，但此情況在環保型非營利組織中更是嚴重。由於許多環保型非營利組織早期都是以協助受害民眾進行反公害抗爭的活動，許多組織在抗爭結束後或問題得到舒緩之後即解散，雖有部分組織持續關注其他公害問題而繼續運作，但因組織規模較小，且不容易獲得企業的贊助，在人力與資源上多有限制，僅能仰賴政府的補助及各界的小額捐款維持組織的運作。雖有少數組織接受政府委託之計畫，依賴政府的挹注，但因環保問題會與政府處於對立的立場，而使環保團體的角色較為尷尬。另外，環保團體在募款上也較其他類型的組織困難，因為目前許多人對環境保護的概念仍然有些薄弱，對於環保型非營利組織的運作也比較不熟悉，所以，除非對環保議題特別關注的人士才會捐款給環保型非營利組織，否則多數民眾若要捐款，仍然會選擇如慈善或社會福利型的組織作為捐款的對象，鮮少考慮到環保型非營利組織。而一般企業也可能因為經營理念與環保型非營利組織不符，而不願捐款給此類型的非營利組織，所以造成環保型非營利組織較其他類型的非營利組織貧弱的情形，此乃是其本身的一大限制。

二、環保問題具有延遲性

　　由於環保問題本身具有延遲性，許多問題的發生都需要經過長時間的潛伏期。亦即過去所種之惡果，往往要經過多年以後才會發現其嚴重

性，因此，環保型非營利組織必須擁有更多的專業能力，對於各種可能會危害環境生態的計畫，甚至是人類生活型態都審慎地進行調查與考量。然而，這些對於規模較小與資源缺乏的組織來說是一項嚴苛的考驗。因為以環保型非營利組織的規模、人力與專業，基本上是不足以因應耗時且耗人力的環保問題之處理；再加上環保問題本身的延遲性，難以在第一時間即喚起政府與相關民眾的注意，也影響了環保型非營利組織的運作與發展。對一般社會大眾而言，除非長期關心環保問題，否則因不理解環保問題延遲發生的可能，加上難以立即見到組織努力的成果，會降低民眾對於環保型非營利組織的支持。

三、經濟發展與環境保護的零和問題

我國環保問題的發生大部分始於經濟發展的策略，環保團體雖然一方面抑止任何有害環境生態的發展活動，另一方面卻無法阻止國家整體的經濟發展策略。因此，在經濟發展與環境保護當中產生了如何妥協的問題。換言之，環保型非營利組織如何與企業、財團以及政府單位協調，使各項發展計畫得以進行，但卻又需設法降低對環境的負荷與傷害，則是一個相當兩難的課題，無形中也增加了環保型非營利組織運作上的困難。

整體而言，環保型非營利組織的發展困境除了組織本身的結構問題，更重要的是環境保護議題本質上存有許多推動上的困難，除了需要組織強化自身的能力外，還要不斷地教育社會大眾有關環境保護的重要，喚醒政府相關單位對環保議題的關注，否則環保問題單靠非營利組織的力量只是緣木求魚，無法得到更好的功效。

第五節 結 語

環境保護議題是目前許多先進國家共同關注的焦點議題，過去環境保護的問題未能獲得社會大眾的重視，單單依賴環保型非營利組織的努力，從反公害抗爭一直到後來環保意識的倡導與教育，甚至介入環保政

策的制定過程，充分發揮了環保型非營利組織的角色功能。但是，環保問題已經不再侷限於單一國家，也並非地區性的問題，環保議題不僅影響個人生活的品質，也牽涉到國家整體與全球的共同生存危機。因此，環保問題不能單靠政府或環保型非營利組織的努力，更需要環保型非營利組織運用其專業特性，發揮開拓創新與改革倡導的社會功能，宣傳環保意識，並扮演監督環保立法與政策推動的角色，同時從根本開始教育社會大眾環境保護的重要，呼籲大眾對環境議題的關心，才能達到「治標」且「治本」的成效。

Tea Time

地球公民基金會

　　地球公民基金會，對於高雄市後勁地區的居民來說，不僅是個耳熟能詳的名字，更是共同對抗當地工業汙染的夥伴。地球公民基金會與後勁地區的居民長期合作共同推動反中油五輕煉油廠的環境運動，更在 2012 年 4 月 17 日與後勁社會福利基金會、高雄後勁中油遷廠促進會、煉油廠轉型生態公園促進會共同舉辦「環境復育×產業轉型，後勁生態公園全國競圖比賽」，鼓勵社會人士參加，除了進一步體現當地的民意與願景，同時持續催生中油五輕遷廠改設後勁生態公園之外，更希望能夠引起社會大眾對於高雄地區工業汙染問題的關注❷。同樣是在後勁地區，2013年底的日月光違法排放廢水的汙染事件，地球公民基金會亦是第一個出現在媒體發表聲明的環保型非營利組織❸，而對此事件，

---

❷　《地球公民通訊》，第 18 期，頁 22。

❸　《蘋果日報》網站（http://www.appledaily.com.tw/realtimenews/article/life/20131213/308338/applesearch/%E6%97%A5%E6%9C%88%E5%85%89%E6%AF%92%E5%AE%B3%E5%8F%B0%E7%81%A3%E3%80%80%E5%8B%9E%E5%9C%98%E7%92%B0%E5%9C%98%E8%A6%81%E6%B1%82%E7%AB%8B%E5%8D%B3%E5%81%9C%E5%B7%A5；檢閱日期：2014/2/10）。

地球公民基金會主任蔡卉荀表示，會秉著先前的合作基礎，繼續與後勁地區的居民共同為了環境保護而努力。

地球公民基金會是個推展環境保護的公益團體，於 2010 年由 174 位捐款人捐助基金登記立案為財團法人，是臺灣第一個透過大眾募款成立的環保基金會。成立宗旨為提升人民環境意識並採取行動，善盡地球公民之職責。並以透過積極的行動，重建臺灣人與土地的和諧關係，建立一個永續的社會，善盡臺灣身為一個「地球公民」的責任為該基金會的願景，故以此為該基金會之名。主要工作面向有促進法令制度、政策、生活方式的改變，以滿足當代基本需求，保留未來世代的生機；以和平方式實踐守護地球的公民行動，促進公民參與環境決策；透過調查研究、揭露環境問題，提出解決方案；發行刊物、專書，舉辦活動、講座等❹，以普及環境教育。具體的工作業務則針對氣候變遷與能源、國會立法監督、山林水土保育、工業汙染問題、生活環境改善、環境教育推廣等六項，來推展環境的保護。因此，可以在各個環境運動，例如反核遊行、反臺東海岸開發、反高雄國道七號建設等場合看見地球公民基金會的身影。而該基金會所從事的環境運動，皆是奠基於人民環境意識的覺醒，以及公民的行動，縱使必須應付政府層出不窮的破壞環境的議案，但是他們「依然會踩著堅定的腳步，守護著家園。」❺現任執行長李根政如是說。

---

❹ 地球公民基金會網站（http://www.cet-taiwan.org/Purpose；檢閱日期：2014/2/10）。

❺ 《地球公民通訊》，第 18 期，頁 1。

參考文獻

一、中文書籍

丘昌泰，1993，《美國環境保護政策：環境年代發展經濟的評估》，臺北：臺灣
　　產業服務基金會。

江明修、陳定銘，1999，〈我國基金會之問題與健全之道〉，收錄於江明修主編，
　　《第三部門：經營策略與社會參與》，頁 215–267，臺北：智勝。

何明修，2006，《綠色民主：臺灣環境運動的研究》，臺北：群學。

馮燕，2000a，〈非營利組織之定義、功能與發展〉，收錄於蕭新煌主編，《非營
　　利部門：組織與運作》，頁 2–42，臺北：巨流。

馮燕，2000b，〈非營利組織的法律規範與架構〉，收錄於蕭新煌主編，《非營利
　　部門：組織與運作》，頁 76–107，臺北：巨流。

劉麗雯，2004，《非營利組織：協調合作的社會福利服務》，臺北：雙葉。

二、中文期刊

王麗容，1991，〈民間環保組織在社區環保運動中的角色和功能〉，《社區發展
　　季刊》，第 65 期，頁 127–131。

江明修、許世雨、劉祥孚，1998，〈我國環保類非營利組織策略聯盟之初探——
　　以生態保育聯盟為例〉，《中國行政》，第 63 期，頁 11–35。

江明修、梅高文，1999，〈非營利組織與公共政策〉，《社區發展季刊》，第 85 期，
　　頁 6–12。

李永展，1998，〈從環保運動之演變思考臺灣環保團體之出路〉，《規劃學報》，
　　第 25 期，頁 97–114。

梁明煌，2000，〈臺灣地區環保團體的角色與環保糾紛解決機制的變遷〉，《環
　　境與管理研究》，第 1 卷第 1 期，頁 79–95。

黃銘章、楊淑珍，2003，〈策略聯盟之資源構形與競爭優勢關係之研究〉，《中
　　華管理學報》，第 4 卷第 2 期，頁 59–75。

謝宗穎、姜樹仁，2003，〈我國高等教育策略聯盟之探討〉，《技術及職業教育》，

第 78 期，頁 50–53。

三、碩博士論文

林貞嫻，2005，《臺灣環境運動與媒體再現》，國立東華大學環境政策研究所碩
士論文。

四、網路資料

地球公民基金會網站（http://www.cet-taiwan.org/Purpose；檢閱日期：
2014/2/10）。

喜瑪拉雅研究發展基金會網站（http://www.himalaya.org.tw/index.asp；檢閱日
期：2014/2/10）。

第十三章　宗教型非營利組織

　　1999 年 9 月 21 日凌晨的大地震，震醒了還在熟睡的民眾，當民眾還處於驚慌失措的狀況下，一群有組織、訓練有素的民間團體——慈濟，正悄悄進入各災區進行救災工作。這個前所未有的災難不僅讓臺灣民眾體會自然環境反撲的力量，目睹天然災害的破壞力，更重要的是，了解民間團體面對突發狀況的反應力、動員力以及有系統的救災體系的重要。在這次賑災活動中民間團體的表現獲得民眾一致的肯定，也讓非營利組織的運作與功能受到相當大的關注。

　　宗教是淨化人心、安定社會的重要力量。大多數宗教的目的乃是勸人為善，在利他思想的基礎下，以服務人類社會為其職志。過去宗教團體在賑災、濟貧、養老、慈幼、扶殘、義診、興學等有相當之投入，並且扮演舉足輕重之角色，一直被視為民間社會福利推動與供給的重要來源。尤其是 70 年代發生了「福利國家的危機」之後，一般認為，宗教組織對於社會福利有其實質性的貢獻，相較於政府部門與企業部門，由於宗教組織所提供的社會福利服務能彌補政府與企業之不足，故被視為是重要的福利服務供給者（張世雄，2000: 437）。在臺灣，宗教型非營利組織積極參與各項社會福利服務，其中尤以在九二一大地震的救災、復原與重建過程中所發揮之動員力與影響力最為顯著。

　　本章首先介紹宗教型非營利組織的事業，包括組織的角色功能、活動範圍與設立之相關法律規定；其次，說明宗教型非營利組織的發展歷程，了解臺灣地區宗教團體興起的原因與相關背景，探討宗教型非營利組織在服務供給上所扮演之角色功能，並比較宗教型非營利組織與其他類型組織在運作上的組織特質；最後嘗試探討宗教型非營利組織的未來發展。

第一節　宗教型非營利組織的事業特質

　　一般來說，非營利組織肩負了對社會成員的教化、精神層次提升、維護健康安全等重要功能，而宗教型非營利組織又可算是發展較早且組織類型較為完整的類別。若推論其原因，或許和早期許多宗教團體的成立大多是立基於宗教的利他主義，以及悲天憫人的教義，欲藉由救助方式以達教義發揚有密切之關係。由於目前臺灣有關非營利組織發展的相關草案尚未經過立法院的三讀通過，使得宗教型非營利組織的成立要件及相關法律規範常散見各處而顯得雜亂；又因為成立時所引用的法規不同，即使同性質組織的設立型態也有所差異。

一、臺灣宗教型非營利組織的分類架構

　　臺灣非營利組織的分類主要是依據《民法》總則中第二章第二節，針對「法人」的權利義務及規範，所作詳盡定義與規範，其架構如下：

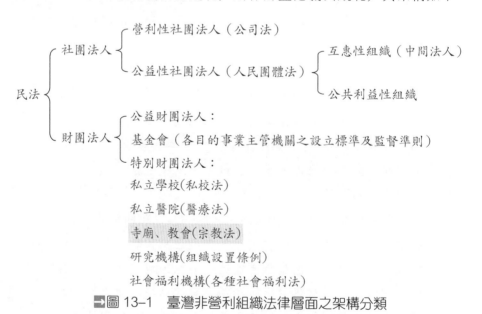

　　　　　　圖 13-1　臺灣非營利組織法律層面之架構分類

資料來源：馮燕，2000: 80。

根據上圖所示,《民法》下的財團法人和社團法人是非營利組織成立型態相當重要的分水嶺,而在不同法律規範的基礎架構中,宗教組織可依不同法規而有不同的組織型態。整體而言,臺灣現行法規體制下宗教型非營利組織包括:

(一)宗教財團法人

有依據《民法》及內政部所訂定的《內政業務財團法人監督準則》而設立社會福利暨慈善基金會者;亦有依教育部所訂定的《教育事務財團法人監督準則》成立文教基金會推動宗教活動;或依衛生署所訂定《行政院衛生署監督衛生財團法人準則》成立醫院從事醫療行為的宗教型組織。

(二)宗教社團法人

指各個宗教組織依據《人民團體法》之規定成立之宗教人民團體,並依《民法》至地方法院登記為社團法人,而能享有權利能力者。

(三)宗教非法人團體

宗教組織如果不具備財團法人資格時,則無法取得法人地位,即成為非法人團體,也不能獨立享有權利能力。這部分依據法律可分為兩類:

1. 依據《人民團體法》規定向所屬主管機關登記之「無法人資格」的宗教組織,又可細分為:(1)依據《監督寺廟條例》規定可登記為寺廟者;(2)不具有登記寺廟資格,但卻依據《人民團體法》向主管機關登記為社會團體者之兩種類型。

2. 不能依據《人民團體法》向所屬機關登記,這種組織既無法人資格,亦非依據《人民團體法》登記的宗教組織,例如一般通稱的神壇、佛教禪修寺或基督教所屬的地方教會都可歸於此類。

由以上所述可知,宗教型非營利組織的設置管道相當廣泛,但若要進一步探究宗教型非營利組織的經營管理情況,以法人型態納入監督管理將更能了解到宗教型非營利組織實際運作的發展概況。以下即以欲申

請成立全國性宗教性財團法人為例，說明宗教型非營利組織其相關主管機關或權責單位如下❶：

(一)財團法人以捐助不動產方式成立者

1.主管機關

財團法人業務範圍在縣（市）者向當地縣（市）政府（民政局）申請；在直轄市者向直轄市政府民政局申請；業務範圍跨越直轄市及縣(市)者或二縣（市）者，由內政部主管。

2.設立標準

財團法人的設立，其財產總額須達到足以達成設立目的為準，縣(市)級宗教財團法人，在各該縣（市）至少應具有不動產一棟（筆）以上（含土地及房屋）；全國性宗教財團法人在直轄市及臺灣省一個縣（市）、臺灣省二個縣或二個市或一個縣、一個市至少應各具有不動產一棟（筆）（含土地及房屋），其中不動產之使用面積須足以達成其設立目的；佛教、道教、軒轅教、理教、天帝教、天德教、一貫道或先辦理寺廟登記之宗教申請設立財團法人，應先向寺廟所在地之縣（市）政府或直轄市政府民政局完成寺廟登記，並向原登記機關申請財團法人設立許可。

(二)財團法人以捐助基金（現金）方式成立者

以捐助基金（現金）方式成立財團法人之宗教基金會，其財產總額須達於足以達成其設立目的為準，申請成立全國性（內政部主管）之財團法人宗教基金會，其設立基金最低標準為新臺幣 3,000 萬元，至於欲向直轄市、縣（市）政府申請設立者，其基金數額則直接洽詢直轄市、縣（市）政府主管機關（民政局）；又，申請以捐助基金方式設立財團法人宗教基金會不得在名稱中冠以○○宮（寺、廟、教會、教堂）等稱謂，必須冠以「基金會」以示區別。

---

❶ 參閱「內政部審查內政業務財團法人設立許可及監督要點」相關規定。

　　綜合來說，臺灣宗教型非營利組織係以《民法》、《人民團體法》及各部會所頒定之有關財團法人設置及監督準則等而成立之「宗教社團法人」或「宗教財團法人」，基本上，組織本身需向法院辦理登記完成才能享有稅法上之優惠。

二、臺灣宗教型非營利組織的特性

　　事實上，臺灣宗教組織相當龐雜，早期臺灣社會的公益服務事業普遍是由外來團體協助提供，到了 70 年代以後角色逐漸轉變，除了內部播耘深耕外，也開始展開對外的關懷行動，其中尤以宗教型非營利組織最具代表性。綜觀臺灣宗教型非營利組織的相關研究，可大致歸納出宗教型與慈善性社會團體所具備的七種特性，茲說明如下（呂朝賢、郭俊巖，2003: 164）：

1. 未建立與政府相同的正式管道，多屬於基層人員和組織負責人間彼此聯繫的關係。
2. 組織業務多半以傳統慈善活動為之，例如以造橋、鋪路、施棺、施米、施衣、捐贈、訪視慰問、發放救濟金、清寒獎助金、災害救助等急難救助與貧困扶助為主。
3. 經費來源主要來自會員會費、宗教寺廟活動的香油錢、基金孳息與民眾捐款為主，藉由政府補助維持者甚少。
4. 於組織工作的人員多為臨時編組、行政規模較小，同時亦缺少專業的社工人員存在。
5. 捐贈行為不僅止於對個人，對政府與其他非營利組織亦有捐贈行為的存在。
6. 各組織的運作和政府的疏離程度相當明顯，各自服務的目標與方式也都有顯著的差異性。
7. 組織負責人或領導人的理念影響組織服務、財貨供給與經營模式的型態，甚至與政府的互動模式差異甚鉅。

　　目前臺灣宗教型非營利組織有許多以魅力型領導為主，例如現今最具盛名的星雲大師、證嚴法師等皆具有此項特徵，門下信眾因其組織領

導人個人特質和受組織使命的感召，而參與組織活動。此外，群眾性、動員力強大亦為臺灣宗教型非營利組織的特點，雖然非營利組織是結合社會群眾參與的組織，通常群眾參與愈多、愈深，其組織的力量就愈大。然而，並不是所有非營利組織都能擁有廣大的群眾，也擁有強大的動員力，除了組織使命明確與運作成效彰顯，較能獲致人民青睞外，無可否認的，宗教信仰本身就是一強大的內在驅動力，這也是其他類型的非營利組織所無法比擬的。以臺灣幾個著名的宗教型非營利組織而言，慈濟有 400 萬會眾，一貫道 200 萬，這些擁有眾多信徒的機構，因人力、財力資源豐富，辦事成效自然高於其他類型組織。以九二一大地震為例，宗教團體所發揮的功能遠比政府部門高，這其中又以擁有廣大會眾的團體最為顯著，無論是在人力動員、物資支援都相當迅速。另外，高複雜性與低相容性以及以本土化發展作為根基，但彼此間的合作互補卻不甚理想（楊繡勳，2003: 22–24），上述種種都是臺灣宗教型非營利組織的特點。

　　整體而言，宗教型非營利組織和其他類型的非營利組織在許多運作面向上並未有顯著差異，但值得一提的是，由於宗教型非營利組織的成員除了對於該組織使命的認同外，還多少抱持同一宗教信仰，而宗教信仰對民眾來說具有有形與無形的強大力量，民眾往往基於對宗教組織的信任而資助或置身於該組織團體裡。然也正因此，若組織本身欠缺一套透明的運作制度，多仰賴組織成員對組織的高度忠誠所衍生之無怨的付出與長期的信賴，而政府也沒有建立明確的管理規範制度，都將使這一龐大的組織難以永續正常運作，無法發揮好不容易累積的社會資本之正面功效。

第二節　宗教型非營利組織的發展歷程

一、臺灣宗教組織的緣起與歷程

　　臺灣民間從事公益慈善事業初期並不普及，僅有少數善心人士以個

人微薄力量從事造橋鋪路工作。但隨著西風東漸與科技日益發達，西方文明傳入後，也順勢帶入西方宗教。二次世界大戰後，國民政府播遷來臺，由於歐美基督教國家的經濟優勢，以及傳教士熱心公益、樂善好施的精神，使得基督教義迅速在臺灣傳揚並獲得民眾認同。例如**羅慧夫顱顏基金會**創會會長羅慧夫，即為美國籍的基督教徒；馬偕 (George Leslie Mackay) 以外籍傳教士身分來臺宣揚教義，創立「馬偕醫院」，為臺灣的醫療發展奠定基礎，皆是著名的案例。

若回顧臺灣宗教型非營利組織的發展緣起可得知，民間傳統式的救濟事業始於清代，日據時代則繼續沿用，從早期對於貧困救濟、醫療救濟、婦孺救濟、災荒救濟等，直到殖民地時期日本採借歐美工業國家之理念，引進若干現代社會福利概念（如兒童保育等），傳統的救濟工作才逐漸被慈善工作所取代，並且將西方基督教文明的「社會事業」概念引進臺灣。光復初期，臺灣接受國外的援助，開始從事福利事業的救助工作，例如**臺灣基督教兒童福利基金會**（為今日臺灣兒童暨家庭扶助基金會之前身）所推動的「家庭扶助方案」；世界展望會所推動的「兒童助學計畫」等，都可以被視為國外資源在臺灣從事救助事業的代表。爾後，隨著臺灣經濟的成長，許多國外宗教組織陸續撤資，停止對臺灣的救助工作，促使臺灣民間社會事業的推展邁向本土化的階段（官有垣、杜承嶸，2005: 342–343）。

目前臺灣社會的宗教活動相當頻繁，宗教現象也相對複雜。根據內政部所核准立案或依法登記的宗教團體就計有佛教、藏傳佛教、道教、基督教、天主教、回教、理教、天理教、軒轅教、巴哈伊教、天帝教、一貫道、天德聖教、耶穌基督末世聖徒教會（摩門教）、真光教團、世界基督教統一神靈協會（統一教）、亥子道宗教、中國儒教會、太易教、彌勒大道、中華聖教、宇宙彌勒皇教、先天救教、黃中、山達基宗教、玄門真宗與天道等 27 種宗教。依我國整體宗教的發展情形來看，在 1960 年至 1992 年間是臺灣宗教組織顯著成長的年代，在這四十多年期間，寺廟教堂數從 1960 年的 3,855 所，增加至 1992 年的 17,366 所，成長將近五倍，之後即進入併置、轉型等過程的盤整期，數量一度減少，以致近十

多年寺廟教堂數僅微幅增加（參考表 13-1），此可以從 1997 年的 12,452 所至 2013 年 15,406 所的成長趨勢得到證明。

➡表 13-1　1997 至 2012 年的寺廟教堂數統計表

年度別	寺廟教堂數	寺廟數	教堂數
1997	12,452	9,321	3,131
1998	12,492	9,375	3,117
1999	12,548	9,413	3,135
2000	12,533	9,437	3,096
2001	12,970	9,832	3,138
2002	14,647	11,423	3,224
2003	14,747	11,468	3,279
2004	14,536	11,384	3,152
2005	14,654	11,506	3,148
2006	14,730	11,573	3,157
2007	14,840	11,651	3,189
2008	14,993	11,731	3,262
2009	15,095	11,796	3,299
2010	15,198	11,892	3,306
2011	15,285	11,967	3,318
2012	15,296	12,026	3,270
2013	15,406	12,083	3,323

資料來源：內政部統計處網站。
（http://sowf.moi.gov.tw/stat/year/list.htm；檢閱日期：2014/7/15）。

　　雖然臺灣寺廟教堂數至 2013 年已有 15,406 間，但真正有依據相關法令而成立法人的宗教型非營利組織團體者，並無法從寺廟教堂數的統計資料中獲知。進一步檢視內政部 2013 年的統計年報發現，各宗教附設公益慈善及社會文化事業數計有文教機構 911 家、公益慈善事業 467 家、醫療機構 38 家，而主要以道教、基督教、佛教、天主教這幾個主要宗教設立者較多，此與寺廟教堂總數有相當的差異。

二、宗教型非營利組織的事業範圍

㈠宗教團體所從事的非營利事業類別

　　近年來，臺灣社會快速變遷而衍生各種不同的需求，是促使各類型非營利組織快速成長的主要因素，宗教型非營利組織也不例外。宗教組織以「法人」組織型態（宗教財團法人、宗教社團法人）適時提供各項社會關懷工作、參與社會運動，以及從事慈善、教育、醫療、文化等服務，顯示宗教組織所關懷的層面愈趨廣闊。試整理宗教界所從事的非營利事業之類別如下（轉引自高靜鴻，2005: 21-22）：

1.兒童相關

　　設立托兒所、幼稚園、育幼院、舉辦營隊活動等。

2.老人相關

　　設立安養院、仁愛之家，或運用寺內局部設施以供老人安養，捐助仁愛之家、養老院設備經費補助或食物，甚至經常舉辦敬老活動、老人共修會、往生助念團等。

3.身心障礙相關

　　身心障礙救助、捐助身心障礙醫療用品和經費，或成立身心障礙服務機構。

4.青少年相關

　　獎學金贊助、寒暑營隊、大專院校社團輔導、少年觀護所及看守所監獄布教，以及相關青少年諮商輔導。

5.慈善公益

　　急難救助、冬令救濟、施棺捐米、臨時災難救助、補助喪葬費、救

助低收入戶，以及捐助公益慈善基金。

6. 社區發展

興建圖書館、綠化環境、提供休閒設施，例如公園、涼亭、停車場、公廁、土地廣場，補助社區建設基金、造橋鋪路，或舉辦社區活動成為精神信仰中心。

7. 醫療衛生

興建大型醫院或小型診療所，寺內定期義診或巡迴離島偏遠地區，以及捐助病患醫療費用等。

8. 文化建設

興建文物館、舉辦文物展、民俗才藝活動及禮俗示範，表揚孝悌楷模，舉辦文教活動如佛學講座、電臺或電視弘法勸導人心向善、定期講授佛學課程、辦理書法、美術、國畫、插花、寫生等研習活動與展覽。另外，受到媒體文化的影響，相關宗教書籍刊物的出版也有愈來愈專業與精緻的趨勢。

9. 教育興學

成立各級學校與成立相關系所，提供更多學習的教育環境。

事實上，宗教團體投入慈善公益活動者不勝枚舉，上列所述實涵蓋了宗教型非營利組織的服務範圍，若以分類來看可有宣化事業、宗教性事業、學藝事業、濟眾事業、衛生事業、土木事業、社區事業、公益事業的分類區別（王士峰、王士紘，2000: 29-30）。例如星雲大師創辦佛光山慈悲基金會，以及大慈育幼院、慈愛幼稚園、嘉義南華大學、宜蘭佛光大學、老人精舍等；佛教慈濟慈善事業基金會會長證嚴法師創辦的慈濟醫院、慈濟中小學等，這些較具規模性的宗教型非營利組織所涉及的領域皆相當寬廣，也再次印證了臺灣宗教型非營利組織發展的多元。

(二)宗教團體經營非營利事業的因素分析

　　受到現今社會環境變遷的影響，宗教型非營利組織的發展模式也跳脫傳統救濟慈善的作法。國內學者顧忠華於研究中曾指出，宗教團體之所以選擇經營非營利事業作為「弘法」手段，實具有多重原因，此可分別藉由外在與內在條件兩部分來加以概略說明(顧忠華，2000: 651-652)：

1. 外在條件

(1)臺灣的經濟持續成長，人民日漸富裕，宗教團體經營非營利事業，由於名正言順且具有正面的社會價值，較易獲得民眾支持，亦可提升宗教團體之知名度與正當性。

(2)臺灣的醫療、社會福利網尚不普及，許多地區缺乏公共服務資源，地方政府或民眾亦會爭取宗教團體投入，以滿足當地之社會福利需求。

(3)臺灣的法令規章課以宗教寺院的社會責任，在《監督寺廟條例》中規定寺廟必須興辦公益慈善事業，內政部並訂定《宗教團體興辦公益慈善及社會教化事業獎勵要點》，以致臺灣的宗教因而被導向「社會福利化」。

2. 內在條件

(1)臺灣佛教的慈善思想，除傳承大陸閩南佛教系統外，也同時引入日據時代日本佛教所重視的教育、社會文化及慈善救濟的特質。戰後臺灣「人間佛教」的走向，亦強化了佛教團體經營入世之非營利事業的動機，而關懷的層面也愈趨廣泛，形成多角化經營的集團式組織。

(2)臺灣若干佛教團體在經營管理其龐大的組織上，善於行銷包裝，並能講求專業化要求，提升市場競爭力，不論是在發展國際化策略或經營傳播媒體上，都表現了高度的「企業家精神」。

　　整體來說，臺灣幾個具有規模且著名的本土大型宗教型非營利組織的發展，實已突破了許多非營利組織發展的傳統束縛和框架。由於宗教一直是臺灣社會相當重要的一部分，長期以來，宗教的理念與教義深深

影響著社會大眾的心靈，基於社會資本中的信任要素，宗教型非營利組織在實際運作上，應比其他類型非營利組織負有更多的社會責任。再加上宗教力量在臺灣社會具有相當程度的影響力，因此，宗教型非營利組織如何透過這樣的社會資本力量來落實本身使命目標的延續和傳承，如何藉由本身對於非營利事業的經營以促進社會的發展，將是值得探究之處。以下以目前臺灣幾個較具規模，且知名度甚高的宗教型非營利組織為例，來介紹說明其組織的運作模式。

第三節　宗教型非營利組織的運作模式

近年來，非營利組織的經營有逐漸邁向「服務專業化」和「管理企業化」的趨勢，因此，絕大多數的組織都相當重視資源的有效配置、運用與管理。綜觀現今臺灣社會較具市場規模與知名度的大型本土化宗教型非營利組織，例如證嚴法師的**慈濟慈善事業基金會**、星雲大師的**佛光山慈悲基金會**，以及聖嚴法師❷的**法鼓山社會福利慈善事業基金會**，這三個大型宗教型非營利組織皆為佛教系統所創立的。雖然國內也有其他宗教體系所設立的組織團體，但受到臺灣社會傳統情感、民俗習慣等影響，使得佛教體系所設立的非營利組織較容易受到社會大眾的關注，以下將分別就這三個宗教型非營利組織的設立與運作加以介紹。

一、國內三大宗教型非營利組織的運作情形

(一)財團法人佛教慈濟慈善事業基金會❸

1966 年證嚴上人於臺灣花蓮縣創辦「佛教克難慈濟功德會」，又為取得建設醫院資格，向當時臺灣省政府申請成立「**財團法人佛教慈濟慈善**

---

❷　聖嚴法師於 2009 年 2 月 3 日圓寂。目前法鼓山社會福利慈善事業基金會是由果東法師接任管理（http://www.ddm.org.tw/page_view.aspx?siteid=&ver=&usid=&mnuid=1114&modid=26&mode=；檢閱日期：2014/2/10）。

❸　慈濟基金會網站（http://www.tzuchi.org.tw；檢閱日期：2014/2/10）。

事業基金會」（以下簡稱慈濟基金會），在 1980 年 1 月 16 日獲立案通過，並於 1985 年由僑居各國的慈濟人，將慈濟志業延伸至海外，凝聚在地的愛心資源，來推動濟貧救難等工作。目前全球有 38 個國家設有慈濟分支會或聯絡處。然因慈濟照顧的對象遍及全國，於是在 1994 年完成內政部全國性的財團法人之登記。

慈濟志業有四大面向，包括慈善、醫療、教育、文化四大志業。其主要工作內容如下：慈善志業的業務工作含括長期救濟、急難救助、相關賑災，以提供相關直接的協助；醫療志業主要緣於臺灣東部醫療資源和設備的缺乏與不足，為了避免當地人士因遠途跋涉至北部和西部，造成延誤就醫導致遺憾的事發生，於 1986 年興建完成佛教慈濟花蓮醫院，開始著手醫療網的建置，計畫以北、中、南、東各擁有一所醫學中心為目標，以為民眾提供更完善服務（目前北、中、南、東都已成立醫學中心）；教育志業以淨化社會人心，建立祥和社會，因而創建慈濟護專、慈濟大學等慈濟教育體系，堅持以人為本的教育讓學生在愛的教育下成長茁壯；文化志業涵蓋了平面媒體、有聲與無聲出版品、廣播媒體、電視媒體、網際網路，日後再結合「國際賑災、骨髓捐贈、環境保護、社區志工」同時推動，而成為「一步八法印」。

(二)財團法人佛光山慈悲社會福利基金會❹

佛光山星雲大師秉持佛教慈悲的胸懷，為實現「以教育培養人才、以文化弘揚佛法、以慈善福利社會、以共修淨化人心」理念，於1989年設立「財團法人佛光山慈悲社會福利基金會」（以下簡稱佛光山基金會），將有關老人福利、兒童福利、青年福利、婦女福利、急難救助、貧困喪葬補助、義診、佛光友愛、社會教化等服務項目納入組織運作，由於組織規模日益擴大，遂於 1993 年改隸內政部，成為全國性社團組織。多年以來以星雲大師為主的佛光山體系積極從事各種公益工作，也相繼成立監獄輔導教化組、急難救助會、觀音放生會、萬壽園、大慈育幼院、佛光診所、佛光精舍、雲水醫院，並且和法務部合作成立臺南戒毒所，其

❹ 佛光山基金會網站（http://www.compassion.org.tw；檢閱日期：2014/2/10）。

服務從生、養到病、死，由窮鄉僻壤到獄所，貫徹體現佛教慈悲精神。

(三)財團法人法鼓山社會福利慈善事業基金會❺

　　為落實整體關懷，以辦理社會福利及國內外公益慈善事業為宗旨，法鼓山創辦人聖嚴法師於 2001 年成立「**法鼓山社會福利慈善基金會**」(以下簡稱法鼓山基金會)，主要工作項目包含低收入戶之慰問與救助，老人、身心障礙、婦幼等弱勢團體及個人之慰問與救助，社區清寒住戶與其他傷病、急難、變故者的慰問與救助，以及國內外災害和急難救助等。整體而言，該基金會的成立是為了「提升全面教育」、「落實整體關懷」，其慈善事業是以「大普化」、「大關懷」、「大學院」為基軸，所從事的慈善工作一以貫之三個層次——從慈善救濟、文化淨化到心靈提升，秉持「不但救命，更要救心」的大方向，來落實法鼓山的「四環」理念。近年來因有感國人自殺比例不斷攀升，更積極投入「自殺防治」工作，並以此作為推廣事業的主軸。

　　綜觀上述三個組織的運作發現，在現今價值多元且變遷急速的社會裡，宗教型非營利組織實扮演著多種積極角色。事實上，這三個宗教型非營利組織都兼具了開拓創新、改革倡導、服務提供、擴大社會參與、彌補制度失靈缺失的功能，並施行結合志工組織參與的運作模式，來發揮宗教的社會功能，為人間佛教樹立最佳典範。

二、宗教型非營利組織的運作特徵

　　關於非營利組織的相關運作，司徒達賢 (2003: 10) 以 CORPS ❻ 理論指出非營利組織是結合社會上的人力 (P)、財力、物力等多項資源 (R)，經由某些有組織的活動 (O)，創造出某些有價值的服務 (S)，以服務社會

---

❺　法鼓山基金會網站 (http://www.ddm.org.tw；檢閱日期：2014/2/10)。

❻　CORPS 這五個英文字母分別代表著 C: clients，服務對象；O: operations，創造價值的相關運作，含規劃與組織；R: resources，財力與物力資源，含資源提供者；P: participants，參與者，含專職人員與義工；S: services，創造或提供的服務 (司徒達賢，2003: 12)。

中的某些人 (C)，若能依此理論來檢視非營利組織，將能清楚了解到各個非營利組織的實際運作情況。同時，司徒達賢也點出「決策核心」(decision core, DC) 是否能正確且良好地扮演其角色，將是非營利組織運作成敗的關鍵。也就是說，決策核心本身須對於非營利組織理念與使命感有所認同，尤其是決策核心本身的理念和所表現出來的價值觀與行為風範，將對組織的成敗影響甚鉅（司徒達賢，2003: 340）。

若根據「CORPS 理論」和「決策核心」，來檢視前述的三個大型宗教型非營利組織的運作發現：首先，在決策核心方面，一般是以董事會❼作為組織中的最高決策制定機構，負有對內監督管理、決定組織核心工作任務，對外尋找資源並開拓組織界域之責。茲說明宗教型非營利組織的運作特徵如下：

(一)多元的服務對象

由上述國內三大宗教型非營利組織所提供的服務內容發現，服務對象的多元化似乎是此類型非營利組織的重要特徵之一。例如慈濟基金會主要透過四大志業，來進行國內長期貧戶照顧、急難救助、居家關懷，以及從事病患診療照護和相關醫療作為，包括骨髓資料庫、兒童發展復健中心、護理之家、山區及離島義診等；而佛光山基金會將從老到少的生、老、病、死等範圍皆涵蓋在服務內容之下，尤其長者安養與輔導誤入歧途的人士更是該組織服務著重之處；至於法鼓山基金會則強調對低收入戶的慰問及節令關懷、弱勢團體慰助，並發放清寒獎助學金等關懷救濟工作。基本上，這三個基金會所提供的服務與重視的焦點有些共通之處，但也有相異的地方。例如慈濟基金會的服務包括急難災民、病患的訪視慰問、低收入戶複查、協助就醫以及病患物理上的照料協助、情緒上的支持撫慰、訊息物品的聯繫傳遞等；佛光山基金會則以深入社會角落深耕，提供貧苦孤老、疾病患者、遭逢重大意外災害的人士關懷和協助，並引導受刑人向善與戒治人員假釋後的關心追蹤之服務；法鼓山

---

❼ 依目前內政部法規規定，財團法人董事會名額，不得少於 5 人，除宗教財團法人不得超過 31 人外，均不得超過 19 人。

基金會除了一些清寒獎助金、急難救助等作為外，則以「心靈」作為主軸，強調心境四環內化的重要，同時投入自殺防治的相關服務上。

綜上所述得知，宗教型非營利組織的服務範圍很廣，服務的對象也不僅限於清寒貧困或孤苦無依者，舉凡醫療、環保、文化教育等皆在其所提供的服務項目內，因而其服務對象早已超越傳統宗教以慈悲濟貧為主的單一服務提供模式。

㈡多元複雜的組織架構與業務運作

一般而言，非營利組織的組織架構是以扁平化著稱，以有別於政府部門的層級節制，然而，從本章中所介紹的三個個案來看，慈濟基金會和佛光山基金會是屬於組織規模較龐大者，因此業務運作模式自然朝向政府或企業部門的層級節制模式，以便維持基金會之管理與正常運作。如圖13-2所示，慈濟基金會的組織架構是以證嚴上人為總執行長，下設三位副執行長共理慈善、醫療、教育、文化四大志業，並設總管理中心來負責基金會的整體行政工作。各志業的推動是經行政單位策劃，實際推行是以慈濟委員與慈誠隊為主力，慈濟委員與慈誠隊都隸屬於委員會，向上對證嚴上人負責，向下則作為會員與基金會間的聯繫橋梁。另外，非屬正式組織架構的次級團體如慈濟人醫會、慈濟大專青年聯誼會、慈少隊等，雖不在組織結構中，但其直接隸屬委員所策劃管理，是為基金會各志業推廣的重要力量。

又，佛光山基金會在董事長／董事會下分北區辦事處、執行長、海外辦事處，再以執行長為主統籌管理下設的事業單位（大慈育幼院、佛光精舍、萬壽園、佛光診所、雲水醫院等）、社工部（急難救助、社會關懷、社會教化、獨居老人、社區服務等）、行政單位（宣傳推廣、行政、財務及資訊）。相形之下，在聖嚴法師圓寂以前，法鼓山基金會雖仍以聖嚴法師為核心來總理基金會的運作，但其組織架構並未如慈濟和佛光山基金會般繁複，較為簡略，業務的運作也明顯限縮在弱勢族群的關懷與照顧，強調心靈層次的提升。

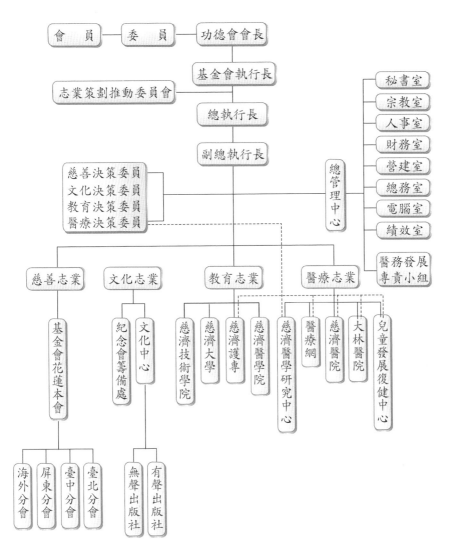

圖 13-2　慈濟基金會組織架構圖

資料來源：邱定彬，2000: 386。

㈢自主性財源籌措與運用

　　如檢閱相關資料發現，無論是慈濟、佛光山或法鼓山基金會，其主要財源絕大部分來自社會大眾的捐款，而未依賴政府補助。例如慈濟基金會在 1966 年成立之時，向內政部登記的資金數額即高達 120 億新臺

幣，且 100% 來自大眾捐款；而法鼓山基金會在 1992 年向教育部登記成立時，其資金數額也達 1 億 1,607 萬新臺幣。因此，這類型非營利組織在運作過程中是有相當自主性的，僅有少部分方案規劃是與政府單位合作，例如公設民營的合作案（高雄縣鳳山老人公寓）。此種現象或許可以解釋為我國宗教型非營利組織（特別是佛教）因受到國人傳統宗教信仰與捐款習慣❽之影響，一般民眾較有意願捐款給宗教型非營利組織，藉以累積福報或達到自身心靈與精神的滿足，致使這類型的組織能擁有較充沛的財源得以自主運用，而無須過度仰賴政府的補助或民間企業的捐贈。

㈣龐大的志工群

慈濟、佛光山與法鼓山基金會之運作，以慈濟的專職人員數最多，約有 600 人左右，而法鼓山最簡，這應該與基金會本身的組織架構和規模有相當程度的關聯。然或許是受到宗教多勸人向善、助人最樂等觀念的教化與影響，相較於其他類型的非營利組織，這類型非營利組織的志工數是相當龐大且固定的。以慈濟基金會為例，其海內外志工數號稱 500 萬人，志工團隊多元，包括慈誠隊、慈濟人醫會、環保志工、慈警會等；而佛光山基金會擁有十餘組的志工編制，約有 600 多名志工，顯示宗教型非營利組織具有相當號召與動員志工的能力。

基本上，宗教型非營利組織志工招募的主要管道為組織成員與親朋好友間的相互介紹和引薦，另外則透過宣傳行銷、服務品質口碑等條件來吸引相關關注者的投入，因此，宗教型非營利組織的志工成員之招募較其他類別的非營利組織來得容易，然也因為數量多，若組織沒有健全完整的管理機制或訓練等措施，恐會影響組織服務的傳遞。另一方面，宗教型非營利組織仰賴志工推動服務的程度頗深，然因志工組成分子多以家庭主婦、老人與退休者居多，其自我意識和主觀認定感可能較為強烈，同時也可能面臨相關專業知識較為缺乏等問題，這些都是宗教型非營利組織今後在運用志工人力時需加以注意之處。

以上是從我國較大型的宗教型非營利組織所歸納出的幾項運作特

---

❽ 國人傳統認為，捐款給寺廟可以庇祐子孫，增加親人的福報。

徵。整體來看，宗教組織的領導多半奠基在信眾對其超理性的個人崇拜和情感涉入，而非理性化的決策過程，因而宗教透過信眾的忠誠順服與支持，在決策上不但較為自主也較為專斷。在臺灣，大眾常傾向宗教性捐款，尤其是擁有相當知名度或群眾魅力的宗教家所領導的組織（蕭新煌，2004: 118），亦因為臺灣宗教型非營利組織之規模動輒成千上萬信徒，而其善款也多達上億，這雖然方便行善志業的推廣，但當其組織決策、管理及財務不透明時也容易引起許多的弊端。因此，宗教型非營利組織應立基於民眾捐款的信任，確實以達成組織使命為目標而加以深耕，另一方面，更需善用組織本身龐大的志工動員能力。雖然這些對於各類型非營利組織而言都是重要的，但是對於宗教型非營利組織來說，無論是經費或人力，都是來自社會大眾自動自發的投入，可視為是龐大社會資本累積之表徵，因而更具有深層之意義。

　　總結而言，宗教型非營利組織的運作模式，在管理面上大致與其他類非營利組織相似，但在服務大眾的公益使命上，宗教型非營利組織由於宗教的神聖性及淑世功能，相對於其他類別非營利組織在聚集資源上有其特殊的能力，尤其是在教義感召和利他思想的驅動下，使其動員的力量超乎一般想像。因此，宗教型非營利組織在對外組織運作上，除了具體深耕性的服務、人心淨化傳道等之外，更應以較正面積極的態度針對特定議題進行社會關懷、政策制定上的參與，以提升宗教型非營利組織存在的意義。

第四節　宗教型非營利組織的未來發展

　　就臺灣非營利組織而論，以宗教型非營利組織的深入幅度與本土化模式最為成功。其中慈濟基金會由於參與歷次國內外的救災活動，其強大的募款能力、迅速動員，條理分明的救災體系更是令國人印象深刻，相關的學術論文也有逐漸增多的趨勢。這些論文從許多面向來討論所謂的「慈濟現象」（梁斐文，2004: 207），同時也凸顯出了宗教型非營利組織在社會面向上的重要性和扮演關鍵性角色之地位。據此，對於宗教型

非營利組織的未來發展實可從兩方面來加以思考：一方面是國內內部需求，而另一方面則是對外國際支援部分。茲分別敘述如下：

一、加強對公共事務的關懷

就國內內部需求來說，臺灣的佛教組織與民間宗教團體雖然在教義發展與公益志業上有顯著增長，但如果進一步觀察，這些宗教型非營利組織之入世關懷重點仍偏向於個人靈性的修養、社會人心的淨化、家庭關係的和善美滿等面向上，而對政治參與、政策批判等公共事務的參與和關懷則多採消極態度。因此，對公共事務議題關懷是現今宗教型非營利組織可以多加著重之處。宗教型非營利組織雖然已在推動柔性的、心靈的、寧靜的社會倡議活動，但是針對社會結構的不正義所衍生的社會問題卻鮮少過問。事實上，宗教型非營利組織可與理念相同的非營利組織相結合，針對相同信仰價值之議題彼此結合以創造更公益的社會，同時對於政府機關甚至是各個組織間的溝通管道和互助，都建立服務網絡系統以避免資源重複配置等問題的發生。換言之，唯透過社會不同成員的溝通互動，才可讓公眾或其他組織單位（不論是人民、企業或政府）「意識到」，而逐步成為「公共領域」的議題（顧忠華，2001: 25），進而參與公共議題。

二、發展成國際性宗教型非營利組織

在全球化趨勢下，非營利組織積極針對各項議題與危機提供對策與服務，在當前國際社會中扮演著舉足輕重的角色，例如倡導引領國際社會新的價值與規範、建構國際性組織以因應國際社會所面臨的難題、改變國際典範以因應新的需求、提出跨國性衝突與歧見的解決方案，以及監督或執行重要公共議題的資源分配之角色 (David Brown, Sanjeev Khagam, Mark H. Moore, & Peter Frumkin, 2000: 271–296)。從國內外發生天災人禍之際，總能看到非營利或非政府組織參與相關救助的足跡來看，非營利組織對於國內外民間所發揮的影響力遠超越政府，而其運作模式更是受國際青睞。因之，非營利組織在國際支援開發的重要性與日俱增。

　　由於臺灣受到國際政治先天的限制，常無法以國家名義參與國際性事務或援助，若能以民間團體的方式提供適當協助，對於臺灣國際形象的提升應有所助益。根據外交部資料顯示，臺灣民間團體參與國際間人道救援工作，或是非營利組織參與國際活動的涉入程度，以宗教型非營利組織的涉入幅度為最深。一些原已深耕臺灣且已具規模的宗教型非營利組織，目前多逐漸從初期的宣揚教義宗旨轉型到藉由國際服務的提供，來傳播組織的價值理念。例如兒童福利基金會，原名「基督教兒童福利基金會」(Christian Children Fund, CCF)，原是設在臺灣的國際組織，從照顧臺灣兒童福利、收養貧困兒童，到至今拓展據點關懷世界各地的貧困兒童；又如慈濟基金會透過國際賑災、人道救援、骨髓捐贈等活動將價值理念和服務傳送到世界各地。相較於其他非營利組織，宗教型非營利組織在發展國際化時，其最大的關鍵在於宗教型非營利組織本身擁有多元豐富之經驗，組織可以藉由傳教、設立活動據點、相關急難救助、文化教育交流、醫療合作等方式置入國際，只要擁有明確的宗旨與理念價值，應能獲致認同，且有發展成為國際性宗教型非營利組織的機會。

第五節　結　語

　　有研究指出:「臺灣的宗教團體並非是福利多元主義或政府重視志願組織下的預期產物，相反地，它們都是臺灣地區社會安全制度低度發展與不發達下的特例」(王順民，2003: 194)，顯示臺灣宗教團體或組織發展的特殊性與對臺灣社會的重要性。長期以來，由於宗教的理念與教義深深影響社會大眾的心靈，國內幾個著名且具規模的大型非營利組織皆屬於宗教型，受到社會大眾的高度信任，成為臺灣社會發展重要的一部分。也因之，相較於一般非營利組織多肩負對社會成員的教化與精神層次的提升，宗教型非營利組織則負有更多的社會責任。

　　不同於其他類型的非營利組織，基本上，受到教義與信仰的影響，宗教型非營利組織的服務運作有別於國家政府，是一種深入民間的服務提供，且具有多元的服務對象、多元複雜的組織架構與業務運作、自主

性財源籌措與運用，以及龐大的志工群等多項特徵，也因而直接反映在聚集資源與動員的特殊能力上。基於此，未來宗教型非營利組織應把握本身的特質，除了繼續扮演淨化社會人心或改善家庭和樂關係的角色外，對於其他公共議題（如制度或結構改革等）也應抱持積極關心與參與的態度，甚至運用宗教無國界的理念，藉由宣揚教義、設立活動據點等，與國際其他非營利組織合作交流，藉以彌補我國非營利組織對國際議題的不熟悉，或與國際非營利組織互動的不頻繁等困境。

Tea Time

給比我更需要的人 ❾

「媽媽，我領到獎學金了！」佳穎放學回到家，一進門就興奮地說著。原來，她因為成績優異，獲得教育部頒發獎助金鼓勵。佳穎是新加坡美雅小學二年級學生，這 150 元的獎學金（約新臺幣 3,300 元），對她來說是一筆大數目；媽媽告訴佳穎：「這筆獎金很難得，我們將它分成 10 等份，7/10 花在適當的地方，把 3/10 存起來，以後有機會可以幫助別人。」

每年 12 月是東南亞地區的雨季。2006 年底，鄰國馬來西亞連續下了好幾場大雨，造成百年來最大的水災。佳穎從電視看到好多人在一片汪洋中逃離家園，就像浮萍般隨波漂流，沒有個遮風避雨的地方。一群身著「藍天白雲」制服的志工，穿梭在各個災區發放熱食、關懷受驚嚇的災民，這個畫面留駐在佳穎的小小心靈中。當師姑、師伯要前往災區賑災時，佳穎也陪媽媽協助準備熱便當。

幾天後的一個早晨，彷彿經過一番深思熟慮，佳穎告訴媽媽：「我想撥出 50 元獎學金，當作慈善捐款好不好？」「50 元不是小數目啊！」媽媽提醒她，況且已有一半的獎學金花在購買課本和文具用品了。佳穎懂得算術，她知道 50 元足夠買一雙新鞋和一

❾ 資料取自《慈濟月刊》，第 486 期。

個新書包；但捐出這筆錢對她來說，卻好像是尋常事似的，她決定只留下 20 元存入銀行戶頭，其餘全數捐出。阿姨問她：「為什麼不是留下 50 元、捐出 20 元呢？」半晌後，佳穎若有所思地回答：「我想，他們比我更需要這筆錢。」

2007 年 2 月 3 日，佳穎在媽媽陪同下，親手將捐款交給慈濟新加坡分會的劉濟雨師伯。劉師伯讚嘆佳穎小小年紀，卻有一顆慈悲的赤子之心。佳穎靦腆地翻開攜帶的一本英文漫畫書，其中一章正是證嚴上人的故事。2006 年 6 月，媽媽第一次帶佳穎來到新加坡分會靜思堂參加捐血活動，她問媽媽：「這裡是不是鼓勵家庭主婦『一天存 5 毛錢』的師父所建立的慈善團體？」原來佳穎很早就讀過上人的故事。問佳穎是否了解書中故事的意義？她輕輕點頭，用手指劃過書頁，讀了一段內容，其中包含了 "compassion"（慈悲）。媽媽說：「去年歲末祝福時，我們請了一個竹筒回家，我告訴佳穎，這不是等有錢時才存，而是每天都要恆持善念。」當大多數孩子還在卡通與童話故事中漫遊時，7 歲的佳穎已經開啟了一扇大門，看見世界的缺憾和美善。從這一天開始，所有認識與不認識的人，在她心中都值得被照顧和關懷。

參考文獻

一、中文書籍

司徒達賢，2003，《非營利組織的經營管理》，臺北：天下。

王順民，2003，〈當代臺灣地區宗教類基金會的一般性考察——概況、趨勢以及相關的問題意識〉，收錄於官有垣總策劃，《臺灣的基金會在社會變遷下之發展》，頁 173–206，臺北：洪建全教育文化基金會。

王士峰、王士紘，2000，〈非營利事業管理模式之研究——佛教慈濟功德會實證〉，收錄於鄭志明主編，《宗教與非營利事業》，頁 23–48，嘉義：南華大學宗教文化研究中心。

邱定彬，2000，〈慈濟組織運作模式——歷史階段與模式類型的分析〉，收錄於官有垣主編，《非營利組織與社會福利：臺灣本土的個案分析》，頁 371–406，臺北：亞太。

林蓉芝，1995，〈宗教教育的落實與提昇〉，收錄於《宗教論述專輯第二輯：社會教化篇》，臺北：內政部。

馮燕，2000，〈非營利組織的法律規範與架構〉，收錄於蕭新煌主編，《非營利部門：組織與運作》，頁 76–107，臺北：巨流。

張世雄，2000，〈志業主義、志願主義、專業主義與管理主義——從宗教慈善到非營利組織〉，收錄於鄭志明主編，《宗教與非營利事業》，頁 437–490，嘉義：南華大學宗教文化研究中心。

顧忠華，2000，〈「公共」的宗教？宗教性非營利組織與公共領域〉，收錄於鄭志明主編，《宗教與非營利事業》，頁 641–663，嘉義：南華大學宗教文化研究中心。

顧忠華，2001，《第二現代——風險社會的出路》，臺北：巨流。

二、中文期刊

官有垣、杜承嶸，2005，〈臺灣南部地區慈善會的自主性、創導性及對社會的影響〉，《社區發展季刊》，第 109 期，頁 339–353。

呂朝賢、郭俊巖，2003，〈地方政府與福利型非營利組織之關係：以嘉義地區為例〉，《國立空中大學社會科學學報》，第 11 期，頁 143–187。

張培新，2004，〈當代台灣地區宗教性非營利組織的運作與發展初探──四個宗教組織的個案考察〉，《台灣人文》，第 9 號，頁 147–158。

郭振昌，2005，〈臺灣地區公共就業服務民營化可行性初探──福利多元主義的省思〉，《社區發展季刊》，第 108 期，頁 135–146。

蕭新煌，2000，〈全球民間社會力：臺灣 NPOs 與國際社會的改革〉，《新世紀智庫論壇》，第 11 期，頁 12–16。

三、英文書籍

Anthony, R. N. & Herzlinger, R. E. 1980. *Management Control in Nonprofit Organizations*. R. D. Irwin, Homewood.

David Brown, Sanjeev Khagam, Mark H. Moore, & Peter Frumkin. 2000. "Globalization, NPOs, and Multisectoral Relations," in Joseph S. and John D. Donahue, ed. *Governance in a Globalizing World*. pp. 271–296.

Salamon, L. M. 1992. *America's Nonprofit Sector: A Primer*. New York: Foundation Center.

四、碩博士論文

林美玲，2003，《佛教慈善事業之發展──佛光山慈悲基金會等個案研究》，佛光人文社會學院宗教學研究所碩士論文。

高靜鴻，2005，《非營利組織服務資源配置模式之探討──以大甲鎮瀾宮為例》，朝陽科技大學企業管理系碩士論文。

許良福，1999，《非營利組織策略性行銷之研究──以慈濟功德會為例》，東吳大學企業管理研究所碩士論文。

楊繡勳，2003，《臺灣宗教型非營利組織之國際化策略探討──以慈濟基金會為例》，南華大學非營利事業管理研究所碩士論文。

五、網路資料

佛光山基金會網站（http://www.compassion.org.tw；檢閱日期：2014/2/10）。

法鼓山基金會網站（http://www.ddm.org.tw；檢閱日期：2014/2/10）。

慈濟基金會網站（http://www.tzuchi.org.tw；檢閱日期：2014/2/10）。

第十四章　社福型非營利組織

　　近年來，隨著高齡化與少子化的問題日益深刻，單靠政府單一部門所提供之公共服務，已經難以滿足社會大眾多元的需求。因此，為解決公共服務不足的問題，政府部門不得不向外尋求外部資源的協助，非營利組織即是在此種背景下所興起之產物。特別是社福型非營利組織，受到高齡化與社會福利需求日益增多的影響，社福型非營利組織所扮演的角色與功能也日漸增強，在我國社會福利服務的輸送上具有舉足輕重的地位。

　　1987 年解嚴以後，臺灣政治、社會關懷組織與社會運動逐漸萌芽，公益組織急遽發展，根據內政部相關統計資料顯示，臺灣中央所轄的社會團體自 80 年代末至 90 年代初期成長近 90%，90 年代初期成長了 136%，截至 2013 年又成長 259%，計二十六年期間共成長了 1,500% ❶；另外，地方所轄的社會團體也在二十六年間成長約 500% 左右。由此可見，民間團體的成長相當快速。相較於中央所轄七大類別團體，社會服務及公益慈善團體所占之比例介於 20% 左右；而地方所轄的八大類別團體中，社會服務及公益慈善團體更占達約 35% 之比例，由此可知此區塊服務需求和備受矚目的程度，而在本章中所欲介紹之社福型非營利組織即屬於這一領域。

　　本章是以社福型非營利組織為主軸來進行介紹討論。在第一節中首先就成立社福型非營利組織所涉及之要件、範圍，以及所扮演之角色功能等事業特質做說明；其次，在第二節中則針對臺灣社會福利政策的變遷與社福型非營利組織的發展歷程進行整理與介紹；

---

❶　我國自 1987 至 1991 年，中央所轄的社會團體各類別總數從 734 成長至 1,388；1991 至 1999 年再從 1,388 成長至 3,279；1999 至 2013 年再從 3,279 成長至 11,750。

接著在第三節中乃透過對社福型非營利組織服務輸送特徵之觀察分析，以了解社會福利服務輸送體系改變的因素，與該體系轉變後之差異；進而在第四節中針對社福型非營利組織今後的發展困境提出反思與討論；最後總結前述以作為結語。

第一節　社福型非營利組織的事業特質

一、社福型非營利組織概述

㈠法　源

　　非營利組織法規的制定由於涉及到各國法令規章，並不容易建立一個「一體適用」的全球性分類架構；又因非營利組織所涵蓋的範圍相當廣泛，各領域有其特殊性，因此難以訂定一套法規而得以規範各類型非營利組織。基於這些因素，截至目前為止，我國尚未建立一套有系統的非營利組織相關法制。如前所述，目前臺灣的非營利組織主要係以《民法》為基礎，有關非營利組織的相關草案仍於立法院審議中，因此如欲了解各類型非營利組織的相關法制，僅能就現有法令規範中了解相關成立的方式和門檻。雖然各類型非營利組織的主管機關、成立方式、相關條件與門檻等會因法源依據之不同而有所差異，但《民法》總則中所訂定的架構分類即為目前各類非營利組織設置的概括型態，因此，本章所提及的社福型非營利組織之設置型態亦不脫離此範疇。

㈡成立要件

　　就我國現行相關法律規範來看，社福型非營利組織的主要權責機關為內政部，而根據《內政部審查內政業務財團法人設立許可及監督要點》第 1 條所示，內政部負責辦理內政業務財團法人（以下簡稱財團法人）之設立許可及監督事宜。又，同要點第 2 條提到，其所稱之財團法人，

係指除法律另有規定外，以推動內政相關業務為目的，從事民政、戶政、社政、地政、家庭暴力、性侵害及性騷擾防治、警政、營建、消防、役政、兒童福利、救災、入出國及移民業務或其他有關內政業務等服務之財團法人。由此可知，社會福利所涵蓋的範圍相當地廣泛。而有關於社福型非營利組織（財團法人基金會）的相關成立方式和條件茲整理如下：

1. 成立方式

一般來說，社福型非營利組織以財團法人基金會的型態最為常見，而根據《內政部審查內政業務財團法人設立許可及監督要點》規定，財團法人基金會業務範圍在縣（市）者向當地縣（市）政府申請；業務範圍在直轄市者向當地直轄市政府申請；業務範圍跨越直轄市或縣（市）者，除法令另有規定外，向內政部申請（基金須達到標準）。

2. 成立條件

財團法人之設立，其財產總額須達足以達成其設立目的為準，目前申請內政部許可設立，其設立基金為新臺幣 3,000 萬元以上（不含不動產、有價證券），直轄市、縣（市）政府依其標準定之（目前申請臺北市、高雄市政府社會局及各縣（市）政府許可，其設立基金為新臺幣 1,000 萬元以上）。

二、社福型非營利組織的活動範圍與角色功能

臺灣社福型非營利組織的服務對象和數量相當多元且可觀，一般來說，社福型非營利組織的分類通常是以案主或服務提供的對象，以作為組織類型之區隔依據，最常見的是以兒童、青少年、老人、身心障礙者等為服務對象，然也有以議題或特定標的來分類，例如家暴、性侵害、癌症、植物人、罕見疾病等。大體來說，「身分別」是辨識社福型非營利組織服務標的最主要之依據。

近年來，非營利組織所扮演的角色與所能發揮的功能愈來愈受到矚目，組織間也為了更精準地落實組織本身的理念和提升服務供給的品質，

逐漸地形成組織間彼此相互支援、互補的網絡架構，而這種網絡連結的關係型態尤以社福型非營利組織間最為明顯。

以下乃以美國學者 Kramer (1987: 251) 所提出之非營利組織角色功能為基礎，並以勵馨社會福利事業基金會（以下簡稱勵馨基金會）為例，試圖觀察社福型非營利組織二十多年來在角色功能方面的變化情形。

㈠開拓與創新的角色功能

傳統非營利組織的角色功能，以消極的收容、救濟或醫療為主，然而非營利組織（尤其以社會福利領域的機構組織）常可根據或透過組織本身實際參與的行動經驗，來察覺到相關問題之根源，進一步就非營利組織所關注之焦點予以突破，以改善並增進服務品質或提出新的策略等，即為開拓與創新的角色功能。對社福型非營利組織而言，在環境競爭之下，如何藉由開拓與創新的方法來創造利基，以服務更多對象或改善服務品質則是長期以來努力思考的課題。例如 1995 年 8 月 11 日所通過的《兒童及少年性交易防制條例》，即是由勵馨基金會與其他相關民間機構和政府機構所積極共同推動之法案，也因而喚起社會大眾的注意，促使公權力正式介入救援及保護未成年人被迫或被誘從事性交易者。爾後，勵馨基金會又於同年承接臺北市政府的「不幸少女（兒少性交易防制個案）後續追蹤輔導」，開始與政府建立合作的夥伴關係。

㈡改革與倡導的社會功能

事實上，「影響立法與政策」、「促使政府改善服務提供」、「獲取政府資金挹注」以及「為案主爭取特殊利益」等面向皆為非營利組織可以發揮改革與倡導的社會功能之處。例如從 1992 年到 1995 年之間，勵馨基金會推動「反雛妓運動」與「立法倡導」工作，並結合終止童妓協會、婦女救援基金會與善牧基金會等三個社福型非營利組織，以策略聯盟方式共同組成「兒少聯盟」來推動《兒童及少年性交易防制條例》立法，可謂臺灣社福型非營利組織扮演改革倡導角色最成功之範例。

此外，《家庭暴力防治法》、《性騷擾防治法》、《性侵害犯罪防治法》、

《少年事件處理法》、《兒童及少年福利法》等相關法規的制定與通過，都是勵馨基金會這些年來致力於不幸兒童、少年、婦女等議題，從而展開社會興論與遊說，促使社會大眾改變態度進而正視家庭暴力、性騷擾或兒童及少年福利等問題所累積之結果。

㈢價值維護的角色功能

價值維護是指志願組織或非營利組織透過實際之運作，以激勵民眾對社會事務的關懷，有助於各種正面價值觀之維護，甚或被期待去保護或推展某些社會價值。例如勵馨基金會於 1988 年成立第一個中途之家——「勵馨園」，提供不幸少女溫馨的家庭關懷，於 1994 年成立「蒲公英關懷輔導中心」，關心遭性侵害、性剝削的孩子等作法，皆是站在關心不幸兒童、少年與婦女的價值基礎上進行的價值維護和推廣工作。

㈣服務提供的角色功能

由於政府資源有限，而無法充分保障社會中所有民眾，並提供多元之服務，故給予非營利組織生存發展的空間。其主要是提供政府深入點不足之服務，對象也較為特定。例如勵馨基金會以中途之家的形式，提供不幸少女收容、安置的服務，並協助遭受婚姻暴力之婦女等，即屬非營利組織最直接的服務。

㈤社會教育的角色功能

社會教育功能實為綜合前列四項的精華，透過議題倡導或付諸興論傳媒等方式，促成社會改革，使推廣建立的價值概念能深入大眾的心裡，藉以教育並喚醒大眾對於特定議題之重視，此即為社會教育角色功能的意義所在。例如勵馨基金會於 1992 年到 1995 年推動「反雛妓運動」及《兒童及少年性交易防制條例》立法通過，進行社會教育、立法與倡導遊說，將社會原本認為雛妓問題是色情問題轉為兒少權益與保護議題，並喚起社會大眾對此問題之重視。在此過程中，勵馨基金會即是扮演社會教育的角色功能。

綜合來說，臺灣的社福型非營利組織數量十分眾多，類型亦相當多元，最常見的就是以身分別作為區分，例如兒童、青少年、老人、婦女等，各類非營利組織所著重的焦點也都有程度上的差別，在不違背自身使命的範圍內，致力於特定議題之服務的提供，

➡️圖 14-1　兒童、身心障礙者等不同身分別，有不同的非營利組織參與服務的提供。

例如性別平權議題（單親媽媽、家庭暴力、婦女人身安全等）、兒童保護議題（兒童福利與照護、受虐兒童）、老人福利議題（老人安養照護關懷）、身心障礙議題（罕見疾病、顏面損傷、心智障礙等）等。上述多樣議題若單是倚靠政府部門來提供解決方案或是從事服務的供給，往往很難周延且有施行上之困境。因此，如能藉由以公益為使命之社福型非營利組織的參與，應能彌補政府部門公共服務供給不足之問題。

第二節　我國社福型非營利組織的發展歷程

一、臺灣社會福利發展的脈絡

在論述臺灣經濟發展與社會福利的關係之前，應先了解我國傳統民間社會福利的特性。根據研究資料顯示，其特性有三：(1)血緣關係的宗族福利：由家族、宗族之間的互助，以公共的祠產或個別的餘力，救助宗族中的貧困者與罹災者，並興辦各種公益事業；(2)地緣關係的同鄉福利：住在同一地區的人，本著睦鄰與疾病相扶持，急公好義地服務鄉里。另有離鄉背井者在異地為聯絡鄉誼，相互照顧而組織同鄉會或宗親會，成立會館，籌募基金，提供各種服務；(3)志願行為的善堂福利：此乃慈善人士和宗教團體為了行善所建立的組織，主要工作在於養老、義學、義診、賑災等（張英陣，1995: 153-154）。因之，我國傳統民間社會福利有較強的地緣性或區域性，以及濃厚的親族關係。但整體而言，社會福

利的供給還是以政府為主。

政府遷臺之後,在社會福利服務的供給方面,政府的角色逐漸擴張,從社會救助到社會保險,甚至社會福利,皆扮演重要的功能。相較於政府,民間的福利資源顯得相當微小,然有些社會福利服務仍非常仰賴民間機構。目前民間的社會福利組織除了原有的宗教福利組織及善心人士的組織之外,企業界所設立的組織與自助性團體所形成的組織(如婦女、身心障礙者家長、社區人士所組成的協會)也逐漸增多(張英陣,1995:154),顯示臺灣社會福利的發展除了受到政治體制與統治方式的影響外,民眾教育水準的提升與對社會福利的體認也存有相當關鍵性的地位。因此在本節中,將就臺灣整體經濟發展做一概略說明,以期有助於了解我國社福型非營利組織的發展歷程。

㈠戰後臺灣整體的國家福利發展(1950 年代至 1980 年代)

從 1950 年政府遷臺到 1987 年解除戒嚴的這段期間,進口替代時期(1953 至 1961 年)可算是臺灣經濟發展的第一個階段。此階段政府主要是透過耕者有其田等農業經建計畫來培養工業的發展,而工業則以農業出口的外匯所得,添購生產所欠缺的原物料和所需的資本財。基本上,在 1970 年前我國社會福利政策是以貧窮救濟和災難救援為主,把重心置於保障構成社會安定與經濟成長基礎的軍、公、教和勞工階級身上。直至 70 年代展開一連串社會福利政策之修正後,始出現臺灣第一個純消費性的立法──《兒童福利法》(1973 年),爾後直到 1980 年才陸續頒訂了社會福利三法──《社會救助法》、《殘障福利法》和《老人福利法》(古允文,1988: 124;江亮演等,2000)。如從當時國家整體發展內容來看,由於當時國內經濟日趨穩定發展,使得相關福利需求逐漸受到重視,整體國家的福利政策也從過去的「求富」轉為「求均」。

㈡轉變中的臺灣社會福利時代(1980 年代至 1990 年代)

承上所述,80 年代快速通過的三項重大社會福利法案,意味著政府開始重視社會福利問題。也因此,政府逐漸將大量資源投注到社會福利

領域,此可以從 1980 年內政部全國社會福利預算為 380 億元,隔年(1981年)即上升 36%,增加為 520 億元而得到證明(官有垣,2000: 83-84)。綜觀這段期間,臺灣社會由於經濟成長帶來了社會與家庭結構的變遷,而隨著都市化與工業化社會的興起,衍生出貧困家庭、老人、兒童、失業人口等照護需求問題。所以,為因應家庭功能解組,並滿足民眾福利需求、安養照顧與經濟安全的保障,自 1990 年代起臺灣社會福利的發展有漸私有化的趨勢。

㈢現階段臺灣社會福利的發展(1990 年代後期迄今)

90 年代以後,為因應多樣的社會福利需求,臺灣社會福利發展有私有化的趨勢,也因而政府部門不再是主要的福利服務提供者(詹火生、林慧芬,2003;劉麗雯,2004)。隨著政治環境的開放,社福型非營利組織的活動不再侷限於服務的提供,而是轉向為特定福利議題進行改革與倡導(鄭怡世,1999;蕭新煌,2000)。在這段期間,政府積極與非營利組織合作生產福利服務,以業務外包、委託經營及獎勵等方式鼓勵民間社福型非營利組織參與福利服務輸送(馮俊傑,2003: 54)。

整體而言,臺灣經濟發展在政府與民間共同努力耕耘之下,經過數十多年已累積相當的財富基礎。然而即便我國經濟已經呈現高度繁榮與富裕,社會上仍存在著貧困、兒童、老人、身心障礙等弱勢群體潛在問題無法獲致改善,必須仰賴於社會安全制度及社會福利資助,以照顧維持弱勢族群生活上的基本需求。雖然近年來政府社會福利經費的支出增溢,自 2000 年的 3,669 億元,占國庫支出 16.42%,到 2012 年已達 21.78%的比例,提升至 4,222 億元左右❷,但社會福利的推展仍有賴政府與民間攜手。若就兩者合作的發展歷程來觀察,目前我國已經進入政府與非營利組織相互合作、彼此信賴的階段,在許多老人安養機構、身心障礙者的安置,以及兒童福利、安全等服務領域,幾乎都可以看到民間團體參與的軌跡。

---

❷ 內政部 2012 年度社政年報(http://www.sfaa.gov.tw/SFAA/Pages/Detail.aspx?nodeid=285&pid=2155;檢閱日期:2014/2/10)。

二、我國社福型非營利組織的發展歷程

我國社福型非營利組織的整體發展，實與臺灣經濟變遷有相當之關聯。從上述臺灣社會福利的發展歷程中不難發現，社福型非營利組織最初所關注的焦點是針對特定的對象或標的人口來提供相關的福利服務，較少投入各項法案的推動。因此，早期有關我國社會福利法制面的確立，各項社會福利法案的通過依然是由政府部門扮演主導性的重要角色。

若回顧當時我國社會福利相關法制的規劃與推動歷程可發現，自從1971年臺灣退出聯合國之後，美國的援助逐漸減少，所以政府必須獨自擔負福利服務的提供責任，間接促使政府部門進行各項法案的推動，而1973年至1980年有關《兒童福利法》、《老人福利法》、《殘障福利法》和《社會救助法》等社會福利法制面的建構，就是在這樣的時代背景下開啟。在這一時期，受到國內政治民主的影響，民間團體所扮演的角色與發揮的功能較為有限。直到80年代，隨著社會民主風氣的開放與民間力量的興起，社福型非營利組織開始涉入相關法案的修法工作。主要是因為非營利組織與民眾直接接觸的機會較多，對於民眾的需求較為清楚，因而非營利組織得以藉由與政府部門的接觸，提供專業資訊，以協助相關法律的制定與修改；以《兒童福利法》的修法以及該法與《少年福利法》合併為例，我國《兒童福利法》自1973年制定頒布後，共經歷四次修法階段，而《少年福利法》自1989年制定後，也歷經了二次的修法工作（賴月蜜，2003: 51）。然為因應兒童及少年之新興議題發展和需求變化，社福型非營利組織除積極參與二法合併之工作外，1990年兒童福利聯盟更將努力的焦點，從民間團體之間的討論轉移至對立法院相關委員的遊說工作，由此可以看出社福型非營利組織對於我國社會福利法制面建置之努力。

除了上述有關社福型非營利組織參與各項社會福利法案規劃與制定活動，政府對民間團體的獎勵與補助也是促使社福型非營利組織蓬勃發展的重要關鍵。1983年以前，我國社會福利服務輸送體系可以說是偏向公私部門分立並存的模式，而且非營利組織大多處於較為被動的狀態，

政府與民間團體可能同時提供相同的福利服務，直到內政部於 1983 年頒布「加強民間力量推展社會福利實施計畫」，明文指出各縣市政府為推動社會福利工作，得以補助、獎勵或委託民間合法社會福利機構來共同辦理，這也開啟政府部門將原本由本身提供的相關福利服務委由民間團體負責提供之門。但由於施行之初各地方政府不甚熟悉該作業要領，而使得實施之情形並不普遍，直到 1989 年內政部另行訂頒《內政部加強社會福利獎助作業要點》，增加民間辦理社會福利服務業務之補助項目，並擴充補助範圍，之後也陸續提出多項改善方案，提高社福型非營利組織協助供給社會福利服務的正當性，並開放參與管道，進而使社福型非營利組織在社會福利領域所扮演的角色逐漸從被動轉為主動。

以臺北市為例，1985 年的公設民營委託案僅有 1 案，1991 年增至 2 案，往後 1994 年共 11 案、1997 年約 30 案，一直到1999年已有約 50 案左右。這項數據顯示出，我國的社會福利輸送體系從早期的公私分立並行模式，在 1980 年代以後有了顯著的變化（林萬億、陳毓文、秦文力，1997: 32–33），亦即政府部門逐漸透過委託外包模式或民營化的方式，嘗試將社會福利服務的提供從過去公私部門各自為政，轉變為由政府部門與私部門逐漸建立合作關係，設法將有限的資源作有效的整合。一方面由政府部門協助民間組織推動各項福利服務的提供活動，另一方面則可以減輕政府在相關服務資源重複建置所造成的浪費。1990 年代以後，隨著解嚴後政治情勢的轉變，政府放寬人民團體設立的限制，促使社會福利團體的數量迅速增加。此外，社會的開放使得民意社會力爆發而顯多元，政府如欲回應這些多元民意與需求，則必須加強推展新的服務與方案。然由於當時政府的人力與資源並無法負荷如此龐大的需求，因而以方案委託、公設民營，甚或民營化的方式，將其交付給民間，造就了社福型非營利組織的擴張（馮俊傑，2003: 54）。

總體而言，過去社福型非營利組織大多與政府部門保持相當的距離，民間團體早期也以服務提供為組織主要的活動，鮮少投入相關法制的規劃與制定，也甚少與政府部門有所互動。然而，許多社會福利服務的提供實需要政府部門與民間部門共同合作，在有限的資源下發揮各項資源

最大的效益，減少相同服務重複提供所造成的資源浪費。因此，社福型非營利組織乃改變過去獨自提供服務的作法，嘗試在不同方案上與政府部門合作或接受政府部門的委託，不僅可以藉由政府的補助資源拓展本身的設施與業務，還能因而提升在社會福利事業領域中的專業形象和優勢地位，顯示社福型非營利組織在社會福利領域有著無可替代的重要地位。

第三節　社福型非營利組織的服務輸送

　　過去一般認為，社會福利的輸送是政府的職責，但我國自 60 年代開始，已有少數非營利的社會服務組織開始提供類似服務，只不過這些組織為了尋求資源或是建構合法性，會藉由與政府或企業部門合作，來達到服務供給的目的。而自 80 年代以後，隨著各級政府所推動的福利服務方案不斷增加，以及鼓勵民間組織參與福利服務的各種辦法相繼制定，非營利組織在社會福利服務領域所扮演之角色也愈來愈重要（劉麗雯，2004: 138）。基於此，在本節中，乃先探討造成社會福利領域中政府與民間角色轉變之因素，其次乃針對轉變後的社會服務輸送體系進行說明分析，以觀察社福型非營利組織的服務輸送方式。

一、政府角色的轉變

　　非營利組織所關心的各式各樣社會福利問題，甚至是社會邊緣性問題，在社會發展的早期多是由家庭或家族自行負責處理，之後才漸有一些社區和民間慈善機構開始參與、關心。直到 1930 年代，歐美福利國家才開始由政府取代家庭與社區，由政府做政策性規劃，並提供各種公共設施、經費或服務，來滿足弱勢族群的需求（鄭讚源，1997；轉引自黃慶讚，2000: 292）。爾後，受到福利國家理論與「大有為的政府」觀念的影響，絕大多數的社會福利服務都由政府來提供，政府儼然是社會福利服務唯一的供給者。

　　但此種情形到了 80 年代產生重大的改變。由於許多先進國家面臨

「福利國家危機」的威脅，政府的角色、功能及權責與作為等陸續成為檢討的焦點，福利國家理論也開始遭受批判和討論，進而衍生出各種修正和調整的論點，包括福利多元主義的提倡，點出政府不再是唯一的福利供給者，個人、家庭、社區、企業以及非營利組織等，被視為是一種顯著和有力的替代（郭登聰，1997: 65），尤其是非營利組織，因為是民間力量的集合，除具有公益的使命外，且不以營利為目的，故被認為是最適合用來彌補政府部門社會福利服務輸送不足者。

以我國而言，70 年代時由於公部門社會福利資源不足，乃鼓勵或擴大民間參與，希望民間能自立門戶和擁有福利事業，此為社福型非營利組織發展的契機。到了 80 年代，由於新增加的社會問題與福利需求，例如單親、受虐、受暴、行為偏差、情緒困擾與發展遲緩等特殊兒童的問題及保護與輔導的需求等，故需要加強和擴大推展新的服務計畫及方案措施。然而，地方社會行政及社會工作人力編制並未隨著新的需求及服務措施而有適當的調整（施教裕，1997: 38）。在此情況下，社福型非營利組織因有專業的人力與經驗提供類似的服務，以滿足政府無力供給之福利需求，因而給予社福型非營利組織很大的發展空間。

二、社會福利服務輸送體系的轉變

如上所述，隨著福利國家的發展，社會福利服務的輸送模式也逐漸走向多元化，政府和民間分別扮演了不同的角色（王麗容，1993: 70）。在過去，社會福利服務的輸送為一種直線關係（如圖 14-2），亦即政府雖然努力創造各種服務，或在各種政策的擬定上，盡量移撥經費來照顧弱勢族群，但民間對於社會福利的需求是多元性的，加上許多服務皆需倚靠大量的人力，甚或專業人力，這些都是以政府有限人力與龐雜的科層體制所無法辦到的（黃慶讚，2000: 297）。

然而，隨著政府角色的轉變，不再是福利服務的唯一供給者，因而在新形成的福利服務輸送關係中，政府所扮演的角色可能轉變為出資購買服務者，僅提供經費，而將服務交由專業的非營利組織提供，也可能成為鼓勵者與監督者，一方面鼓勵非營利組織或民間團體參與福利服務

輸送，另一面則以監督者的立場，來督導服務之內容與品質，用以確保
福利服務的輸送，而形成新的三角輸送系統（如圖 14-3）。

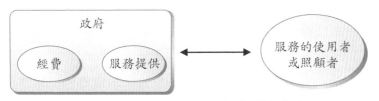

➡圖 14-2　福利服務的直線輸送體系

資料來源：黃慶讚，2000: 298。

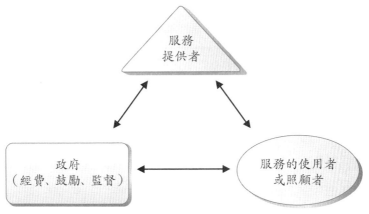

➡圖 14-3　福利服務的三角輸送體系

資料來源：黃慶讚，2000: 298。

　　在上述的情況下，福利服務輸送即從直線輸送系統轉變為三角輸送
系統，而其最大的不同乃在於將服務的購買者與服務的提供者明顯地分
開。在原本的直線關係中，政府部門自己編列經費為服務的需求者購買
服務，但所購買之服務又只以政府本身所提供的服務為主。如是的作法
雖有單純化與一元化之優點，但卻可能產生只滿足政府官員個人工作上
的需求或僅是配合經費預算，而非為服務的對象之困境。相形之下，新
的三角輸送系統正能彌補直線輸送系統的缺失。由於該福利服務輸送系
統是將服務的購買者與提供者分開，所以服務的供給者不但會將服務使
用者的需求放在第一，還會為了滿足購買者的需求，不斷嘗試創新與改

進，使服務的產品多元化，給予服務的對象更多選擇的空間。另一方面，服務購買者與生產者間透過買賣的制約關係，可以釐清雙方的權責，同時，服務供給者間為了爭取服務供給的機會，不但會形成競爭，還會因而提升服務之品質（黃慶讚，2000: 299-300）。

總結以上所述得知，社福型非營利組織的福利服務輸送因政府角色的改變（由福利服務的供給者轉變為購買者、鼓勵者與監督者）而產生顯著的變化。在傳統的直線輸送系統中，由於政府本身負責福利服務的供給，使得社福型非營利組織的發展較受到限制。但隨著政府角色的調整，輸送系統產生變化，社福型非營利組織得以替代政府提供其所無力供給或充分供給之服務。

第四節　社福型非營利組織的發展困境

臺灣非營利組織大量投入福利服務相關工作，主要湧現的關鍵點是1999年的九二一大地震。當時救援工作的進行以及後續的重建工程，在在都令人見識到非營利組織龐大的動員與運作能力，也令全國民眾開始注意到非營利組織存在的意義與重要性。但卻也因此，在九二一大地震後，社會上的許多資源都過度湧進幾個知名度較高或較大型的非營利組織中，進而排擠了其他知名度低或小型的非營利組織，引發部分非營利組織財務與資源募集的危機，社福型非營利組織亦然。社福型非營利組織和宗教型非營利組織在福利服務供給內容與對象上有相當程度的重疊，然不同的是，宗教型非營利組織因有宗教信仰為基礎，加上國人的捐款偏好也傾向以宗教性捐款居多，導致社福型非營利組織在發展上比宗教型非營利組織來得艱辛，而產生如下的困境。茲分別論述說明：

一、責信與績效評估制度尚未建置

社福型非營利組織因接受了政府、企業、個人，甚或其他基金會之經費贊助或補助，而不同的經費贊助者可能基於目標之不同而有不同的責信與績效評估的要求，有時甚至會引起相互衝突或多元衝突。加上此

類型非營利組織所提供之服務，經常是無形的、難以量化的，因而更凸顯出社福型非營利組織責信與績效評估制度建立之不易。然而，面對社會資源有限，而同質性類型的非營利組織數量愈來愈多，在競爭壓力日益激烈的情況下，社福型非營利組織如能主動建立一套符合多元需求的責信體系與績效評估系統，應有助於組織日後在爭取資源或與政府部門合作時之有效參考。

二、組織規模較小，過度仰賴政府的財務支持

目前臺灣的非營利組織中，社福型基金會在數量上高居各類別基金會第二，多提供具體的輸送服務，並擁有來自組織外部的捐助與社會資源。然而，若檢視社福型非營利組織的會務運作發現，國內除了幾家規模較大的基金會，運作較為順遂、財務較為自主之外，其餘非營利組織多半處於規模較小或資金較為缺乏的薄弱狀態，亟需政府的財務支援。然而，一般地方性基金會或小型基金會，若仰賴政府財務支持的比例超過組織整體收入的 50% 時，恐怕會影響非營利組織的自主性，同時也會使政府與組織機構之間的界線變得模糊（溫信學，1997: 158）。這或許可以視為是規模較小的社福型非營利組織未來發展之警訊，以避免影響組織的主體性，以及淪為受制於政府單位的現象產生。因此，避免過度依賴政府財政支援，盡可能將政府補助維持在適當比例，對於社福型非營利組織的發展而言應是較為正面的作法。

三、未能建立策略聯盟網絡

策略聯盟原本是企業界提升競爭力的重要策略，目的在透過合作的關係，共同化解企業本身的弱點、強化本身的優點，以提升企業整體的競爭力。這個概念後來被援引成為許多組織學習的重要管理策略。在社會福利領域裡，非營利組織間也有許多聯盟的方式存在，尤其是就議題有共同願景或有其公共利益以為長期或短期的合作與互動（江明修、梅高文，1999: 8）。目前各類非營利組織的發展情況，組織之間的聯盟關係較常發生於倡導性的社會運動或者政治行動組織（劉麗雯，2004: 53）。

尤其是臺灣社福型非營利組織，有著經營時間短、規模小、市場化不足等三大特徵（呂朝賢、郭俊巖，2003: 3）。加上政治、經濟、社會、文化，以及技術等不同面向的大環境變遷，使得非營利組織無論規模大小皆必須更直接地承受並面對環境和資源的不確定性，因此，社福型非營利組織如能透過策略聯盟的方式，藉由同質性非營利組織間合作關係之建立，適時整合各項資源，以減輕組織的負擔，應能增強組織的影響力，創造效益最大化的空間。

第五節　結　語

整體而言，我國傳統社會福利的供給是以政府為主來決定服務供給的內容與品質，一般民間團體所從事的社會福利由於資源少，所以有較強的地域性與親族關係。然而，隨著社會福利服務需求的增加與多元，以及服務輸送模式的多樣化，近年來非營利組織在社會福利需求之滿足上所扮演的角色日趨重要，除了彌補政府資源有限、無法提供多元社會福利服務外，還積極扮演開拓與創新、改革與倡導，甚至是價值維護與社會教育的角色。

非營利組織介入政府所提供的社會福利，基本上有「擴大供給」、「提升品質」，以及「兼具彈性」這三大面向的助益（謝端丞，1996: 67–69）。在社福型非營利組織加入了社會福利服務的輸送體系之後，除了能促使社會福利的供給有更廣、更好、更高品質且富有彈性的服務之外，由於非營利組織尚有議題倡導與影響公共政策制定的效果，對於建構完善的社會福利總體環境有更明顯之助益。因而，未來如欲促成我國社福型非營利組織的發展，必須要先解決責信與績效評估制度尚未建立、未能建立策略聯盟網絡，以及社福型非營利組織規模過小，過度依賴政府財務支持等問題。

伊甸的聖誕卡❸

聖誕節，一個充滿溫馨的日子，熟悉的聖誕歌曲、美麗的聖誕燈飾以及可愛的聖誕卡片，相信是許多人所共同擁有的美好回憶。在這些共同回憶中，不禁令人想起每到歲末寒冬課堂上就會悄悄傳閱起彙整各式各樣精美卡片的型錄。而這本卡片義賣型錄，就是伊甸社會福利基金會（以下簡稱伊甸）所製作，是國內愛心卡片義賣先驅的表徵。1983 年 12 月，伊甸正式成立企業部，將福利工廠所生產出的產品（伊甸紙品禮品部推出的卡片），透過義賣或直接銷售兩種管道來達到自給自足，可說是當時社福團體的創舉，因而所受到之關注和迴響十分顯著，對於組織的效益也相得益彰。

當新聞播放著身心障礙畫家用盡全身力氣，靠著唯一可以移動的左腳趾畫著國畫時，你我是否為之驚嘆由衷感佩；當許多你我認為是屬於極為稀鬆平常的動作或事情，你我是否能想像和體會智能障礙者展現其整燙衣褲絕活時的喜悅，是否能感受到他們用奶油所擠出「烘焙」機會的用心，究竟你我是以何種態度來看待因跌落單槓傷及腦部與背部，卻能駝著背以熟練的動作操作著洗地機的行為。這些歷歷在目的動容畫面，有多少人了解其背後所付出的努力和不為人知的心酸。事實上，無論身心障礙者是直接勇於面對自我的重新走進社會，或以己力於幕後默默盡力扮演自我角色活出自己，都需要你我的接納和鼓勵，畢竟黑暗的世界需要光明之引導，始能讓他們重新融入社會，他們需要的是尊嚴而不是同情，是認同而非施予，而最重要的是那能讓他們滿懷希望的一個機會。

對於上述足以讓你我深入思索的回憶和感受，你我獲得了什

❸ 伊甸基金會網站（http://www.eden.org.tw/about.php?level2_id=2level3_id=9；檢閱日期：2014/2/10）。

麼？面對著社會整體環境的變遷，社福團體除了關懷照顧各基層角落常被忽略的弱勢之外，更要為了組織生存而努力，為突破如此艱困的事實，相關如公辦民營、事業化等創新的思維皆是社福型組織團體可加以著墨之處，透過你我實際行動的支持或許可以為社會弱勢開啟一扇光明的窗。

參考文獻

一、中文書籍

丘昌泰，2000，《公共管理——理論與實務手冊》，臺北：元照。

官有垣，2000，《非營利組織與社會福利：臺灣本土的個案分析》，臺北：亞太。

林萬億、陳毓文、秦文力，1997，《社會福利公設民營模式與法制之研究》，臺北：內政部。

張嘉仁，2002，〈政治、社會結構的變遷對社會福利支出的影響〉，臺灣社會福利年會暨「民主政治與社會福利」研討會。

陸宛蘋，2000，〈非營利組織的行銷管理與募款策略〉，收錄於蕭新煌主編，《非營利部門：組織與運作》，頁 205–226，臺北：巨流。

黃秉德，1998，〈非營利組織經營管理理念——臺灣經驗分析〉，收錄於《非營利組織之經營管理與社會角色論文集》，高雄：中山大學管理學院。

黃慶讚，2000，〈從社會福利的發展看非營利機構與政府間之互動〉，收錄於蕭新煌主編，《非營利部門：組織與運作》，頁 292–313，臺北：巨流。

詹火生、林慧芬，2003，《貧富差距下社會福利政策省思》，臺北：財團法人國家政策研究基金會。

劉麗雯，2004，《非營利組織協調合作的社會福利服務》，臺北：雙葉。

二、中文期刊

王麗容，1993，〈社會福利服務民營化的理念、批判與前瞻〉，《社區發展季刊》，第 63 期，頁 70–74。

江明修、梅高文，1999，〈非營利組織與公共政策〉，《社區發展季刊》，第 85 期，頁 6–12。

呂朝賢、郭俊巖，2003，〈地方政府與福利型非營利組織之關係：以嘉義地區為例〉，《國立空中大學社會科學學報》，第 11 期，頁 143–188。

施教裕，1997，〈民間福利機構團體因應民營化之現況、問題及策略〉，《社區發展季刊》，第 80 期，頁 37–55。

張英陣，1995，〈第三部門與社會福利政策〉，《社區發展季刊》，第 70 期，頁
144–159。

郭登聰，1997，〈民間力量與政府之間關係探討：一個內在結構的思考〉，《社
區發展季刊》，第 86 期，頁 65–72。

陳金貴，2002，〈非營利組織社會企業化經營探討〉，《新世紀智庫論壇》，第 19
期，頁 39–51。

黃木添、王明仁，1999，〈非營利組織人力資源的管理與專職人員角色與定位
──以中華兒童福利基金會為例〉，《社區發展季刊》，第 85 期，頁
105–116。

賴月蜜，2003，〈兒童及少年福利法合併修法之歷程與爭議──民間團體推動
修法之經驗〉，《社區發展季刊》，第 103 期，頁 50–67。

三、英文書籍

Brinckerhoff, P. C. 1994. *Mission-Based Management: Leading Your Not-for-Profit in the 21st Century.* New York: John Wiley & Sons, Inc.

Kotler, P. & Roberto, E. 1989. *Social Marketing: Strategies for Changing Public Behavior.* New York: The Free Press.

Kramer, Ralph M. 1981. *Voluntary Agencies in the Welfare State.* Berkeley: University of California Press.

Kramer, Ralph M. 1987. "Voluntary Agencies and the Personal Social Services," in *The Nonprofit Sector: A Research Handbook*, ed. Walter W. Powell. New Haven: Yale University Press. pp. 240–257.

Smith, Bucklin & Associates. 1994. *The Complete Guide to Nonprofit Management.* New York: John Wiley & Sons, Inc.

Weisbrod, B. 1998. *To Profit or Not to Profit: The Commercial Transformation of the Nonprofit Sector.* New York: Cambridge University Press.

四、碩博士論文

古允文，1988，《政府角色於社會福利發展過程中的演變與困境──理論觀點

的探究》，國立臺灣大學社會學研究所碩士論文。

馮俊傑，2003，《以非營利組織之觀點探討其與政府間互動關係——以社會福利財團法人為例》，東海大學公共行政學系研究所碩士論文。

溫信學，1997，《從法規與財務論非營利組織與政府之互動關係——以社會福利團體為例》，國立臺灣大學社會學研究所碩士論文。

蕭盈潔，2002，《非營利組織事業化——以社會福利機構為例》，國立臺北大學社會工作學系碩士論文。

謝端丞，1996，《福利國家本質之研究——兼論政府與非營利組織的角色定位》，國立中興大學財政研究所碩士論文。

五、網路資料

內政部 2012 年度社政年報（http://www.sfaa.gov.tw/SFAA/Pages/Detail.aspx?nodeid=285&pid=2155；檢閱日期：2014/2/10）。

伊甸基金會網站（http://www.eden.org.tw/about.php?level2_id=2level3_id=9；檢閱日期：2014/2/10）。

第十五章 表演藝術型非營利組織

　　相較於一般傳統的非營利組織，表演藝術型組織屬於一種高度專業的團體，在需要大量的專職人員之下，降低了對志工之依賴程度，又因本身性質特殊之故，其人力資源管理不同於一般非營利組織。另外，表演藝術型組織所提供的服務是一場演出，面對的是一般觀眾，所以在績效評估指標的使用上也不同於一般非營利組織。然而，表演藝術型非營利組織與一般非營利組織一樣都會面臨資金不足的問題。根據研究顯示，目前我國絕大多數的表演藝術組織在營運上所遭遇到的問題，都是以經費問題為最大宗，加上表演藝術本身的使命感（王怡瑜、夏學理，1999: 404-405；鄧佩瑜，1995: 39），使得多數表演藝術組織皆以非營利組織的方式經營。

　　在臺灣，非營利組織主要是以基金會的型態出現，依據蔡政文、廖容利 (1982) 等人在「變遷中臺灣地區的基金會」的研究中指出，臺灣的基金會依其成立主體、經費來源、工作人員任命等可以分為官方性質與民間性質，而民間性質基金會依其成立宗旨與實際行動則可再分為教育文化類、社會慈善類等（江明修、陳定銘，1999: 35-36）。其中，表演藝術組織因登記於不同類型之基金會下，又分別歸屬在文化教育類以及文化藝術類基金會之中。

　　但是，以非營利組織型態組成的表演藝術組織，究竟能否在營運上獲得更多的助益？在本章中將融入行銷的觀念，配合表演藝術型組織本身的特性，說明其在營運上的實際情形以及困境。以下分五部分說明之：首先，定義表演藝術一詞，進而介紹表演藝術型非營利組織的定位與設立；其次，說明我國表演藝術型非營利組織的現狀；再者，將行銷的觀念與表演藝術的特質予以結合並做說明；接著闡述表演藝術型非營利組織營運的困難；最後，綜合前述並提出臺灣表演藝術型非營利組織未來發展之建議。

第一節　表演藝術型非營利組織的特質

一、 表演藝術的定義與內涵

表演藝術屬於眾多藝術形式中的一種,《牛津藝術辭典》將表演藝術定義為「結合劇場、音樂和視覺藝術的一種藝術形式」;《中華百科全書》則將其定義為「以活生生的藝術家作為工具與材料的一種藝術形式,因此舉凡音樂、演奏、演唱、舞蹈和戲劇等皆包含在內」。而學者 Billington 也試著將表演藝術作以下的定義:「所謂表演藝術,乃是指: 舞臺劇、歌劇、芭蕾舞劇、童話趣味劇、音樂劇,以及其他諸如: 輕鬆歌舞喜劇、雜耍、滑稽雜劇、馬戲表演、冰上表演,和戰技演練⋯⋯等均屬之。而至於其他那些較為親切溫馨,場面與規模稍小的演出,例如傀儡戲、小劇場、默劇、演唱會、獨奏會、獨角戲、酒店秀,或是屬於通俗娛樂表演性質的劇場活動等,也都算是表演藝術的一種」(陳雅萍、夏學理,2001: 217)。從以上諸多定義可以看出,表演藝術所呈現的方式非常多樣化。一般而言,可區分為舞蹈、音樂以及戲劇等三種類型(張慧真,2002: 218),以下分述之:

➡圖 15–1　戲劇類的表演藝術形式。

(一)舞蹈類

舞蹈是以身體代替語言,傳達劇情並與觀眾互動的表演藝術。以舞蹈為主的動態表演活動包含民族舞蹈、芭蕾舞、現代舞與其他類等。

(二)音樂類

是一種以演唱或演奏為主的動態表演活動,因為此種表演藝術主要以聽覺為重,所以也有少數學者將音樂類歸為聽覺之藝術,包括了器樂

形式（如交響樂、協奏曲、賦格曲）、聲樂形式（如獨唱、合唱）以及劇場音樂（如歌劇、背景音樂、音樂劇）等。

㈢戲劇類

包括了傳統戲劇、即興戲劇、默劇、戲劇性劇場等，是一種以劇情為主的動態表演活動。因為劇情能反映生活百態，可說是最能打動人心的表演藝術形式。

然而，因為我國固有的傳統表演藝術活動，有其獨特的生態形式及不同於現代藝術的特質，所以有部分學者及文獻將傳統的表演藝術活動獨立為另一個類別——「民俗戲曲」。此類別中則包含了布袋戲、歌仔戲、崑劇、粵劇、說唱藝術等。

二、 表演藝術型非營利組織的定位與設立

多數的表演藝術團體至今仍不斷地找尋自己的生存定位。研究（鄧佩瑜，1995；張慧真，2002）指出，除了少數以商業營利方式存在的表演藝術團體之外，現今表演藝術團體的經營方式大部分是以非營利組織的型態來經營❶，其理由約可以歸納如下（鄧佩瑜，1995: 39；趙玉玲，1994: 55）：

㈠市場機能的限制

表演藝術事業原本可以採商業公司型態經營，由個人或數人出資，但因製作成本高，又無法像商品般可大量複製，所以在產量和市場上都有限制，經常是入不敷出，更少有盈餘。倘若登記成為合法的非營利組

---

❶　對於表演藝術型非營利組織的相關法律地位來說，除了少部分有法人性質的社團及財團有明確的非營利組織地位之外，其餘大部分的表演藝術團體法律上並無法說明其為非營利或營利機構，僅有 1990 年 6 月 30 日廢止的《演藝事業暨演藝人員輔導管理規則》中第 2 條第 5 款中提及。條文中將表演藝術團體區分為「職業演藝團體」與「業餘演藝團體」，其中職業演藝團體為營利性質，但業餘演藝團體是營利或是非營利性質則並無清楚界定。

織，則更能爭取捐款與補助，並享受稅賦減免的優惠。

(二)藝術本身的使命感

表演藝術是以改善人類生活品質和充實人類精神生活為宗旨，不以利潤為導向，如果以利潤為導向，就得設法吸引大量顧客，容易降低表演的藝術性。

因此，表演藝術團體以非營利組織的方式來經營，不僅是由於成為非營利組織有利表演藝術團體的生存，同時也因表演藝術團體本身的特性使然。更重要的是，說明了表演藝術團體朝向非營利組織形式經營的必要性。一般而言，採非營利組織型態的表演藝術團體，多分屬於一般財團法人基金會下之文化藝術、文化教育類以及非營利社團法人三大類型；而有關表演藝術相關團體也紛紛以成立財團法人基金會的形式來經營之（吳靜吉，1997: 42–43）。這種與藝文活動相關的基金會包含公立基金會❷、贊助型基金會❸、運作型基金會❹以及藝文團體籌設之基金會❺（夏學理等，2002: 197–202），其中藝文團體所籌設的基金會即是文中所謂的表演藝術型非營利組織之一類。

表演藝術型非營利組織的設立，主要可以從財團法人與非營利社團法人兩類❻來說明。登記為一般財團法人之文化藝術、文化教育類的表

---

❷ 公立基金會是指各級政府機關依法成立的基金會，包括了財團法人國家文藝基金會、行政院文化建設委員會、以及縣（市）政府依法成立之財團法人縣（市）文化基金會。

❸ 贊助型基金會是屬於企業基金會中的一種。依據基金會的使命及宗旨，以捐款、贊助或協辦活動等方式提供資金給理念契合的藝文團體或其他非營利組織。本類型基金會的運作是以提供資金為主，而不介入團體的經營或是活動的舉辦。

❹ 企業基金會的另一個形式即是運作型基金會，這些基金會除了贊助之外，也實際從事藝術事業的運作。而此類型基金會成立及營運多是基於領導者本身對藝術的熱衷，並具有一定的專業能力來執行機構的活動。

❺ 當藝文團體的經營趨於穩定，資金規模達一定程度之後，大多數會自行籌設基金會，以利於組織的行政運作以及資金的籌募與運用。

❻ 財團法人與非營利社團法人主要可以從成立的基礎來做區別。非營利社團法

演藝術團體基金會，多以財團法人文教基金會稱之。財團法人文教基金會之中央主管機關原係教育部，但是自 1999 年 7 月開始，中央主管機關之文教基金會區分為文化藝術基金會及教育事業基金會，主管機關則分別為文建會（已於 2012 年 5 月 20 日改制為文化部）及教育部，中央主管文化藝術基金會之設立申請案轉向文建會申請，於 1999 年 9 月訂定發布《行政院文化建設委員會主管文化藝術財團法人設立許可及監督準則》作為管理依據，2002 年 7 月另發布《行政院文化建設委員會主管文化藝術財團法人設立許可及監督要點》（已於 2013 年 6 月 11 日改為《文化部審查文化事務財團法人設立許可及監督要點》）❼，取代舊有之監督準則成為管理文化藝術財團法人的主要法規（洪惠瑛，2002: 20；夏學理等，2002: 196）。而教育事業基金會則以 2003 年 1 月發布之《教育部審查教育事務財團法人設立許可及監督要點》❽ 為管理依據。但不論是要設立文化教育或是文化藝術類的基金會，其設立基金皆不得少於新臺幣 3,000 萬元 ❾，所以有些表演藝術團體因考量設立基金數額的緣故，登記於縣（市）政府，然而，登記於不同縣（市）政府之下，則有不同之基金限額以及管理依據。

　　以臺北市政府為例，若表演藝術團體登記於臺北市政府，則基金限額為新臺幣 500 萬元，主管機關為臺北市政府文化局，其設立及輔導事宜按《臺北市財團法人暫行管理規則》辦理❿。若表演藝術團體登記於

人是以人為成立基礎，而財團法人則是以捐助財產為成立基礎，無需社員。而兩者在法人的資格取得上都採許可主義（江明修、陳定銘，1999: 35）。

❼　有關《文化部審查文化事務財團法人設立許可及監督要點》相關法條，可參閱文化部網站（http://www.moc.gov.tw/law.do?method=find&id=277；檢閱日期：2014/2/11）。

❽　有關《教育部審查教育事務財團法人設立許可及監督要點》相關法條，可參閱教育部網站（http://edu.law.moe.gov.tw/LawContentDetails.aspx?id=FL023727&KeyWordHL=&StyleType=1；檢閱日期：2014/2/11）。

❾　條文可參見《教育部審查教育事務財團法人設立許可及監督要點》第 3 條，以及《文化部審查文化事務財團法人設立許可及監督要點》第 3 條。

❿　臺 北 市 政 府 文 化 局 網 站（http://www.culture.gov.tw/frontsite/foundation/

臺南市政府,則基金限額為新臺幣 600 萬元,主管機關為臺南市政府文化局,而其管理依據則比照《臺南市財團法人設立許可及監督自治條例》。

登記於非營利社團法人之下的表演藝術團體,則為另一種形式的表演藝術型非營利組織。這些非營利社團法人的主管機關在中央為內政部,在直轄市為市政府社會局,在縣(市)則為縣(市)政府,主要的管理依據為 2005 年 12 月發布之《內政部社會團體許可立案作業規定》❶。表 15-1 為表演藝術型非營利組織設立之相關說明:

➡表 15-1　表演藝術型非營利組織設立之相關說明

表演藝術型非營利組織的形式		立案登記主管機關	法規名稱
財團法人基金會	文化教育	教育部教育局	《教育部審查教育事務財團法人設立許可及監督要點》《文化部審查文化事務財團法人設立許可及監督要點》
	文化藝術	各縣(市)政府文化局	因登記於不同縣(市)政府而有不同之法規。登記於臺北市之下,根據《臺北市財團法人暫行管理規則》辦理;登記於臺南市之下,則依據《臺南市財團法人設立許可及監督自治條例》(註)
非營利社團法人		內政部合作及人民團體司籌備處	內政部社會團體許可立案作業規定

註:有關《臺南市文化藝術財團法人設立許可及監督準則》(已於 2012 年 7 月 6 日廢止),可參閱臺南市政府網站 (http://law01.tainan.gov.tw/glrsnewsout/LawContentDetails.aspx?id=FL009685&KeyWordHL=&StyleType=1; 檢閱日期: 2014/2/11)。

資料來源: 作者自行整理。

---

newsAction.do?method=viewContentDetail&iscancel=true&contentId=MjI2NQ==&subMenuId=40401; 檢閱日期: 2014/2/11)。

❶ 有關《內政部社會團體許可立案作業規定》相關法條,可參閱內政部網站 (http://glrs.moi.gov.tw/LawContentDetails.aspx?id=FL002651; 檢閱日期: 2014/2/11)。

第二節　我國表演藝術型非營利組織的發展現狀

從前述對表演藝術的定義可以發現，表演藝術包含了音樂、演奏、演唱、舞蹈和戲劇等不同的藝術形式。但在各個不同的表演藝術領域，其發展過程與所面臨的問題皆有所差異。因此，在本節中先藉由介紹各類表演藝術團體在臺灣的發展過程，再說明各類表演藝術團體的數量與不同表演藝術型非營利組織在臺灣分布的情形，以了解有關我國表演藝術型非營利組織的發展概況。以下將分成音樂、舞蹈、現代戲劇以及傳統戲曲四類，進行說明（林澄枝，1998: 120-122；洪惠瑛，2002: 2-4；林秋芳等編撰，1998: 23-44）：

一、音樂類

音樂在表演藝術領域中算是最普及，且較易被接受的藝術欣賞方式，可說是最具市場潛力的一種類型。不僅最早被納入正統教育中，在專業教育的發展上亦最為普及，加上各公私立樂團、合唱團紛紛成立，使得音樂在整體藝文資源分配上，占有相當大的比例。此類的表演藝術團體，例如於 1986 年創立的臺北打擊樂團，以及連續多次榮獲「文建會基層鄉鎮巡演」超優表演團體的臺北黃石口琴樂團。

但由於國內音樂家較缺乏互相鼓勵、督促，加上升學主義掛帥，使得音樂的學習往往面臨被終止的命運。所以如何提升音樂家本身的專業性，進而鼓勵企業贊助音樂活動，皆是音樂類表演藝術團體所需努力之方向。

二、舞蹈類

舞蹈因為沒有語言的限制，所以是藝文交流的最佳媒介，但在國內的發展卻最為辛苦。對於一般觀眾而言，音樂是否悅耳，很容易判斷；戲劇人物是如何，也可以很容易透過對白、角色外貌與劇情來了解；而舞蹈是以流動的方式進行，視覺感不像美術作品可以停留住，所以比較

難以掌握。加上編舞者創作環境不理想、舞者養成與舞團的形成不易等因素的限制,因此,在行政與行銷上的績效較難累積,從而也難以開拓市場。整體來說,臺灣現代舞蹈的發展不但具有特色,且在國外演出也頗受好評,例如在國內外都頗負盛名的雲門舞集,其演出不僅可幫助民眾了解舞蹈藝術,也可協助我國提升知名度。所以,政府在看待舞蹈藝術的可能性時,應秉持公平的原則與態度,並正視舞蹈對外發展的可能性。

三、現代戲劇類

戲劇類可以算是國內近年來最為蓬勃發展的藝術類別,各式各樣的實驗小劇團如雨後春筍般地成立,且發展相當多元,也有很突出的成果。透過有聲語言的直接溝通,觀眾的反應較為直接熱烈,加上主要劇團以戲選角,演員可以穿梭於劇團間演出,劇團較不需將經費花在演員維持及訓練上,而可以投注心力在製作與行銷上,進而能多方打開市場,引起社會大眾的關注。

然而,語言的隔閡多少限制了一般劇團出國演出和進行國際交流的機會。所幸現在科技發達,不少國際性的表演場地可提供即時翻譯服務,所以仍有不少國內團體受邀至國外演出。例如融合東西方劇場藝術的當代傳奇劇場,就有多次應邀赴國外演出的經驗,其足跡遍及英國倫敦皇家國家劇院、法國亞維儂藝術節、日本東京亞洲表演藝術祭、丹麥歐丁劇場四十週年慶以及美國史帕雷多藝術節等 ❷。

四、傳統戲曲類

不同於舞蹈、戲劇類表演藝術是較與現代人及現代生活產生關連的表演形式,延續歷史的傳統戲曲則是以保存過往經驗為主要目標。當前的傳統戲曲在所有的表演藝術類中呈現著最複雜、蕪亂卻也是最有機會的生態面貌,由於其歷史久遠,牽涉的機制複雜而古老,對有意投入市

---

❷ 當代傳奇劇場網站(http://www.twclt.com/legend-story.aspx;檢閱日期:2014/2/11)。

場的從業者來說具有特殊的困難性。另一方面，由於社會型態轉變，傳統文化式微，演出環境日趨惡化，很難與其他表演藝術蓬勃發展的情形相提並論。雖說如此，但仍有不少的傳統戲曲類的表演團體致力於推展及維護傳統戲曲。例如有多年歷史的漢霖民俗說唱藝術團❸，不但孕育了國內中、青一輩的說唱演員，先後成立了臺北曲藝團、相聲瓦社等團體，自 1996 年正式成立漢霖兒童說唱藝術團，一方面培養小朋友對於傳統戲曲的興趣，另一方面延續傳統藝術的生命。

因之，在其他表演藝術團體不斷前進，且能反映時代脈動時，傳統戲曲表演藝術則面臨如何保持本身發展與存在價值之課題。然而，如欲解決此困境，單靠組織的力量是有限的，政府方面的藝術文化推動和補助似乎也應積極主動些。

如表 15-2 所示，我國的表演藝術團體幾乎都集中在於臺北縣市，這不僅說明臺北地區在各項軟硬體設施較其他縣市完善，可以提供表演藝術團體較適合的發展環境外，2004 年 4 月通過的《臺北市演藝團體輔導規則》更是在法規上積極地保障了表演藝術團體的非營利組織地位，相形之下，也顯示出登記在其他縣市之表演藝術團體生存的困難。

第三節　表演藝術型非營利組織的行銷

若檢視表演藝術型非營利組織可發現，一般非營利組織擁有的特質也存在於表演藝術型組織中。若將行銷概念融入表演藝術而進行觀察得知，表演藝術的行銷目標既不是增加票房的收入，更不是出售藝術的靈魂，而是為已產出的產品找到適當的顧客❹（林潔盈譯，2004: 21）。所

---

❸　漢霖民俗說唱藝術團網站（http://www.cyberstage.com.tw/troupe/troupe_page.asp?id=1176&ap=0；檢閱日期：2014/2/11）。

❹　學者 Mokwa 認為，行銷並不是要影響被創造出的藝術形式，而只是要替藝術家的作品及詮釋找到適當的觀眾。行銷所扮演的角色並不在於形塑，而是一種媒合。這個觀點也受到學者 Diggle 的附和，其對行銷的定義，著重於行銷能夠把適當數目的觀眾帶入與藝術家接觸的適當模式之中（林潔盈譯，2004: 20）。

■表 15-2　表演藝術型非營利組織分布圖（2002 年）

縣（市）	現代戲劇	音 樂	舞 蹈	傳統戲曲	合 計
臺北（縣）市	80	144	39	183	446
高雄（縣）市	7	15	6	7	36
基隆（縣）市	0	0	0	1	1
宜蘭（縣）市	0	0	0	4	4
桃園（縣）市	0	3	0	2	5
新竹（縣）市	0	0	2	1	3
苗栗（縣）市	0	0	0	4	4
臺中（縣）市	6	0	2	10	18
彰化（縣）市	0	0	0	22	22
雲林（縣）市	0	0	0	4	4
嘉義（縣）市	12	5	0	17	34
臺南（縣）市	4	2	3	1	10
屏東（縣）市	0	0	3	1	4
臺東（縣）市	3	0	0	0	3
花蓮（縣）市	0	1	1	0	2
合　計	112	170	56	257	595

資料來源：林靜芸主編，2003: 259。

以，表演藝術行銷並不會要脅或強迫顧客放棄原有的藝術觀點，而可視為是一種創造交易並影響行為之穩健、有效的技術，若運用得當，對交易的雙方都有好處（高登第譯，1998: 45）。

　　基本上，行銷的重點在於雙方都獲得滿足的交易。交易的雙方對於表演藝術團體而言，是生產產品的藝術者與消費或給予該項產品支持的群眾。表演藝術的行銷必須將這些支持者視為行銷之對象或「消費者」，針對他們的需要予以滿足，用以匯集其對於藝術的支持（許士軍，1998: XII）。因此，在本節中將先說明表演藝術產品的特性，以及其與行銷學中的行銷組合如何搭配；其次則整理表演藝術行銷之特點；最後配合表演藝術型非營利組織的行銷環境特性作一介紹。

一、表演藝術產品的特性

　　表演藝術是包含戲劇、舞蹈和音樂的藝術，其提供的服務是與演出同一時間結束，一旦表演在時間內完成後，除非重新表演，否則就不可能再現。此種特性充分顯現出表演藝術是一種不可觸及且不可被儲存的無形產品，同時也展現出表演藝術的易逝特性。雖然一般非營利組織所提供的產品，大多都是具有不可觸及與易逝性的無形特質，但對於表演藝術而言，由於產品的產生，常常是需要花費相當的人力與物力，在固定的場所經過多次演練後才能產出（漢寶德，2001: 97），所以使這兩項特點在表演藝術型非營利組織所提供的產品上更受到重視。

　　在陳亞萍、夏學理 (2001) 及 Kotler & Scheff（引自高登第譯，1998）的研究中，皆有對表演藝術之不可觸及性與易逝性做如下的說明。所謂表演藝術的「不可觸及性」是指：服務是一種不可觸及的產品，觀眾在觀賞前，無法先觀賞演出的內容，而在觀賞之後也沒有得到任何有形的產品。由於服務具有不可觸及的特性，為了減少購買決策中與生俱來的不確定性，服務的購買者會追尋代表品質的符號或憑證，因此，所得過的獎項、過去的聲譽以及其中的名人等，就顯得相當重要。服務的提供者會藉由這些憑證，把原本無形的服務具體化。

　　而表演藝術之「易逝性」是指：服務無法被儲存或保留起來，因而形成潛在利益的損失。對於藝術行銷人員而言，最大的挑戰之一就是提供的服務是易消逝的，而無法被儲存或保留。一個未滿座的戲劇在正式上演之際，其潛在的收益便在無形中損失了。而為了降低易逝性所帶來的威脅，表演藝術團體通常都會事先為演出舉辦公關活動、提供試映會門票優惠，並大力促銷預售票。除了不可觸及性與易逝性之外，存在於非營利組織中的可變性❺和不可分割性❻，也同樣存在於表演藝術型非

---

❺　表演藝術行銷中的可變性：是因為服務與其提供來源有莫大的關係，因此它的品質視提供者與提供的時間亦有所不同，服務的購買者應留意此種高度的差異所在。對於某種服務提供者愈不了解，購買者愈會採取降低風險的行為，以得知此項演出是否值得欣賞（高登第譯，1998: 308）。

營利組織的行銷之中。

二、表演藝術的行銷組合

　　將行銷的 4P 概念援引至表演藝術中可發現，若表演團體能提供有品質保證的產品、合理的價格、方便和多樣的通路及宣傳，將可以降低不可觸及性與易逝性所可能為表演藝術帶來的損失。以下分別說明之（樓永堅，1999: 74-81；桂雅文編譯，2000: 146-148；高登第譯，1998: 301-304、349-355、400、410、479-484；夏學理等，2003: 51-59）：

㈠產品：表演團體所提供的節目、作品和服務的整合

　　表演藝術團體所提供之產品，應不僅侷限於舞臺上所演出之作品，還應涵蓋演出提供的所有事物在內。因此，學者 Kotler & Scheff（高登第譯，1998: 302）提出了全產品的概念（參考圖 15-2），認為產品對於表演藝術不只是一項核心產品，還包含了期望產品以及附加產品。表演藝術若是能提供全產品的服務——核心產品⓱、期望產品⓲、附加產品⓳，

⓰ 表演藝術行銷中的不可分割性：是因為表演藝術的產品不像實體商品事先被製造，然後再予以儲存。一般來說，服務的生產與消費均在同一時間發生，務自其源頭開始便是不可分割的。倘若觀眾本來十分期待欣賞帕華洛帝的演唱會，一旦宣布他因故無法前來，而由他人代替時，可能會對觀眾帶來很大的衝擊（高登第譯，1998: 306-307）。

⓱ 核心產品 (core product)：核心產品是有形、基本上能提供目標市場作為購買或消費之用途。表演藝術的核心產品包含了以下的元素，創作者、作品、媒材或藝術形式、表演者及演出等（高登第譯，1998: 301-304）。

⓲ 期望產品 (expected product)：期望產品包含消費者對產品購買和產品消費的一般性期待。顧客可能會預期可以信用卡付款、以電話或傳真方式來購買演出的門票，或是期待有一座規劃完整的停車場。而不同的消費者會有不同的期待（高登第譯，1998: 301-304）。

⓳ 附加產品 (augmented product)：附加產品是指超過目標群對產品在特色和利益上一般預期的產品。產品的附加服務可以使目前的顧客加強經驗上的感受，因而建立顧客的滿意度與向心力。例如在較長時間的演出中場提供便當販賣的服務，或是提供附近餐廳的優惠折扣等（高登第譯，1998: 301-304）。

將可以強化一般民眾消費的意願。

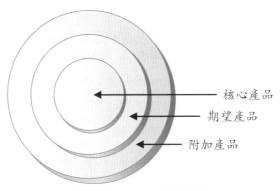

核心產品

期望產品

附加產品

➡圖 15-2　全產品概念

資料來源：高登第譯，1998: 302。

(二)地點／通路：一般展演會場政策或售票系統

　　將地點或通路的概念運用在表演藝術型非營利組織中，是指購買或取得節目、作品和服務的進入點，也就是所謂的行銷通路，其中包含了表演場地與售票場地兩項。Micheal House 認為「當某物品容易被購買與使用，它就有可能被購買」，這裡清楚指出地點／通路的方便性是促進行銷的一大重點。倘若行銷人員能使購買門票與演出的地點做到「伸手可及」的程度，將更有利於表演藝術的行銷。

　　至於演出地點的便利性，有不少的表演團體選擇以巡迴演出的方式來達成。因為巡迴演出可以讓觀眾選擇方便的地點來欣賞表演，也可以讓表演團體建立地區性、全國性與國際性的聲望，更可增進對大眾的了解。但舉辦巡迴性演出的表演團體在品質上也需有一定的水準，才能保證有固定的收益。而關於購買門票的便利性，除了目前傳統的固定售票地點，以及用電話訂購與郵購之外，現代化的辦公科技也在訂票過程的改善上，扮演了十分重要的角色。利用線上互動式連結的訂票系統，例如年代售票系統，或是透過便利商店售票和取票，可以使民眾更方便且清楚知道訂票的相關資訊。

⊜推廣: 與目標觀眾溝通的一般政策

推廣是由對大眾溝通的所有活動組成，主要包含廣告、公關、直接郵件和個人推銷。推廣是指各個團體為了讓社會大眾了解本身的產品，無不費盡心思針對產品的特色設計最好的呈現方式，此乃是行銷過程的最後一個步驟，並由行銷組合的其他層面所發展出來的策略與戰術。一般而言，在演出之前，大多數的團體都有一套與目標觀眾溝通的制式流程。表演藝術團體在藉由傳遞訊息的過程中，創造出一般大眾的興趣與想要觀賞的欲望。而所謂的推廣組合又稱為溝通組合，是由廣告、個人銷售、促銷與公共關係四種主要的工具組成，每種工具都有本身獨特的特徵與成本花費方式。

1.廣 告

廣告是一種非個人報告型的付費方式，是由某個已知的贊助者來促銷其想法、產品或服務。廣告可以用於為組織建立起長期的形象與快速達成銷售，是一種能以低廉的單次曝光成本，來同時接觸多個不同區域買主的有效率方式。因此，有廣告的出現，便可能會對銷售造成影響。

2.個人銷售

個人銷售是指組織運用個人影響力，來影響目標群行為的一切作法。在消費者決策過程的早期階段，個人銷售可說是最有效的工具。特別是在建立偏好與認可的觀念上，同時，它在影響消費者的行為上也極為有效。

3.促 銷

促銷是由折價券與贈品等短期的誘因所組成的，以鼓勵購買或銷售某一產品或服務。組織運用促銷的工具來創造出更為強烈且迅速的回應，但這種效果常常是短期的，對於建立長期的偏好程度並無太大的效果。

4.公共關係

公共關係是藉由各種不同設計以改善、維持或保護組織或節目形象的計畫所組成。公共關係的活動包含構想或舉辦活動、創造出以公司或產品為主的新聞話題，並試圖挑起新聞界予以採訪之興趣。例如雲門舞集除了年度公演，舞團更以演出與示範講座結合的方式，深入臺灣各鄉鎮、社區及校園，乃至於外島馬祖、金門、澎湖，以及九二一大地震重建區，透過深入淺出的講演，讓更多民眾親近舞蹈的藝術。

㈣價格：根據不同的觀眾區隔，遵循不同的定價政策

要對演出的節目做價格上的訂定是一個非常複雜的問題。因為對表演藝術團體而言，除了各產業都具有的有形金錢成本 ❷ 之外，表演藝術團體還需要面對因生產力之本質、社會與美學價值，和競爭環境中的地位帶來的無形成本 ❷ 。對於觀眾而言，購票所花費的成本並不僅是用來

---

❷ 藝術團體有三種有形的貨幣成本的形式：固定成本、變動成本和增加成本。固定成本是指即使沒有安排表演時也會產生的成本。組織的總成本，包括建築物的租金或抵押費用、年度合約下的行政人員和藝術家之薪資。一個有大表演廳、行政人員和一百名以上受合約保障的音樂家之樂團，其固定成本必然偏高。相反的，行政人員少、租用表演廳和以演出場次計酬給藝術家的團體，其固定成本相對較低。變動成本是與各場演出有關或易於增減的成本，包含了兼差演員、音樂家、指揮和其他臨時人員的薪資、版稅、交通費、搭景費、治裝費和其他各式費用，每場演出這些成本均不相同。增加成本可以描述為每多賣出一張門票所額外增加的成本。此種成本似乎十分低廉，因為已有現成的售票人員、門票與節目手冊也早已印妥、大部分的廣告已由大眾媒體播出。對藝術行銷人員而言，此種十分低的增加成本重要性在於，在表演開始之前仍未賣出的空位的成本趨近於零，所以每賣掉一個空位之門票的淨收入，就等於該空位的門票價格。這也就是演出當日門票折扣、學生趕場門票和其他未售完門票，之所以要進行大幅度折扣促銷的經濟公平性理由（高登第譯，1998: 353–355）。

❷ 藝術團體在大部分的情況下無法像其他的經濟體一樣，可藉由科技改善和規模經濟而增加生產力，進而從中獲利。同時也基於以下三個原因使得票價的

交換節目、作品和服務上的價值，它也包含了很多非金錢上的成本（如購票成本、時間成本、交通成本等）。

學者 Kotler & Scheff 提出三項制定價格策略時必須考量的因素：(1)組織所面臨的成本；(2)消費者對於相對價值成本的看法；(3)基於長、短期目標所決定的組織定價目的。所以，表演藝術團體在制定票價的策略上，不只需要考量收入極大化，還必須考慮一般大眾的接受度（高登第譯，1998: 350）。

三、表演藝術的行銷環境

由以上所述得知，表演藝術型非營利組織因其產品特質而影響到行銷的不同重點，然而如何有效利用行銷組合降低表演藝術因本身產品的特點帶來的劣勢，則是另一個表演藝術在行銷上所需重視的課題。

在表演藝術的行銷之中，行銷的環境也為表演藝術帶來了不同的行銷特點。學者 O'Sullivan 藉由 STEP 的步驟，從社會文化 (social culture)、科技 (technological)、經濟 (economic) 與政治 (political) 等環境因素，來分析表演藝術行銷受到環境影響而產生的行銷特點（林潔盈譯，2004: 29）。其中，社會文化的因素多是牽涉到人口統計上因年齡、性別、種族不同而造成的影響，較偏向觀賞表演藝術之觀眾特性與變化方面；而在科技環境因素中，則多強調因科技資訊、網際網路的等硬體設施的發展，為表演藝術團體在行銷活動帶來的轉變。有關社會文化或是科技因素的環境影響，則主要在探討觀眾以及網際網路的範圍。

增加一直都不及演出成本的增加。首先，藝術團體對其演出的社會價值深信不疑，因為基於道德而言，要將票價維持在大家負擔得起的程度，以便大家能更廣為接觸，所以即使在有超額需求之時，也不願意提高票價。第二個限制與對藝術的相對需求有關。藝術經理人員一直假定如果表演之票價過於昂貴，大部分的觀眾便會選擇放棄一途。第三，乃是由於有不少極為便利且廉價的現場演出替代品存在。由於文化性表演可在電影或電視中看到，音樂可藉由雷射唱片和收音機而聽到，科技便透過大眾傳播媒體而限制了文化活動的價格（高登第譯，1998: 351–353）。

第四節　表演藝術型非營利組織的發展困境與因應作法

　　從以上表演藝術型非營利組織的特質、定位以及行銷之探討可發現，由於表演藝術本身的特質、不明確的法律地位以及因前兩者為行銷帶來的不利因素，都可能為其生存及發展帶來嚴重的威脅。因此，在本章最後將從整合的角度來分析表演藝術型非營利組織的發展困境，並嘗試討論其因應作法。

一、表演藝術團體本身的特質限制

　　因為表演是一種偏向精神層次的藝術，所以表演藝術團體多是依靠組織成員對表演藝術的使命感以及堅持的理想而成立；又因表演藝術團體所呈現出來的產品，無法像有形的產品容易被大量複製，多數產品具有不可觸及性與易逝性，加上表演藝術者所期待獲得的回饋不能僅以金錢衡量，因此雖然表演藝術團體不排斥企業組織化以及系統化的管理，但是在組織設立的特性上，表演藝術團體以非營利組織經營的方式已經成為一種必要型態。

二、表演藝術團體欠缺完善的法律保障

　　對於表演藝術型非營利組織而言，現階段對組織影響最大的外在環境因素，就屬法律地位。雖然表演藝術團體將本身設定以非營利的模式來經營，且大部分的表演藝術團體都是以基金會的形式呈現，但因中央及地方政府對表演藝術團體成立為正式的非營利組織有不同條件的規定與限制，創設基金會的基本現金總額過高，而影響表演藝術團體的發展。所以，國內大部分的表演藝術團體多僅是向各縣市政府申請立案登記證明。但此種立案登記僅可以證明該表演藝術團體為一合法的組織，並不能適用非營利組織的相關保護法規。在稅法上，政府仍將表演藝術團體置於個人業務所得之中，無法享有稅賦方面的優惠。又因為表演藝術團

體不像一般非營利組織具有法律地位，使得表演藝術團體在接受外界捐款時所開立的收據，並不能作為捐助組織或企業之抵稅證明。加上政府對於表演藝術團體職業與業餘的定位讓一般民眾混淆不清，也使得現今多數之表演藝術團體空有非營利之名，而無非營利組織所應享有的實際優惠與保障。目前僅臺北市的《臺北市演藝團體輔導規則》明確地將立案於臺北市之所有表演藝術團體提升到正式的非營利組織地位，使其同時享有非營利組織應有的保障。

因此，除了少數有成立基金會與立案於臺北市之表演藝術團體外，大多數的表演藝術團體在法規上並未具有實際的非營利組織地位，這不僅代表表演藝術團體無法享有稅賦上的優惠，更由於所開立的發票不具有減免稅的條件，使得該類團體在與企業進行互動時，不易獲得企業的贊助款項，對於表演藝術團體營運的經費來源，造成了很大的阻礙。

三、表演藝術團體缺乏行銷觀念

由於表演藝術團體對於行銷的認知非常有限，僅了解行銷組合的四要素，即產品、價格、地點及推廣，認為推廣即代表了行銷的內涵，而忽略全產品的觀念、價格訂定時的考量因素、伸手可及的通路等配套要素。倘若單靠傳統的推廣行為，不但會侷限行銷的功用，也會使表演藝術團體的發展受到限制，影響一般民眾或民間企業對此類團體的了解，甚至擴及彼此的合作。

另外，多數的表演藝術團體並無設置專任的藝術行銷人員，而是由團員兼任或是採義務協助的非固定成員模式，藝術行政人員對行銷的認知不高，多著重於追求藝術上的專業水準。因此，對於藝術行政人員一般的刻板印象是處理團隊的雜務，未能給予應有之尊重。但由於缺乏專業的藝術行政人員，會使得表演藝術團體在本身特質以及法律地位不明確的環境下，運作更顯困難，造成大部分表演藝術團體就算擁有品質良好的藝術作品，也缺乏專業能力去推銷作品或吸引其他外在顧客，甚為可惜。

第五節　結　語

　　表演藝術因本身的特質，使得組織必須以非營利組織的模式經營，但現今外在環境對於表演藝術型非營利組織而言，卻是不利的。法規的不健全造成了表演藝術團體在維持組織營運上相當不便，加上缺乏行銷觀念，更為表演藝術團體之經營帶來致命的傷害。為解決上述困境，應確立表演藝術型非營利組織在法律上的地位，建構適合表演藝術型非營利組織發展的環境，同時強化表演藝術型非營利組織對行銷的正確觀念，才能有助於表演藝術型非營利組織的健全發展。

Tea Time

財團法人雲門舞集文教基金會[22]

　　1973 年林懷民先生以「雲門」為名，創立了臺灣第一個職業舞團，也是所有華語社會中的第一個當代舞舞團——「雲門舞集」。雲門自成立以來即將自身定位為一個與社會同脈動、同生息，將努力成果貢獻給社會的「文化財」，所以為了良好的管理與運用這樣的文化財，遂於 1988 年成立「雲門舞集文教基金會」，成為非營利組織，基金會負責主辦舞團的各項活動以及推動許多關於藝術發展和提升文化的活動、講座等，並邀請世界知名相關藝術工作者來臺演出，提升臺灣觀眾之視野，目前基金會辦理的獎助計畫包含了每年對青年及專業藝術工作者前往亞洲旅行見習「流浪者計畫」的獎助，以及鼓勵有才華的年輕舞蹈表演者與創作者的「羅曼菲舞蹈獎助金」。

　　接著在 1998 年創立了雲門舞集舞蹈教室，在財務上完全獨

---

[22] 雲門舞集網站（http://www.cloudgate.org.tw/cg/；檢閱日期：2014/2/11）；奇摩新聞網（http://tw.news.yahoo.com/article/url/d/a/080617/5/11f0z.html；檢閱日期：2008/6/19）。

立於雲門舞集文教基金會，並且以「公司」的型態經營管理，並自 2000 年 2 月開始接受雲門基金會委託執行「藍天教室——雲門舞集重建區生活律動教學」計畫，透過免費的參與讓震災重建區的孩童可以重拾開朗與快樂，創辦人林懷民表示專業性的營運只是為了永續的影響，其終極目標是回饋與服務而不是為了謀利。1995 年 5 月，雲門創立二十六年後成立了子團——「雲門舞集 2」，為年輕舞蹈愛好者提供舞臺，雲門舞集 2 亦致力於深入各校園、社區乃至外島，為更多的觀眾表演，並於 2000 年開啟了大專院校的藝術駐校活動，獲得許多熱烈的迴響。

雲門舞集成立已久，從早年的「藝術與生活」活動，到近年來的大型戶外免費公演，以及雲門舞集 2 的校園社區巡迴演出，雲門的演出多元而豐富，不僅在國內大受肯定與讚賞，亦經常應邀赴海外演出，是國際重要藝術節的常客，雲門在國內外的演出已超過上千場次，以其精湛的舞技和獨特的身體語言，在國際上備受好評並且獲獎無數。歐美的舞評更認為雲門是「亞洲第一當代舞團」（《倫敦時報》），讚譽「雲門之舞，舉世無雙！」（《歐洲舞蹈雜誌》）。臺北市政府亦於 2003 年將雲門三十週年特別公演的首演日 8 月 21 日訂定為「雲門日」，並將雲門辦公室所在地定名為「雲門巷」，以感念雲門舞集在這三十年來為臺北帶來的貢獻。

但雲門舞集並未因此而自滿，而是更加努力不懈。2005 年雲門舞集的「狂草」首演，獲頒「2005 年度台新表演藝術獎」，2006年的「行草三部曲」並為德國《今日劇場》與《國際芭蕾》雜誌邀請的眾多舞評家選為「年度最佳舞作」。但好景不長，2008 年 2 月 11 日凌晨的一場大火，燒毀了雲門舞集在八里鄉的大排練場，以及道具、服裝等，損失難以估計。然而，雲門舞集不因大火而停下腳步，反而將其視為「老天給予的磨練」，災後隔天一切便按照原訂計畫進行，依然要呈現最高品質的表演，也藉由此次的事件呼籲政府正視表演藝術在文化發展上的重要性。

　　2008 年因雲門舞集成立三十五週年，從 4 月起至 10 月，帶著「水月」等經典舞作，走訪臺北、新竹、嘉義、臺南、高雄等各城市十八家醫院舉行十九場演出，希望為社會帶來更多的美與安慰，這也是雲門舞集送給自己三十五週年的生日禮物。

參考文獻

一、中文書籍

江明修、陳定銘，1999，《第三部門：經營策略與社會參與》，臺北：智勝。

林秋芳、李容端編撰，1996，《藝林探索——環境篇》，臺北：行政院文建會。

林澄枝，1998，《文化白皮書》，臺北：行政院文建會。

林潔盈譯，Catherine O'Sullivan & Terry O'Sullivan 著，2004，《如何開發藝術市場》，臺北：五觀藝術管理。

林靜芸主編，2003，《中華民國 91 年表演藝術年鑑》，臺北：國立中正文化中心。

洪惠瑛，2002，《藝術管理》，臺北：智勝。

夏學理、陳尚盈、羅皓恩、王瓊英，2003，《文化市場與藝術票房》，臺北：五南。

夏學理、鄭美華、陳曼玲、周一彤、方凱茹、陳亞平，2002，《藝術管理》，臺北：五南。

桂雅文編譯，Dr. Craig Dreeszen & Pam Korza 著，2000，《社區藝術管理：社區藝術管理人手冊》，臺北：五觀藝術管理。

高登第譯，Philip Kotler & Joanne Scheff 著，1998，《票房行銷》，臺北：遠流。

許士軍，1998，〈表演藝術也可以行銷嗎?〉，收錄於高登第譯，Philip Kotler & Joanne Scheff 著，《票房行銷》，臺北：遠流。

鄧佩瑜，1995，〈表演藝術團體之經營與管理〉，收錄於行政院文化建設委員會主辦，《藝術管理 25 講》，頁 37–41，臺北：行政院文建會。

二、中文期刊

王怡瑜、夏學理，1999，〈我國表演藝術團隊之經營機會研究〉，《空大行政學報》，第 9 期，頁 387–423。

吳靜吉，1997，〈表演藝術二十七變〉，《表演藝術》，第 55 期，頁 36–47。

張慧真，2002，〈表演藝術行政管理概論〉，《長庚科技學刊》，第 1 期，頁

215–226。

陳亞萍、夏學理，2001，〈表演藝術觀眾發展與其相關理論〉，《空大行政學報》，第 11 期，頁 213–252。

漢寶德，2001，〈表演藝術應加強與大眾溝通〉，《表演藝術》，第 104 期，頁 97。

趙玉玲，1994，〈舞出一片天、發表勝過經營〉，《表演藝術》，第 15 期，頁 53–55。

樓永堅，1999，〈非營利組織行銷：表演藝術團體之探索性研究〉，《中國行政》，第 66 期，頁 59–90。

三、網路資料

文化部網站（http://www.moc.gov.tw/law.do?method=find&id=277；檢閱日期：2014/2/11）。

內政部網站（http://glrs.moi.gov.tw/LawContentDetails.aspx?id=FL002651；檢閱日期：2014/2/11）。

奇摩新聞網（http://tw.news.yahoo.com/article/url/d/a/080617/5/11f0z.html；檢閱日期：2008/6/19）。

雲門舞集網站（http://www.cloudgate.org.tw/cg/；檢閱日期：2014/2/11）。

當代傳奇劇場網站（http://www.twclt.com/legend-story.aspx；檢閱日期：2014/2/11）。

漢霖民俗說唱藝術團網站（http://www.cyberstage.com.tw/troupe/troupe_page.asp?id=1176&ap=0；檢閱日期：2014/2/11）。

臺北市政府文化局網站（http://www.culture.gov.tw/frontsite/foundation/newsAction.do?method=viewContentDetail&iscancel=true&contentId=MjI2NQ==&subMenuId=40401；檢閱日期：2014/2/11）。

第十六章 非政府組織

近年來,「非政府組織外交」儼然已經成為國際間具影響力的新型態外交途徑(林吉郎,2004: 45)。隨著「全球化」概念的盛行,世界各地民間力量的增強,公民社會逐漸形成,在溝通科技發達的影響下,全球各區域的交流愈來愈頻繁,除了政府與企業的跨國交流之外,另一種跨國界的聯繫與合作,日益受到矚目,非政府組織 (non-governmental organization, NGO) 因屬於公民社會中的自發性機構,是相對於國家政府組織的團體,隨著各國政府治理範疇與能力逐步縮減,非政府組織開始填補了政府在國際活動方面的空缺,展現豐沛的活動力,在國際社會中快速擴張,因此所扮演的角色也逐漸受到重視。

長久以來,外交困境始終是我國揮之不去的夢魘。在中共強力的打壓之下,我國被排除在國際舞臺外,難以參與全球性與區域性組織,加上本身公民社會的發展也未臻成熟,致使臺灣與國際社會間之互動仍處於萌芽狀態,國人對國際議題或國際事務的參與也相對冷漠。一般而言,非政府組織由於強調其「非政府」的特質,一般較不容易被冠上「政治」或「國家」的色彩,因此,對於處於特殊外交環境的臺灣而言,如能藉由非政府組織廣結善緣,從事各種議題活動,藉以鞏固或增進友邦情誼,或許無形中也可以協助拓展我國的國際外交舞臺,彌補傳統外交所衍生之缺憾。對此,我國政府自 90 年代中期已經發覺運用民間非政府組織從事援外工作的必要性,不僅可以爭取國際友誼,成為政府在外交政策上的助力,還能突破現階段臺灣國際地位的困境,達成其外交政治的目的❶。

然而,受到現實環境影響所致,國人參與國際事務的機會並不

多,對於國際政治或國際議題缺乏深刻的認識,導致非政府組織正面臨國際化的限制。目前我國現有的非政府組織多屬提供急難救助的宗教型非政府組織,在參與方式上主要多採行金錢捐贈或實物贈予模式❷。固然這些組織的存在有助於提升臺灣參與國際社會的形象,但長遠來看,除了人道關懷和災難援助

➡圖 16-1 對非洲等地難民的救助,是非政府組織國際救援重要的一環。

外,臺灣亦需要不同類型之非政府組織,除了在各項議題上提供不同層級之服務外,在全球或區域層次所創立的議題上(如安全議題、和平議題等)也能夠有主動出擊的空間,用以提高我國非政府組織的國際能見度。

　　在國內,由於非政府組織一詞的概念與非營利組織混用的情形相當嚴重,鮮少將兩者予以清楚區分。但若深入了解發現,這兩個名詞無論在其所指涉的概念與關心的議題上仍有所差異。因此,本書欲以單獨的篇幅來介紹非政府組織,嘗試將其與非營利組織的概念做一區隔,探討非政府組織所扮演的角色與功能,以及非政府組織發展的相關理論,進而整理介紹我國非政府組織的發展現況與經驗,以奠定了解非政府組織之基礎。

---

❶ 對此,有學者認為,非政府組織參與國際事務並不只是為了拓展我國外交實力,從宏觀角度來看,政府不該利用非政府組織來達到狹隘、短視的政治目的,而應了解國際非政府組織真正關心的議題及基本運作方式,從而形成堅強的夥伴關係,協力解決人類共同問題與困擾(吳英明、許文英、盧政鋒,2001: 171)。

❷ 相關內容請參閱官有垣、邱瑜瑾的論文 (2003: 82)。

第 ❶ 節　非政府組織的概念

一、非政府組織的定義與內涵

(一)名詞起源

非政府組織一詞，以法律形式、正式被提出的歷史背景，可以追溯自聯合國經濟社會理事會 (Economic and Social Council, ECOSOC)。1945年聯合國成立以來，由於國際政治人權等專業領域不斷擴張，各種功能性、區域性或專業性組織不停膨脹，聯合國經濟社會理事會遂於 1950 年以 288 號 B 決議文提出對非政府組織的定義，亦即凡是因「非政府間協商」而建立的國際組織，均稱為非政府組織（Dichter, 1999: 43；行政院研究發展考核委員會編著，2003: 9；孫煒，2004: 105）。此雖為非政府組織最早之原意，但所代表的卻是國際非政府組織的概念。

(二)定　義

最廣義的非政府組織定義，應屬於世界銀行所提出者。其認為「公共或營利部門個人的組織，並不強調以合法註冊為條件；包括草根性的社區組織、非政府組織、非營利組織、公民社會組織、志願組織、慈善組織」等組織形式，皆屬於非政府組織（鍾京佑，2003: 39）。換言之，在此定義下，政府和民間部門以外之組織，無論其正式立案與否，皆為非政府組織。然而，如是的定義由於指涉的範圍過於廣泛，予人之概念還是相當模糊，因此有必要將此概念重新予以釐清。

關於非營利組織的定義，前已述及，國內外引用最多者莫過於 Salamon (1992: 3–7; 1997: 33–34) 的定義。其指出非營利組織是民間的法人組織，也是以追求保健、教育、科學進步、社會福利、多元性價值觀的促進等公共目的為主的組織，其構成包含正式性、私人的、不從事盈餘分配、自主性、自願服務與公益等六項特性❸。然而，相較於 Salamon

定義的普遍與適用性，非政府組織的定義則是眾說紛紜。

根據聯合國的定義，「非政府組織是公民所成立的地方性、全國性或國際性非營利、志願性組織，以促進公共利益為工作導向，提供多元服務，發揮人道的功能，將人民的需求傳達給政府，監督政府政策，鼓勵人民參與地方事務」（轉引自王振軒，2003: 42）。

有學者指出，廣義的非政府組織是指「在一地區、國家或國際間所形成之非營利目的、自願性的人民團體，該團體由一群具有共同理念的人民組成，以達成其理念目標為首要任務」（孫煒，2004: 106）。若根據上述定義，以活動的地理位置、成員和參與範圍的不同來區分，則非政府組織又可以細分為國際非政府組織 (international NGOs) 與國家非政府組織 (national NGOs) 兩種類型。所謂國際非政府組織是指由兩個或兩個以上國家的私人或團體間的組織（行政院研究發展考核委員會編著，1993: 9；Macdonald, 1997: 7），亦即該組織是由複數國際性成員參加❹，其與國家非政府組織的差別在於：前者所推動計畫的範圍不限於一個國家，成員也多具跨國性，除致力於協助其他國家發展外，並擁有超國家之一般性目標；而後者的運作範圍則限於某一區域或國家，扮演政府與利益團體的中介角色（Macdonald, 1997: 7；鍾京佑，2003: 39），其概念較近似於前述的非營利組織。

另一位學者鄭讚源 (2001: 103) 引述 Lewis 的看法，認為當使用非政府組織一詞時，其概念較強調以發展 (development) 和救援 (relief) 為重心，而該名詞所描繪的多是南方國家、貧窮國家以及受援助或開發中國家。

---

❸ 除了 Salamon 外，Wolf (1990: 6) 對非營利組織的定義也常為國內學者所引用，他認為在國家法制下，須對於非營利或慈善的法人團體，根據稅法而給予免稅，而捐助者享有減免稅的優惠待遇。

❹ 也有研究指出，國際非政府組織其系統多來自已開發國家，所以又將其稱之為北方非政府組織，其所服務的範圍強調跨國界的，包括其他國家或地區（蕭元哲、黃雍民，2001: 125–126）。

(三)內　涵

關於非政府組織的內涵，學者王振軒 (2003: 41) 提出九項構成要素，其中包含需有國際性、超越國家的一般性目標、在國際組織中有諮詢地位、活動必須與聯合國及《世界人權宣言》的原則相符以及經由聯合國經社理事會所屬委員會承認等特質。而國際協會聯盟 (Union of International Association) 則主張應從組織的目標❺、成員❻、組成結構❼、職員任

■➡圖 16–2　非政府組織強調國際性，在全球化時代中更顯重要。

命❽、財政❾等項目是否為單一國家所組成或是具有國際性，來判斷該組織能否稱之為非政府組織。因此，組織的使命、目標是否具有國際性，組織成員、活動範圍與財源是否侷限於單一國家等，皆是判斷該組織究竟是國際非政府組織或是國家非政府組織的重要指標。

　　總結上述得知，非政府組織強調國際性，組織活動需跨越國境，包括其組織成員、財政或活動範圍都不限於單一國家。反之，非營利組織的活動範圍、組織成員與財務多以單一國家為主，具有草根、在地的性質。大抵而言，非政府組織應可以包含非營利組織的特質，但非營利組織卻無法完全涵蓋非政府組織的特性。倘若精確定義本書中所使用非政府組織的概念並賦予描述性定義，則其所指涉的較偏向於國際非政府組織，係指組織規模與運作範圍為國際層次、跨國性，有非營利特質及超國家之一般性目標的永久性機構。

---

❺　係指必須具備國際性，不得僅圖利特定成員。

❻　至少有三個國家以上的個人或團體所組成。

❼　成員需有完全的自主性，不受任何一個國家控制。

❽　會員由制度化管道選任，且不可同屬於單一國籍。

❾　需由三個以上的國家提供。

二、非政府組織的分類

由於非政府組織的運作內容相當多樣，如要將其分類實屬困難，因此有學者乃單純以其功能來予以分類，而區分為「倡議型非政府組織」與「運作型非政府組織」，其主要業務型態如下（王振軒，2003: 46）：

㈠倡議型非政府組織 (advocacy NGO)

所謂倡議型非政府組織，一般而言，其成立的使命與宗旨多是濟弱扶傾，實現社會公平正義。此類型組織的特色是強力推廣某一理念與價值，透過此一理念與價值的建立來改變社會現狀。例如國際特赦組織 (Amnesty International) 對「人權」價值的堅持，以及綠色和平組織 (Green Peace) 堅決「反核」的立場，都是非政府組織經由一個理念的推廣、價值的建立，以達成改變社會事實的最佳例證。多數的倡議型非政府組織成立於地方，但隨著活動的推廣，規模日益擴大，而成為國際非政府組織，國際特赦組織即是一最佳實例。

㈡運作型非政府組織 (operation NGO)

運作型非政府組織多以提供人道救援與發展服務為主。例如臺灣世界展望會自 1990 年起，加入了國際世界展望會全球關懷與救援的行列，透過「資助兒童計畫」、「飢餓三十——人道救援行動」、「發展型計畫」，將國人的愛心擴及全球貧苦、戰亂、飢荒國家的需要，自此展開臺灣愛心援外的重要里程碑❿。又如中華民國紅十字會於 2000 年捐助莫三比克與薩爾瓦多手術用縫線和帳篷等物資，協助賴比瑞亞、馬拉威、甘比亞等國推廣國際紅十字運動等；近年來，更是積極參與各項國際災區重大重建工程，包括印尼亞齊、斯里蘭卡⓫。換言之，這些長期投入第三世

---

❿　臺灣世界展望會網站（http://www.worldvision.org.tw/03_work/domestic.php?
m1=3&m2=12；檢閱日期：2014/2/11）。

⓫　中華民國紅十字會網站（http://www.redcross.org.tw/home.jsp?pageno=
201206040001；檢閱日期：2014/2/11）。

界國家的運作與人道救援工作者，皆屬於此類型的組織。

第二節　非政府組織的角色與功能

一、非政府組織的角色

　　非政府組織過去多扮演國際性合作協調組織的角色，且大多是以國家之外的行為者自居，其活動與國家利益沒有直接關連（行政院研究發展考核委員會編著，1993: 30、32）。80年代以後，隨著國際環境的改變和非政府組織數量的增加，該組織在全球政策的發言力已經愈來愈受到重視。以1945年在聯合國登記成立的非政府組織而言，當時僅有41個，如今卻已擴展至1,500個以上，且組織所關心的議題遍布環境開發、衛生健康、婦女兒童、人道救援、縮減軍備、消除地雷以及和平安全等領域。由此可見，非政府組織的角色功能會隨著時代與國際社會的改變而有明顯的不同。

　　在全球化的趨勢下，非政府組織積極地針對各項議題與危機，提供有效率的對策與服務。非政府組織所扮演的角色除了促進社會公益、改革倡導與價值維護、彌補制度失靈的缺失、提供多元社會協調與溝通管道外，多傾向倡導引領國際社會新的價值與規範、建構國際聯盟以因應國際社會所面臨的挑戰、改變國際典則以回應新的需求、提出跨國衝突與分歧的解決方案、監督或執行重要公共議題的資源分配或是提供多元化安全體系等面向（行政院研究發展考核委員會編著，1993: 37；王振軒，2003: 48-50）。

　　綜上所述得知，非政府組織的存在除了消極地扮演政府失靈與市場失靈中的補足角色外，事實上在解決多元國際社會議題方面有其特殊的定位與積極的角色。也就是非政府組織所扮演的角色不單僅是國際社會的參與者，其本身對於新國際社會的形成也有重要的功能。以臺灣的非政府組織為例，目前臺灣雖非聯合國的成員，但卻因部分民間非政府組織而成為國際非政府組織的一員，進而活躍於國際社會，例如慈濟基金

會、臺灣世界展望會等。在國際援助工作方面，不但可以彌補國際社會公部門之缺乏，更可彌補國內公部門受限於國際政治現實之不足 ⑫。因之，臺灣非政府組織所扮演的角色，一方面作為臺灣與國際社會接觸之媒介，透過人道援助、慈善、環境保護、文化藝術等的交流，使國際社會中的其他國家（公部門）或企業，以及非正式部門可以藉此而認識臺灣，了解臺灣的優勢與困境。而非政府組織的非營利性、非政府性與國際性的特質，正是其可以扮演「中介、潤滑、移轉、形塑」的角色之所在，使整個國際社會有一個過渡、緩衝、潤滑與調節的區域，並建構一個減少衝突的機制，其重要性由此可見一斑。

二、非政府組織的功能

一般而言，非政府組織所發揮的功能與非營利組織有相當的重疊性，除具有開拓創新、改革與倡導、價值維護、服務提供等四種功能 ⑬ 外，還因其組織的特殊性，具有下列幾項功能（行政院研究發展考核委員會編著，1993: 37–39；鄭讚源，2001: 109–113；王振軒，2003: 50–51）：

(一)促進國際社會彼此的了解

受到全球化的影響，國際關係已朝向多元化方向發展，非政府組織本身具有跨國的特性，且關心的議題多著重在國際人權、環保、人道救援、衛生、和平等面向，主導相關活動的推展，促進國際社會的彼此了解。

(二)訓練國際性專業人才

由於國際分工日趨細密，國際活動也日益專業化，非政府組織透過活動的參與，例如召開大型國際會議、參與國際體育活動、派遣救難組織等，培養了許多國際性專業人才，並因而嫻熟國際事務、了解國際慣例及精通國際語言。

---

⑫ 相關論述請參閱鄭讚源的論文 (2001: 110)。

⑬ 詳細內容請參閱本書緒論第三節的內容。

㈢提供國際認可機會

非政府組織因其「非政府」的民間組織特質，一般較不容易被冠上「政治」或「國家」的色彩，而得以打破國際社會以「國家」為主要成員的思維，參與各種國際活動，這對於處於特殊外交環境的我國而言，如能藉由非政府組織廣結善緣，從事各種議題活動，藉以鞏固或增進友邦情誼，或許無形中也可以協助拓展我國的國際外交舞臺，彌補傳統外交所衍生之缺憾。

㈣彌補國際社會的不足

由於國民（或單一國家）的相對弱勢，以及政府（或聯合國）無法照顧為數較少的特殊族群或弱勢族群之需求，所以非政府組織的存在正可以彌補國際社會中的市場失靈與政府失靈，對於本國政府在國際社會中所難以發揮之功能，予以補充和協助。

㈤協助推動官方政策

國際政府組織受限於國家意識與主權概念，有時無法圓滿執行若干政策計畫，因此多會考慮透過非政府組織代為執行或推動。例如國際政府組織在調查某一特定問題時，除可以請求各國政府協助蒐集資料外，由於非政府組織對於國際議題通常有較深入之了解，也可以徵詢非政府組織的意見，以協助問題之處理。換言之，在未來國際社會多元化與市場化的脈絡中，國家固然為傳統組織，但國家的許多政策仍需由其他非政府組織協助執行。

第三節　非政府組織發展的相關理論

隨著全球化與資訊科技的革命，國際間的界線愈來愈模糊，同時也降低主權國家解決問題與衝突的能力，許多議題（如環保、安全、人道救援等）已經跨越國際關係或國內事務的鴻溝，因而給予非政府組織生

存發展的空間。

一、國際社會的轉變

國際社會的結構在二次世界大戰後產生很大的改變。冷戰結束之後，國際社會顯得變化無常，不但新興國家國內衝突增加，世界各地民族或宗教紛爭頻傳，甚至引發環保、人權等全球性的公共議題。但受到國家處理衝突與危機的能力降低之影響，為了解決上述複雜的問題，國際間的合作與聯盟被認為是不可或缺的要件。此情況賦予國際社會中其他複數行動者出現的契機，而非僅倚賴國家作為唯一的行動者，也使得以國家為單位的世界觀逐漸受到挑戰，未來政府的許多職能將直接由「民間」來監督甚至經營。換言之，傳統「以官管民」的觀念也將相當程度地轉換成「以民督官」。在此趨勢下，許多官方或外交活動，將包含更寬廣的民間與企業參與。

文獻指出，70 年代的國際關係理論中已有學者對「國家是國際社會中主要成員」的假設提出強烈質疑，其所持之論點乃是國際間相互依存與分工合作的發展趨勢。80 年代，更有學者對於「政府為國家參與國際社會唯一合法之決策者與國家資源開發或管理者」提出反對之意見，強調以非政府組織與民間社會的國際角色參與模型，來說明新的國際互動模式 (行政院研究發展考核委員會編著，1993: 35；林吉郎，2004: 48–49)。對此，Keohane & Nye (1977: 23–29) 以及臼井久和 (2003: 34–35) 也認為，冷戰結束後，隨著以國家為中心的絕對體制之崩壞，同時也意謂主權國家解決問題能力的減弱。所以，國家相對勢力的衰退會帶來非國家行動者的抬頭，其不僅改變國家間的關係，更促使國家、市場與公民社會間新的權力關係之重組。

如表 16–1 所示，21 世紀權力的分散意指國家權力已逐漸移轉，形成複雜多元的新治理網絡，包括權力向上、向下及向外的移轉。所謂權力向上移轉 (moving up) 係指國家主權和統治權威被國際組織、多國籍企業所侵蝕和取代；而權力向下移轉 (moving down) 是指在分權化的潮流下，國家統治權威逐漸移轉到地方政府或地方團體；至於權力向外移轉

(moving out) 則是指受到國營事業民營化和非營利團體提供公共服務等影響，國家權力日益流向非政府組織、全國性非營利團體，或是地方團體，顯示國際影響力已非完全集中在以國家為主體的中央政府手中，而國家或中央政府也不再是單一的決策機制，新的治理模式乃是由垂直式（國際—全國—地方）與水平式（公、私部門和第三部門）相互連結而成的。換言之，隨著國際環境和國際思維的改變，傳統「由上而下」的決策與執行過程，或是國際關係中長期以國家為成員主體的觀念，在國家權威逐漸消逝之際，象徵著國家權力正日益擴散到包括非政府組織或非營利組織等在內的非政府部門，同時也意味非政府組織所扮演的角色與功能日趨重要，而給予其參與國際事務的發展空間。

⇥表 16–1　21 世紀的權力分散

	私部門	公部門	第三部門
國　際	多國籍企業 (IBM)	國際組織（聯合國、WTO）	非政府組織（綠色和平組織）
全　國	全國性企業（美國航空）	21 世紀的中央政府（註）	全國非營利團體（美國紅十字會）
地　方	地方企業	地方政府	地方團體

註：指 21 世紀的中央政府權力向上、向下、向外的擴散。

資料來源：白井久和，2003: 35。

也因之，在上述的背景下，使得非政府組織有機會活躍於國際舞臺，從而刺激國際社會中既存觀念與價值之重新定義，同時也迫使政府必須重新思考國家的職能，並反省以國家作為國際社會活動基本單位是項不切實際的作法。

二、非政府組織參與國際援助的觀點

根據學者的整理，政治學界有兩派學者從不同的面向來解釋非政府組織在國際援助上所扮演之角色與功能，其內容如下：

㈠新跨國主義論者 (the new transnationalists) 觀點

此派學者依循 Haas (1964) 的功能論途徑研究國際關係，指出在當前國際關係中，非國家的行為者 (non-state actors) 有能力且也應該處理一些民族國家個別面臨的棘手問題，例如貧窮、生態維護、緊急救援、社會發展等。該研究途徑認為非政府組織推動的「人們對人們」(people-to-people) 的人道關懷，可以跨越國與國之間鴻溝，進而提出有效的解決或舒緩之道（Galtung, 1975; Alger, 1984: 85; Mansbach & Vasquez, 1981；轉引自官有垣，2002: 133）。由此可知，功能途徑研究試圖打破以國家為主體的傳統看法，期望藉由非政府組織的「非政府」特性，來從事跨國界或種族的國際援助工作。

㈡從基本的人類需求 (basic human needs) 觀點

另一學派則從「基本的人類需求」觀點出發[14]，認為過去由開發國家主導的援外政策，因無法有效解決第三世界的貧窮問題，所以強調透過非政府組織國際救援的「非政治性」特質，來作為政策執行之媒介，使其援助方案易被援助國所接受。也就是說，相較於政府官方援助之僵化，非政府組織因為規模較小，在行動上具備充分彈性、操作成本低廉，對於受援助對象予以高度人性化的關懷與重視，加上組織長期以來深入援助國，與當地居民接觸，了解該國基層社會的需求。所以，若由非政府組織扮演議題倡導或計畫設計與執行的角色，除了非政府組織本身具有因應受援國社會發展的差異性能力外，如能與政府建立起「由下而上」的國際援助互動模式，應有助於援助目標之達成。

Korten (1990) 認為非政府組織發展所呈現的是策略發展的取向，因而將其分成四個世代 (generations) 來觀察，如根據其論述之內容來分析非政府組織的角色變化則可以發現：隨著國際環境的變化，非政府組織的發展目標會產生變動，連帶地影響組織所扮演的角色與功能。如表 16-2 所示，非政府組織在第一代時所協助的對象以個人或家庭為主，其

[14] 詳細請參閱 Gorman, 1984: 46 和官有垣，2002: 134。

發展策略是服務的直接遞送，例如對於遭受自然災害或戰爭的難民提供人道協助，因此這階段非政府組織所扮演的是執行者之角色。然而隨著環境的變遷，非政府組織的發展策略和角色也開始產生改變。以第二代與第三代的發展策略而言，非政府組織的協助對象不再侷限於單一個人或家庭，而是擴展到以里鄰、村落，甚至區域或國家，發展策略也從純粹服務提供轉變為協助社區發展與自助，以及政策或制度的建立，同時結合社區、相關公私立機構一起從事協助活動。所以，在此階段非政府組織扮演的是動員者，甚至是制度或政策催化者的角色。最後，非政府組織在第四代的發展策略是：所協助對象已經超越國家界線，擴充至國家或全球，其發展策略的特徵是全民運動，所扮演之角色也提升為教育者。

→表 16-2　非政府組織四個世代的發展策略

	第一代	第二代	第三代	第四代
特　徵	人道或福利	社區發展	持續的系統發展	全民運動
問題點	物品短缺	地區性惰性	政策制度與限制	不足的願景轉移
時　程	立即的	專案	十至二十年	無限期的未來
對　象	個人或家庭	里鄰或村落	區域或國家	國際或全球
主要行動者	非政府組織	非政府組織與社區	相關公私立機構	人們與組織網絡
非政府組織角色	執行者 (doer)	動員者 (mobilizer)	催化者 (catalyst)	教育者 (activist/educator)
管理取向	後勤管理	專案管理	策略管理	聯合自我管理網絡
發展教育	免於飢餓	社區發展與自助	限制的政策與制度	著重全球

根據 Korten 所言，初期非政府組織所扮演之角色著眼於滿足微觀個人物品短缺的需求，為服務直接的遞送者。爾後，為了徹底解決基層社會的問題，非政府組織開始著手協助社區發展，協助政府建立政策與制度，甚至計畫未來推展志願服務為全民運動。然而，也有學者批判 Korten

所持之論點似乎將非政府組織的發展過於單純化，視其發展為一直線，卻忽略非政府組織所扮演之角色的重疊性有時難以明確劃分（内海成治，2002: 13）。對此，本書認為，非政府組織所扮演之角色原本即為多樣，其會隨社會環境需求的不同而有所調整，難以清楚切割。基本上，目前非政府組織在參與國際援助事務上所扮演之角色，會視組織的規模與擁有的資源而定，並未侷限在以滿足微觀個人需求為主的短期物資協助者，部分較具規模的非政府組織，甚至擴充其角色為宏觀地協助受援國建立制度並自立發展，而成為中長期的制度催化者。

三、非政府組織參與國際援助的意涵

如上所述，在全球化的衝擊下，國際社會的發展不但愈來愈強調專業層面，同時也挑戰以國家作為參與國際事務之角色的前提。換言之，單一國家非但難以運用國家權力解決日益複雜的全球化問題，相對的，國家主權正面臨前所未有的挑戰而且正在逐漸削弱中（臼井久和，1997: 4；謝易達，2001: 107；張亞中，2001: 7-8）。也因此，在探討全球治理議題時，政府以外的國際事務參與者即顯得相當重要。有研究指出，這類由包含非政府組織、多國公司等非國家行為者所組成的團體，在高度依存與互動的全球社會中都參與了「全球治理」，而相較於國際間以國家政府為主體的治理 (governance with government)，全球治理更凸顯了非政府部門的治理 (governance without government) 功能（張亞中，2001: 3）。因此，非政府組織參與國際援助的意涵之一，乃是打破早期的國際援助多是以外交政治作為目的，偏重以國家為主體之政府對政府的援助模式，象徵當前國際援助行為者的多樣化。特別是當國家角色與功能逐漸受到限制時，多元性非政府組織的參與，更能彌補政府在從事國際援助工作上的不足。

而非政府組織參與國際援助的意涵之二，則是藉由與受援國和當地民眾的直接接觸，來彌補政府官方援助的層級節制、僵化、形式與背後複雜的政治性動機，以致無法兼顧到受援國社會發展之差異❶。簡言之，

---

❶ 有研究指出，由於受援國本身社會的差異性與多樣性，非政府組織在擬定援

由於非政府組織非官方、非營利，甚至是草根的特性，使其在從事國際援助時，較政府官方更容易獲得受援國與當地居民的信賴，不但可以和受援國政府或當地草根性組織合作，還可以作為兩者間的溝通管道。

此外，不同於政府官方視援助為外交或政治性手段的一環，非政府組織因強調其非政治性，且組織本身較官方更為機動與彈性，因此在提供國際援助項目時，不會侷限在短期人道救援面向，還會擴展至開發中國家的基礎建設、教育、醫療等制度的建構。換言之，非政府組織參與國際協助的意涵之三，即是跳脫政府援助所關注的政治面向與短期成果，而著重在協助受援國從事中長期制度建置的長期面向。

第四節　臺灣非政府組織的發展現況與經驗分析

50 年代，臺灣是一個接受國外援助的國家，但自 90 年代以後，我國已經具有援助國外的能力。換言之，臺灣由一個曾經被西方國家援助的對象，轉變成提供國際援助與發展技術的國家（官有垣，2002: 132）。所以，臺灣的非政府組織也從本土化進入到區域化，甚至是國際化（王振軒，2005: 349）。1999 年發生的九二一大地震，雖然造成嚴重的災害，但也展現臺灣的民間力量，發揮公民社會組織的活力。特別是許多非政府組織在捐助、整合資源、救災復健所表現的靈活與效能，深獲社會大眾的肯定；慈濟在五十多個國家從事援助或救難的工作，即是一個典型臺灣非政府組織的案例。

回顧臺灣非政府組織的發展歷程發現，由於臺灣社會發展的特殊歷史背景，長時期的戒嚴與受到相關的管制政策箝制，使得民間社會的結社活力受到抑制。此現象一直到 1987 年政府宣布解除戒嚴令之後，民間團體在數量上才開始呈現大幅度的增加。過去臺灣社會對於國內或國際公共事務的處理經常瀰漫著以「政治」、「政府」、「官方」或「外交」等高次元政治 (high politics) 作為單一面向的思考模式，卻忽略除此之外，尚有「人文」、「社會」、「民間」或「感性友誼」等低次元政治 (low politics)

助項目時會與受援國人民共同商討，提高其重要性 (Tvedt, 1998: 42)。

議題領域可供運用（吳英明、許文英、盧政鋒，2001: 153）。隨著科技的發達，全球各區域的互通聲息逐漸頻繁，除了政府和企業的跨國交流外，非政府組織的跨國界聯繫與合作也日益受到矚目，也因而打破我國長期以來在國際政治事務上的僵局，提升我國在國際社會上的能見度。

　　根據外交部於 2006 年的統計資料顯示，臺灣已加入之非政府間國際組織共計 2,162 個❶，這樣的成績明顯不足。但以我國目前艱難的外交處境來看，臺灣非政府組織參與國際事務的空間，遠比正式的政府機構運用傳統的外交手段活動於國際舞臺要大得多。目前臺灣的非政府組織已經開始透過不同的發展策略，參與各類國際活動，特別是國際人道救援方面已經有初步的跨國服務經驗，例如路竹會遠赴海外承擔義診醫療服務；羅慧夫顱顏基金會前往越南與其他國際機構合作診治唇顎裂患者；知風草協會在柬埔寨長期駐點工作，此均代表臺灣非政府組織正跨入不同層面的國際人道救援（林郁，2004: 59）。在本節中，首先介紹我國管理非政府組織事務的相關單位及法規草案；其次乃從國際援助、國際醫療與國際環保三項議題，來觀察我國非政府組織的參與，藉以了解我國非政府組織的運作情形。

一、規範我國非政府組織的相關機構與法制

㈠外交部非政府組織國際事務委員會

　　前總統陳水扁在 2000 年發表就職演說時揭示：「除了持續加強與友邦的實質外交關係外，我們更要積極參與各種非政府的國際組織。透過人道關懷、經貿合作與文化交流等各種方式，積極參與國際事務，擴大臺灣在國際生存空間，並且回饋國際社會」。同年 10 月 2 日成立了「外交部非政府組織國際事務委員會」，來協助國內民間團體參與非政府間國際組織及交流活動。主要工作是協助推動國內機關與國際非政府組織之聯繫與關係事項，審核外交部補助或輔導國內非政府組織參與國際組織

---

❶ 外交部 NGO 國際事務委員會網站（http://www.taiwanngo.tw/files/15-1000-254,c102-1.php?Lang=zh-tw；檢閱日期：2014/2/11）。

及活動事項，評估國內非政府組織參與國際組織及活動之成效事項，加強外交部與國內非政府組織合作發展與國際非政府組織之關係事項，以及其他有關非政府組織之推動事項❶。換言之，該委員會扮演了非政府組織國際事務的聯繫平臺，負責協調與統籌各種國際資源，並協助我國非政府組織參與國際事務。其組織架構如圖 16–3 所示，設執行長與副執行長，下轄參與評估科、援助合作科與培力發展科，分別負責國際參與、人道救援，以及能力建構與人才培訓等業務❶。整體而言，雖然目前該委員會主要辦理全民外交事務講習，以及協助或贊助非政府組織出國參加國際會議或活動等之業務。就組織功能而言，仍較傾向被動的支援面向，而缺乏積極建構政府與組織間平等對話之管道，今後若能予以充實且制度化，相信將更有助於我國非政府組織的發展。

➡圖 16–3　外交部 NGO 國際事務委員會組織架構圖

資料來源：http://www.taiwanngo.tw/files/11-1000-95.php?Lang=zh-tw。

㈡相關法制

外交部為辦理及管理有關涉外事務之財團法人之設立許可及監督事

宜，因此特依《民法》相關規定設立並通過《外交部主管財團法人設立許可及監督要點》，於 1999 年 2 月 25 日函訂，規定設立財團法人之宗旨與目的，必須是為促進國際合作及發展、加強國際了解、提倡國際正義、增進人類福祉及維護世界和平為目的之財團法人。然而，此要點於 2005 年 9 月 26 日停止適用，另行頒訂新的《外交部主管財團法人設立許可及監督要點》，並於當天立即實施。

根據新的《外交部主管財團法人設立許可及監督要點》之內容顯示，該要點所指稱之財團法人，是專指辦理有關涉外事務之財團法人（第 1 條），並規定設立非政府組織之宗旨與目的，必須是為促進國際合作及發展、加強國際了解、提倡國際正義、增進人類福祉及維護世界和平為目的（第 2 條）。

另外，外交部於 1997 年通過《中華民國無任所大使遴聘作業要點》，為協助政府推展對外關係，遴聘熟悉國際事務且有崇高聲望者，協助政府執行各種特殊外交任務或從事特別談判❶。然因我國的無任所大使之遴選主要是依功能性做考量，歷任大使雖在該領域有特殊貢獻與地位，但卻非長期投身非政府組織事務的推動，熟悉該領域業務之人士，難以對我國非政府組織的發展有整體且深入的認識，而限制其所能發揮之功能。

二、我國非政府組織的活動經驗回顧

㈠國際人道援助

根據研究顯示，目前臺灣從事援外工作的非政府組織，其工作內容多以經濟性救援為多，而到受援國長期從事發展性質的服務較少，但幾個大型的非政府組織已經開始調整其計畫內容，而傾向從事長期發展的援助工作。例如臺北海外和平服務團，目前已有不少業務是屬於國際援助性質，如 1995 年 6 月，該服務團在柬埔寨展開遊民職業訓練計畫和資

---

❶ 外交部網站（http://www.mofa.gov.tw/webapp/content.asp?CuItem=11393； 檢閱日期：2008/6/19）。

源學區發展計畫，為期三年；1996 年，為配合資源學區發展計畫，又開展另一項《教育雙月刊》計畫，發行全國。另外，該服務團還於1980年在泰國成立工作隊，為中南半島（越南、柬埔寨、寮國）難民提供教育、職業訓練、社會救助等服務（林郁，2004: 60）。

1995 年，部分人士因有感於中南半島國家經歷戰亂，顛沛流離，許多孩童的受教育機會因而遭到剝奪。為了增加邊陲地區孩子的受教育機會，本著「一點露培育一枝草」的理念，以及一股人道救援的執著，展開柬埔寨弱勢、亟待援助群體的各項服務，讓流浪街頭的街童、孤兒、貧困學童、無醫療地區人民，能依其需要分別加以收容，使其獲得教育機會，並學習謀生技能等長期性幫助，而開始籌備中華民國知風草文教服務協會(以下簡稱知風草文教協會)，並於 1996 年 7 月 28 日正式成立。之所以取名為「知風草」，乃是象徵「關懷貧窮，文化播種」的精神。多年來，知風草文教協會在柬埔寨設置流浪兒童之家與鄉村職訓中心，並長期進行貧困華裔教育助學計畫，甚至在華校進行長期師資培訓 ❷⓿。

㈡國際醫療援助

過去臺灣在國際政治舞臺或地理位置上都很孤立，致使國人對國際事務感到陌生。但近年來，隨著國人到海外旅遊機會的增加，進而提升國人對國際事務的關心。即便在 21 世紀的今日，國內外還是有許多人生活在非常窮困的環境裡。由於疾病是造成或增加貧窮的原因之一，而貧窮更會減低人們對疾病的抵抗力，若能結合專業的醫療團隊，發揮人道精神，提供全人（生理、心理、社會）的醫療服務，或許可以減少許多不幸人命的喪失（張慈娣，2001: 243）。

羅慧夫顱顏基金會為羅慧夫醫師於 1990 年所成立之組織，基金會初期的工作是希望協助顱顏患者獲得適當的醫療，提升顱顏醫療的品質，但 1998 年在臺商的穿針引線下，基金會開始發展唇顎裂國際援助方案，第一站從越南的胡志明市開始，至今「用愛彌補」醫療團已出團 23 次，

---

❷⓿ 知風草文教服務協會網站（http://www.fra.org.tw/chabout1_2.htm；檢閱日期：2014/2/11）。

幫助 700 人次窮困唇顎裂患者接受免費手術治療，足跡遍及越南、柬埔寨、菲律賓、緬甸、中國大陸等，並且幫助柬埔寨、菲律賓各培訓一組唇顎裂醫療團隊以嘉惠當地患者❹。換言之，該基金會從成立時的「本土」非營利組織逐漸轉變為「國際」非政府組織的運作型態，其本著「過去臺灣受到許多外國人的幫助，現在我們也陪不幸的人走一程」的精神，以「幫助第三世界經濟落後國家的唇顎裂患者」為基金會的工作目標。

㈢國際環保工作

面對全球環境危機，聯合國從 70 年代開始即著手制定多項國際環境公約，推動國際環保工作，以謀求改善或防止問題的惡化。基本上，全球環境問題有賴各國人民與政府秉持「全球關懷、草根行動」的態度共同努力解決。然而，相較於國際社會，臺灣社會環保意識覺醒較晚，民間環境運動和政府的環保施政起步也較慢。臺灣環保團體絕大多數是在 80 年代中期以後才成立，起因是受到臺灣工業化所造成的環境汙染和破壞，以及國際環保運動的啟蒙之影響。二十多年來，由於環保團體的努力，環保意識已經逐漸在臺灣扎根，也開始有許多國際交流的合作經驗（施信民，2001: 264）。

佛教慈濟慈善事業基金會（以下簡稱慈濟基金會）成立於 1980 年，其以「慈善、醫療、教育與人文」為四大志業，另投入「骨髓捐贈、國際賑災、社區志工與環境保護」，稱之為「一步八法印」。其中有關環境保護方面，除了在國內推動環保珍惜地球資源外，還積極推動並參與國際環境保護活動，例如 2005 年 7 月，馬來西亞北海慈濟幼稚園舉辦北海省眼亞占 (Bagan Ajam) 清潔海灘 (Pantai Bersih) 淨灘活動；2006 年 7 月，慈濟新加坡分會舉辦第二次巴西立海灘淨灘活動，同年 10 月，斯里蘭卡環境保護週，慈濟漢班托塔辦事處響應該市聖瑪莉學校 (St. Mary) 環保協會發起，在漢班托塔海岸 (UC Quarter) 展開種植防護林，並提供二百株印度假苦楝 (Kohomba) 樹苗供大家種植；2007 年 2 月，慈濟應邀參與舊金

---

❹ 羅慧夫顧顏基金會網站 (http://www.nncf.org/about/history/1998-2001；檢閱日期：2014/2/11)。

山市政府環保局「宣導有機肥料活動」，同年 4 月，慈濟吉隆坡分會與《星洲日報》合辦「與地球共生息——疼惜地球的思考與行動」講座會等❷。

綜觀以上所述得知，無論是**臺北海外和平服務團、知風草文教協會、羅慧夫顱顏基金會**與**慈濟基金會**，從其參與的國際事務歷程和成果來看，在在都證明了雖然整體國際環境並不利於我國，但經由非政府組織的長期默默耕耘，積極參與國際事務，善盡世界公民的義務，也逐漸獲得國際社會的肯定。

然而這並不代表我國非政府組織已經積極融入國際社會，與國際非政府組織頻繁交流。有研究即指出，80 年代以後，臺灣的環保團體雖然增加，與國外環保團體在某些議題上也彼此合作，相互聲援，但是「國外團體給予臺灣的協助多過於臺灣團體所提供的」（施信民，2001: 264）。另一方面，我國的非政府組織受到財力不足、對國際議題認識的缺乏以及語言的限制，雖然積極參與國際事務，但多侷限於財貨與服務的提供，在議題倡導與國際交流方面則無法充分發揮其功能，仍留有許多加強的空間。

第五節　結　語

相較於國內非營利組織相關議題研究之豐富與多元，非政府組織無論在理論或實證方面的探討則顯得相對缺乏。從本章的整理與分析得知，在臺灣，雖然非營利組織與非政府組織的概念經常混合使用，但由於非政府組織本身的特殊性（如跨國組織、國際性成員等），以及所關心議題的差異性，使得區分非營利組織與非政府組織有其必要性。

嚴格來說，非政府組織關心和平、環保、反地雷、人道救援等國際性議題，組織活動通常涉及多國，且其組織成員與財源都不限於單一國家。若根據組織的功能來分類，則可以分為「倡議型非政府組織」與「運作型非政府組織」。除了扮演國際社會參與者的角色外，對於新的國際社

---

❷　慈濟基金會網站（http://www.tzuchi.org.tw/index.php?option=com_content&view=category&layout=blog&id=112&Itemid=414&lang=zh；　檢閱日期：2014/2/11）。

會之形成也具有舉足輕重的地位，同時還可以發揮促進國際社會的相互了解與協助推動官方政策的功能。

近年來，臺灣非營利組織雖然以極快的速度在各領域不斷地成長，但非政府組織一方面或許受到政治環境的影響，以及本身公民社會的發展尚未成熟，再加上語文能力的限制，使得臺灣非政府組織與國際社會的互動仍處於萌芽的狀態。另一方面，由於政府未能積極營造一個有利民間參與的環境，無論在制度面或政策面上皆鮮少給予非政府組織協助，因此我國非政府組織在國際社會的表現，多侷限於藉由服務與財貨的提供，達到國際事務參與的目的，而較少發揮國際議題的倡導功能。有鑑於此，如欲使我國非政府組織能與全球接軌，除了培養組織的國際視野，長期關注國際議題，並建立永續的資源網絡外，政府方面也應致力於非政府組織發展環境的建構，以促進各類型非政府組織的發展，進而提升我國非政府組織的國際能見度，喚起世界各國對我國非政府組織的注意。

Tea Time

醫療義診領航者：台灣路竹會 (Taiwan Root)❷❸

台灣路竹醫療和平會（以下簡稱台灣路竹會），起始於 1995 年 12 月 17 日，由牙醫師劉啟群發起，是一個提倡緊急醫療救援與弱勢人道關懷的非宗教、非營利社團組織。以組成醫療服務團，透過義診、宣導健康衛教觀念等方式，在國內外醫療資源不足地區提供醫療援助，實現人道關懷。

台灣路竹會初期以服務國內偏遠山區的醫療為主。多年來不斷號召有志服務於偏遠地區的醫界人士、志工，組成醫療服務團，深入偏鄉與災區。台灣路竹會每個月會進行一次國內原住民部落例行義診，平均每兩個月出國義診一次，足跡遍布全球約 40 個國家。1998 年台灣路竹會開始籌劃到國外幫助亟需醫療的第三世

---

❷❸　臺灣路竹會網站（http://www.taiwanroot.org/about.php?id=194；檢閱日期：2014/2/11）。

界國家，1999 年更將其觸角伸向海外，在外交部的邀請下，赴馬其頓科索夫難民營進行為期兩週的義診，成為路竹會海外義診的開端。2000 年開始，服務觸角延伸至第三世界國家，遍布非洲、亞洲、南美洲各地。到了 2004 年，更與中華至善協會、知風草文教協會、伊甸社福基金會、羅慧夫顱顏基金會等國內援外團體組織「臺灣援外組織聯誼會」，以結合更多的力量，陸續服務越南、多明尼加、柬埔寨等國家，透過各團體的專長結合，增加服務的深度與廣度。2007 年 10 月，與日本 PWJ (Peace Winds Japan) 共同創立全球性聯盟，在國際論壇及機構擴大影響力，堪稱臺灣非政府組織走出國際的創舉。透過雙方結盟擴大服務的深度與廣度，充分結合教育、醫療、照顧等資源，讓照顧層面更周延。

　　台灣路竹會是目前國內第一個也是唯一以臺灣名義加入與聯合國具有諮詢地位 CONGO INGOs (The Conference of Non-governmental Organizations in Consultative Relationship with the United Nations) 的國內非政府組織，並具有投票權。由於組織有充分的國際合作經驗，參與健康、醫療等國際組織計畫，結合優秀醫界與公益界之人才，擴大公民社會的參與，發揮人道救援和緊急醫療的力量，因此在 2006 年榮獲臺灣醫界最高榮耀──由立法院厚生會所頒發的第十六屆醫療奉獻團體獎；2009 年 11 月還獲得由中華民國公益團體服務協會所頒發的第八屆國家公益獎。台灣路竹會的努力不只受到國內官方肯定，也受到國外重要機構的青睞：在 2009 年 11 月前往菲律賓接受由菲律賓古西和平獎基金會 (Gusi Peace Prize Foundation) 所頒發的 2009 古西和平獎 (Gusi Peace Prize Award)，此獎項被稱為亞洲的諾貝爾和平獎。

參考文獻

一、中文書籍

王振軒，2003，《非政府組織概論》，臺北：必中。

王振軒，2005，《非政府組織議題與發展》，臺北：鼎茂。

行政院研究發展考核委員會編著，1993，《我國與國際非政府組織發展關係之
　　研究》，臺北：行政院研究發展考核委員會。

吳英明、許文英、盧政鋒，2001，〈臺灣未來參與國際非政府組織網絡之策略〉，
　　收錄於吳英明、林德昌主編，《非政府組織》，頁 151-195，臺北：商鼎。

施信民，2001，〈推動國際環保工作〉，收錄於吳英明、林德昌主編，《非政府
　　組織》，頁 263-268，臺北：商鼎。

張燕娣，2001，〈國際醫療合作總結報告〉，收錄於吳英明、林德昌主編，《非
　　政府組織》，頁 243-262，臺北：商鼎。

鄭讚源，2001，〈臺灣非政府組織在國際社會所扮演的角色與功能〉，收錄於吳
　　英明、林德昌主編，《非政府組織》，頁 95-120，臺北：商鼎。

蕭元哲、黃雍民，2001，〈從網絡觀點詮釋臺灣非政府組織在全球治理中的角
　　色和意義〉，收錄於吳英明、林德昌主編，《非政府組織》，頁 121-150，
　　臺北：商鼎。

二、中文期刊

林吉郎，2004，〈非政府組織 (NGOs) 外交：臺灣經驗的戰略思考〉，《非營利
　　組織管理學刊》，第 3 期，頁 45-70。

呂慶龍，2003，〈從實務經驗談我國非政府組織參與國際議題〉，《研考雙月刊》，
　　第 27 卷第 6 期，頁 62-72。

官有垣，2002，〈國際援助與臺灣的社會發展——民間非政府組織角色扮演之
　　歷史分析〉，《社會政策與社會工作學刊》，第 6 卷第 2 期，頁 131-171。

官有垣、邱瑜瑾，2003，〈臺灣民間組織與政府在國際援助事務的角色探析：
　　現況調查及其政策意涵〉，《中國行政評論》，第 12 卷第 2 期，頁 55-90。

孫煒，2004，〈全球化對於非營利組織的影響及回應〉，《理論與政策》，第 17 卷第 3 期，頁 103-117。

張亞中，2001，〈全球治理：主體與權力的解析〉，《問題與研究》，第 40 卷第 4 期，頁 1-23。

鍾京佑，2003，〈全球治理與公民社會：臺灣非政府組織參與國際社會的觀點〉，《政治科學論叢》，第 18 期，頁 23-52。

謝易達，2001，〈非政府組織 (NGOs) 與外交關聯性之研究〉，《三民主義學報》，第 23 期，頁 105-113。

三、英文書籍

Gorman, Robert F. 1984. "PVOS and Development Through Basic Human Needs," in *Private Voluntary Organizations as Agents of Development*, ed. Robert F. Gorman. Boulder: Westview Press.

Keohane, Robert O. & Joseph S. Nye. 1977. *Power and Interdependence: World Politics in Transition*. Boston: Little Brown.

Korten, David C. 1990. *Getting to the 21ˢᵗ Century—Voluntary Action and the Global Agenda*. Kumarian Press.

MacDonald, Laura. 1997. *Supporting Civil Society:The Political Role of Non-Governmental Organizations in Central America*. London:Macmillan Press Ltd.

Salamon, Lester M. 1992. *America's Nonprofit Sector: A Prime*. New York: Foundation Center.

Salamon, Lester M. & Helmut K. Anheier. 1997. *Defining the Nonprofit Sector: A Cross-national Analysis*. Manchester, U.K.: Manchester University Press.

Tvedt, Terje. 1998. *Angel of Mercy of Development Diplomats: NGOs & Foreign Aid*. London: Africa World Press (1st ed.).

四、英文期刊

Dichter, Thomas W. 1999. "Globalization and Its Effects on NGOs: Efflorescence or a Blurring of Roles and Relevance?" *Nonprofit and Voluntary Sector Quarterly* 28 (4) Supplement: 38–58.

五、日文書籍

臼井久和，1997，〈民際外交の理論と課題──国際交流から国際協力へ〉，臼井久和・高瀬幹雄編，《民際外交の研究》，頁 3–28，東京：三嶺書房。

内海成治，2002，〈国際協力──国際ボランティアとパートナーシップ〉，西川潤・佐藤幸男編著，《NPO/NGO と国際協力》，頁 8–29，東京：ミネルウェ書房。

六、日文期刊

臼井久和，2003，〈日本外交における NGO〉，《国際問題》（日本国際問題研究所），第 519 期，頁 32–49。

七、碩博士論文

林郁，2004，《臺灣非政府組織之東南亞援外活動分析》，國立成功大學政治經濟學研究所碩士論文。

八、網站資料

中華民國紅十字會網站（http://www.redcross.org.tw/home.jsp?pageno=201206040001；檢閱日期：2014/2/11）。

外交部 NGO 國際事務委員會網站（http://www.taiwanngo.tw/files/15-1000-254,c102-1.php?Lang=zh-tw；檢閱日期：2014/2/11）。

知風草文教服務協會網站（http://www.fra.org.tw/chabout1_2.htm；檢閱日期：2014/2/11）。

慈濟基金會網站（http://www.tzuchi.org.tw/index.php?option=com_content&view=category&layout=blog&id=112&Itemid=414&lang=zh；檢閱日期：2014/2/11）。

臺灣世界展望會網站（http://www.worldvision.org.tw/03_work/domestic.php?

m1=3&m2=12；檢閱日期：2014/2/11）。

臺灣路竹會網站（http://www.taiwanroot.org/about.php?id=194；檢閱日期：2014/2/11）。

羅慧夫顧顏基金會網站（http://www.nncf.org/about/history/1998-2001；檢閱日期：2014/2/11）。

近年來，伴隨社會的多樣化和行政革新的進展，不得不重新檢討行政責任領域，使得公共服務的供給系統也產生了顯著的變化。1998年4月行政院釐訂的「政府再造推動計畫」中所提示的重要工作項目之一即是「調整政府角色」，其中包括公營事業民營化、獎勵民間參與公共建設以及政府業務委託民間辦理。然而，不論是民營化或是民間委託，由於欲移轉或委託的服務本身具有公共性之特質，例如教育、醫療、福利等，並不完全適合由民間企業來承接。但若此項服務繼續交由政府部門來提供，恐會造成其財政負擔更為嚴重。是故，為了確保服務的公共性，又期望能減輕政府部門的財政負擔，將民間資金與經營能力引進政府部門，以及善用民間部門的專業和經驗，就有其必要性。特別是非營利組織因不以營利為目的，且具公益的特質，而成為備受矚目之新的民間力量。

我國非營利組織的變遷，大致上是經歷了從「量變」到「質變」的過程。有別於美國二百多年的民主歷史發展，我國非營利組織以往受到威權時期的管制，基本上並沒有太大的自主性與發展性。但是受到民主化的衝擊，社會力勃興，社會運動與政治運動合流，非營利組織的「量變」表現在數量的增加與種類的多元（劉阿榮，2002：49）。除此之外，各種類型的非營利組織所關心的議題從有形的商品到無形的權益，隨著服務對象與服務內容的精緻化，非營利組織也逐漸走向專業化時代（蕭新煌、孫志慧，2000：484），在社會中所扮演的角色更顯多元，此乃是我國非營利組織「質變」的表現。

在本書第二章中，已經介紹過我國非營利組織的發展概況，主要內容包括我國非營利組織的發展歷程、範疇與分類方式，以及國內非營利組織的研究現況。事實上，我國有關非營利組織的研究多

以歐美的理論為基礎，然所指涉的非營利組織範疇與我國之界定卻
有所差異。以歐美國家來說，其所提及的第三部門是指從公部門與
私部門之外獨立出的民間非營利組織，又稱第三部門，其範疇包括
消費者團體、環境保護團體、文化團體、宗教團體、合作社等；而
我國的非營利組織範疇多規範於《民法》與《人民團體法》當中，
兩者所涵蓋之範圍常有重疊之處，且在我國非營利組織一詞也幾乎
涵蓋非政府組織的概念，因而導致實務上與學術研究上經常因為無
法釐清其性質與任務目的，以至於造成非營利組織研究與分類上的
困難。

在本書最後，嘗試歸結前述所言，企圖賦予我國非營利組織較
清晰之整體概貌。因此，首先討論我國非營利組織之角色與定位；
其次，從內部與外部來探討我國非營利組織運作之課題；最後，分
別從策略管理發展之考量、人力資源管理的重視與強化、外在制度
規劃的完善與公共政策角色的推動等四個面向，來提出我國非營利
組織的未來展望。

第一節　我國非營利組織的定位

如前所述，我國非營利組織的發展歷程，大致上可以整理為慈善濟
貧時期（1950 年代末）、國際援助時期（1960 至 1970 年代）、萌芽時期
（1970 年代至解嚴時期）與發展時期（解嚴之後迄今）等四個階段。然
而，上述的歷史分期僅是從我國非營利組織的外在發展來進行整理，事
實上，非營利組織的發展究竟對我國整體社會帶來何種轉變與衝擊，亦
即非營利組織在我國社會究竟該如何定位等內在層面的問題並未有深入
之分析。因此在本節中，將嘗試從下列三大面向來進行討論：

一、與時俱進的指標性角色

1970 年代以前由於我國政治系統封閉、社會風氣保守，非營利組織

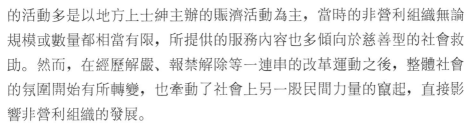

的活動多是以地方上士紳主辦的賑濟活動為主，當時的非營利組織無論規模或數量都相當有限，所提供的服務內容也多傾向於慈善型的社會救助。然而，在經歷解嚴、報禁解除等一連串的改革運動之後，整體社會的氛圍開始有所轉變，也牽動了社會上另一股民間力量的竄起，直接影響非營利組織的發展。

　　早期非營利組織在我國所扮演的僅是單純的慈善濟貧功能，但隨著國際組織來臺設立分會，我國非營利組織的功能開始呈現多樣面貌。爾後，伴隨臺灣經濟的快速成長，人民教育水準與所得的提升，以及國民生活的改善，部分社會有識之士開始投入於社會運動，於是我國非營利組織的活動內容與發展進入了嶄新的階段，不再僅侷限於慈善濟貧或服務的提供，還擴展到新議題的關懷、改革與倡導，以及價值維護等多元功能。

　　由此得知，我國非營利組織所扮演的角色事實上是隨著時代及環境的變化與需求而有所調整、改變，藉以彌補政府部門功能之不足，並滿足社會大眾之需求，所以其所扮演的是一種與時俱進的指標性角色。

二、從草根性服務的供給到公民參與的強調

　　研究資料指出，我國非營利組織的興起具有濃厚的草根性特質（蕭新煌、孫志慧，2000: 483），其代表的意義如下：(1)是地方性，在較小的行政區域內，如鄉村聚落、都市街角，由熱心人士就可接近的屬性，號召一定關係的人員，透過非正式的方式組織起來，通常這類型的組織較具有向心凝聚力；(2)是伸張理念的社會運動取向，可能是基於對特定弱勢族群的關懷，或者是對社會不公平現象而發的正義感等；(3)可能是事業經營有成的企業家行為、中小企業主獨資捐助成立組織，或者是大型企業為了節稅目的獨資組織機構（黃新福、盧偉斯編著，2006: 399–400）。早期我國非營利組織因具有草根性，因此所提供之服務或關懷的議題都較傾向於本土、區域的特性，而且是屬於單向的投入。

　　然而近年來，受到經濟發展與民眾教育水準提高的影響，民間力量日益形成，我國非營利組織的發展也逐漸從草根性的單方參與，轉為與

社會大眾的雙向互動。以社區營造為例，社區發展應該是來自民眾本身的自覺、熱心及奉獻犧牲，但在公民社會概念尚未完全形成時，非營利組織的介入或是社區型非營利組織的成立，都可以協助社區有效運作，彌補政府部門功能的不足。在此情況下，非營利組織一方面可以引領並教育民眾，增強民眾對於公民參與的認知，另一方面民眾也因而與非營利組織有較多的互動，除了增加對非營利組織的了解外，也可以提高民眾主動參與公共事務的意願，創造出政府部門、非營利組織、社區公民「三贏」的局面。

三、從國內服務擴展至海外援助

受到全球化浪潮的影響，我國經濟上的成就足以成為亞洲地區的驕傲，而臺灣經驗也曾在世界各國中傳頌。因此，在世界公民角色的扮演上，我國也期待盡己之力，努力地促進全球科技發展、經濟繁榮（吳培儷、陸宛蘋，2002: 209）。所以，倘若就國際社會回饋的觀點來看，我國非營利組織的發展也面臨到相同的情形。

過去我國非營利組織無論在服務供給或議題關懷上都受到相當的限制，絕大多數的非營利組織較傾向本土議題的關懷倡導，以及國內服務的供給，至於在全球事務的參與或國際議題主導方面，則顯得生疏與被動許多。固然，這或許是受到語言的限制以及政治因素的影響，然而，隨著我國社會經濟的發展，以及公民社會概念的日益成熟，我國非營利組織也重新自我定位──亦即所提供之服務與關心之議題不應僅侷限於國內，還應該將使命服務擴展到海外，以造福更多需要幫助的民眾，同時試圖和其他國家的非營利、非政府組織進行議題上的聯結或建立服務網絡。若從目前我國非營利組織擴充其服務範圍與提升所關心的議題層次，並嘗試從事海外援助、人道救援等作法來看，組織的發展似乎有逐漸從國內拓展到海外的趨勢。

第二節　我國非營利組織的運作課題

　　本節之重點在於了解我國非營利組織運作的情形。事實上，如欲建構非營利組織良好的運作環境，除了組織內部須有健全的管理制度外，還須仰賴政府藉由相關法令規範與制度設計，提供誘因並進行適度課責與監督，非營利組織才得以順利運作。基於此，在本節中分別從「內部運作的課題」、「外部的制度規範課題」兩大面向來分別說明之。

　　關於「內部運作的課題」，則又分別從內部管理與非營利組織的自我定位問題來探討。前者著重於從非營利組織實際運作管理來觀察，依次分為財務、策略經營、人力資源管理、績效評估與課責等面向，希望透過分析，提供非營利組織本身運作管理之參考與借鏡。後者乃是從非營利組織的特質來探討其角色與定位的課題。此外，在「外部的制度規範課題」方面，則分別從非營利組織法規的制定與外部評估制度的設立兩大面向來論述。本書認為，倘若能深入了解非營利組織的內外部整體性課題，應有助於建構出適合非營利組織健全發展之運作環境。

一、內部運作的課題

(一)內部管理方面

1.確保財務穩定課題

　　非營利組織以社會大眾的捐款為機構的主要財務來源，如何確保組織財源的穩定則相當重要，而其牽涉的因素包括：捐款所占經費的比例、捐款的持續性與穩定度、組織的服務宗旨與形象、社會經濟環境的變化等。因此，擬訂合理的財務結構、開發小額定期的捐款、明確的組織服務宗旨與奠定良好的形象等，均是非營利組織穩定社會捐款來源的可行途徑。當然，非營利組織中董事與成員對募款計畫的投入與建立資源網絡，亦是提升非營利組織財務籌措能力的有效措施。

對非營利組織來說，透過接受政府部門的補助或委託，或與企業部門之合作，固然可以增加經費的穩定度與組織的公信力及聲望；但相對來說，倘若非營利組織接受政府部門與企業部門的經費補助過多、依賴過深，很可能產生非營利組織經營自主性喪失的問題。因而，非營利組織在接受政府部門或企業部門經費補助與援助時，可能有違反組織使命，以及淪為政府部門的附庸或幫企業部門背書的情形，所以順適度保持與政府部門及企業部門的合作關係。近年來非營利組織積極發展社會事業化，應可以視為是非營利組織為因應財源不穩定問題所嘗試提出之解決方案。

2. 策略經營課題

由於外在環境急速的變動，使得非營利組織開始注意到策略規劃的重要性並思索其他經營管理方法。策略規劃是決定組織中長程目標的一套系統方法，甚至可以描繪出組織未來的願景（李裏孟，2000: 179）。因此，策略規劃是組織在一定期間所期望能發展達成設定目標的設計，而「策略」就是使組織的構想設計能夠實現的手段。

以非營利組織獲取資源的策略經營而言，其方式包括其與政府部門及企業部門之間建立夥伴關係、與其他組織進行策略聯盟、從事社會事業化，或強化非營利組織的行銷管理等。上述每一項策略都有被選擇的可能性，然每一項策略的選擇也都有可能存在風險，例如策略聯盟可能會受到對方組織財源不穩定之影響而瓦解，或是產生不平等的情形等；至於在行銷方面，非營利組織可能會因行銷專業人才難尋，或執行能力不足等因素的限制而無法徹底落實行銷管理。

總結上述，每一項策略都有其適用的情境與限制，端視非營利組織管理者審視組織內部的資源與情形而定。換言之，策略代表著組織為達成某特定目的所採取之「手段」，意味組織對重要資源之調配方式及所擬採取的行動，因而對非營利組織來說是一種特別的規劃，應結合組織的使命與長期發展計畫，用以表明組織經營者未來構想的藍圖。因而，策略所欲達成之目標，必須與組織目標使命環環相扣，假若在規劃時忽略

了組織目標與具體行動之間的聯繫，而造成盲目努力或行動散漫，甚至形成協調窒礙，就難以確保組織能夠有效達成目標。

3.人力資源管理課題

根據文獻整理得知，非營利組織中志願工作者所出現的問題包括工時無法配合、品質難以控制、自我意識強、流動率高及專業不足等。如探究其原因，均與志願工作者的徵募、訓練與維繫等息息相關；而專職工作人員管理的現存問題則包括召募困難、專職人員流動率高、工作視野和生涯期待的衝突、工作傳承不易、難以建立服務績效評估標準等（滕雨方，2002；徐淑靜，2005；陳怡君，2006）。

因此，關於非營利組織人力資源管理之問題，可分別從專職工作人員與志願工作者兩方面來說明之。在專職工作人員方面，由於涉及專業與薪酬，非營利組織或許可以參考營利部門在人員召募、教育訓練、薪資福利、績效評估及員工激勵等方面的作法進行整體性考量，研擬可行之道，完善專職人員的管理與發展，藉以長期留住人才。至於志願工作者方面，非營利組織可藉由組織使命吸引志工，同時輔以教育訓練，或透過激勵、表揚等方式來提升參與者的自我成就感。尤其應注意的是，由於志願工作者是不支薪的，之所以會加入組織，是因為對組織有較深的認同與期待，因此應著重於心理層面的滿足。所以，在管理上必須重視志願工作者動機之激發，並增強持續之意願，使其在自我奉獻中獲得自我認可和實現理想的滿足，此乃是非營利組織人力資源管理中相當重要的課題。

4.績效評估課題

90年代起，政府部門企圖師法企業部門的管理模式，強調績效評估的重要性。基本上，企業部門因所有人相當明確，且組織利益可以清楚評量，較容易實施績效評估。相較於民間部門，非營利組織與政府部門都屬於績效評估較困難者。非營利組織因有不同利益取向的所有人，各所有人之目標也不盡相同，故無法以單純的財務狀況作為績效評估之指

標。此外，若從「績效的目標設定」來看，非營利組織除了無法以明確
的財務貢獻作為評估工作表現優劣的指標之外，也無法以工作分析結果
來評定績效的高低，此乃是因為非營利組織以使命為目標，講求的是服
務對象的感受程度所致（孫煒，2006: 165；林淑馨，2007: 171）。

另外，非營利組織與企業部門最大的差異在於擁有「公益」的特質，
故無法建立一套具體的績效指標以對服務品質與產出進行有效評量。加
上非營利組織在績效評估方面會受到許多因素之影響，包括服務目標的
多重及複雜化、不易建立簡易的績效標準、慈善的不足性、僅能顧及社
會中部分的弱勢等，導致非營利組織難以發展出完整的績效評估體系，
造成監督及責信的困難。因此，如何將其服務內容指標化與具體化，成
為今後非營利組織實施績效評估的首要課題。

(二)非營利組織的自我定位方面

1.社會角色的扮演課題

非營利組織乃是構成公民社會的重要中介機制，因為非營利組織可
以參與政策規劃，引導民眾政策辯論，增進政策執行的順暢性，或作為
政府的政策諮詢機構，協助建立社區意識等（江明修、陳定銘，2000:
386-387）。而參與公共政策的制定過程是達成公民社會的管道之一，但
並非每個人都有機會或足夠的專業知識及能力，因而非營利組織在此過
程中則扮演相當重要的角色。

一般來說，非營利組織經常是一項政策的利害關係人，相較於利益
團體，非營利組織的利他取向及以公共利益為導向的出發點，使得兩者
之間有某些程度上的差異。非營利組織基於其對問題之敏感性，建構符
合利益需求之問題，並以其共同的理念、利益、地位、資源等，甚至採
取各種遊說或聯盟策略，盡其所能地促使問題進入政策議程。非營利組
織除了關心如何使政府注意政策問題，並採納其意見之外，亦可能在進
入政策議程後的每一個階段中，扮演不同的功能角色。例如在政策規劃
階段，非營利組織可能主動提供相關資訊與專業知識等；在政策合法化

的階段，非營利組織甚至積極地與民意代表做直接的接觸、溝通，以爭取在法案或政策上的支持；在政策執行階段，非營利組織則是扮演監督或協助執行的角色；甚至在最後政策評估階段，非營利組織亦具有外部評估之功能。

綜上所述得知，非營利組織在公共政策推動的過程中可以扮演催化者的角色。但是若僅靠單一非營利組織的努力，恐怕在議題的推動上會顯得較為吃力，同時不易獲得媒體與輿論的重視。因此，如何與其他同質性的非營利組織進行議題上的串聯，以爭取更多的資源與籌碼，強化本身在公共政策推動過程中所扮演催化者的影響力，是未來非營利組織需要正視的課題。

2.公共性的發揮課題

許世雨 (2000: 184) 的研究指出，儘管不同類型的非營利組織各有其獨自的組織目標，然而追求平等、公平、正義等公共利益，卻是一般公認非營利組織的基本使命。此種公共性與價值，在現今民眾普遍對政府行政效能存在「信任危機」與層出不窮的社會問題中尤其令人注目，因為透過公共性的捍衛與發揮，正可為公共服務注入熱情與活力，使非營利組織成為社會大眾精神的寄託。即便如此，在現今社會資源普遍缺乏，同質性組織日益增多和競爭激烈的情況下，非營利組織的運作也愈顯困難。因之，如何增進非營利組織經營的穩定性，以確保組織公共特質的充分發揮，是非營利組織今後在經營管理時所需面臨的重要課題。

二、外部的制度規範課題

(一)非營利組織法規的制定問題

隨著社會環境迅速變遷，國內非營利組織的數量不斷成長，對民主社會也形成相當之影響，顯示國內非營利組織所扮演的角色與功能與日俱增。但反觀國內非營利組織的發展環境卻發現，整體法規環境尚未建構完全，有關非營利組織的規範與監督，散見在《民法》、《人民團體法》

及相關行政命令中。雖然 2002 年行政院青年輔導委員會嘗試研擬《非營利組織發展法》草案，以確保公民社會中多元組織的自主與互動，卻因主管機關內政部認為關於國內公益法人的設立與管理已經有《人民團體法》作為根本規範，為了避免疊床架屋，限制非營利組織的發展與功能之發揮，因而遲遲未通過該法（林淑馨，2007: 83）。

因此，為了促進國內非營利組織的發展，使其能對社會做更多的積極貢獻，相關單位應審慎評估我國目前非營利組織的發展現況，並參考國外相關經驗，或許應先對國內規範非營利組織的相關法制進行通盤的分析檢討，如果現行法制足以因應、適用於各類非營利組織，在避免疊床架屋的前提下，自然不宜再制定非營利組織法規；倘若現行法規因散見各處，呈多頭馬車狀態，無法提供非營利組織一明確的發展方向，或許可以考慮建構一非營利組織法規。此外，就非營利組織的設立程序來看，我國非營利組織的設立程序皆採許可制，與先進國家普遍採用之登記報備制趨勢不合，這點在今後檢討非營利組織的相關法制時建議應一併予以檢討。

另一方面，由於臺灣的非營利組織的設立大都依照《民法》、《人民團體法》及各種特別法規，較強調對非營利組織的管理防弊功能，對於非營利組織之資訊公開、財務透明及稅賦優惠等規範卻付之闕如，未來我國如欲建構完善的非營利組織發展環境，有關外部法律規範的建置是不可忽略之課題。

㈡外部評估制度的設立問題

在非營利組織外部運作課題的探討上，除了常見的法制規範問題之外，另一項重要且容易被忽略的則是非營利組織外部評估制度的設立問題。之所以會如此，乃是由於非營利組織具有志願性、公益性與不從事盈餘分配等特質，一般認為對於此種特質的組織無需進行評估，殊不知正因為非營利組織的絕大多數資源皆是取自於社會大眾，因此更需要接受來自利害關係人與社會大眾的外部評估。

基本上，非營利組織的外部評估可以分為「關係者評估」與「第三

者評估」，前者是由利用者、受益者與支援者、協力者、捐贈者所進行的評估，由於關係者評估是運用服務的利用者、受益者因接受組織所提供之服務，而對於組織所產出之服務品質有深刻的體認與了解，因此以其評估結果作為反饋基礎，對於組織的發展有實質上的助益；而後者乃是委託其他關係團體、專家或社會大眾所從事的評估，由於這些團體、組織與個人多為和組織本身有業務往來者，對非營利組織本身有深刻之了解，若委託其對組織進行評估，應有助於非營利組織改進本身之缺失。惟受限於我國非營利組織的相關法令制度尚未整備，對於非營利組織外部評估的重要性與認知稍嫌不足，截至目前為止並未建構出一套完整有效的外部評估制度。因此，未來面對社會資源有限而競爭者眾的嚴峻環境，如何建立有公信力的外部評估制度乃是相當重要的課題。

第三節　非營利組織的未來展望

歸納本書的各章論述得知，非營利組織的發展無論對政府部門、企業部門或社會個人而言，都是相當重要的。但因非營利組織的運作與發展時程較短，且可用的資源與人力不像政府部門與企業部門般豐富與穩定，容易產生「志願失靈」的情形，進而影響組織的發展。

在本書最後，擬從策略規劃管理之運用、人力資源管理的重視與強化、外在法令制度建構之完善、公共政策角色的推動等四大面向來提出建議，期盼有助於我國日後非營利組織之健全發展。

一、策略管理的運用

由於非營利組織的人力與資源都是相當有限且不穩定的，因此如何有效充分利用資源之策略管理對非營利組織而言，乃是必要且重要的。

㈠增加組織運作的透明度，用以提升組織的知名度

近年來由於過多非營利組織的成立，良莠不齊的結果以及相關負面的新聞報導，恐使社會大眾喪失對非營利組織的高度信任，連帶影響組

織的發展。因此，如何強化組織財務運作的透明度，並藉由行銷與募款手法之活用，甚至與政府部門或企業部門結合，來提升組織的能見度與知名度，並藉由自律與他律的課責手段，來提升社會大眾對於非營利組織的信心，同時確保捐贈者的長期捐贈意願，此乃是非營利組織策略管理之首要工作。

㈡在不違背組織使命的前提下，從事社會事業化經營

為確保非營利組織經營的自主性與永續性，社會事業化近來被視為非營利組織策略管理的一項重要手段。由於非營利組織的資源多來自社會大眾的捐贈，具有相當的不穩定性，如欲提高資源的安定性，與其被動等待捐贈，「開源」應是一項可以考量的積極方法。在此背景下，有愈來愈多的非營利組織開始向企業學習相關概念與營運方式，以爭取額外的自主性收入，故產生非營利組織的事業化行為。

然而，面對非營利組織的收費、商業化行為，社會有正反兩面的不同看法。反對者認為，非營利組織從事營利性的行為，會混淆一般社會大眾對非營利組織的認知，有違組織「不以營利為目的」的使命並影響組織整體的發展。目前非營利組織在進行事業化時，多考量組織本身的特性，再從事賺取利潤的商業交易行為，並將獲得的利潤回歸組織（陳金貴，2002）。現階段而言，部分非營利組織採附屬單位的事業化，以取代過去完全依賴私人捐款與政府補助，例如陽光洗車中心與喜憨兒烘焙屋等皆屬於此種作法。因而，透過非營利組織自身的事業化來獲取資源，或許可以視為一項解決非營利組織財政困窘的策略管理手段。

二、人力資源管理的重視與強化

㈠專業人力的培育

一般認為，非營利組織因以服務的提供居多，因而組織人力多以社會工作者為主，卻忽略非營利組織經營管理的面向其實很廣，組織運作涉及多項專業領域，例如行銷、募款、財務、會計、法律、公關、企劃

等，組織如欲永續經營，單靠社工人員是不足的，若無法網羅適當人才，則無法提升組織經營的專業化以及市場競爭力，進而影響組織的整體發展。

(二)針對人力的特質，選擇適當的激勵方式

非營利組織中的人力資源結構包含負責決策的董（理）監事、執行計畫的支薪專職工作人員，以及不支薪的志願工作人員等三種。基本上，非營利組織如欲強化組織中的人力資源管理，可以透過激勵方法來達到此目的。所採用的激勵方式包括物質與非物質的報償，前者多指金錢性質，例如獎金的發放；而後者乃指心理層面，例如口頭獎勵與自我成就的滿足等。

前已提及，不同於政府部門與企業部門，非營利組織無法提供成員優渥的薪資與穩定的工作環境，再加上工作長期被認為是薪水低、工時長且壓力大，如非真正認同組織使命，是難以長期留在非營利組織。基於此，物質的報償對於非營利組織的人力資源管理而言，其重要性就顯得相對薄弱許多。相對地，非物質性的報償則是非營利組織應重視且需加以善用之手法。以定期舉辦教育訓練為例，通常對於成員少且經費不足的非營利組織而言，是件相當困難之事。但是非營利組織可以經由同性質組織的聯盟，共同舉辦教育訓練或自我成長之講座，除了可以減輕成本的負擔外，還可用以提高組織成員的自我成就感，強化對組織的認同與向心力。而為了減少非營利組織中專職工作人員與志願工作人員兩者產生角色衝突的困境，非營利組織人力資源管理模式與內部溝通、考核機制的建立，都是重視並強化非營利組織內部人力資源管理的一種表現。

(三)志工中心或資料庫的建立

為確保志願工作者的人力穩定，有研究提出「志工中心」的概念，期盼透過志工中心的設置，來解決人力資源重複浪費的問題，使有限的人力資源發揮最大效用。所以志工中心除了招募志工外，還需進行志工

基礎訓練工作（劉淑喜，2001: 210；林玲，2001: 227；張幸助，2001: 129）。倘若國內能夠成立上述的志工中心或設置志工人力資料庫，應有助於非營利組織人力資源的靈活運用，同時也有助於非營利組織的整體發展。

三、外在法令制度建構的完善

非營利組織規範法規的主要功能，在於允許和鼓勵民間志願組織的存在，並提供其法律保護，期盼非營利組織能夠遵守具合法且正當性的行為標準（黃新福、盧偉斯編著，2006: 400）。但我國現行的法規規範卻出現了一些問題，而未能發揮上述之功能。

首先，我國非營利組織的管理目前有兩種系統，一為內政部主管之社團法人系統，另一為分別由十三個不同部會為主管機關之財團法人單位，監督管理的法規各有所不同，而且還涉及多項租稅減免法令。因此，將目前分歧的各種管理規則標準化，並設立單一的委員會機關，統籌主管非營利組織的業務，乃是調整現行法規及管理的第一步（蕭新煌、孫志慧，2000: 491）。

其次，目前我國雖研擬《非營利組織發展法》草案與《財團法人法》草案，但因這兩法案的審查進度相當緩慢，有必要藉由非營利組織的自律來補充其不足。儘管非營利組織是以公益為導向的組織，並因此而享有減免稅的優惠措施，但現今社會已經邁入「課責的時代」、「透明化的時代」，非營利組織有必要向公眾或相關政府部門展示其服務的效率與效能，證明組織有妥善運用有限社會資源的能力（孫本初，2005: 295）。因此，參考國外立法及我國非營利組織的實務運作現況，非營利組織不應消極、被動地等待政府部門建構完善的法制環境，而應積極、主動地運用本身開拓創新、改革倡導的社會角色功能，要求政府部門盡速檢討制定或通過上述相關法案，甚或非營利組織本身也可以嘗試研擬相關法案，提供給政府相關單位作為參考，迫使政府部門加快建構有利非營利組織發展的法制環境之腳步。

四、公共政策角色的推動

　　非營利組織可以在不同的情境、不同的體制下扮演其適當的角色，使其在近代的世界舞臺上有著耀眼的表現。若從角色和功能來分析，其分別扮演著服務、倡導、社區建造及價值的守護人等多樣角色 (Salamon, 2003: 9–11)。在公共政策的領域當中，非營利組織所扮演的角色更是舉足輕重。多數公共政策學者認為民主政治國家的政策過程是有階段性的，包括問題建構、政策規劃、政策合法化、政策執行與政策評估。當一項公共問題被界定為政策問題，且被認為是政府有解決責任時，在正式進入政府內部決策過程前，許多政策利害關係人或團體會相繼提出各自之要求與意見，彼此競爭、企圖影響政策制定者決定哪些少數意見可以進入政策議程。

　　如前所述，發展公共政策是非營利組織在公共服務上的功能之一，非營利組織廣泛地運用影響力，塑造政府的決策，對於長程政策更能持續地關心、研究並分析，提供資訊與觀點，具有釐清公共事務的功能。但並非每一個非營利組織皆有機會參與政策制定過程，即使非營利組織能夠參與政策制定過程，但各自的影響力卻也不相同。換言之，受到非營利組織條件上的差異，對公共政策制定過程中的影響力也會有所不同。

　　因此，非營利組織如欲發揮其在公共政策過程的影響力，不應僅限於本身的單打獨鬥，可依其本身的性質與所擁有的資源，在不違背組織使命的情況下，嘗試與同質性且具有相同理念的非營利組織進行策略聯盟，以求資源的整合和影響力的擴大，並運用彈性靈活的方式，喚起政府部門、媒體與輿論的重視，進而達成組織使命。

弘道老人福利基金會

　　「當你 80 歲，還有多少做夢的勇氣?」打著這樣的問號，一群平均 81 歲的長者，其中有兩位曾罹患癌症，四位需戴助聽器，五位患有高血壓，八位有心臟疾病，且每位都有關節退化毛病，途中還歷經險峻的蘇花公路，又歷經團長三進三出醫院，但是他們最後都一一克服困難，用無懼的心、熱血的行動，在 2007 年完成了為期十三天的環島圓夢之旅，並且拍成了紀錄片「不老騎士」❶，爾後 2010 年又與大眾銀行合作改編拍成令人動容的廣告「夢騎士」❷，而更為家喻戶曉。此特殊活動的幕後推手就是弘道老人福利基金會。

　　根據 2010 年行政院經建會的預估，臺灣老人人口將於 2017 年達 14%，進入高齡社會；2025 年達 20%，進入超高齡社會❸，老人安養的問題隨之浮現，而弘道老人福利基金會正是在感受到如此人口結構改變的衝擊下於 1995 年成立，1998 年成立全國性的弘道志工協會，更在 2010 年改制為全國性的基金會，用以擴大服務，來因應臺灣高齡社會的飛快來臨。

　　成立以來，秉持著「聯合眾人，用愛心關懷老人」的宗旨，深信孝順的家庭能凝聚家人情感，且讓老人不僅能夠得到基本的安養，更能健康的樂活，因而推動「弘揚孝道」方案，促進代間互動，期待養成尊老、敬老、愛老的心。不僅如此，更發現獨居弱勢的老人有志工關懷可避免社會遺憾，社區老人有健促活動參

---

❶　弘道老人福利基金會網站（http://www.hondao.org.tw/article.php?article_cid=66&article_id=2167；檢閱日期：2014/2/15）。

❷　弘道 youtube 頻道（http://www.youtube.com/watch?v=5E5LQwpOy1U；檢閱日期：2014/2/15）。

❸　弘道老人福利基金會網站（http://www.hondao.org.tw/article.php?article_cid=33；檢閱日期：2014/2/15）。

加可延緩老化，因此推動「社區照顧」方案，落實老人居家照顧、擴大專業服務範圍，讓老人得以溫馨健康在地老化。除此之外，為推動活躍老化並改變社會大眾對老人一般較負面的刻板印象，創新舉辦「不老夢想」方案，因而有了上述騎車環島「不老騎士」的出現，此方案創造不老舞臺啟動銀髮活力，讓老人不再只是被照顧者，而是能展現生命價值的活躍老人，有實踐自己夢想的能力，再創銀髮生命價值。

參考文獻

一、中文書籍

林淑馨，2007，《日本非營利組織：現況制度與政府之互動》，臺北：巨流。

黃新福、盧偉斯編著，2006，《非營利組織與管理》，臺北：空中大學。

孫本初，2005，《公共管理》，臺北：智勝。

江明修、陳定銘，2000，〈非營利組織政策遊說之途徑與策略〉，收錄於蕭新煌
　　主編，《非營利部門：組織與運作》，頁 385–434，臺北：巨流。

李裏孟，2000，〈非營利組織的策略規劃〉，收錄於蕭新煌主編，《非營利部門：
　　組織與運作》，頁 177–204，臺北：巨流。

許世雨，2000，〈非營利組織與公共行政〉，收錄於江明修主編，《第三部門：
　　經營策略與社會參與》，頁 155–189，臺北：智勝。

蕭新煌、孫志慧，2000，〈臺灣非營利部門的未來〉，收錄於蕭新煌主編，《非
　　營利部門：組織與運作》，頁 481–495，臺北：巨流。

二、中文期刊

林玲，2001，〈國家公園志工制度初探〉，《國家公園學報》，第 11 卷第 2 期，
　　頁 213–230。

吳培儷、陸宛蘋，2002，〈臺灣非營利部門之現況與組織運作分析〉，《康寧學
　　報》，第 4 期，頁 159–211。

張幸助，2001，〈臺灣基督教青年會的志工信念與展望〉，《社區發展季刊》，第
　　93 期，頁 123–129。

陳金貴，2002，〈非營利組織社會企業化經營探討〉，《新世紀智庫論壇》，第 19
　　期，頁 39–51。

孫煒，2006，〈非營利組織績效評量的問題與對策〉，《政治科學論叢》，第 28 期，
　　頁 163–202。

劉阿榮，2002，〈臺灣非營利組織之變遷及對公共政策的影響〉，《社會文化學
　　報》，第 14 期，頁 27–55。

劉淑喜，2001，〈推展志願服務業務概況與未來之展望〉，《社區發展季刊》，第93 期，頁 206–210。

三、英文書籍

Salamon, L. M. 2003. *The Resilient Sector: The Stole of Nonprofit American.* Washington, D.C.: Brookings Institution Bess. pp. 3–61.

四、碩博士論文

徐淑靜，2005，《慈濟基金會社區志工管理之研究——以桃園地區為例》，元智大學資訊社會學系碩士論文。

陳怡君，2006，《環保類非營利組織的志工管理》，東海大學公共行政學系研究所碩士論文。

滕雨方，2002，《非營利組織義工教育訓練之研究——以國際佛光會中華總會為例》，佛光人文社會學院公共事務學研究所碩士論文。

五、網路資料

弘道老人福利基金會網站（http://www.hondao.org.tw/article.php?article_cid=66&article_id=2167；檢閱日期：2014/2/15）。

弘道 youtube 頻道（http://www.youtube.com/watch?v=5E5LQwpOy1U；檢閱日期：2014/2/15）。

弘道老人福利基金會網站（http://www.hondao.org.tw/article.php?article_cid=33；檢閱日期：2014/2/15）。

本書圖片出處

圖 1, 2, 5–1, 12–1：Dreamstime

圖 1–1, 1–2, 3–3, 11–1, 12–4, 14–1, 15–1, 16–2：Shutterstock

圖 16–1：Nova Development and Its Licensors

行政學　吳瓊恩／著

　　本書透過吸收西方理論的精華，以哲學的角度透析理論的預設及條件，並批判過度理性主義的謬誤，藉此擺脫韋伯預言的「鐵的牢籠」，從而提出中國式的行政學理論，允為治行政學研究者最重要的參考依據。本書四版因應時代變遷，補充「研究公共行政的社會建構途徑」、「全球化的新公共行政系統的轉變」及「當代 E-mail 溝通所可能發生的問題」等內容，可為讀者之重要參考。

行政學　張潤書／著

　　本書涵蓋了行政學的主要內容，舉凡國內外的相關理論與方法，皆有周詳的論述，且兼顧學術性與實務性。本書自二十多年前初版以來，已多次修改、增訂，尤其對近十年所發展出來的理論與管理方法特別重視，例如組織學習、組織再造、非營利組織、轉換型領導及行政資訊管理等，是參加高、普考及研究所入學考試最佳與必備的參考書籍。

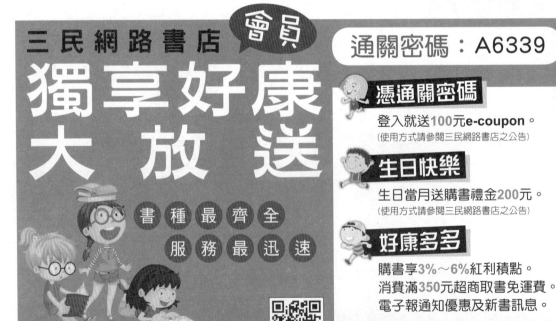